城市居民自愿减碳行为与助推策略

岳 婷 龙如银 ◎著

中国社会科学出版社

图书在版编目（CIP）数据

城市居民自愿减碳行为与助推策略/岳婷，龙如银著 .—北京：中国社会科学出版社，2023.8
ISBN 978-7-5227-2400-3

Ⅰ.①城… Ⅱ.①岳… ②龙… Ⅲ.①城市—居民消费—节能—行为分析—中国 Ⅳ.①F126.1

中国国家版本馆 CIP 数据核字（2023）第 143893 号

出 版 人	赵剑英
责任编辑	谢欣露
责任校对	周晓东
责任印制	王 超

出　　版	中国社会科学出版社
社　　址	北京鼓楼西大街甲 158 号
邮　　编	100720
网　　址	http://www.csspw.cn
发 行 部	010-84083685
门 市 部	010-84029450
经　　销	新华书店及其他书店
印刷装订	三河市华骏印务包装有限公司
版　　次	2023 年 8 月第 1 版
印　　次	2023 年 8 月第 1 次印刷
开　　本	710×1000　1/16
印　　张	24.25
字　　数	373 千字
定　　价	128.00 元

凡购买中国社会科学出版社图书，如有质量问题请与本社营销中心联系调换
电话：010-84083683
版权所有　侵权必究

前　言

党的十八大以来，以习近平同志为核心的党中央高度重视社会主义生态文明建设，提出了"美丽中国"战略目标。2020年第七十五届联合国大会一般性辩论上，我国政府郑重宣布，中国力争在2030年前实现碳达峰、2060年前实现碳中和。2021年9月22日，《中共中央　国务院关于完整准确全面贯彻新发展理念做好碳达峰碳中和工作的意见》正式发布。党的二十大报告中再次强调："积极稳妥推进碳达峰碳中和。"实现碳达峰碳中和是一场广泛而深刻的经济社会系统性变革，任重道远。而推动绿色低碳的生活方式变革，正是实现"双碳"目标的基础和最直接的路径。因此，大力倡导绿色低碳生活方式，形成全社会共同参与减碳的良好风尚，对于助力实现碳达峰、碳中和目标至关重要。

如何弥合行为主体节能减排意愿与行为之间的缺口，使节能减排成为行为主体的自愿自觉行为是节能减排领域的前沿研究热点之一。居民不仅是重要的终端碳减排主体，也是反推生产端节能减排改革的主力军。然而，传统的激励手段难以形成推动居民节能减排的有效常态化机制。如何在厘清低碳生活方式参与主体的减碳行为驱动机理的基础上，探究成本低、效率高、效益大的以"小"拨"大"长效引导机制，并形成良好的崇尚低碳、科学减碳的社会风气和行为规范，是未来节能减排政策体系设计的重中之重，也是当前值得研究的重要课题。积极有效的激励机制设计不能仅仅依赖理论分析或直觉判断，而是需要基于对居民减碳行为决策过程的长期洞察，挖掘长期、动态、丰富的细节资料，在此基础上基于整体和系统视角，运用科学手段进行分析，从而设计出有效的引导政策方案。

本书针对我国生活消费领域的低碳化激励不足、效率不高、缺乏系统化的长效激励机制和创新性的制度设计以及有效常态化的引导等问题，旨在有效挖掘居民生活领域的巨大减碳潜力，从多元动机与柔性"助推"视角对城市居民自愿减碳行为驱动机理及引导策略进行深入研究。具体来说，上篇"多元动机视角下城市居民自愿减碳行为驱动机理"，首先，从行为经济学、社会学、心理学、认知科学等多学科视角探明自愿减碳行为的概念、外延、类型和影响因素，分析居民自愿减碳行为实施现状、困境及其根源。其次，以"认知—情感—动机—行为"为模型理论基础，采用质性研究和量化检验相结合的方法，以江苏省城市居民为研究对象，在多元动机视角下，进行了自愿减碳行为驱动机理研究。下篇"柔性助推视角下城市居民自愿减碳行为引导策略"，在上篇第一阶段区域性研究的基础上，借鉴计划行为理论、价值—信念—规范理论等相关理论，构建柔性助推视角下城市居民自愿减碳行为理论模型，运用结构方程模型、潜在类别模型、多元统计分析等方法对调查结果进行实证分析，筛选关键驱动因素，基于柔性助推思想和方法，设计减碳助推干预实验方案，分析默认选项、获益框架和损失框架、示范性规范对居民自愿减碳行为的影响，并开展情境实验比较各柔性助推情境下行为主体心理变量相较于对照组的差异以及获益框架和损失框架、示范性规范情境下选择不同选项的居民心理变量和自愿减碳行为的差异。最后，根据实证检验和情境实验的研究结果，提出促进城市居民自愿减碳行为的引导策略。

本书的科学意义和应用价值体现在三个方面：①结合行为经济学、社会学、心理学、认知科学等多学科，将实验设计和仿真模拟引入驱动因素和政策的研究中，拓展了节能减排引导政策的研究视角。进一步整合质性分析和量化研究，丰富了政策研究范式，拓展了不同学科理论的应用范围，同时也促进了学科融合，从而为更好地解决实际问题提供跨学科基础。②结合文献研究和社会调查等多种手段，从目标群体的个体行为选择视角透视居民减碳政策执行的现状，有助于分析低碳生活方式的关键影响因素，明晰践行低碳生活方式的障碍与难点，为政策体系的构建提供借鉴。③基于实验方法和政策仿真，展现减碳行为助推策略干预下，居民自愿减碳行为选择的过程和结果，探明行为主体对低碳生活方式的认知过程及变化，有利于揭示居民自愿减碳行为的形成机理，促进符合现实情境的居民自愿减碳行为助推机制的产生。

本研究工作得到了国家自然科学基金项目（72074211、71603257、71874188）、国家社会科学基金重大项目（19ZDA107、21&ZD166）等课题的资助，特此向支持和关心本研究工作的所有单位和个人表示衷心的感谢，特别是研究生刘海雯、张兰、李梦婷、王茜茹、周静、张莹开等为本书的出版付出了辛勤的劳动。还要感谢各位同人的帮助和支持。书中有部分内容参考了有关单位或个人的研究成果，已在注释中列出，在此一并致谢。

岳　婷　龙如银
2022 年 10 月于南湖

目 录

引言 ………………………………………………………………… 1

上篇　多元动机视角下城市居民自愿减碳行为驱动机理

第一章　多元动机视角下自愿减碳行为相关文献与理论 …………… 13
　　第一节　多元动机视角下自愿减碳行为概念和分类 ………… 13
　　第二节　多元动机视角下自愿减碳行为影响因素 …………… 20

第二章　多元动机视角下自愿减碳行为驱动机理质性研究 ………… 32
　　第一节　质性研究设计 ………………………………………… 32
　　第二节　基于扎根理论的驱动因素筛选 ……………………… 35
　　第三节　研究变量界定 ………………………………………… 50
　　第四节　多元动机视角下城市居民自愿减碳行为
　　　　　　驱动机理模型构建 …………………………………… 57

第三章　多元动机视角下城市居民自愿减碳行为量表开发与
　　　　　数据收集 ……………………………………………………… 79
　　第一节　量表设计 ……………………………………………… 79
　　第二节　正式调研与样本情况 ………………………………… 88
　　第三节　正式量表检验 ………………………………………… 92

第四章 多元动机视角下城市居民自愿减碳行为驱动因素分析 …… 110

第一节 多元动机视角下城市居民自愿减碳行为评价及
差异性分析 …………………………………………… 110

第二节 多元动机视角下城市居民自愿减碳行为各驱动因素
描述性分析 …………………………………………… 133

第三节 多元动机视角下城市居民自愿减碳行为与各驱动因素
相关性分析 …………………………………………… 151

第四节 多元动机视角下个体心理认知因素作用于个体情感因素
效应检验 ……………………………………………… 160

第五节 动机因素中介效应分析及假设检验 ……………… 165

第六节 自愿减碳行为作用于动机因素效应检验 ………… 189

第七节 多元动机视角下情境因素调节效应分析及
假设检验 ……………………………………………… 193

第五章 研究结论与建议 …………………………………………… 239

第一节 主要研究结论 ……………………………………… 239

第二节 对策建议 …………………………………………… 241

下篇 柔性助推视角下城市居民自愿减碳行为引导策略

第六章 柔性助推视角下城市居民自愿减碳行为理论
模型构建与量表检验 ………………………………………… 245

第一节 研究假设提出 ……………………………………… 245

第二节 理论模型构建 ……………………………………… 253

第三节 变量测量量表开发 ………………………………… 254

第四节 初始量表检验与修正 ……………………………… 256

第五节 正式调研与量表检验 ……………………………… 263

第七章 柔性助推视角下城市居民自愿减碳行为实证检验 …………… 276

- 第一节 描述性统计分析 ………………………………………… 276
- 第二节 自愿减碳行为差异特征分析 …………………………… 278
- 第三节 自愿减碳行为理论模型的检验与修正 ………………… 281
- 第四节 默认选项调节效应检验 ………………………………… 284
- 第五节 损益框架调节效应检验 ………………………………… 285
- 第六节 示范性规范调节效应检验 ……………………………… 286
- 第七节 柔性助推对心理变量直接效应检验 …………………… 287

第八章 柔性助推对城市居民自愿减碳行为影响情境实验 ………… 289

- 第一节 实验1：默认选项对居民自愿减碳行为的影响 ……… 290
- 第二节 实验2：获益框架和损失框架对城市居民自愿减碳行为影响 …………………………………………… 295
- 第三节 实验3：示范性规范对城市居民自愿减碳行为影响 …………………………………………………………… 301
- 第四节 实验结果汇总分析 ……………………………………… 306

第九章 柔性助推视角下城市居民自愿减碳行为引导策略 ………… 308

- 第一节 引导策略设计框架 ……………………………………… 308
- 第二节 基于个体心理变量的引导策略 ………………………… 309
- 第三节 基于减小意愿—行为缺口的引导策略 ………………… 310
- 第四节 基于人口统计学变量的引导策略 ……………………… 313

第十章 研究结论与展望 ……………………………………………… 315

- 第一节 主要研究结论 …………………………………………… 315
- 第二节 研究局限与展望 ………………………………………… 317

附录1 ………………………………………………………………… 318

附录2 ………………………………………………………………… 325

附录3 ………………………………………………………………… 332

参考文献 ……………………………………………………………… 337

引　言

一　全球气候变化日益严峻，减碳迫在眉睫

联合国政府间气候变化专门委员会（Intergovernmental Panel on Climate Change）评估报告表明，二氧化碳浓度的增加是全球气候变暖的主要原因（Francey et al.，2013）。如何减少其排放，是人类须作出回应的最复杂挑战之一。随着美国退出《巴黎协定》，在全球应对气候变化中，中国扮演着越来越重要的角色，正逐步走向全球气候治理舞台的中央。根据世界能源署（IEA）统计数据，自1978年改革开放以来，我国碳排放量快速增长，2004年二氧化碳排放增长率达历史峰值，之后虽有所下降，但碳排放量始终处于增长态势（见图1）。根据《BP世界能源统计年鉴》，2020年我国二氧化碳排放量占全球碳排放总量的31.8%，比排名第二的美国多5786.2百万吨。随着社会经济发展，生活水平提高，消费水平升级，我国二氧化碳排放量仍将进一步增加。我国作为世界第一大碳排放国，面临着巨大的碳减排压力。

2020年习近平总书记提出我国二氧化碳排放力争于2030年前达到峰值，努力争取2060年前实现碳中和。现阶段我国二氧化碳排放总量仍处于上升阶段，还未达到碳排放峰值，而且我国从碳峰值到碳中和的过渡期比发达国家短。另外，我国对化石能源依存度高，能源利用效率低（Zhao et al.，2022）。总之，我国实现"双碳"目标面临时间紧、任务重的双重挑战。有效地控制碳排放，不仅关系到减少二氧化碳排放目标的实现，而且关系到整个社会的经济发展和人类的可持续发展，是全民对美好生活环境的迫切需要。因此，对于我国而言，无论是基于大国责任还是本国发展，减碳任务均迫在眉睫。

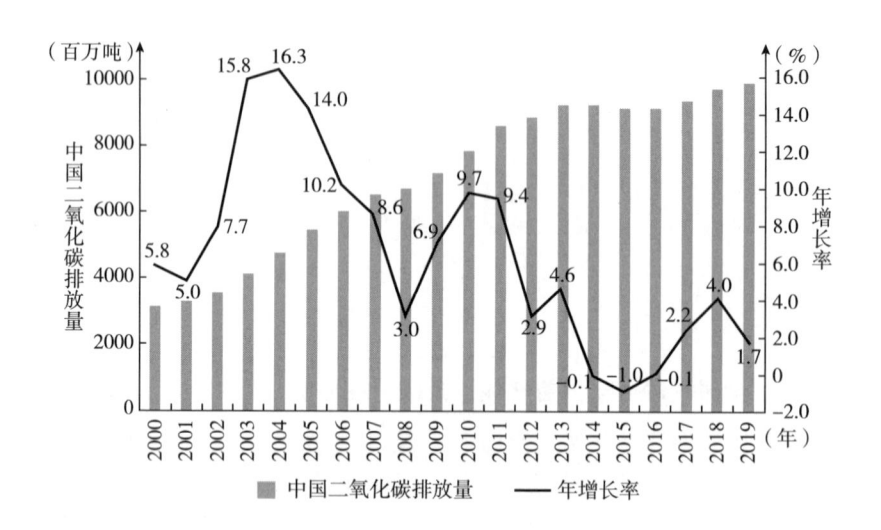

图 1　中国二氧化碳排放量及年增长率

资料来源：国际能源署（International Energy Agency，IEA）。

二　居民作为终端消费主体，减碳势在必行

气候变化的本质与人类生产和生活方式密切相关，人为活动导致的温室气体排放是20世纪中叶以来全球气候变暖的主要原因（蔡博峰等，2021）。人类活动主要通过三种方式影响二氧化碳排放：一是化石燃料的燃烧；二是陆地生态系统的固碳强度；三是对土地的利用，其中第一种方式对二氧化碳排放量的影响最大（Salam et al.，2005）。在我国，以居民家庭生活为载体的直接生活能源消费已成为仅次于工业的第二大能源消费部门（Wei et al.，2007）。根据国家统计局发布的数据，2020年我国居民生活能源消费量占能源消费总量的12.9%，仅次于工业生产部门，居民生活能源消费量持续增长，居民生活领域具有巨大的减碳潜力（见图2）。自21世纪以来，人均生活能源消费量也持续增长，其中2004年居民人均生活能源消费量年增长率达到峰值，之后虽有所下降，但人均生活能源消费量仍在增加（见图3）。

处于能源消费终端环节的家庭，其成员的行为不仅直接影响生活碳排放的规模和增长，而且也是工业、建筑业、交通和服务业等产业碳减排的主要驱动因素（Pachauri et al.，2002）。作为工业产品最终消费的主要力量，城市居民是否具有低碳取向这一事实将在最大限度上对工业

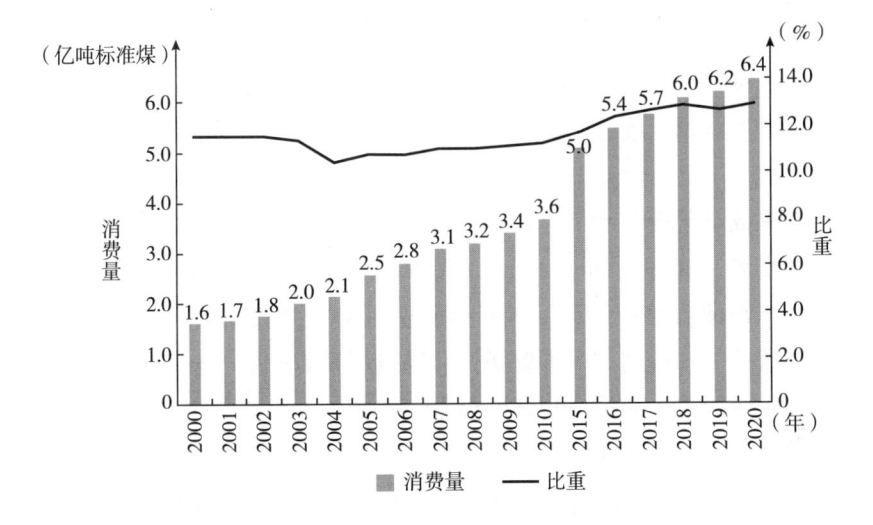

图 2　居民生活能源消费量及其占能源消费总量比重

资料来源:《中国能源统计年鉴(2021)》。

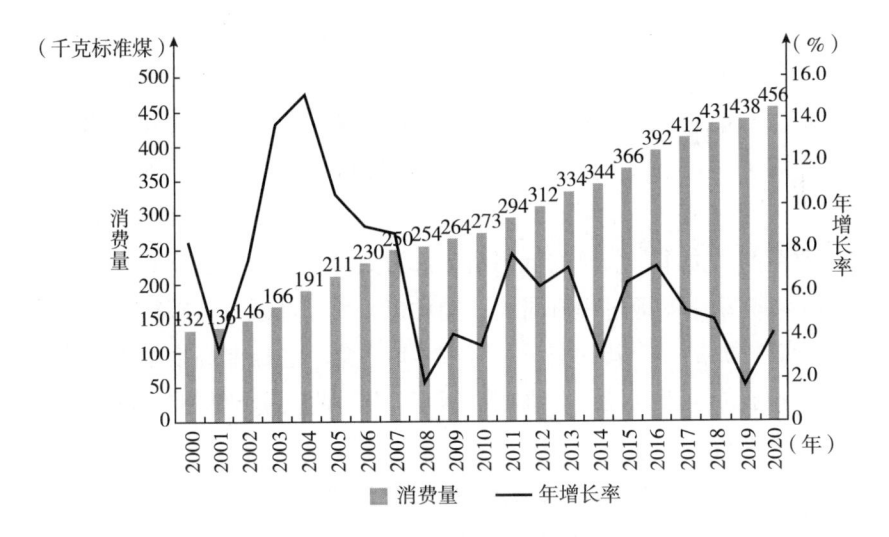

图 3　人均生活能源消费量及年增长率

资料来源:《中国能源统计年鉴(2021)》。

公司设计和制造产品产生影响。研究表明,家庭减少碳排放的行动能够有效降低碳排放(Dietz et al.,2009)。近年来,随着家庭收入水平提高及消费结构升级,家庭购买空调、冰箱、家用汽车的数量增长显著。居民消费碳排放通常与收入成正比(Pachauri et al.,2002; Perobelli et al.，2015)。随着我国城市化进程的推进（刘修岩等，2016)、人民生活水平的提高（罗光华等，2012），日益增加的居民生活能源消费将成为带动碳排放增长的主要因素，由此带来的能源供需矛盾和环境问题将更加突出。

大多数气候变化政策更加关注引入新的低碳能源技术，建立排放的限额与交易制度等（Dietz et al.，2009)。经过多年探索实践，我国在工业生产领域运用一系列行政和市场化手段，已构建起工业生产领域温室气体减排长效机制的基本框架，并取得了显著成效。相比较而言，我国现有针对居民生活消费领域的温室气体减排、资源节约和环境保护手段则较为单一，导致居民生活消费领域的节能减碳潜力尚未被有效挖掘出来，未能对我国温室气体减排目标实现和新时代生态文明建设形成有效支撑（王会娟等，2017)。

党的十九大报告提出，构建政府为主导、企业为主体、社会组织和公众共同参与的环境治理体系。[①] 习近平总书记在中共中央政治局第四十一次集体学习时强调，"推动形成绿色发展方式和生活方式是发展观的一场深刻革命，是贯彻新发展理念的必然要求。生态文明建设同每个人息息相关，每个人都应该做践行者、推动者"[②]。居民个体作为社会的基本单元，不仅是重要的终端碳减排主体，而且也是反推生产端节能减排改革的主力军，居民的低碳消费行为更是推动生产端低碳化的最直接的市场驱动力。通过提升居民节能意识，引导其践行低碳行为已经成为减少碳排放的一个新的契机。城市人口密集、各行业高度集中，是温室气体排放的关键区域（蔡博峰，2012)。因此，引导和推动城市居民减碳势在必行。

三 "减碳"尚未成为居民生活中的自觉行为

（一）公众的低碳意识亟待提升

目前，我国公众的低碳意识和减碳行动仍不足，有些个体能够意识

[①] 《习近平：决胜全面建成小康社会　夺取新时代中国特色社会主义伟大胜利——在中国共产党第十九次全国代表大会上的报告》，央广网，http://news.cnr.cn/native/gd/20171027/t20171027_524003098.shtml。

[②] 《习近平：推动形成绿色发展方式和生活方式，是一场深刻革命》，新华网，http://www.news.cn/politics/leaders/2022-06/15/c_1128744751.htm。

到气候变化问题的存在，但心理上往往持有"鸵鸟心态"；有些人认为环境危机是政府的责任，环境危机问题是由其他人引起的，从而推卸责任；还有些个体缺乏相关的减碳知识（如减碳的内涵和途径）（王建明，2015）。低碳环保还未成为家庭生活能源消费的首要影响因素（帅传敏等，2013；杨雪锋等，2013）。一项关于居民低碳概念认知程度的调查结果显示，对低碳概念"了解一点"的比例最高（51.7%），"比较了解"和"非常了解"的比例分别是14.8%和4.3%，剩下的22.0%和7.2%的城市居民分别表示"听说过，不知道具体含义"和"没听说过"（仇泸毅等，2014）。一项针对我国用户发起的关于人们对低碳生活方式了解程度的调查的受访者中，"知道低碳生活方式"的仅占22.9%，"知道一点"的占51.1%，"不知道"的占26.0%（李玉洁，2015）。

关于公民环保行为现状的调查显示，虽然有39.8%的受访者在近半年内关注过与生态环境保护有关的新闻报道，但近半年主动参加环保志愿活动和捐助过环保项目的受访者比例仅分别为24.4%和22.5%，并且公民环保行为多以律己为主，缺乏影响他人、监督他人的意识（见图4）。总体来看，我国城市居民生活领域节能减碳行为仍存在低碳认知不足、参与积极性不高等问题，"减碳"尚未成为个体的自觉行为。

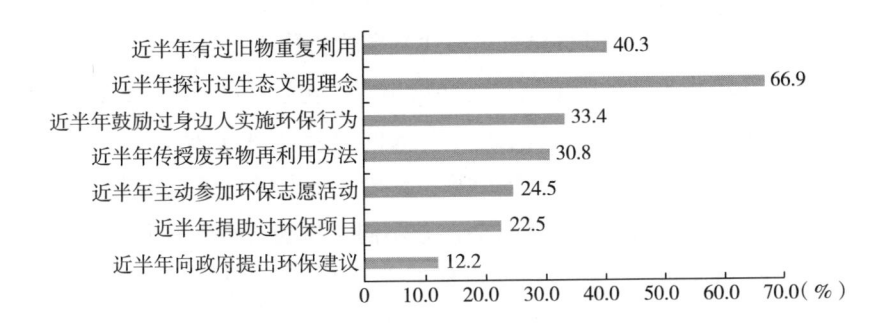

近半年有过旧物重复利用	40.3
近半年探讨过生态文明理念	66.9
近半年鼓励过身边人实施环保行为	33.4
近半年传授废弃物再利用方法	30.8
近半年主动参加环保志愿活动	24.5
近半年捐助过环保项目	22.5
近半年向政府提出环保建议	12.2

图4 公民环保行为现状调查

资料来源：《公民环保行为调查报告（2021）》。

（二）居民节能减排意愿与行为之间存在缺口

个体在实施环保行为时仍存在一定的心理障碍，如高估自我的环保参与度，导致亲环境行为的自我服务偏见（Bergquist，2020）。有些个体虽然具有较高的环保意识，但实际上主动实施环保行为却很少，或个体并非出于环保的目的而实施环保行为，个体的意愿和行动之间并不全然表现为因果对应关系（闫国东等，2010）。也就是说，对于节能环保，有些个体虽心之所向但未必有行之所动，或者虽心之未向却行之已动。具体表现为两种：一是个体具备较高的节能减排意愿，但由于更加重视舒适、便利、高效等因素，节能减排意愿未能较好地转化为行为（Geng et al.，2017）；二是个体未能很好地理解节能减排政策的目标和宗旨，仅仅是由于外部因素影响，例如物质利诱、他人和社会影响等，而参与节能减排活动。第二种类型的个体节能减排行为不具备持续性。以我国一项政府补贴型节能减排政策——"一元节能灯"计划为例（彭燮，2009），政策目标群体的节能减排意识水平与政策目标还相去甚远。从政策目标群体的心理和行为状况来看，目标群体虽然响应并参与，但并不关心政策的目标、宗旨和价值理念，而仅仅是"搭政策的便车"。总体来看，目前，我国居民生活消费领域的低碳化存在激励不足、效率不高的问题，居民节能减排的巨大潜力也一直未能被有效挖掘，具有很强的不确定性。减碳尚未成为居民生活中的自觉行为，行为主体的低碳意识还有待进一步提高，行为的转化与实施也有待进一步强化。

四 "柔性助推"是引导居民自愿减碳的新思路和新探索

生态环境作为一种跨地域的公共物品，其收益存在外部性，易造成"公地悲剧"。因此，需要政府进行有效的引导（Nejat et al.，2015）。柔性助推由 Thaler 和 Sunstein（2008）提出，指通过设置低成本的选择架构以可预测的方式改变个体行为。它不同于强制性的政策手段，是一种创新的管理工具，一种柔性的干预手段（Buchholz et al.，2021）。国外关于柔性助推的研究开展时间较早。2010 年，英国成立专门的柔性助推小组，将柔性助推应用于公共政策的研究，并取得显著成效。之后，美国、澳大利亚、新加坡等国家也相继开始重视柔性助推对政策的影响（张书维等，2019）。甚至世界银行、联合国环境规划署等国际权威组织也将柔性助推应用于减贫、教育、健康等领域（王帅，2021）。近年来，柔性助推也逐渐应用到环境行为领域。柔性助推应用到环境行为领域有三个优势：一是个体由于掌握的环保知识较少，在环保领域往往依赖直觉系统做决策，而柔性助推此时能够弥补个体的认知行为缺陷（Kunreuther et al.，2014）。二是个体的决策还取决于实行行为所花费的成本与所获收益的比较，行为一旦发生，成本即能确定，而收益处于未来的不确定状态，柔性助推能够减少收益的不确定性，从而强化个体的环保行为意愿（Yoeli et al.，2017）。三是柔性助推提供的是简约、低成本的选择框架，借助外部措施的柔性引导与提供信息等措施来干预个体行为，解决社会环境问题（Stern，2020；何贵兵等，2018；Mbbs et al.，2017）。简言之，柔性助推能够影响人们的选择，但不强迫人们做选择（张书维等，2019），既避免了家长制的弊端，又保留了人们的自主选择权，是一种成本较低且易于实施的政策工具（何贵兵等，2018），从成本效益的角度看，是改变居民行为的有效手段之一（Bonini et al.，2018）。

从社会建设的视角来看，实施节能减排属于社会管理的范畴，其基本手段体现在刚性管理和柔性管理两个方面。其中，柔性的情感监管包括道德、价值观等软规范的应用，体现在政府通过价值与信任等体系建设来促使生产、市场和消费者等各类主体节能减排理念的情感认同，对各类主体自觉主动地实施节能减排行为进行激励性监督与管理。随着经济社会的发展，柔性监管在社会管理中的地位和作用越来越突出（郑杭生，2011；Mongin et al.，2018）。

从行为科学家的视角来看，许多社会问题本质上是公众的行为问题，而行为又是个体决策选择的结果，虽然个体决策由内在心理因素决定，但是通过外部措施的柔性引导，可以有效地影响个体决策，干预个体行为进而解决社会问题（何贵兵等，2018；Thaler et al.，2009；Mbbs et al.，2017）。Stern（2020）认为，有效的环境行为干预措施既不涉及命令和控制规则，也不涉及经济激励的干预，而是通过信息提供、价值观和规范塑造、重组家庭消费行为选项等措施，即"助推"。面对严峻的环境问题，通过改变人们的态度、习惯和行为，柔性"助推"人们做出更有利于环境的选择和行为是可持续生态文明建设的新思路和新探索。

五 厘清减碳行为的驱动机理是制定引导策略的基础

我国是世界上最大的发展中国家,处于快速的工业化和城镇化阶段,公众的环境意识、绿色理念、生活方式等方面均有其特殊性,这也是我国国情的具体呈现。立足于中国社会管理的历史和现实情况,探寻如何有效推动公众践行绿色低碳生活方式,对我国实现"形成勤俭节约、绿色低碳、文明健康的生活方式和消费模式"的奋斗目标具有重要价值。

新制度经济学认为,个体的行为受到诸多因素的影响,行为主体在进行行为选择时并不完全与理性原则保持一致,而是受到认知等心理因素的影响,在不同的情境下,呈现出复杂多变的行为与动机。有必要重新审视与检验居民行为的根本动机,以寻求更有效的行为干预措施来减缓气候变化(Stern,2020)。此外,行为与社会环境之间是互动的关系,社会环境常常对行为动机和行为有显著影响。个体的行为结果也会反向影响价值观、认知、情绪、信念,以及需求满足等。在这个逻辑过程中,个体的心理特征因素是指导个体对外界感受和行为反馈的起点(朱翠萍等,2014)。鉴于行为现象的纷繁复杂,需要寻找其背后的动因以明晰问题之源。从实践来看,决策科学中最重要的目标之一是探寻行为的根本性决定因素,因此,探明行为主体的减碳动因及其影响因素,厘清影响因素的作用机理是引导其减碳的基础。

综上所述,在气候变化日益严重的背景下,亟须引导居民自愿减碳并践行低碳生活方式。但我国生活消费领域的低碳化存在激励不足、效率不高的问题,缺乏系统化的长效激励机制和创新性的制度设计,居民的减碳行为并没有得到有效常态化的引导,生活领域的巨大减碳潜力也一直未能被有效挖掘。相对于刚性管理,柔性助推对制定相关政策的重要性日益凸显,探究柔性助推对居民自愿减碳行为的影响是制定减碳引导策略的关键。因此,本书首先系统厘清目标主体自愿减碳行为形成机理,其次探索如何用成本低、效率高、效益大的"助推"方法,抓住"问题源于行为,行为源于选择"的本质,发挥"助推"措施以"小"拨"大"的作用,通过助推长效机制的建立,将低碳发展逐步渗透每个家庭、每个居民,渗透社会公众的生活和行为中去,从而实现"形成勤俭节约、绿色低碳、文明健康的生活方式和消费模式"的奋斗目标，构建具有中国特色的低碳社会发展模式，推行绿色消费、低碳环保、节能减排的绿色生活理念，实现"双碳"目标，建设"美丽中国"。

六 本书的切入点

如何弥合行为主体节能减排意愿与行为之间的缺口，使节能减排成为行为主体的自愿自觉行为是节能减排领域的前沿研究热点之一。居民不仅是重要的终端碳减排主体，也是反推生产端节能减排改革的主力军。然而，传统的激励手段难以形成推动居民节能减排的有效常态化机制。如何使行为主体从被动的鼓励、激励和引导，转变为主观能动的自愿减碳行为，并形成良好的崇尚低碳、科学减碳的社会风气和行为规范，是未来节能减排政策体系设计的重中之重。通过柔性"助推"使人们自愿做出更有利于环境的选择和行为是可持续生态文明建设的新思路和新探索。

为深入探索有效的居民自愿减碳行为长效助推机制，有四个基础性、前瞻性、创新性的科学问题需要重点关注并加以研究：

（1）从行为经济学、社会学、心理学、认知科学等多学科视角探明居民自愿减碳行为的内涵、特征、类型和影响因素，分析居民自愿减碳行为实施现状、困境及其根源。积极有效的激励机制设计不能仅仅依赖理论分析或直觉判断，而是需要基于对居民减碳行为决策过程的长期洞察，挖掘长期、动态、丰富的细节资料，在此基础上基于整体和系统视角，运用科学手段进行分析，才能形成有效的引导政策方案。

（2）居民自愿减碳行为多元动机形成的内在和外在机理，短期偶发性减碳行为转化为长期持续性低碳生活方式的过程机理，以及行为内在和外在驱动因素作用机理等问题亟待探索。只有明确自愿减碳行为形成的驱动机理，才能"助推"减碳自觉行为的形成和持续，才能实现低碳生活方式引导政策的真正"落地"。

（3）不同助推措施对居民自愿减碳行为选择的影响。这不仅仅需要探析在中国文化背景下多类型、多属性、多方式助推干预政策对居民减碳行为的影响，而且需要着力于微观视角，综合运用多种定性、定量科学手段，观察多个策略及策略间交互的情境下居民自愿减碳行为的长期"涌现"特征。

（4）居民自愿减碳引导策略体系的目标、内容、政策模式的结构关系，以及政策体系的逻辑框架和流程设计。在以上相关研究的基础上，确立引导策略体系的目标和实现路径，设计具有本土化、原创性的促进低碳生活方式践行的助推政策体系。

针对以上问题，本书整合质性研究和量化研究的分析范式，从多领域、大范围、微视角对居民自愿减碳行为的决策过程开展实证调研和实验，旨在从多元动机与柔性"助推"视角对城市居民自愿减碳行为驱动机理及引导策略进行深入研究。首先，对自愿减碳行为的概念进行了界定，并以"认知—情感—动机—行为"为理论模型，采用质性研究和量化检验相结合的方法，在多元动机视角下，以江苏省城市居民为研究对象，进行了自愿减碳行为驱动机理研究。其次，在计划行为理论、价值—信念—规范理论等相关理论的基础上，构建柔性助推视角下城市居民自愿减碳行为理论模型，分析默认选项、获益框架和损失框架、示范性规范对居民自愿减碳行为的影响，并开展情境实验比较各柔性助推情境下行为主体心理变量相较于对照组的差异，以及获益框架和损失框架下、示范性规范情境下选择不同选项的居民心理变量和自愿减碳行为的差异。最后，根据实证检验和情境实验的研究结果，提出将低碳发展逐步渗透居民行为和生活中，促进城市居民自愿减碳行为的引导策略。

上 篇
多元动机视角下城市居民自愿减碳行为驱动机理

第一章　多元动机视角下自愿减碳行为相关文献与理论

第一节　多元动机视角下自愿减碳行为概念和分类

一　自愿减碳行为概念和外延

欲厘清自愿减碳行为的内涵，首先需要了解减碳行为的概念。目前关于减碳行为的概念，国内外学者并没有统一的结论，从描述的内容而言，与之类似的有低碳行为（Low-carbon Behavior）、亲环境行为（Pro-environment Behavior）、生态行为（Ecological Behavior）、循环行为（Recycling Behavior）、可持续行为（Sustainable Behavior）、环境责任行为（Environmentally Responsible Behavior）、社会责任行为（Socially Responsible Behavior）、协同行为（Collaborative Behavior）和环境友好型行为（Environmentally Friendly Behavior）等（见表1-1）。

减碳行为作为环境行为的子集，是居民为兼顾保护环境和日常生活，基于环境认知而采取的保护生存环境、合理利用资源的行为方式（白凯等，2017；张红霞等，2017）。具体来说，减碳行为体现在"时间、空间、关系"三个基本维度。

从减碳行为过程来说，黄雪丽等（2011）认为，减少碳排放是一种简单且环保的生活方式，其中不仅包括节约用水、节约用电等生活习惯，也包括植树、造林等积极的外部活动。邓辅玉、黄诗雨（2019）认为，低碳行为包含最大限度地避免使用和接受高碳排放商品和服务，从而达到节约资源、保护环境的目的，进而减少碳排放量。一些研究人员认为，碳减排行为主要体现在以下两个方面：一方面是通过选购低碳产品、高效能装置设备等以减少碳排放；另一方面是通过积极减少日常生活中的能源消耗、改进能耗产品的使用方法等来减少碳排放量（芈凌云等，2016）。综上所述，减碳行为体现在购买、使用、处理和社会实践四个环节。

表 1-1　　　　　　　　　　　相关概念内涵

编号	概念	内涵	提出者
1	低碳行为	有助于减少碳排放的行为	Ding 等（2018）
		为减少碳排放，将低碳意识作为行为指导原则，实行的节能减排行为	张微巍等（2020）
		为建立低碳社会，实行的节能、及时关闭电器等降低能耗的相关行为	Neo 等（2017）
		居民为保护环境和合理利用资源、在低碳认知的基础上采取的一种行为方式	Yang 等（2020）
		为减少能源消耗，实行的减少碳排放的行为	Bai 和 Liu（2013）
		为减少对生态环境的负面影响而参与的亲环境活动	Peng 等（2018）
		减少个人碳足迹的行为	杨冠宇和李淑敏（2021）
2	亲环境行为	个体尽量降低对生态环境产生负面影响的行为或积极参与保护环境的行为	Brown 等（2019）
		能够提高物质或能源的可用性以及能够积极改变生态系统结构和动力的行为	Stern（2000）
		能够提高资源使用效率以及保护生态环境系统的行为	张庆鹏和康凯（2016）
		能够减少对环境的破坏并改善环境的行为	Scannell 和 Gifford（2010）
		为保护环境以及不影响生物圈而实行的减少对环境产生负面影响的行为	Lee 等（2013）
		能够真正为环境保护做出贡献的措施	Kurisu（2015）
		个体为促进社会可持续发展而参加绿色活动的行为	Khashe 等（2015）

续表

编号	概念	内涵	提出者
3	环境行为	个体主动实行的可缓解环境问题的行为	Dillman 等（1983）
		个体为响应对环境问题的理解而采取的公开和可观察的情绪反应的行动	Ostman 和 Parker（1987）
		以可持续发展为目的的有利于提升和改善环境品质的行为	彭远春和毛佳宾（2018）
		居民实行的有利于改善环境状况的行为	胡家僖（2020）
4	环保行为	人类实行的减少对自然的负面影响或有利于环境可持续发展的行为	Unsworth 等（2013）
		有助于维持生态平衡和减少环境污染的行为	常跟应（2009）
		人们为满足生存和发展的需求实行的有利于保护环境的行为	张萍和晋英杰（2016）
5	节能行为	节约能源的环境友好型行为	杨君茹和王宇（2018）
		有利于社会可持续发展而实行的保护环境的行为	吕荣胜等（2016）
		个人努力减少能源使用的行为	Zhang 等（2018）
6	可持续行为	满足当代人物质需求的同时不对后代人满足其发展需要的能力构成危害的行为	俞海山（2001）
7	生态行为	符合物质发展水平，满足人的物质需求的同时不会对生态环境造成危害的行为	唐英（2009）
8	循环行为	以资源的高效利用和环境的最少污染为核心，以资源循环利用为特征的行为	余颂（2006）
9	环境责任行为	致力于减少环境影响，为环境保护工作做出贡献，并且在活动中不破坏环境的行为	Lee 等（2013）
10	社会责任行为	自觉抵制直接或间接危害社会可持续消费和生产的行为	王财玉和雷雳（2015）
11	低碳消费行为	能够减少碳排放的消费行为	魏佳等（2017）
		消费过程中减少碳排放的行为	黄苏萍等（2016）
		减少能源消耗和碳排放的消费行为	王建明和贺爱忠（2011）
		减少使用能源消耗较多的产品，同时减少不合理的消费行为	饶田田等（2010）

续表

编号	概念	内涵	提出者
12	协同行为	在满足特定行为需求的前提下,对资源进行的有偿性互利性活动的行为	梁晓蓓和贺明华(2018)
13	环境友好行为	致力于减少自然资源使用或促进自然资源的可持续利用的行为	李秋成等(2014)

从行为领域来说,当前关于生活碳排放的来源和分类,学术界基本达成了共识,生活碳排放可分为直接和间接生活碳排放(张钢锋等,2014;Jones et al.,2014)。直接生活碳排放指居民在日常活动中直接使用能耗产品带来的碳排放,包括家电使用,炉灶使用和私家车使用等;间接碳排放指居民日常消费的非能源产品在生命周期各环节因能耗而产生的碳排放。因此,减碳行为不仅包括减少直接领域的资源消耗(如减少化石能源的消耗,相应减少碳排放量),还包括减少间接领域的资源消耗,具体包括衣、食、住、行等领域(盛光华等,2021;Wang et al.,2021)。

从行为层次来说,减碳行为在一定程度上保护了人类赖以生存的生态环境,影响着社会的可持续发展(并将继续扩大影响)。在这一现实背景和发展趋势下,促进减碳行为的发生将会成为社会发展的重要课题。因此,减碳行为具体体现在生存型行为和发展型行为等各层次。

从行为主体来说,减碳行为涉及社会的各类主体,包括个人、家庭、公司、组织、政府等。其中,个人和家庭对低碳行为形成个人认知,从而产生减碳行为。此外,当个人和家庭意识到减碳行为对自身健康和环境的重要性时,也会积极充当减碳行为的推动者。公司是碳减排行为的重要载体。个人减碳行为的落实离不开公司自身的"绿化"。政府和组织对实施减碳有监管责任;另外,政府和组织在充当监管者的同时,要在监管过程中加强自我管理,在减碳实践中发挥模范作用(洪大用和卢春天,2011)。

从行为时间来说,减碳行为是长期动态的完整时间覆盖,而不是短期静态的时点覆盖。减碳行为基于可持续发展理念,是一种社会责任导向，应当成为社会长期发展的方向，而不是短暂的行为发生。

从行为关系来说，当前全球变暖是减碳行为引起广泛关注的主要动因。巨量的能源消耗是导致环境恶化的首要原因，因此，减碳行为作为一种环境理念，是人与自然和谐相处的基础。此外，环境危机在一定程度上引发了社会危机（如能源短缺、能源安全危机等），从而造成社会冲突等一系列社会问题。因此，减碳行为在缓解环境压力的同时，也是人类之间相互影响的重要载体。

从行为环境的角度来看，居民的减碳行为在实际生活中能够发生迁移。相较于不重视减碳行为的个体，重视减碳行为的个体在工作场所或其他场所实施减碳行为的可能性更大。另外，由于参照群体的存在，处于不同环境中的居民参与到减碳行为中的可能性会有所差异。

从行为手段的角度来看，居民实行减碳行为，有的是出于自身的习惯，有的是出于规避惩罚，有的是出于自己的行为偏好，而且居民可通过多途径减碳，如低碳出行、少开冰箱门、选购节能低碳的产品等。

从行为结果的角度来看，如果居民实行减碳行为，比如在家节电节水，短期来看，最直接的反馈即给居民带来经济实惠，如减少电费和水费。长期来看，一是节约自然资源，给子孙后辈留下福祉；二是减少碳排放，创造更美好的环境；三是减少自然灾害的发生，减少国家和个人的损失等。

由上可知，虽然目前关于减碳行为的概念还没有统一的明确定义，但是我们可以发现，减碳行为是环境危机下，人们意识到环境问题之后产生的一种新型行动理念。自愿减碳行为作为一种环境行为，在减碳行为的基础上增添了行为实施者的主动性，即行为是主动的，是个体采取有意识的行为来避免或解决环境问题（Hines et al., 1986；Hsu et al., 1998）。因此，本书界定，城市居民自愿减碳行为指在人与自然和谐共处下，城市居民有意识地、自觉地节约资源，保护环境并选用低能耗、低污染、有利于城市居民健康发展的长期生活方式。

二 自愿减碳行为分类

关于生活碳排放的来源和分类，学术界基本达成了共识，生活碳排放可分为直接和间接生活碳排放（胡家僖，2020）。直接生活碳排放指居民在日常活动中直接使用能耗产品带来的碳排放，包括使用家电、炉灶和私家车等；间接碳排放指居民日常消费的非能源产品在生命周期各环节因能耗而产生的碳排放。关于生活碳减排，学者们从不同的行为角度进行了分类。Yang 等（2020）将低碳行为分为低碳着装行为、低碳饮食行为、日常低碳行为、低碳出行和节能行为。Bai 等（2013）则将低碳行为划分为减碳行为和固碳行为两种。Peng 等（2018）将低碳行为分为节能行为、低碳饮食、低碳出行、废水处理和低碳生产。杨冠宇和李淑敏（2021）将低碳行为分为绿色消费、节约用电、垃圾分类、低碳出行和节约能源。黄雪丽等（2011）将低碳行为分为节能行为、低碳消费行为、积极行为和减量行为。Stern（2000）将亲环境行为分为私人环境行为和公共环境行为，而 Hunter（2004）则将亲环境行为分为私人领域行为和公共领域行为。滕玉华等（2021）将节能行为分为私领域节能行为和公领域节能行为。Van Raaij 等（1983）将家庭能源消费行为分为绿色能源购买行为、绿色能源使用行为和产品处理废弃过程。张丽和刘建雄（2010）将居民低碳行为分为三大类：一是能源节约，包括减少电器用量、选购节能家电、随手关闭不用的电源等；二是资源回收，包括垃圾分类、闲置物品交换、厨余堆肥绿化等；三是绿色出行，包括步行、自行车出行、公共交通出行等。王建明和贺爱忠（2011）将低碳消费行为分为购置行为、使用维护行为和废弃物处置行为，并表示低碳消费行为是在平时的消费进程中（从购置到使用维护直到废弃物处理），消费者自发地实施低功耗、低排量、低污染的绿色消费方式。杨君茹和王宇（2018）将居民节能行为分为消减型和投资型两类，消减型节能行为指居民在日常生活中使用能耗产品时，有意识地改变自身的行为以减少能源消耗，投资型节能行为指居民在能源消费时专门购买节能环保的家电来减少能耗的行为。Abrahamse 等（2007）将节能行为分为购买相关节能行为和习惯相关节能行为。Barr 等（2005）将居民节能行为分为购买性节能行为和习惯性节能行为，与前者相比，习惯性节能行为更具有长期性，除此以外，其具有日常化、重复以及有限理性的特点。岳婷（2014）在回顾相关节能行为的文献基础上提出了人际促进节能行为，将节能行为分为习惯调整节能行为、品质阈限节能行为、能效投资节能行为和人际促进节能行为。

自愿减碳行为是环境行为的一种，环境行为不仅包括行为主体主动实施的环境友好行为，而且包括促使他人环境行为产生的行为（Perobelli et al.，2015）。因此，在对家庭自愿减碳行为进行类型划分时，应当注重行为主体的"社会人"特征，考虑人际行为的影响。总的来说，根据行为主体的"社会人"特征和自愿减碳行为的特征并结合现有文献，将自愿减碳行为划分为自愿减碳素养行为、自愿减碳实践行为和自愿减碳人际行为三个维度。

其中，自愿减碳素养行为指居民在长期生活中能够对低碳行为进行自我约束，是居民日常生活中的良好生活习惯的表现（高志刚等，2017）。减碳生活素养行为主要包括尽量重复使用塑料制品、及时关闭不用的水电和分类处理垃圾。节能习惯对节能行为有着直接的正向影响（吕荣胜等，2016）。作为行为成本，习惯可直接影响人们对节能行为付出与收获的理智权衡，也可无意识地改变人们的节能行为。杨君茹和王宇（2018）认为，在城市居民的节能行为中能源消耗习惯具有调节效应。

自愿减碳实践行为主要是指降低能源使用量，以低能耗、环保能源为主，控制温室气体排放的能源使用行为。自愿减碳实践行为包括使用节能产品以及提高能源利用率等（谭晓丽，2019），包括出行尽量选择公共交通工具、尽量减少电器的使用次数和时间、购买节能家电等。

自愿减碳人际行为指为促进他人提高环保意识，改变他人态度或行为，普及低碳知识并推动他人做出低碳举动的行为（岳婷等，2022）。减碳人际行为主要包括参加低碳消费环保公益活动、积极对他人宣传低碳环保意识、看到他人乱丢垃圾时提醒制止等。廖纮亿和柯彪（2020）认为，提高居民对环境问题的认识，塑造居民自身的环境价值信念能够促进居民的减碳行为。

综上所述，在自愿减碳行为结构维度的研究中，学者们主要依据自愿减碳行为的表现形式、呈现内容等方面，对自愿减碳行为细化分析。Chen等（2017）的研究表明，从行为动机的角度看，行为结构划分有利于理解行为的原因。本书将结合质性分析，从行为发生动机的视角对自愿减碳行为进行结构维度细化。

第二节 多元动机视角下自愿减碳行为影响因素

一 动机概念、分类及相关理论

(一) 动机概念

20世纪上半叶,心理学和行为学就引入了一种具有科学性的激励概念,以解释在不断受到刺激时个体反应性的变化。这引起了一系列理论的衍生,其中动机理论就是其中之一(Anselme,2010)。动机是一个非常复杂的概念。能量概念认为,动机是激励行为的一部分。在此基础上驱动理论得到了发展,驱动理论认为,动机实际上是为了满足生物体的生理需求(Hogan,1997)。激励概念表明,动机是暂时增强对特定刺激的敏感性并产生目标导向行为的过程,认为动机与目标对象的心理表征是相互作用的(Bindra,1978)。这些理论在将动机描述为一种心理状态时捕获了动机现象的基本特性:驱动力(Hull,1943),愉悦(Cabanac,1992),"想要"(Robinson et al.,1993),情感(Buck,1985)等。心理状态是暂时的,只能在给定的时间或给定的主体中存在。

动机能够使人的行为存在较大差异,即使在同一情景下,动机的不同会导致主体间采取的行动不同。情境、社会、文化以及其他外部因素对动机的影响为动机理论的发展提出了一个新的挑战和机遇。动机是具有可塑性的,可塑性主要与采取的形式有关,且可塑性的强弱源于驱动力的差异(Baumeister,2016)。虽然它不能被直接测量,但仍可通过外部指标(如行为选择、努力度)来推测(郭德俊,2005)。动机所触及的是行动的方向和能量,是激起、保持、调整人们进行某一活动,并引领这一活动发展方向的内在过程和动力,其包含方向、强度和持续性三个维度(Deci et al.,2015)。个体行为与个体动机之间紧密相连,不可分割。

(二) 动机分类

人类活动的动机是不同的，当前学者关于动机的分类并没有达成统一的结论。例如，根据动机的属性，动机可以分为生理动机和社会动机。根据行动的目标和起因，动机可以分为内部动机和外部动机（Dogan，2015；Greeno，2015；Hattie，2009；郭晟豪，2020；张剑、郭德俊，2003）。

1. 生理性动机和社会性动机

生理性动机的基本功能是维持生物的生存和繁殖，通常具有三个显著特征：物质追求特性、避苦趋乐特性及毁灭对象特性。社会性动机是基于个人的社会需求，而归属感、成就、能力和个人发展的需求则构成了个人社会性动机的基础。人类具有多种社会性动机，它们在个人发展和成长中起着重要作用，是个人成长和社会性发展的重要标志。

2. 内部动机和外部动机

个体执行一项活动的意愿是由内部动机和外部动机决定的。内部动机意味着主体仅仅是因为本身喜欢做这些事情而去采取行动。在这些活动过程中，他们的行为会受到自我鼓励或自我利益的驱动。与内部动机不同，外部动机大多是受到外在各方因素的影响，其主要依靠外部的激励，比如物质激励或其他一些如赞赏等非物质激励。外部动机能够给行为个体带来强大的激励作用，但是同时也可能会带来许多的消极影响。例如在刺激期间，外部动机会引起较大的心理压力或致使行为主体焦躁不安等。外部动机使用不当会削弱内部动机。

(三) 动机相关理论

动机理论能够有助于研究者更好地理解行为主体的行为机制。关于动机理论，研究人员进行了众多的阐述，但观点并不一致。通过文献梳理发现，个体的动机常存在多个维度，本书依据传统的动机理论，将动机分为效价—期望动机、印象管理动机、内在规范动机，并在此基础上研究减碳行为的内在机理。

印象管理动机是指行为主体看重自身在他人心目中的印象。当实施减碳行为可以给他人带来积极的印象时，印象管理动机将激励行为主体更频繁地从事此类行为。Goffman（1989）的研究表明，个体会受到各种动机的影响去处理或改变自己给他人带来的印象，尤其是出于社会赞赏和控制互动结果的动机。Jones 等（1964）对人际关系中的阿谀行为进行了深入的研究，并且首次从归因过程的角度对印象管理进行解释，并认为阿谀是印象管理的重要的动机之一。后来，Jones 等（1982）通过研究又发现，权力增长也是管理印象的动机之一。

期望—效价理论认为，实现行为的期望和行为自身的效价将致使人们追寻目标。其中，效价是指对实施自愿减碳行为的价值大小的主观估计，价值越高，个人对减少碳排放的热情就越高；相反则越小（Vroom，1964）。期望值是指个人对开展自愿减排活动可能性的主观判断，并且可能性的大小与自愿减排活动的实施正相关。期望—效价理论作为动机理论之一，将个人为实现某个目标而努力的水平或动力与实现期望目标的结果以及该特定目标的激励价值或效价相关联（Vansteenkiste et al.，2005）。已有不少学者用期望—效价理论了解不同领域中消费者的动机，比如零售业、美容业等（Chopra，2019）。还有学者运用期望—效价理论对主体展开了研究，并认为期望—效价理论有助于对人们的行为和情绪进行预测（Dever，2016）。

二　个体自愿减碳行为影响因素

（一）心理层面因素

1. 态度

态度变量被认为是影响行为的主要因素之一。陈凯和邓婷（2017）对环境态度、宣传引导语以及公众的环保出行之间的关系进行了研究，研究表明，环境态度比宣传引导语具有更强的促进作用，公众的环境态度越高，公众越容易实施环保出行。有学者研究表明，环境态度对能效投资行为影响不显著，但能效投资行为受经济因素的影响较为显著（Shen et al.，2015）。一项关于居民用能行为的研究结果表明，环境态度变量和外部条件对行为的影响是相互依存和相关的（Han et al.，2013）。有的学者认为，家庭的能源消费行为与态度无显著关系，而生活舒适度、实施节能的便捷性等因素的影响更明显（Hungerford et al.，1986）。总之，现有关于环境态度的研究大多将其视为一个变量，进行总体的测量，或关注认知与行为关系及情感与行为的关系（王建明，

2016；王建明，2011），且结论不甚一致。

2. 环境问题认知

在环境研究领域，大部分研究人员的研究结果都表明认知决定行为。环境问题认知是产生环境行为动机、实施环境行为的先决条件（Arcury，1990），可以激发人们的环保规范或道德责任认知（Abeles et al.，2019）。有学者认为，环境敏感度可看作对环境问题的感知，能有效地解释环境行为（武春友等，2006）。廖纮亿和柯彪（2020）认为，提高居民对环境问题的认识，塑造居民自身的环境价值信念能够促进居民的减碳行为。Bradley 等（2020）认为，对气候变化的风险感知、反馈效能与心理适应可以显著促进亲环境行为的实施。李立朋等（2020）的研究结果显示，居民的环境敏感度越强其进行环境保护的动力也越强，环境敏感度高的居民更容易加入环保行为。但学者郭清卉等（2020）的一项关于农户亲环境行为的研究却表明，环境认知对亲环境行为并未带来显著影响。

3. 减碳知识认知

减碳知识与环境行为存在正相关关系（Cooke et al.，2015）。None 等（2011）发现，居民的绿色消费行为显著受到环境知识的正向影响。Han 等（2011）对家庭环保行为的研究发现，环保行为极大程度上受到相关环保知识的影响。Cordero 等（2020）认为，持续的课程教育可以使大学生们掌握环境知识，并能够有效减少个人一生的碳排放。研究表明，主体了解的垃圾分类知识越多，其参与垃圾分类与回收的积极性越高（Zhang et al.，2017；Echegara et al.，2016）。但也有研究表明，减碳知识提升对绿色消费行为没有明显的作用（Pedersen et al.，2006）。

4. 行为效能认知

行为效能作为心理变量之一，被认为是影响动机进而采取行动的重要因素，是一种相信自己能够开展某项活动并取得成功的信念（Makara-Studzińska et al.，2019）。行为的后果可以激励和维持行为的动机，进一步调整和控制个体行为。在开展行动之前，行为主体会对是否可以执行某一特定行为以及该行为可能导致的结果进行一个"效能"判断（岳婷，2014）。行为效能感能够通过中介机制影响个体行为（Bandura et al.，2012），吴波等（2014）探讨了行为效能感在自我担当作用于个体环保产品购买偏好路径的中介作用，结果表明，行为效能感在此路径上起到了一定的间接作用。行为效能感的水平会影响主体是否实施某一行动，是完成某些行为的信心程度（顾远东等，2010）。也就是说，个体越相信自己的能力，那他们实施减碳行为的可能性也越大，较强的行为效能感可以强化个体实施行为的意愿（Nowak et al.，2014）。

5. 责任认知

规范行为理论模型认为，当行为者意识到他们的行为可能对自身产生积极结果时，会产生行为责任感，继而实施行为（Stern et al.，1999）。叶楠（2019）探讨了绿色责任认知分别对环境友好行为及资源节约行为的影响，结果表明，绿色责任认知对环境友好行为的影响较为显著，而对资源节约行为的影响却不显著。具备责任意识的个体更明确自身的责任，因此在做出消费行为选择时也更加理性。贺爱忠等（2011）基于多群组结构方程模型研究得出，强烈的责任意识通过影响居民的低碳态度从而间接影响居民的低碳消费行为。王建明等（2011）基于扎根理论探讨了影响人们低碳消费的因素，研究表明，低碳责任认知会影响人们的消费偏好，当这种意识来源于个体的亲身实践时，个体的意识和行为会保持一致，即个体偏向于购买低碳产品。低碳责任意识越强的个体越会为低碳行为付出努力，不仅体现在绿色产品的购买，还表现在人际关系上，如向周围的人宣传节能产品等（刘文龙等，2019）。

6. 情感

在环境行为研究的不断发展中，认知因素对环境行为的有限影响正变得日益凸显。同时，越来越多的学者发现情感因素更有助于我们理解环境行为形成的机制。情感的产生源于内在动机和外部环境的刺激，能激发主体的心理活动（王建明等，2019）。叶楠（2019）将绿色情感分为资源环境情感及绿色责任情感两个维度，并通过实证分析表明绿色情感分别与资源节约行为、环境友好行为显著相关。Elgaaied 等（2012）在前人研究基础上对情感维度进行了扩充，并检验了其在生态行为中的作用，研究表明情感因素比环境关注度因素更能影响人的行为。

7. 动机

刘海雯（2020）探究动机在个体情感对自愿减碳行为影响上的中介效应，具体分析了期望—效价动机、印象管理动机和内在规范动机的中介效应，并发现代际共情和环保公平感完全通过印象管理动机作用于自愿减碳公民行为，行为共情、代际共情和环保公平感完全通过内在规范动机作用于自愿减碳公民行为。芦慧等（2020）结合动机的内外视角，构建"规范—动机"融合视角下的中国居民亲环境行为的研究框架，研究发现工具性环保动机、自利性环保动机可以直接正向影响居民的外源亲环境行为。Geng等（2017）认为，具有绿色环境动机的个体能够有意识地减少或抵制其他非必要的、不利于环境的欲望，并从起源、强度、方向和持续性四个维度分析绿色环境动机。饶华等（2021）将动机分为经济动机、保护环境动机、安全动机和健康动机四种，并发现保护环境动机是农村居民实施绿色节能管理行为的必要条件。

综上所述，气候变化问题主要是源于人类活动产生的碳排放。不同于自愿减碳行为，对于碳排放与气候变化问题公众需要具备一定的知识基础才能有更好的认知。但现有研究中较少从气候变化及自愿减碳知识视角开发认知调查量表，且从目前的调研来看，公众对低碳生活方式的了解还不够。鉴于减碳行为不同于一般的环境行为，需从气候变化和减碳视角对认知因素和情感因素的影响进行进一步的分析。个体行为通常是由多种认知决定的动机综合作用的结果，但现有的研究中较少从多元动机视角深入分析居民自愿减碳行为的驱动机理及行为形成、发展和持续的全过程。因此，本书将从多元动机视角对行为驱动机理研究范式进行进一步拓展，探明低碳生活方式的形成机理。

（二）情境层面因素

情境因素被认为是影响环境行为的重要外在因素，情境因素和个人因素的相互作用一直是学术界关注的热点。王建明等（2011）通过深入访谈发现，当行为主体具有相对较弱的环境知识或者缺乏一定的环境情感时，情境因素将会发挥更强的调节效应。通过梳理相关文献发现，与自愿减碳行为相关的情境变量主要体现在政策因素、产品设施因素和社会规范因素等方面。

1. 政策因素

研究表明，政策是调整节能行为的常用方法和手段，居民日常的能源消耗与节能政策之间具有一定的相关联系，节能政策对人们的能源消费偏好起到干预作用。孙岩等（2012）把情景因素划分为三个方面：行为约束、奖罚措施和公共规范，并认为行为约束主要由政策体现。Sardianou（2005）对经济政策与居民能耗的关系进行了研究，研究表明税收和补贴政策对家庭的用能行为有明显的影响作用。Willemé（2003）通过 Logistic 节能供应曲线发现，能源价格越高节能量越高，相反能源价格降低节能量也会相应减少。张意翔等（2020）在研究中明确表明，政策的选择会对家庭的节能创新产生重大影响。芈凌云等（2017）对与节能相关的政策文本进行了量化分析得出，当政策力度越大时其对目标主体的影响反而越低。

2. 产品设施因素

关于环境行为研究的理论基础和模型指出，环保产品的价格、质量及其可获得性是影响环境行为的重要因素，并已经得到了大量的实证检验。Swanson 等（1993）的研究表明，环保产品的属性，如简捷性和耐用性，同样是影响绿色消费行为的重要因素之一。节能产品的技术、购买的便利程度显著影响人们的购买意愿，具体来说，当节能产品的技术水平和购买的便利性越高时，人们越愿意去实施绿色购买行为（顾鹏，2013）。Chan（1999）通过对人们的绿色消费行为研究提出，人们在采取环境行为时通常在情景因素上存在障碍，尽管人们具有较好的环境观念，但是很难将其转化为真正的绿色购买行为，主要因为人们无法方便地获得绿色产品。

3. 社会规范因素

规范是通过某些物质或精神力量支撑的、具有不同程度普遍适应性的指引或指引系统、能够对人们的行为进行调节控制。所谓的"内在规范"是自发演变的或者说是一种原始的规章制度，是在社会的内部运作中逐渐发展形成的，而不是通过任何人的设计，源自成千上万的人的互动（李斌琴，2010）。人的内在规范通过约束人的思维释放行为的动力，是主体内在无意识建立和维护的。个体的内在规范动机受社会的习俗以及惯例等非正式规则的影响，个体在进行行为决策时又将内在规范外化为行为，从而使内在规范与行为保持一致。刘敏和曾召友（2020）认为，社会规范是影响居民低碳行为的一种非正式的制度因素，主要包括社会风气、群体压力、政府表率等内容，低碳社会规范往往会给能源使用者带来无形的压力和动力。Midden 和 Ritscma（1983）在研究荷兰居民能源效率措施中发现，社会规范是居民采取能源效率措施的重要因素之一，当社会规范的作用强度提高时，其对节能行为的影响也会增加。Hee（2000）指出，在具有丰富文化底蕴的中国，社会规范中的感知压力更大。岳婷（2014）的研究结果表明，在节能意愿转变为品质型阈限节能行为和习惯型调整节能行为的过程中，节能社会规范起到重要的调节效应。

（三）社会人口统计学因素

1. 性别

环境行为领域，关于性别对居民行为影响的研究结论国内外并未达成一致。有研究表明，居民的节能环保行为与行为主体的性别不存在关系（袁亚运，2020）。Samdahl 和 Robertson（1989）发现，性别与亲环境行为之间不存在显著关系。但何志毅等（2004）的研究表明，女性具有更高的绿色消费意愿，这是因为女性对新产品的接受度较高且面对消费往往比较冷静。任胜楠和蔡建峰（2020）发现女性相较于男性环保的意愿更强，谢守红等（2013）发现女性相较于男性更愿意实行低碳消费行为。刘文龙（2019）也表示，在低碳生活中，女性表现出更强的节能环保意识。张露和郭晴（2014）持不同观点，认为男性消费者相较于女性在认知与行为方面的表现更优异。还有一些研究者认为，相较于女性，男性表现出更强的环境问题关注度（Arcury，1990）。Hunter 等（2004）和龚文娟（2008）的研究都指出，女性在私人领域会比男性表现出更多的环保行为，在公共区域时参与度却远远低于男性。劳可夫（2013）认为，男性相较于女性更注重绿色消费。李鹏等（2017）采用计量经济学对保定市居民的自行车出行行为进行了研究，研究表明男性更愿意选择自行车的出行方式。

2. 年龄

年龄能够影响个体的节能行为（石洪景，2016）。沈良峰等（2021）的研究发现，年龄显著影响城市居民的低碳出行行为选择。蒋长流和江成涛（2022）的研究认为，年龄显著影响居民的低碳行为。大部分学者认为，年龄负向影响环境友好行为（Diamantopoulos et al., 2003；Grunert et al., 1994），但也有少数研究认为年龄正向影响环境友好行为或影响不显著（Roberts, 1996；Samdahl, 1989）。Poortinga等（2003）研究发现，20—39岁的人更偏爱绿色产品购买行为，而较少关注日常生活中的节能行为。Griffin（1987）的一项研究表明，与年轻群体相比，65岁以上的老年人实施环保行为的意愿更低。师传敏等（2017）对不同年龄段关于低碳产品的购买意愿的分析表明，与其他年龄段相比，50岁以上的消费群体的消费意愿最低，这可能是因为他们缺乏认知，因此对于低碳产品的选择较为保守。Gyberg和Plam（2009）的研究指出，年长者更乐意选取各种环保环行为来减少能源消耗。与此同时，Long（1993）的研究也表明，相较于中年群体，年轻群体与老年群体反而表现出更高的能耗水平，且较少采取环保行为。年轻人相较于老年人更愿意改变垃圾混装的习惯，同时也更积极实行垃圾分类行为（Han et al., 2018）。除此之外，年龄显著影响居民参与垃圾分类治理的偏好（贾亚娟等，2021）。与之相反，Xu等（2106）的研究发现，年轻人相较于老年人更少参加社区的垃圾分类工作。此外，也有学者有不同发现，如王凤（2008）发现年龄对公众环保行为的影响不显著。

3. 婚姻状况

婚姻状况能够影响城镇居民绿色食品消费行为（李林蔚，2021）。姜丹（2019）的研究发现，婚姻状况对消费者行为产生一定影响，同时能够影响绿色消费行为（白光林等，2012）。贺爱忠等（2012）发现，未婚男性的环境知识对环保行为意向的影响与已婚男性存在显著差异。然而，刘云霞（2016）发现，婚姻状况显著负向影响公众环保行为。与之不同的是，刘丽华等（2021）的研究发现，在95%的置信水平下，婚姻状况对低碳出行的影响不显著。

4. 学历水平

关于学历或受教育水平与环境行为间的关系，大部分研究都表明两者是正相关的，具有较高学历的人更有可能表现出对环境的高度关注（Buttel et al.，1978；Arcury et al.，1986；Scott et al.，1994；Alibeli et al.，2009），也更倾向于从事环境友好型行为（Jones et al.，1992；Marquart-Pyatt，2007；Roper，1990；Newell et al.，1997）。王玉君和韩冬临（2016）通过回归分析表明，教育程度对私人环保行为有显著正向影响。教育程度与中国民众对环境关心的程度显著正相关（洪大用等，2011），能够显著影响个体的节能行为（帅传敏等，2013），同时有助于从参与意愿转化为实际参与行为（孙前路等，2020）。马军红和廖娜（2015）的一项关于西安居民绿色出行的研究表明，居民受教育水平越高，越容易接受新事物，并具有更强的社会责任感，根据现实条件对其进行适当的指导会增加其低碳出行的次数。还有学者认为，学历水平高的群体具有较为丰富的减碳知识，且通常具备较高的经济水平，因此面对低碳产品时会表现出较大的消费动力（帅传敏等，2013）。也有学者认为两者为负相关或不相关。贺爱忠等（2011）的研究表明，受教育程度高的群体更在意自己的生活水平是否符合自身的社会地位，因此会表现出更多的高碳行为，比如购买奢侈品。清华大学建筑节能研究课题组（2011）发现，教育程度、收入和职业越高的人往往是高能耗群体。欧阳斌等（2015）的研究发现，教育水平对环保行为的影响不显著。因此，学历水平对居民自愿减碳行为的影响仍需进一步检验。

5. 收入水平

收入对环保行为的影响争议较大，如 Hadler 和 Haller（2011）发现家庭收入正向影响私人环保行为，负向影响公共环保行为。大多数研究人员调查发现，居民的能耗水平与收入呈正比关系，家庭能耗量将随着收入的增加而提高。Böhler（2006）对德国居民的一项调查也发现，个体的收入越高，其出行带来的温室气体排放量也越高。收入水平对居民节能行为产生显著影响（石洪景，2016），且能显著影响节能行为意愿及实际节能行为（Stern，2000），是绿色消费的重要驱动力（谢守红等，2013），能够显著影响消费者的低碳产品支付意愿（帅传敏，2013）。居民用能水平与经济收入之间有着密切的关系,随着收入的增加,居民的用电量也随之提升,因此应该对高收入者的能源消费偏好进行相应的调整(相楠等,2017)。另外,有研究表明两者之间不存在明显的相关性,甚至负相关性。芈凌云等(2016)的调查研究发现,月收入在5万元以上的家庭在节能产品的购买以及日常的节能行为中反而更为消极,家庭经济提高的同时人们的环境素养没有提升。张吉等(2020)学者认为,月收入水平与绿色消费行为不存在显著相关关系,李文娟(2006)的研究也得出相同结论,即收入对个人环保行为不存在显著影响。而Samdahl等(1989)的一项研究指出,收入水平较低的人群反而表现出较高环保意识。Olli等(2001)也表示,低收入对环保行为具有正向影响的作用。Singh(2009)和王建明(2007)的研究也发现,低收入人群更倾向于采取绿色消费行为和对社会负责的消费行为。

6. 职业类型

关于职业与环境行为,大多数的研究结果表明二者的关系不显著(Curtis,1984)。但也有一些研究表明不同职业会影响环境行为的实施。个体的能源消耗量与职业类型存在显著相关关系(清华大学建筑节能研究课题组,2011)。谢守红等(2013)的研究认为,职业类型能够显著影响个体的低碳消费行为,其中在校学生的低碳购买行为显著优于其他职业类型的个体。胡翔等(2014)的研究表明,虽然农民的环保行动水平较低,但是却具备较高的环保意识。张玲玲等(2016)的研究发现职业类型对游客的低碳旅游认知存在不同程度的影响,而石洪景(2015)认为城市居民低碳消费行为不会因职业类型的不同而存在显著差异。

7. 住宅类型

当前大部分的研究表明,是否拥有房产所有权会显著影响住户的能耗行为,具有房产所有权的居民更倾向于能效投资,而租户则偏向于改变自身行为(Black et al.,1985)。Painter等(1983)通过研究住户房产所有权与家庭汽油使用和供暖用能间的关系发现,房产所有权是区别节能人员与非节能人员之间的重要变量。

8. 家庭规模和结构

家庭规模和结构会直接影响能源消耗,一般来说,家庭成员的数量越多，能源消耗也会越多，从而能源消耗碳排放也会升高（李治等，2017）。杜运伟等（2015）的研究发现家庭成员人数对低碳行为有显著影响。王丹寅等（2012）发现家庭电能消费碳排放随着家庭成员人数的增加而增加。杨选梅等（2010）的研究发现户均碳排放量随家庭人口的增多而增加。而王素凤和赵嘉欣（2020）通过对长三角城市居民的研究得出相反结论，认为家庭直接能耗碳排放随着家庭成员人数的增加而减少。Prillwitz 和 Barr（2011）通过研究居民的日常出行方式得出，在倾向于环保出行的人群中，有近60%的家庭中没有儿童，且儿童数量越多则偏向于环保出行的占比越低。不过还有一些研究表明，为了给孩子做出良好的榜样，有孩童的家庭反而会更在意日常生活中的能源消费行为（Mcmakin，2002），此外，家中有无老人对家庭能源使用行为产生影响的结论也不相同。

虽然国内外关于人口统计学变量与低碳行为的关系的研究成果颇丰，众多学者得出的结论主要集中在以下三个观点：一是人口统计学变量对环境行为存在正向影响关系；二是人口统计学变量对环境行为的影响不显著；三是人口统计学变量对环境行为存在负向影响关系。因此本书在前人的研究基础上，分析自愿减碳行为在不同人口统计学变量上的差异，以便针对性地提出促进居民自愿减碳行为的引导策略。

（四）文献述评

综上所述，关于个体环境行为的选择，已有相关研究成果为探索城市居民自愿减碳行为奠定了理论和实证基础，但仍存在一定的不足，如难以区分行为表征下的内在驱动因素的差异，在具体的自愿减碳行为类型划分上，缺乏从决策和社会人视角的类型划分方式。现有研究缺乏基于多个理论和模型的融合，对"认知—情感—动机—行为"关系、驱动因素在自愿减碳行为心理上的作用机理和路径的研究也不够深入，并且学者们的研究结论也不尽一致。因此，亟待厘清多元动机视角下自愿减碳行为的驱动机理，探索基于助推的引导策略，为制定具体的政策奠定基础。本书上篇拟结合多元动机视角，探析城市居民自愿减碳行为的内涵界定、类型维度、综合测量、多维动因和形成机理，厘清各驱动因素的作用机制，探索引导居民自愿减碳并践行低碳生活方式的有效路径。

第二章 多元动机视角下自愿减碳行为驱动机理质性研究

第一节 质性研究设计

质性研究是一种探索性研究，在自然情境中探索社会现象的方法（陈向明，2000）。城市居民自愿减碳行为的核心要义是公众在日常生活过程中，降低能源消耗以应对社会资源耗竭和环境污染问题。在自愿减碳行为的决策过程中，行为的最终选择往往受到行为主体的心理状况和决策情境的影响。因此，采用质性分析对城市居民自愿减碳行为的驱动因素进行进一步探索。

质性研究的具体流程如图 2-1 所示。

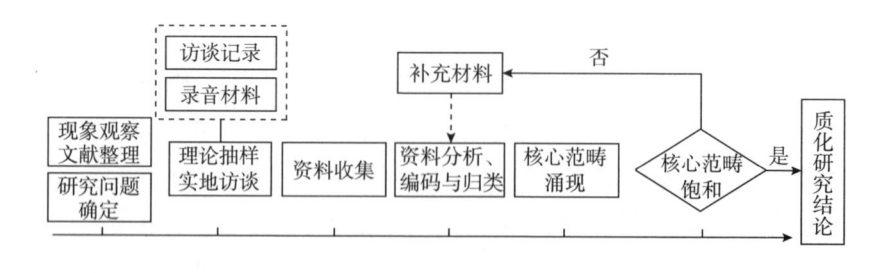

图 2-1 质性研究的具体流程

资料收集是质性研究的第一个过程。深度访谈是一种重要且经常使用的质性研究方法。通过对受访者的深入访谈，研究人员了解目标群体的人生历程、行为方式和生活模式，从而对目标社会现象的产生过程和机制进行分析，最终提出解决某一社会问题的策略和方法。由于受访者是研究资料和结论的主要来源，因此应选择对自愿减碳行为有一定的了解的受访者。本书选择的受访群体为具有大学专科学历及以上的年轻人和中年人，该类群体对自愿减少碳排放的行为现状等问题有一定的观点和看法，能够提供丰富的信息和有益的思考。受访者人数是根据理论饱和度的原则来确定的，如果受访者不再提出重要的新信息，则停止资料收集。

为了保证数据收集的完整性和有效性，所有访谈均由笔者及研究团队成员通过网络在线访谈和面对面访谈进行。使用网络交流平台进行的在线访谈更加简便，其不受地理位置的约束，并且受访者具有一定的思考空间，这会使采访内容更具逻辑性、采访内容的记录更方便。开放式访谈提纲设计如表 2-1 所示。

表 2-1 开放式访谈提纲

访谈主题	主要内容提纲
基本信息	居住地、性别、年龄、收入水平、学历、职业、家庭规模等
自愿减碳行为的认知	您对自愿减碳行为问题有什么看法？
自愿减碳政策、自愿减碳途径的认知	您了解哪些引导居民自愿减碳的相关政策？
	您知道如何能够减碳吗？您了解每种方式的减碳效果吗？
自愿减碳行为的现状	您的家人在日常生活中会自愿主动减碳吗？怎样实施的？
	您本人有没有做到自愿减碳行为？怎样表现的？
	您所体验到的现行相关政策效果如何？
影响自愿减碳行为的因素	您认为哪些因素可以推动您实施自愿减碳行为？
	您觉得居民为什么做不到自愿减碳行为？主要障碍有哪些？
	您认为要把减碳行为转变为居民自觉行为，还需要哪些努力？

整个质性研究过程随机选取了 30 名受访者（男性 16 名、女性 14 名），受访者的职业涵盖了教师、公务员、医生、学生和公司职员等。最终获得 10.8 万字的原始访谈资料。深度访谈样本的基本信息如表 2-2 所示。

表 2-2　　　　深度访谈样本基本信息汇总

序号	性别	年龄（岁）	职业	工作年限（年）	访谈时间（分钟）	访谈形式
1-1	男	27	公司职员	1	31	面对面
1-2	男	32	公司经理	8	42	网络在线
1-3	男	26	学生	0	30	面对面
1-4	女	30	公司职员	6	35	面对面
1-5	女	24	学生	0	33	网络在线
1-6	女	26	学生	0	40	面对面
1-7	男	42	医生	16	32	面对面
1-8	女	36	公司职员	12	30	网络在线
1-9	男	42	公司经理	18	45	面对面
1-10	男	56	个体户	36	33	网络在线
2-1	女	24	学生	0	32	面对面
2-2	男	29	公司职员	5	30	面对面
2-3	男	34	辅导员	8	40	面对面
2-4	男	27	公务员	3	31	面对面
2-5	女	31	公司经理	9	35	网络在线
2-6	女	44	大学教师	17	42	面对面
2-7	男	50	公司职员	26	44	网络在线
2-8	男	38	中学教师	14	36	面对面
2-9	男	32	公务员	6	38	网络在线
2-10	女	37	公司职员	12	31	网络在线
3-1	女	27	护士	4	32	面对面
3-2	男	21	学生	0	35	网络在线
3-3	男	60	保洁	5	30	网络在线
3-4	女	30	公司职员	5	38	面对面
3-5	女	33	公司职员	8	34	面对面
3-6	男	36	餐厅经理	11	36	网络在线
3-7	女	41	公司职员	17	32	网络在线
3-8	女	35	大学教师	10	46	面对面
3-9	男	52	公司经理	28	44	网络在线
3-10	女	42	后勤服务	6	30	面对面

第二节 基于扎根理论的驱动因素筛选

整理好访谈记录后,随机取 2/3 记录进行扎根编码分析。为提高编码的客观性和科学性,本书结合了个人编码和专家咨询的方法。

一 开放式编码

由于访谈所获得的资料中存在很多的初始概念,并且这些概念在一定程度上存在重叠,因此本书对重复超过 3 次的初始概念进行了范畴化,并排除前后不一的初始概念。表 2-3 展示了原始访谈记录的概念化和范畴化过程示例。

表 2-3   开放式编码过程及结果示例

范畴	原始资料语句(代表性语句)
自愿减碳素养行为	R01 平时没有减碳的习惯,不会特意实施减碳这个行为,总是在被动完成减碳任务。 R07 随手关灯,垃圾分类这都是从小养成的好习惯,也没有特意去想过减碳这个过程,好像是在不经意间完成的吧。 R13 垃圾分类,没有这个习惯啊,有些人估计都不知道还有垃圾分类这回事,所以要想改变这习惯很难,除非是政府强制性的,但是政府的执行成本也太高了,短时间难以普及。 R17 我觉得随手关灯这些小习惯还能够完成,但垃圾分类这些大步骤还是很难养成习惯。
自愿减碳决策行为	R01 有些东西循环利用可以省很多的钱,旧的东西用起来也很开心。 R20 我非常乐意实施减碳行为的,如果每一个人都能够这样做,那我们的环境就可以得到很大的改善。 R27 自愿减碳我还是很乐意去做的,雾霾天气变少了,自己和家人的身体健康也会得到保障,何乐而不为呢? R29 有时间不会特意去实施减碳这个行为,因为我的时间不够用啊,通常减碳行为都会花费很多的时间吧?

续表

范畴	原始资料语句（代表性语句）
自愿减碳人际行为	R01 我不仅乐意去实施减碳行为，还会督促我的家人去完成。 R17 如果自己的女朋友有一些高碳行为，我还是会去阻止的。 R22 如果别人去做，我也有可能去做，如果别人劝我这样去做，也许我也会去做。 R26 公众之间应该互相监督。
自愿减碳公民行为	R13 每个人都有义务去实施减碳行为，毕竟作为社会人，作为公民，每个人都有必要为绿色环境的建设贡献力量，每个人都应该自觉进行减碳，并监督和督促他人完成。 R17 遇到不环保且违法的事情，每个人都应该有义务举报，坚决遏制该类事情的发生。 R21 日本的垃圾分类的实施情况非常好，为什么我们国家不可以呢，所以站在国际观瞻的视角上，我非常支持垃圾分类政策。
政策执行效度	R21 我觉得力度还是挺大的，现在买新能源电动车的越来越多了，家里有几个亲戚买了这种新能源汽车。 R11 我是个被动的人，如果国家强制性要执行，我就会去做，平时我是没有那个意识的。 R30 限塑令应该属于实施的比较不错了，我现在去超市基本会背个包。 R02 如果国家给补贴，可能会促进我去做减碳行为。 R13 政策的话要奖惩并施吧，比如像烧秸秆就处罚，买节能产品的给补贴之类的。 R05 要想让人们少用电、少开车，那就提高电价、油价啊，但是有钱人也不会在乎这点钱，毕竟国家不可能把价格调得很夸张。 R28 多出台一些惠民政策，比如我坐一次公交车你给我弄个积分兑换一些鸡蛋什么的，那我比较有动力。
基础设施完备性	R01 新能源汽车的充电桩太少了，充电很不方便，又不像烧油的汽车，到处都有加油站，或者自己都可以加油。 R03 公交车有的时候太不方便了，你想去的那个地方不一定有站点，到别的站再走过去吧又太远了。 R27 我们这个地方关于垃圾分类的普及基本没啥力度，路边那个垃圾桶回收设施不还是原来那样？没有像网上说的那种分好几个垃圾桶什么的，这样大家还是会随便扔进去了。

续表

范畴	原始资料语句（代表性语句）
基础设施完备性	R08 现在我依然不知道废电池往哪里扔，身边根本没有专门回收废电池的地方或者是专门的回收箱。
	R09 如果把那些公用自行车的 App 内置到微信小程序，这种不需要登录，又省手机空间又不烦琐，扫一扫就行了，省很多时间也带来很大便利性。
节能产品属性	R25 现在有那种一体化的浴霸，可以一键加热，不像以前的产品要持续加热，很方便也很节电。
	R05 我家装修时别人推荐的节能门窗，说是环保节能而且材料很结实，不仅能防止盗窃，也能避免小孩老人发生意外危险。
	R11 节能家电比普通家电贵，而且应该也节省不了多少电。
	R17 家里灯泡全用的节能灯泡，耐用，对环境也好，长期来看也省钱。
节能产品易获取性	R02 我也知道要减碳啊，但是我不知道怎么去买那些低碳产品啊，没有一个购买指南指导我们啊。
	R13 网上购物时也没有明文表面这个产品的低碳水平，所以我们也无从得知这是否是低碳产品。
习惯转化成本	R02 虽然知道垃圾分可回收和不可回收，但是我没有那个习惯去分类，我都随便扔进垃圾桶，根本不在意应该放在哪个桶里。
	R06 我喜欢上下班没事的时候去走路，会让身体很放松，心情也会很愉快。
	R11 长期不在家的时候我会习惯性地去切断电源，家里人也是一直这么做的。
	R26 大家已经形成高碳行为的习惯了，这个很难去改吧。
	R01 自愿减碳行为的最大障碍可能是一个人的习惯。比如，一些人去超市买东西的时候根本没想到自己要携带购物袋，基本上是到了超市才去购买，总体来说就是习惯和意识较差。
	R22 我已经习惯这样做了，习惯对行为的影响很重要。
行为实施成本	R09 公共自行车推广以后，我会优先选择自行车而不是公交车，公交车要等，每个站都要停，太麻烦了。
	R25 现在有那种一体化的浴霸，可以一键加热，不像以前的产品要持续加热，很方便也很节电。
	R21 虽然说年轻人比较看重公共利益，但实际生活中往往因为贪图便利，也不可能做到自愿减碳。

续表

范畴	原始资料语句（代表性语句）
行为实施成本	R17 还不是图方便，像一些东西再利用再循环我们也知道，只是太麻烦了，有时候不愿意去做。
	R20 我经常坐地铁，因为地铁比较快，也比公交车舒服。
舒适偏好成本	R23 日常减碳的方式太多了，如说走的时候把灯关上，夏天把空调温度调高，但是为了舒适，我很少去做。
	R24 天气热的时候，我不怎么坐公交，我会选择其他快捷的、舒适的方法。
	R16 如果技术的发展能够克服减碳行为与舒适度之间的矛盾，那我肯定乐意去做。
个人经济成本	R05 购买新能源电动车有补贴，作为代步车还是比较好的一个选择。
	R18 我现在去超市基本会背个包，一方面省钱，另一方面可以减少塑料垃圾。
	R17 家里灯泡全用的节能灯泡，耐用，对环境也好，长期来看也省钱。
	R16 除非事情紧急，不然我都坐公交车，省钱啊，平常情况下谁会浪费钱去打车？没必要。
	R01 大部分人的核心还是经济利益，在不触犯彼此经济利益的前提下，人们可能会自愿进行减碳行为。
健康成本	R01 节能产品一般都不会产生污染，对自己的身体也有好处啊。
	R01 以前冬天用散煤取暖，产生太多的烟了，实在是太影响身体健康了。
	R21 综合考虑，我还是比较看重减碳行为是否能给我的健康带来利益，毕竟健康才是最重要的。
安全成本	R01 现在低碳产品的一大特性就是安全，为了安全，有时候也愿意去做一些减碳行为。
	R05 我家装修时别人推荐的节能门窗，说是环保节能而且材料很结实，不仅能防止盗窃，也能避免小孩老人发生意外危险。
	R13 以前烧煤烧气，总是觉得不安全，怕引起火灾，怕一氧化碳中毒，所以现在都是用电，也算是为了安全自愿做了些减碳行为吧。
行为效能感知	R01 我觉得我的减碳行为对自己健康也有好处吧，这我是能预见的。
	R14 平时多走走路，省钱还环保，最重要的是锻炼身体，而且是我很早就计划好了。
	R27 绿色的生活对环保的贡献太大了，我们都应该提倡绿色的生活方式。

续表

范畴	原始资料语句（代表性语句）
环境问题认知	R15 明显能感受到现在环境不好，以前那河水，就是沟里的水都是清的，现在这河都有一股臭味。
	R22 气候变暖吧，现在冬天很少下那种鹅毛大雪了。肯定是因为环境出现了问题才会变成这样。
	R26 最严重的就是空气污染吧，现在雾霾天气都要常态化了。
	R30 气候变化的太大了，确确实实能亲身体会到。
减碳知识认知	R14 关于家庭节能减碳行为的知识不多。
	R05 如果知道更多的家庭减碳行为方面的知识，我会愿意实施更多的减碳行为。
	R30 对普通家庭、现有的文化程度来说就认识到这个方面，理解的东西并不是很深奥。
	R29 我知道的关于家庭减碳方面的知识，我都会跟人家说。
	R01 我也知道减碳的重要性，也愿意自觉地去完成减碳义务，其实这也不真正算是一种义务，但是我还是愿意去执行，可是我并不知道该怎样去完成，怎样算是最大限度上的减碳，不了解自己减碳的行为效果。
个体责任认知	R10 我很有减碳责任感，平时方方面面我都会做到的，不仅自己会注意也会提醒周围的人做一些减碳行为，给他们普及一些减碳知识。
	R26 减碳、节能是大家都应该做的事情。
	R06 减碳行为人人有责。
	R09 减碳主要是企业、国家的责任，我们居民能产生多少影响？
	R01 我认为居民对减碳行为的责任感知是影响其自愿程度最基本的前因变量。
	R21 现在很多人，尤其是老年人和中年人，他们趋向个体利益，根本不考虑公共利益，只要是占便宜的事情就会去做。
	R07 即使是我们年轻人，有些人素质也是比较低下的，在某种程度上这种社会责任感还是欠缺的。如果让他们加入自愿减碳这个行列，难度就比较大了。
	R17 还有就是那些意识、思想不顾社会，就是那种不负责任的人很难做到自愿减碳。

续表

范畴	原始资料语句（代表性语句）
行为共情	R01 每当买到节能环保性产品时，总是觉得很开心，因为我觉得自己有远见，因为从长期利益上看，这些环保产品还是比较省钱的。
	R07 环保产品外表一般都比较美观，功能丰富和实用，所以还是比较乐意买的，有时候甚至觉得有一丝小幸福，有一丝小光荣。
	R21 我很尊重和钦佩那些能够自觉做到低碳环保行为的人，希望能够向他们学习。
	R27 蚂蚁森林就是一个很好的东西，每次种下一棵树，都有一种自豪感，说是炫耀也行。
	R01 无论什么东西我都倾向于购买节能环保型的，但是当事情不能如意时，虽然不会怪罪自己，但是心里还是有些不如意，会想到可能对环境造成的破坏，这当然是我不愿看到的，心中难免会有些内疚和痛心。
	R17 每当看到或者听到有关不环保产品的新闻时，总是觉得很痛心，看到有人买那些高碳产品时，甚至会有些鄙视。
	R11 很反感和讨厌那些不重视环保的人，因为我觉得如果是我做出那些行为，我觉得很丢脸。
自然共情	R12 金山银山不如绿水青山，我们要与自然和谐相处。
	R16 我看过一个纪录片，讲述了一片大海的底层已经全是垃圾了，我看了以后很压抑，我觉得人类应克制自己的行为，多做一些保护环境的事。
	R03 我喜欢花花草草，在旅游中我感觉自己与大自然融为了一体。
	R09 亲近自然让我觉得很放松很自由。
代际共情	R02 多做些节能减排的事情吧，到了以后能源也用完了，环境也变差了，后代还怎么过？
	R03 我认为人们对大自然的享用都是公平的，我们不能太自私。
	R17 老一辈人给我们留下这么多财富，不能浪费啊，要好好珍惜，为下代人着想。
环保公平感	R01 我觉得我已经努力减碳了，但是我一个人的力量太小了，别人我也管不了，有些不公平的感觉，感觉我的减碳努力并没有什么效果。
	R13 老百姓努力有啥用？那些大企业还不是该排放的就排放？没有公平可言。

续表

范畴	原始资料语句（代表性语句）
期望—效价动机	R04 减碳对我其实还是很有好处的，这种好处体现在很多方面，我是讲究利益的人，所以有利益的事情还是有意愿去完成的。 R09 现在外面的雾霾太严重了，在家里就不能像在外面一样，至少得买些环保产品维持家里的空气质量吧。
印象管理动机	R19 减碳行为有助于环境保护，在现代社会，环境保护这类行为本身就能给社会留下好的印象，所以我会去做。 R20 自愿减碳，做标兵模范。
内在规范动机	R18 环境保护，人人有责，我们都有义务去完成。 R20 环境关系到每一个人的生存环境，虽然没有明文规定，但是每个人都应该做到。
社会表率	R25 公众人物、政府官员要起到示范和带头的作用，他们都不做，那我们为什么要做？ R29 社会需要一些模范发挥带头作用来唤醒居民心中减碳的责任感，责任感有了，什么就都有了。 R30 社会还是缺乏引领公民的模范人物，好像除了蚂蚁森林就没有听说过其他类似的产品了。
社会风气	R19 大家都没有去做，我也懒得去做，随大流呗。 R17 全社会的宣传引导是一个方面，再一个就是说关键是个人的素质和意识要提高，这样才有可能把整个社会的好的风气带起来。 R05 就现在来说，我们这个社会还没有形成节能减碳的风气。 R11 现在的人很浮躁很物质，也很奢侈，一旦有钱了，就会买这买那，不会想到去减碳的。 R16 当今社会价值多元化，很多人都忘记了传统文化，社会的诱惑太多，形成了"有色"经济。随之而来的就是人们疯狂地追求物质生活，欲望也越来越多，从而在全社会形成了一种扭曲的文化氛围，导致当代的年轻人生活压力越来越大，不再愿意花很大工夫进行减碳。 R01 本来说旧电池可以回收，但是最终做到的人能有几个，说白了还是没有这个氛围。 R15 出去玩的时候大家都提议打车，就你想坐公交车，那怎么好意思说出来？ R16 如果大家都去做一些减碳行为，比如说不浪费打印的纸张，那我也就会不好意思去浪费。

续表

范畴	原始资料语句（代表性语句）
群体压力	R01 我周围的人都在开车，如果我自己挤地铁、挤公交，我心里也不好受，面子上说不过去，所以我还是会选择开车。 R12 办公室你不开空调，冬天、夏天时即使你受得了，你周围的人也受不了啊，兴许还会埋怨你。 R19 说不出来的感觉，有时候不好意思跟周围的人说。
年龄	R02 像我父母这种老年人，哪知道什么减碳。 R06 减碳要从小教育，最好是编进教材，从娃娃抓起比较容易吧。 R19 年轻人都比较享受生活吧，自己有收入了，生活不得过得舒服点。
性别	R02 对女大学生要引导一下，毕竟她们是未来家庭的主力军，对推动减碳行为顶起半边天。 R19 家庭妇女会减碳吧，因为她们对家居用品接触得更多。 R29 女性更容易去做一些减碳行为吧。 R01 男性要低碳一些吧，女性可能想着奢侈攀比。
政治面貌	R01 作为一个老党员，我还是有义务发挥模范带头作用的。 R13 我就是一名普通老百姓，过好自己的生活就行了，觉悟其实无所谓的。 R17 马上要入党了，有必要约束自己，这样党才能接纳我。
教育程度	R12 学历越高知道得越多。 R03 没啥文化的可能都不知道减碳是什么。 R02 这种事情跟文化水平还是有一定关系的。
家庭结构	R15 没有小孩的时候我都骑车的，有小孩以后就开车了，不然很不方便。 R02 家里有老有小，不是说你想减碳就能减碳的，得考虑很多因素。
家庭住宅类型	R01 我现在是租房子，有些行为我也是没办法的。 R09 新买的绿色住宅，在减碳这方面做得还是不错的。
家庭住宅面积	R11 我家的房子太大了，不能全方面都注意到低碳，生活的舒适度才重要。 R14 房子太小，想不低碳也不行。
家庭小汽车拥有量	R27 家里的汽车有点多，总不能都不开吧。 R29 我家没车，所以坐公交、地铁也没办法。
职业性质	R12 如果我从事的是节能环保这种职位的话，那我耳濡目染肯定会有意识地去做一些减碳行为。 R02 我是国企的公司员工，我们公司倡导我们节约用电、纸张双面打印。 R16 刚上班或者没有工作的肯定会更减碳一些。

第二章 多元动机视角下自愿减碳行为驱动机理质性研究 | 43

续表

范畴	原始资料语句（代表性语句）
职位层级	R01 作为公司的高管，必须实施减碳行动，不管基层员工乐意不乐意，也要强制执行。
	R17 作为学生在学校里学习，热就开开空调，电费反正是学校交，跟我没关系，可别热到自己。
单位性质	R11 我们公司是国家政府部门性质，必须实施减碳行动，有明文要求，不能违背的。
	R17 我们公司是私企，可能为了经济利益，减碳的任务并没有要求很多。
收入水平	R02 穷啊，不然谁坐公交车？
	R26 有钱人都不会买新能源电动车的吧，比较烧油的车更有排面。
	R18 我不在乎那点电费，有那经济条件干吗还要去省那点钱？
	R07 收入水平较高的人，谁会在乎那几毛钱啊，也没那个意识，钱都用来消费高档产品了。
居住地因素	R12 大城市对这些宣传比较多，我们这种小城市感觉就是装装样子，没有切实行动起来。
	R03 在城市里随口吐痰、随地扔垃圾的行为比农村那是好多了。
	R01 农村的人基本上很少会有人去注意这方面的问题，他们在意的还是自身的经济利益，只有经济利益才会决定他们的自愿减碳行为。
	R29 经济越发达的地区环境越不好，你看北京雾霾多严重。

注：阴影部分词语为编码过程中提取的关键词。

二 主轴编码

在开放式编码的基础上，我们对原始访谈资料进行深层次的提炼和抽象化，发掘出十几个范畴。但这些范畴在一定程度上还是相互独立的，相互之间的关系有待进一步深入探究。主轴编码亦被称作二级编码，它凭借"条件—行动/互动策略—结果"的范式模型将高阶范畴和低阶范畴联系在一起。主轴编码过程如表2-4所示。

（一）个体心理认知因素主范畴的形成

依据访谈结果可以看出，绝大部分被调查对象表示个体意识的低下和减碳行为结果的未知性是阻碍实施自愿减碳行为的一个重要因素。个体认知心理因素由四个子范畴组成，分别是：①环境问题认知，即个体

表 2-4　　　　　　　　　主轴编码过程及结果

主范畴	对应子范畴	范畴关系的内涵
自愿减碳行为	自愿减碳素养行为	城市居民在长期生活中能够对低碳行为进行自我约束，是居民日常生活中的良好生活习惯的表现
	自愿减碳决策行为	城市居民在权衡经济、安全、健康和舒适等利益之后实施减碳行为，是居民进行抉择的结果
	自愿减碳人际行为	城市居民为促进他人提高环保意识，改变他人态度和行为或被他人改变态度和行为，并对低碳知识进行普及并推动他人做出低碳举动的行为，是居民具有人际属性的表现
	自愿减碳公民行为	城市居民出于公民意识、建设美好家园的需要实施减碳行为，是居民公民行为的表现
个体心理认知因素	环境问题认知	个体对于环境恶化问题严重性、紧迫性及与个人相关性的认知
	减碳知识认知	个体关于减碳内涵知识和减碳行为指南知识的认知
	个体责任认知	个体为应对环境恶化问题调整特定的、已有的高碳行为的责任感和使命感
	行为效能认知	个体对于自愿减碳行为所带来的正面或负面效果大小、重要性的认知
个体情感因素	行为共情	个体在自愿减碳行为过程中所体验到的自豪感和赞赏感、愧疚感和厌恶感会影响其减碳价值观及自愿减碳行为表现
	自然共情	个体对自然的情绪体验会影响其减碳价值观及自愿减碳行为表现
	代际共情	个体对后代生存环境的危机意识会影响其减碳价值观及自愿减碳行为表现
	环保公平感	个体对与自身利益相关的环境制度、政策和措施的公平感受会影响其减碳价值观及自愿减碳行为表现
动机	期望—效价动机	个体对自我利益的关注会影响其自愿减碳行为表现
	印象管理动机	个体对他人对其行为印象的重视程度会影响其自愿减碳行为表现
	内在规范动机	个体受社会的习俗以及惯例等非正式规则的同化程度会影响其自愿减碳行为表现

续表

主范畴	对应子范畴	范畴关系的内涵
社会参照规范	社会表率	政府表率、官员表率和社会模范会导致城市居民自愿减碳行为趋向社会规范的要求
	社会风气	人情往来、攀比和讲排场等会"面子文化"导致城市居民自愿减碳行为趋向社会规范的要求
	群体压力	群体评价和压力等会导致城市居民自愿减碳行为趋向社会规范的要求
选择成本偏好	个人经济成本	个体经济水平、生活水平及对自身利益的考虑会影响其实施自愿减碳行为的成本
	习惯转化成本	个体消费习惯和生活习惯会影响其实施自愿减碳行为的成本
	行为实施成本	个体特定行为便利程度会影响其实施自愿减碳行为的成本
	舒适偏好成本	个体舒适度的维持会影响其实施自愿减碳行为的成本
	安全成本	个体对行为安全程度的判断会影响其实施自愿减碳行为的成本
	健康成本	个体对健康的重视程度和期盼会影响其实施自愿减碳行为的成本
技术制度情境	基础设施完备性	基础设施的完备性会影响城市居民自愿减碳行为的执行
	节能产品属性	产品品种少、技术不成熟等因素会影响城市居民自愿减碳行为的执行
	节能产品易获得性	产品的便捷获取性、可选择性会影响城市居民自愿减碳行为的执行
	政策执行效度	政策的执行力度和效度会影响城市居民自愿减碳行为的执行
社会人口学变量	人口统计学变量	个体的年龄、性别、教育程度、政治面貌、职业性质和收入水平
	组织工作变量	单位性质和职务层级
	家庭统计变量	家庭结构、家庭住宅类型、家庭住宅面积、家庭小汽车拥有量
	城市统计变量	居住地因素

对于环境恶化问题严重性、紧迫性及与个人相关性的认知；②减碳知识认知，即个体关于减碳内涵知识和减碳行为指南知识的认知；③个体责任意识，即个体为应对环境恶化问题调整特定的、已有的高碳行为的责任感和使命感；④行为效能认知，即个体对于自愿减碳行为所带来的正面或负面效果大小、重要性的认知。在前述的几个范畴中，环境问题认知是自愿减碳意识的第一影响要素，当居民意识到环境恶化问题时，便会产生保护环境的责任意识和行为意向。其中具备相应的减碳知识，是将居民的责任意识进一步转化为具体的行为意向的重要环节和关键步骤。最后，低碳心理意识真正确立，需要居民对自身行为对事件或客体的影响结果有充分的了解和认知。

(二) 个体情感因素主范畴的形成

依据访谈结果可以看出，绝大部分被调查对象表示个体情感是推动自愿减碳行为发生的一个重要因素。个体情感因素由四个子范畴组成，分别是：①行为共情，即个体在自愿减碳行为过程中所体验到的自豪感和赞赏感、愧疚感和厌恶感会影响其减碳价值观及自愿减碳行为表现；②自然共情，即个体对自然的情绪体验会影响其减碳价值观及自愿减碳行为表现；③代际共情，即个体对后代生存环境的危机意识会影响其减碳价值观及自愿减碳行为表现；④环保公平感，即个体对与自身利益相关的环境制度、政策和措施的公平感受会影响其减碳价值观及自愿减碳行为表现。首先，对于个体共情的划分，本书借鉴消费共情或生态共情的分类维度来进行探讨，这是因为自愿减碳行为也可被视为一种消费行为，且具有生态效应。当前大多数学者都使用由 Izard 开发的基本情感量表，将消费情感分为积极和消极两个情感维度，这种二分法已在绿色消费行为的众多研究中得到证实。在一般心理学研究中，这两种类型的情感对大多数行为类别都具有明显的推动作用。因此，对城市居民的自愿减碳行为会产生一定程度的驱动作用，行为共情属于个体情感的内在体现。其次，自然共情能够使个体感受到自然的情绪体验，尤其是困境中的体验；代际共情能够使个体感受到后代的情绪体验，能够感受到后代的困境而产生危机意识，或者因当代环境的改善而感到喜悦，持有自然系统优先公平感的个体对减碳常持有肯定评价，持有个人利益优先的公平感将导致个体的消极减碳行动。这三类共情属于个体情感在自然层面的外在体现。最后，自愿减碳行为需要大范围内的居民参与，居民的环保公平感能够维持政策执行的稳定性，有利于自愿减碳氛围的形成，这类共情属于个体情感在社会层面的外在体现。

（三）动机主范畴的形成

从访谈结果上看，绝大多数被调查对象表示动机是影响其自愿减碳行为发生的主要原因之一。动机主要由三个相应的子范畴组成，分别是：①期望—效价动机，即个体对自我利益的关注会影响其自愿减碳行为表现；②印象管理动机，即个体对他人对其行为印象的重视程度会影响其自愿减碳行为表现；③内在规范动机，即个体受社会的习俗以及惯例等非正式规则的同化程度会影响其自愿减碳行为表现。首先，期望理论以自身利益为出发点来强调激励的效果，因此，个体减碳动机受到效价和期望值的主观估计影响。其中，效价指个体对自愿实施减碳行为价值大小的主观判断，价值越高，自愿减碳的热情就越大；反之则越小。期望值指个体对实施自愿减碳行为可能性的主观估计，且该可能性与自愿减碳行为的实施呈正相关关系。其次，当低碳行为的实施可以给他人留下积极的印象时，印象管理动机将鼓励个人更频繁地实施这种行为。最后，个体在进行行为决策时又将内在规范外化为行为，从而使内在规范与行为保持一致。

（四）社会参照规范主范畴的形成

依据访谈结果可以看出，绝大部分被调查对象表示社会参照、社会规范因素是阻碍实施自愿减碳行为的一个重要因素。社会参照规范由三个对应子范畴构成，分别是：①社会表率，即政府、官员表率和社会模范会导致城市居民自愿减碳行为趋向社会规范的要求；②社会风气，即人情往来、攀比、讲排场等"面子文化"会导致城市居民自愿减碳行为趋向社会规范的要求；③群体压力，即群体评价和压力等会导致城市居民自愿减碳行为趋向社会规范的要求。在前述几个子范畴中，社会表率是先决条件，如果政府部门相关人员、社会先进模范人员能够以身作则，为广大群众率先做出榜样，这样就可以有效地激发公众的自愿减碳行为，从而营造出融洽的自愿减碳氛围。在这种氛围下，来自身边群体的压力和舆论将会成为推动个体实施自愿减碳行为的一个重要社会因素，群体评价和面子文化将会左右个体向自愿减碳行为的转变。

（五）选择成本偏好主范畴的形成

依据访谈结果可以看出，绝大部分被调查对象表示实施成本高是阻碍自愿减碳行为的一个重要因素。选择成本偏好由六个子范畴构成，分别是：①个人经济成本，即个体经济水平、生活水平及对自身利益的考虑会影响其实施自愿减碳行为；②习惯转化成本，即个体消费习惯和生活习惯会影响其实施自愿减碳行为；③行为实施成本，即个体特定行为便利程度会影响其实施自愿减碳行为；④舒适偏好成本，即个体舒适度的维持会影响其实施自愿减碳行为；⑤安全成本，即个体对行为安全程度的判断会影响其实施自愿减碳行为；⑥健康成本，即个体对健康的重视程度和期盼会影响其实施自愿减碳行为。在上述六个子范畴中，个人经济成本是前提。经济收入水平、日常消费水平是公众是否实施自愿减碳行为的重要影响因素。在此基础上，居民的生活及消费习惯也会进一步对其低碳行为造成影响。尽管公众愿意改变自身生活和消费习惯，但是想要他们能够长期维持低碳行为还需要保证这些行为的实施足够便利（实施的时间、精力成本低）、舒适（不损害已有生活的舒适度）、安全（不对物质财产造成损害）和健康（不对身体健康造成损害）。

（六）技术制度情景主范畴的形成

依据访谈结果可以看出，绝大部分被调查对象表示当前的技术制度情景是推动自愿减碳行为发生的一个重要因素。技术制度情境由四个子范畴构成，分别是：①基础设施完备性，即基础设施的完备程度会影响城市居民自愿减碳行为的执行；②节能产品属性，即产品品种少、技术不成熟等因素会影响城市居民自愿减碳行为的执行；③节能产品易获得性，即产品的便捷获取性、可选择性会影响城市居民自愿减碳行为的执行；④政策执行效度，即政策的执行力度和效度会影响城市居民自愿减碳行为的执行。首先，基础设施完备性是前提，居民的减碳行为的自愿性在很大程度上取决于基础设施的完备程度。只有在基础设施建设完备的基础上，居民的减碳行为才有保障。其次，节能产品属性是影响居民自愿减碳行为的根本因素之一，节能产品相对于非节能产品的属性更优质才能激发居民购买的欲望。再次，节能产品要有易获得性，才能够被广大居民所接纳，成为居民长期生活的选择。最后，政策的执行力度和效度是根本，居民实施自愿减碳行为在很大程度上取决于政策的强制力，政策的制定需要综合考虑现实中的社会群体的利益需求，在确保公平的基础上充分发挥政策的效度。

（七）社会人口学变量主范畴的形成

据访谈结果可以看出，大部分被调查对象表示社会人口统计特征是影响居民实施自愿减碳行为的重要因素。社会人口学变量由四个子范畴构成，分别是：①人口统计学变量，即个体年龄、性别、教育程度、政治面貌、职业性质和收入水平；②组织工作变量，即单位性质和职务层级；③家庭统计变量，即家庭结构、家庭住宅类型、家庭住宅面积和家庭小汽车拥有量；④城市统计变量，即居住地因素。

三 选择性编码

在主轴编码阶段，心理意识、动机、情境因素、社会人口学变量四个主范畴已经形成。选择性编码阶段将对心理意识、动机、情境因素、社会人口学变量这四个主范畴间的关联进行更深层次的处理。本书主范畴的典型关系结构如表2-5所示。

表 2-5　　　　　　　　选择性编码结果

核心范畴	典型关系结构	关系结构的内涵
自愿减碳行为驱动机理	个体心理认知因素→个体情感因素→动机	心理认知是情感的刺激，心理认知和情感是个体动机产生的内因，决定最终个体是否会实施自愿减碳行为
	个体心理意识→自愿减碳行为	个体心理意识是自愿减碳行为的内驱因素，个体心理意识直接决定个体是否会实施自愿减碳行为
	自愿减碳行为→动机	自愿减碳行为的实践过程能够强化个体的动机，带来积极的减碳结果体验
	情境因素→自愿减碳行为	情境因素是自愿减碳行为的内驱因素，情境因素直接决定个体是否会实施自愿减碳行为

续表

核心范畴	典型关系结构	关系结构的内涵
自愿减碳行为驱动机理	情境因素→动机→自愿减碳行为	社会参照规范、选择成本偏好和技术制度情境等情景类因素会决定个体动机的变化，即该类因素能否带来自身认知、情感和行动等各个方面的满足感，进而决定能否促进自愿减碳行为的产生
	选择成本偏好→动机→自愿减碳行为	选择成本偏好是自愿减碳行为产生的内部情境条件，作为调节变量影响动机作用于自愿减碳行为的关系强度和方向
	社会参照规范→动机→自愿减碳行为	社会参照规范是自愿减碳行为产生的外部情境条件，作为调节变量影响动机作用于自愿减碳行为的关系强度和方向
	技术制度情境↓动机→自愿减碳行为	技术制度情境是自愿减碳行为产生的外部情境条件，作为调节变量影响动机作用于自愿减碳行为的关系强度和方向
	社会人口学变量→自愿减碳行为	社会人口学变量，包括人口统计学变量（个体的年龄、性别、教育程度、政治面貌、职业性质和收入水平）、组织工作变量（单位性质和职务层级）、家庭统计变量（家庭结构、家庭住宅类型、家庭住宅面积和家庭小汽车拥有量）和城市统计变量（居住地因素）对自愿减碳行为存在显著的直接影响，即社会人口统计学变量直接决定个体自愿减碳行为的产生

四　理论饱和度检验

饱和度指不能再找到额外的资料来发展出更多该范畴的特征（Fassinger，2005）。本书将剩余 1/3 访谈记录进行理论饱和度检验。结果显示，模型中发展的范畴足够丰富，主范畴内部也没有新的构成因子。

第三节　研究变量界定

城市居民自愿减碳行为属于环境行为。回顾现有的环境行为相关理论和文献可以发现，由于研究视角不同，相关变量选取和界定也有显著差异。例如，现有关于减少生活消费碳排放的研究大多从节能行为、低碳消费行为、垃圾分类回收行为等视角，借鉴较为成熟的经典环境行为理论模型。其中，比较有代表性的是计划行为理论模型，该理论认为人的行为是经过深思熟虑计划后的结果，个体的行为决策除受自身心理特征影响外，还受周围环境及其他个体行为的影响（Ajzen, 1991; Ajzen and Fishben, 1977）。在环境保护行为研究的框架下，规范激活模型得到了发展，该模型认为，在一些特定情景下由于道德因素的驱动，行为主体会实施一些违背个人利益的行为（Schwartz, 1977）。负责任的环境行为模型认为，行为意愿与知识、技能和个性有关，但个体行为选择也受到经济约束、群体压力以及环境行为实施机会等情境因素的影响（Unsworth 等，2013）。此外，环境素养模型认为，个体的环境素养水平是影响个体采取环境行为的重要因素，环境素养的三类变量分别是知识、态度和人格（Ajzen, 1991）。人际行为理论重视社会因素与情感因素在意愿形成中的显著作用，认为社会因素和情感共同作用于意愿的形成（Horne and Kennedy, 2017）。本书参考已有的经典环境行为模型，并结合上述质性研究分析结果，对行为形成前的心理过程、行为的形成和发展过程、影响因素的作用机理和路径进一步深入研究。因此，最终将具有现实情境特征的居民自愿减碳行为和其驱动因素相关变量界定如下。

一 自愿减碳行为（Voluntary Carbon-Reduction Behavior, VCB）

以居民家庭生活为载体的自愿减碳行为是个体行为决策的一种。微观经济学效用理论认为消费者根据自身偏好、价格和收入约束，以效用最大化为标准选择消费行为。但实际上，行为选择并不完全是理性的，其影响因素是复杂的。社会心理学认为，在适应周围环境的过程中，人们通过与外部群体的互动，通过学习、模仿和接受教育，逐渐形成对社会价值和道德的认识，从而影响其行为，强调行为主体间及主体与社会间的相互影响和相互作用（贾亚娟和赵敏娟，2021）。此外，自愿减碳行为属于环境行为的一种，自愿减碳行为不仅包括行为主体主动实施的环境友好行为，而且包括促使他人环境行为产生的行为（王建明和贺爱忠，2011）。因此，在对城市居民自愿减碳行为进行类型划分时，应当注重行为主体的"社会人"特征，考虑人际行为的影响。在有关个体行为决策的研究中，可以发现：

（1）个体行为决策受到多重因素影响。Courbalay 等（2015）指出，除个体意识层面影响个体行为决策外，无意识层面也在一定程度上对个体行为决策产生影响，在以往的行为研究中，学者们通常基于理性的研究理论或者采用理性的行为模型框架对环境行为进行探索。然而，个体的行为实施并不总是在理性思考后所做出的选择。一般来说，个体行为的选择还受到其他非理性因素的影响，如个人的习惯。这些非理性因素能够不经意间通过潜意识对个体的行为选择进行干预。在长期生活中，这种无意识的习惯性的减碳行为大量存在，只有在受到一些其他外在因素的干扰时，行为主体才会对这些无意识行为进行理性分析。本书将此类行为归类为自愿减碳素养行为。

（2）个体对自身利益的追求影响其实施减碳行为的成本。追求个人利益最大化是经济学的基本假设，行为主体在实施减碳行为决策时首先会衡量实施该行为是否会损害个人的利益（其中包括经济利益、时间利益、舒适度利益、安全利益和健康利益等）。在自身利益得到保障的状况下，个体才会考虑实施减碳行为。如果主体认为实施这种行为可能会给自己带来更大的成本时，那么他们的实施意愿也会变得较为消极。因此，本书将个体出于一种经济、时间、舒适度、安全和健康利益的动机而主动实施自愿减碳行为归类为自愿减碳决策行为。

（3）在考虑自身减碳习惯和权衡多重利益的基础上，个体为了维持与社会其他个体、群体的一致性，往往会在不经意间或违背自身行为意愿的条件下产生相应的减碳行为。比如，当行为主体的减碳行为与人际交往关系的维持发生冲突，个体有必要在两者之间进行权衡时，该行为主体出于对人际关系维护的考虑，可能会增加减碳行为的实施。因此，人际关系可能会导致减碳行为的发生，尽管这可能不是出于个体自身意愿，但从表层上看，这类型行为仍旧可被视作自愿行为。该类行为主要包括积极对他人宣传低碳环保意识、提醒制止他人非低碳行为等。本书将其归类为自愿减碳人际行为。

（4）个体如果存在较强的公民意识，对环境具有较高的环境态度和责任意识，可能会促进自愿减碳行为的产生。例如，贺爱忠等认为低碳责任意识能够正向地影响消费者的绿色行为（李林蔚，2021）。有些学者还表明，公民的环境行为很大程度上源于自身道德责任感（张昱，2020）。该类行为主要是个人作为责任公民而履行的环保行为，属于深层的环保行为，包括关注国内外环保事件、做减碳志愿者、为解决日常环境问题投诉等。因此，较高的环境态度和责任意识能够唤醒居民保护环境的意愿，进而实施自愿减碳行为，本书将其归类为自愿减碳公民行为。

综合上述分析，本书注重行为主体的"社会人"特征，考虑人际行为的影响，并基于城市居民自愿减碳行为的个体行为决策视角，将自愿减碳行为划分四种类型：自愿减碳素养行为（Voluntary Carbon-Reduction Behavior for Habit，VCBH）、自愿减碳决策行为（Voluntary Carbon-Reduction Behavior for Decision，VCBD）、自愿减碳人际行为（Voluntary Carbon-Reduction Behavior for Publicity，VCBP）和自愿减碳公民行为（Voluntary Carbon-Reduction Behavior for Citizen，VCBC）。其中，自愿减碳素养行为是指，城市居民在长期生活中能够对低碳行为进行自我约束，是居民日常生活中的良好生活习惯的表现；自愿减碳决策行为是指，城市居民在权衡经济、安全、健康和舒适等利益之后实施减碳行为，是居民进行抉择的结果；自愿减碳人际行为是指城市居民为促进他人提高环保意识，改变他人态度和行为或被他人改变态度和行为，并对低碳知识进行普及并推动他人做出低碳举动的行为，是居民人际属性的表现；自愿减碳公民行为是指，城市居民出于公民意识、建设美好家园的需要而实施的减碳行为。

二 个体心理认知因素（Individual Psychological Cognitive Factors，IPCF）

（一）环境问题认知（Cognition for Environmental Issue，CEI）

环境问题的认知通常被假定是影响环境行为（包括自愿减碳行为）的重要因素之一。大多数研究人员根据客观测量发现环境问题的认知程度对绿色消费起积极作用。例如，Mintu-wimsatt（1995）指出大多数受访者表示愿意付出更多努力来帮助解决环境问题，并且对此投入较多的感情成分，但由于他们缺乏应对环境问题的相应知识，未能付诸实践。但也有部分研究人员发现增加环保知识并不一定导致非环境行为的改变

(Kunreuther and Weber, 2014)。

（二）减碳知识认知（Cognition for Carbon-Reduction Knowledge, CCK）

在环境研究领域，大多数的研究表明了个体认知对行为具有一定的决定作用。环境知识了解得越多，个体越容易展现出友好的环境行为。环境认知（个体对环境知识的了解、识别、关注等）被认为是产生环境行为动机和实施环境行为的重要前提（Bandura, 1986），可以激发个体的环保规范或道德责任感知（王沛和林崇德，2003）。人们在进行绿色消费行为时，通常会通过自身具有的环境知识对环保产品进行评估（于伟，2009）。

（三）个体责任认知（Awareness for Individual Responsibility, AIP）

关于个体责任认知对环境行为影响的研究相对较少，但还是有一些研究人员进行了探索。例如，赵燕华等（2013）的研究表明，社区文化能够显著增强居民的责任意识，而责任意识较强的居民会更关注低碳产品。Webster（1975）的研究也表明，具有社会责任的人往往受到社会认同的价值观影响。因此，积极参与社区活动、具有社会责任感的个体更可能实施亲环境行为，前提是这一行为已经成为或将成为社会普遍接受的规范。

（四）行为效能认知（Cognition for Utility Behavior, CUB）

Wiener 和 Doescher（1995）假设公众对环境诉求的态度和反应取决于个体信念的强弱，这种信念是个体主动实施行为影响环境问题的一种信念，被称作"行为效能感"。如果个体认为其自身的行为能够改善环境，则他们感知的效力就产生了（朱成钢，2006）。行为效能感的水平会影响主体是否实施某一行动，是完成某些行为的信心程度（Han, 2018），也就是说，个体越相信自己的能力，实施减碳行为的可能性也越大，较强的行为效能感可以强化个体实施行为的意愿（贾亚娟和赵敏娟，2021）。

三 个体情感（Individual Affection, IA）

在环境行为方面的情感研究大多集中在三个方面：道德情感、亲近自然感和生态恐惧感。此外，在环境行为的研究中，一些学者还将情感元素隐藏在其他潜在心理变量中，即内隐情感，包含了对环境的态度体验（Schwepker and Cornwell，1991）、自我实现欲（Iyer and Muncy，2009）等。该类情感与涉及购买、出行的环境行为均有显著的相关性（Nisbet，2008）。体验情感也是影响环境行为的重要情感因素之一。体验情感指人们在接受情感测量之前就已经体验到的情感，包括个体或者群体的主观幸福感，对自己没有实施环境行为所产生的愤怒，对具体事物的认同感受以及主观公平体验等（Kals et al.，1999；Brown and Kasser，2005）。因此，结合深度访谈结果，将行为共情（Behavior Empathy，BE）、自然共情（Natural Empathy，NE）、代际共情（Intergeneration Empathy，IE）和环保公平感（Environmental Protection Justice，EPJ）作为情感因素的四个直接衡量因素。

四 动机（Motivation，MOT）

动机是激发个体活动，维持、促进活动朝某个目标发展的内部动力。动机由特定需求引起，是指满足各种需要的特殊心理状态或意愿。关于环境行为，动机是个人实施环保行为的动力，是维持环保行为的保障。因此，结合深度访谈结果，本书将期望—效价动机（Expectation-value Motivation，EM）、印象管理动机（Impression Management Motivation，IMM）和内在规范动机（Internal Norm Motivation，INM）作为动机的三个直接衡量因素。

五 社会参照规范（Social Reference Norms，SRN）

尽管不同学科对社会参照规范的概念界定有所不同，但大部分的学者都认为社会参照规范是全体社会成员所认可的一种准则或规范。社会规范是社会关系的反映，是没有法律效力的社会行为指南和规范。学者Black（1985）在对居民的节能行为研究中发现，社会规则影响居民的节能行为，当部分人的节能措施带来利益时，其他人就会受到某种激励或压力，从而使其他人也改变自己的行为。通过访谈我们可以发现，政府和官员的表率以及社会减碳氛围都会导致个体环境行为趋向社会参照规范的要求。因此，本书将社会参照规范划分为社会表率（Social Example，SE）、社会风气（Social Tendency，ST）和群体压力（Group Pressure，GP）。

六 选择成本偏好（Alternative Costs Preferences，ACP）

在行为选择前，个体会对选择的成本和收益进行评估，当超出某一成本范围时，个体就会拒绝这一选择。在城市居民自愿减碳行为的实施过程中，该成本和收益因素涵盖生活的各个方面，并不单一地指向经济利益。具体来说，减碳成本不仅包括选择和实施低碳消费的成本，还包括转变个人习惯、改变自身舒适偏好等。它们作为内部情境因素，是实现减碳行为动机成为可能的因素，也是启动减碳模式的因素。通过访谈发现，本书将低碳选择成本通过个人经济成本（Personal Economic Cost，PEC）、习惯转化成本（Habit Conversion Cost，HCC）、行为实施成本（Behavior Implement Cost，BIC）、舒适偏好成本（Comfortableness Preference Cost，CPC）、安全成本（Safety Cost，SC）和健康成本（Health Cost，HC）六个方面衡量。

七 技术制度情境（Technology System Situation，TSS）

依据访谈结果可以发现，大部分受访者表示技术成熟度和产品易获得性决定了其是否实施特定减碳行为。基础设施完备性在很大程度上能够决定居民的减碳行为是否能转变为长期行为。王建明等（2011）构建了居民低碳消费模式的影响因素模型，证实了政策执行因素对居民的低碳消费行为产生一定的影响。本书将技术情境因素划分为基础设施完备性（Completeness of Public Infrastructure，CPI）、节能产品属性（Energy-Conservation Products Attribute，EPA）、节能产品易获得性（Feasible Access of Energy-Conservation Products，FAEP）和政策执行效度（Implementation of Policy，IP）四个方面。

八 社会人口学变量（Social Demography Variables，SDV）

有关人口统计特征对环境行为影响的文献颇丰，但对不同因素影响的作用和方向并无定论。在文献研究的基础上，本书选择年龄、性别、教育程度、政治面貌、职业性质和收入水平作为个体特征；家庭结构、家庭住宅类型、家庭住宅面积和家庭小汽车拥有量作为家庭统计特征；单位性质和职务层级作为组织统计特征；居住地因素作为城市统计特征。

第四节　多元动机视角下城市居民自愿减碳行为驱动机理模型构建

基于前文扎根理论驱动因素的筛选和研究变量的界定，本书挖掘了城市居民自愿减碳行为的核心驱动因素并剖析了这些变量间的结构关系。具体驱动因素分别是个体心理认知因素、动机、个体情感因素、社会参照规范、选择成本偏好、技术制度情境和社会人口学变量等。结合已有文献模型，本书上篇构建了多元动机视角下的城市居民自愿减碳行为的驱动机理理论模型，具体如图2-2所示。

城市居民自愿减碳行为的形成可划分为两个关键阶段，并受多个情境因素变量的共同影响，两个关键阶段具体如下。

（1）自愿减碳意识转化为多元自愿减碳动机的阶段。根据认知理论，认知是情绪的刺激，这个刺激作为输入，经过预估的过程，最后输出行为选择的结果。认知是个体做出行为选择的发端，个体对现实做出的反应，不是基于现实本身，而是基于个体对现实的认知。认知的结构内容维度有环境问题认知、减碳知识认知、个体责任认知和心理距离认知。情感的结果维度有行为共情、自然共情、代际共情、政策认同和环保公平感。

（2）多元自愿减碳动机转化为自愿减碳行为的阶段。通过文献梳理发现，个体的动机常存在多个维度，对于节能减排等环保行为，效价和期望、印象管理、内在规范动机同时交叉存在。期望—效价理认为，个体以自我利益为出发点来强调激励效果，因此，个体减碳的动机受到效价和期望值的影响。其中，效价指个体对实施自愿减排行为价值的主观判断。价值越高，自愿减碳的动机就越强，反之亦然。期望值指个体对实施自愿减碳行为可能性的主观估计，并且该可能性与自愿减碳行为呈正相关。印象管理动机是指行为主体重视他人对行为者的印象，当实施减碳行为能给他人留下正面印象时，印象管理动机就会促使个体更多地实施这样的行为。个体的内在规范动机受社会的习俗以及惯例等非正

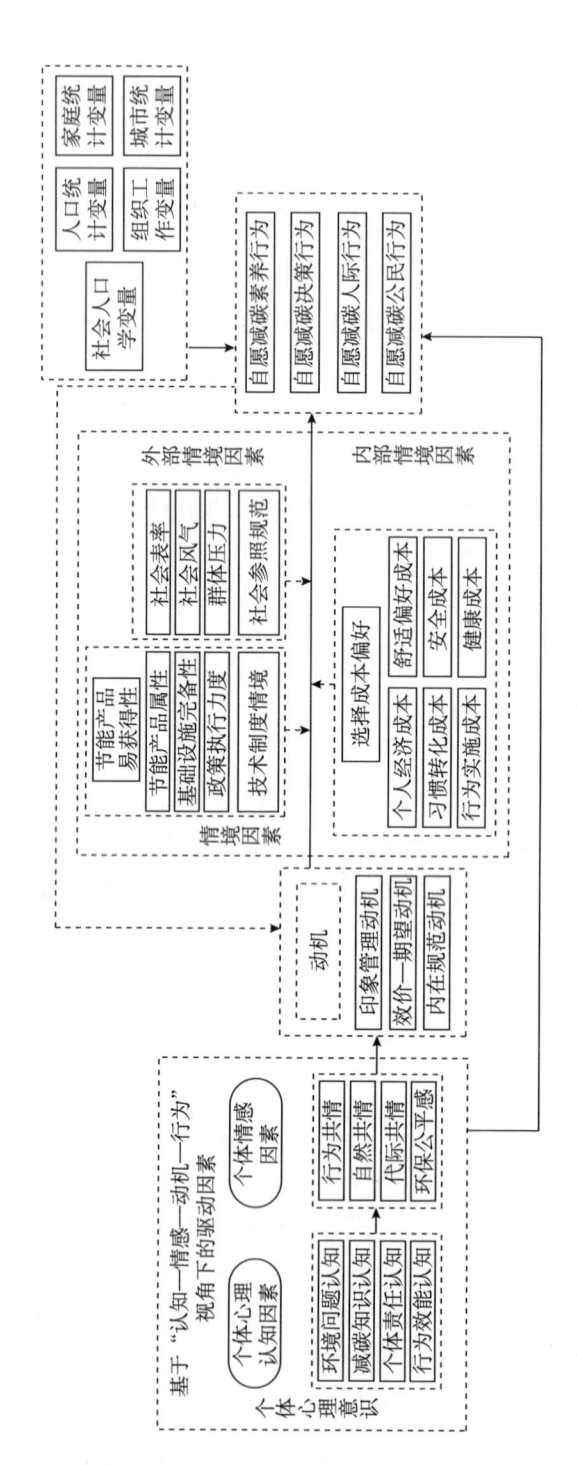

图 2-2 多元动机视角下的城市居民自愿减碳行为驱动机理理论模型

式规则的影响，个体在进行行为决策时又将内在规范外化为行为，从而使内在规范与行为保持一致。情境是个体心理意识转化为行动的决策场景，个体动机与情境因素之间存在互动关系，受到技术制度情境、社会参照规范和选择成本偏好的影响。此外，包含性别、年龄、职业、学历水平、家庭收入水平、家庭规模和家庭结构等变量在内的个体属性对自愿减碳行为有直接影响。

一　理论模型影响机制

在探究"多元动机视角下城市居民自愿减碳行为驱动机理"时，根据前文主轴编码发现了自愿减碳行为产生的主要驱动因素，但各个因素的影响效果并不相同，基于上述总结如下。

（一）个体心理认知决定个体情感，从而决定个体动机

认知能反映出个体的信念价值，情感能反映出个体态度中蕴含的情绪和感受，而行为表现出的是个体的行动意向（刘向阳，2011）。有研究表明，情感产生的关键是个体对某一事件形成了一定的认知，如果该事件被个人认可，则个人将给予相关的评分。人的行为表现包括"认知—评价—情感—需要—思考—行动"等环节（Gasper and Bramesfeld, 2006）。心理认知是情感的刺激，情感是个体动机产生的内因，决定最终个体是否会实施自愿减碳行为。

（二）个体情感直接影响自愿减碳行为

个体情感是产生自愿减碳行为动机或意愿的因素（内因）。它促进自愿减碳行为发生的方式是影响个体对自愿减碳行为的心理偏好，是自愿减碳行为的前置因素或诱致因素。进一步说，个体情感是自愿减碳行为产生的基础，当个体缺乏相应的情感时，也不会自觉实施减碳行为。根据已有文献，我们发现自愿减碳情感和自愿减碳行为的一致性取决于个体情感的具体特征：第一，个体心理情感的强度会影响情感—行为的一致性。当个体心理情感相对微弱时，个体的自愿减碳行为近乎为零。第二，个体心理情感的来源会影响情感—行为一致性，当心理情感更多地来自个体实践时，个体心理情感对自愿减碳行为的预测效果会显著增加，在前文深度访谈中，部分受访者也强调了这一点的重要性。

（三）个体情感通过动机间接影响自愿减碳行为

由前文深度访谈可知，个体情感对自愿减碳行为的影响并不是直接产生的，而是在一定程度上决定于个体的多元动机。也就是说，个体情感通过动机间接作用于自愿减碳行为。

（四）选择成本偏好是自愿减碳行为的内部情境因素，并作为内部调节变量在动机与自愿减碳行为之间产生调节效应

选择成本偏好是影响自愿减碳行为的内部情境因素，它是使自愿减碳行为动机和意愿得以实现的因素，是自愿减碳行为的启动因素。首先，个体对自身经济利益的追求影响其实施自愿减碳行为的成本。其次，生活消费习惯、行为便利程度、舒适度、安全性和健康性在很大程度上影响着个体实施自愿减碳行为的成本。综上所述，个人经济成本是促进或制约个体实施自愿减碳行为的经济因素，生活消费习惯、行为便利程度、舒适度、安全性和健康性则是促进或制约个体实施自愿减碳行为的非经济因素，对个体自愿减碳行为成本的影响也是非常关键的。最后，由深度访谈资料可知，如果特定自愿减碳行为实施困难，那么实施这种减碳行为的可能性就会比较低，因为实施这种行为需要付出更多的经济、精力和时间，并且会产生消极的减碳动机。所以，选择成本偏好作为内部调节变量在动机与自愿减碳行为之间有调节效应。

（五）社会参照规范和技术制度情境是城市居民自愿减碳行为的外部情境因素，并作为外部调节变量在动机与自愿减碳行为之间产生调节效应

社会参照规范和技术制度情境是影响个体实施自愿减碳行为的外部情境因素，它对于认知—情感—动机—行为之间的关系起着增强或减弱作用，是自愿减碳行为的强化因素。该类外部情境因素与个体心理意识两者对自愿减碳行为的影响机制并不一致。个体通过观察参照社会、群体的行为模式，从而产生相应的自愿减碳行为。结合深度访谈结果，本书指出社会参照规范、政策情境和技术制度情境是城市居民自愿减碳行为的外部情境因素，且在行为效能感与自愿减碳之间产生调节效应。

（六）动机与城市居民自愿减碳行为存在双向影响作用

从深度访谈的内容来看，自愿减碳行为可以带来相应的动机强化，

动机的强化又反过来影响城市居民自愿减碳行为的产生，这种影响作用可以是积极促进的，也可以是反向抑制的，即动机与自愿减碳行为之间存在双向影响作用。

（七）社会人口学变量对城市居民自愿减碳行为有显著的影响

从深度访谈的内容来看，如年龄、性别、收入水平、职业领域、单位性质、城市特征等关键词多次被受访者提到。因此，本书理论模型指出，社会人口学变量对城市居民自愿减碳行为存在显著影响。

二 研究假设

根据构建的"认知—情感—动机—行为"理论模型，提出六组可以解释多元动机视角下城市居民自愿减碳行为驱动机理的路径影响假设：个体心理认知对个体情感因素的影响假设；多元动机对城市居民自愿减碳行为的影响假设；个体情感因素对多元动机及自愿减碳行为的影响假设；情境变量的调节效应假设；社会人口学变量对城市居民自愿减碳行为的影响影响假设。

（一）个体心理认知对个体情感因素的影响假设

早在学习认知理论中，就有学者提出了情感因素，并建立了认知—情感模型（Moreno and Mayer, 2007）。Plass 等（2016）在此基础上肯定了认知情感的关系，认为认知过程和情感过程是不可分割的，认知过程会影响情感模式。心理认知是情感的刺激，心理认知和情感是个体动机产生的内因，决定最终个体是否会实施自愿减碳行为。因此，结合深度访谈，提出如下假设（见表2-6）。

表2-6　　　　个体心理认知对个体情感因素的影响假设

序号	研究假设
H1	个体心理认知对个体情感因素存在显著的正向影响
H1-1	环境问题认知对个体情感因素存在显著的正向影响
H1-1a	环境问题认知对行为共情存在显著的正向影响
H1-1b	环境问题认知对自然共情存在显著的正向影响
H1-1c	环境问题认知对代际共情存在显著的正向影响

续表

序号	研究假设
H1-1d	环境问题认知对环保公平感存在显著的正向影响
H1-2	减碳知识认知对个体情感因素存在显著的正向影响
H1-2a	减碳知识认知对行为共情存在显著的正向影响
H1-2b	减碳知识认知对自然共情存在显著的正向影响
H1-2c	减碳知识认知对代际共情存在显著的正向影响
H1-2d	减碳知识认知对环保公平感存在显著的正向影响
H1-3	个体责任认知对个体情感因素存在显著的正向影响
H1-3a	个体责任认知对行为共情存在显著的正向影响
H1-3b	个体责任认知对自然共情存在显著的正向影响
H1-3c	个体责任认知对代际共情存在显著的正向影响
H1-3d	个体责任认知对环保公平感存在显著的正向影响
H1-4	行为效能认知对个体情感因素存在显著的正向影响
H1-4a	行为效能认知对行为共情存在显著的正向影响
H1-4b	行为效能认知对自然共情存在显著的正向影响
H1-4d	行为效能认知对环保公平感存在显著的正向影响

（二）多元动机与城市居民自愿减碳行为的关系假设

关于动机对行为的影响，已有大量研究。其中，芦慧等（2020）的研究表明，居民动机水平与其亲环境行为之间存在正向关系，即居民的动机水平越高，他们的亲环境行为水平也就越高。自愿减碳行为动机越明显，居民越倾向于自愿减碳行为。居民越是相信"只要依靠每个人共同的努力就会有助于解决现有的环境问题"，那么也越可能在实践中做出消费行为改变，自愿加入减碳行为的行列。反之，如果居民对其自身行为的社会效果持怀疑态度，缺乏自愿减碳行为的发生动机，那么自然也会减少自愿减碳行为的实施。因此，城市居民的自愿减碳行为动机必然会影响其实施意愿。换言之，动机是自愿减碳行为实施的内驱因素。因此，结合深度访谈，提出如下假设（见表2-7）。

表 2-7　　　　多元动机对城市居民自愿减碳行为的影响假设

序号	研究假设
H2	多元动机对自愿减碳行为存在显著的正向影响
H2-1	期望—效价动机对自愿减碳行为存在显著的正向影响
H2-1a	期望—效价动机对自愿减碳素养行为显著的正向影响
H2-1b	期望—效价动机对自愿减碳决策行为有显著的正向影响
H2-1c	期望—效价动机对自愿减碳人际行为有显著的正向影响
H2-1d	期望—效价动机对自愿减碳公民行为有显著的正向影响
H2-2	印象管理动机对自愿减碳行为存在显著的正向影响
H2-2a	印象管理动机对自愿减碳素养行为显著的正向影响
H2-2b	印象管理动机对自愿减碳决策行为有显著的正向影响
H2-2c	印象管理动机对自愿减碳人际行为有显著的正向影响
H2-2d	印象管理动机对自愿减碳公民行为有显著的正向影响
H2-3	内在规范动机对自愿减碳行为存在显著的正向影响
H2-3a	内在规范动机对自愿减碳素养行为显著的正向影响
H2-3b	内在规范动机对自愿减碳决策行为有显著的正向影响
H2-3c	内在规范动机对自愿减碳人际行为有显著的正向影响
H2-3d	内在规范动机对自愿减碳公民行为有显著的正向影响

此外，城市居民自愿减碳行为对多元动机也具有显著的影响，Knussena（2004）在一项节能行为的研究中也验证了这一结论，具体来说就是以往的行为会对动机有显著的影响。深度访谈中，自愿减碳行为带来的满足感和价值性体验也被多次提到，这主要是源于实施自愿减碳行为不仅能够给自身带来更好的生活体验，也能为环境保护贡献自己的力量，从而影响其动机导向和强度。Afsar（2020）以及 Jagers（2017）也分别验证了内、外部动机与行为的调节关系。因此，结合深度访谈，本书提出如下假设（见表2-8）。

表 2-8　　　　城市居民自愿减碳行为对多元动机的影响假设

序号	研究假设
H2x	自愿减碳行为多元对动机存在显著正向影响
H2-1x	自愿减碳行为对期望—效价动机存在显著正向影响

续表

序号	研究假设
H2-1xa	自愿减碳素养行为对期望—效价动机有显著正向影响
H2-1xb	自愿减碳决策行为对期望—效价动机有显著正向影响
H2-1xc	自愿减碳人际行为对期望—效价动机有显著正向影响
H2-1xd	自愿减碳公民行为对期望—效价动机有显著正向影响
H2-2x	城市居民自愿减碳行为对印象管理动机存在显著正向影响
H2-2xa	自愿减碳素养行为对印象管理动机有显著正向影响
H2-2xb	自愿减碳决策行为对印象管理动机有显著正向影响
H2-2xc	自愿减碳人际行为对印象管理动机有显著正向影响
H2-2xd	自愿减碳公民行为对印象管理动机有显著正向影响
H2-3x	自愿减碳行为对内在规范动机存在显著正向影响
H2-3xa	自愿减碳素养行为对内在规范动机有显著正向影响
H2-3xb	自愿减碳决策行为对内在规范动机有显著正向影响
H2-3xc	自愿减碳人际行为对内在规范动机有显著正向影响
H2-3xd	自愿减碳公民行为对内在规范动机有显著正向影响

（三）个体情感因素对多元动机的影响假设

前文分析表明，个体的心理情感因素是城市居民自愿减碳行为的前置诱致因素，个体的心理情感越丰富，居民越倾向于自愿减碳行为。有学者研究表明，个体在外界因素刺激下首先通过认知产生各种不同的情感，在此基础上进入动机的选择阶段（蒋晶，2014）。在情感基础上，居民要真正把内心的情感转变为有效的行为意向，还需要具备相应的减碳动机。因此，结合深度访谈，提出如下假设（见表2-9）。

表2-9　　　个体情感因素对多元动机的影响假设

序号	研究假设
H3	个体情感因素对多元动机存在显著的正向影响
H3-1	行为共情对多元动机存在显著的正向影响
H3-1a	行为共情对期望—效价动机有显著的正向影响
H3-1b	行为共情对印象管理动机有显著的正向影响
H3-1c	行为共情对内在规范动机有显著的正向影响

续表

序号	研究假设
H3-2	自然共情对多元动机存在显著的正向影响
H3-2a	自然共情对期望—效价动机有显著的正向影响
H3-2b	自然共情对印象管理动机有显著的正向影响
H3-2c	自然共情对内在规范动机有显著的正向影响
H3-3	代际共情对多元动机存在显著的正向影响
H3-3a	代际共情对期望—效价动机显著的正向影响
H3-3b	代际共情对印象管理动机有显著的正向影响
H3-3c	代际共情对内在规范动机有显著的正向影响
H3-4	环保公平感对多元动机存在显著的正向影响
H3-4a	环保公平感对期望—效价动机显著的正向影响
H3-4b	环保公平感对印象动机有显著的正向影响
H3-4c	环保公平感对内在规范动机有显著的正向影响

（四）个体情感因素对多元动机和城市居民自愿减碳行为的影响假设

虽然自愿减碳行为研究中强调知识和经济合理性等客观因素，而在实践中情感因素对行为塑造的影响更大，即"晓之以理不如动之以情"。实施节能减排属于社会管理的范畴，其基本手段有刚性管理和柔性管理。柔性的情感管理包括道德、价值观等软规范的应用，体现在政府通过价值与信任等体系建设来促使各类主体节能减排理念的情感认同，各类主体自觉主动地实施节能减排行为进行激励性监督与管理（Bentler，1989）。在社会不断进步的今天，柔性管理在社会管理的地位和作用越发凸显出来。情感因素可能会给个体带来更强烈的价值感知。因此，结合深度访谈，提出如下假设（见表2-10）。

表2-10　　个体情感因素对多元动机和城市居民自愿减碳行为的影响假设

序号	研究假设
H4	个体情感因素对自愿减碳行为有显著的正向影响

续表

序号	研究假设
H4x	个体情感因素通过多元动机间接作用于自愿减碳行为
H4-1	行为共情对自愿减碳行为有显著的正向影响
H4-1a	行为共情对自愿减碳素养行为有显著的正向影响
H4-1b	行为共情对自愿减碳决策行为有显著的正向影响
H4-1c	行为共情对自愿减碳人际行为有显著的正向影响
H4-1d	行为共情对自愿减碳公民行为有显著的正向影响
H4-1x	行为共情通过多元动机间接作用于自愿减碳行为
H4-1xaa	行为共情通过期望—效价动机间接作用于自愿减碳素养行为
H4-1xab	行为共情通过印象管理动机间接作用于自愿减碳素养行为
H4-1xac	行为共情通过内在规范动机间接作用于自愿减碳素养行为
H4-1xba	行为共情通过期望—效价动机间接作用于自愿减碳决策行为
H4-1xbb	行为共情通过印象管理动机间接作用于自愿减碳决策行为
H4-1xbc	行为共情通过内在规范动机间接作用于自愿减碳决策行为
H4-1xca	行为共情通过期望—效价动机间接作用于自愿减碳人际行为
H4-1xcb	行为共情通过印象管理动机间接作用于自愿减碳人际行为
H4-1xcc	行为共情通过内在规范动机间接作用于自愿减碳人际行为
H4-1xda	行为共情通过期望—效价动机间接作用于自愿减碳公民行为
H4-1xdb	行为共情通过印象管理动机间接作用于自愿减碳公民行为
H4-1xdc	行为共情通过内在规范动机间接作用于自愿减碳公民行为
H4-2	自然共情对自愿减碳行为有显著的正向影响
H4-2a	自然共情对自愿减碳素养行为有显著的正向影响
H4-2b	自然共情对自愿减碳决策行为有显著的正向影响
H4-2c	自然共情性对自愿减碳人际行为有显著的正向影响
H4-2d	自然共情对自愿减碳公民行为有显著的正向影响
H4-2x	自然共情通过多元动机间接作用于自愿减碳行为
H4-2xaa	自然共情通过期望—效价动机间接作用于自愿减碳素养行为
H4-2xab	自然共情通过印象管理动机间接作用于自愿减碳素养行为
H4-2xac	自然共情通过内在规范动机间接作用于自愿减碳素养行为
H4-2xba	自然共情通过期望—效价动机间接作用于自愿减碳决策行为
H4-2xbb	自然共情通过印象管理动机间接作用于自愿减碳决策行为
H4-2xbc	自然共情通过内在规范动机间接作用于自愿减碳决策行为

第二章 多元动机视角下自愿减碳行为驱动机理质性研究 | 67

续表

序号	研究假设
H4-2xca	自然共情通过期望—效价动机间接作用于自愿减碳人际行为
H4-2xcb	自然共情通过印象管理动机间接作用于自愿减碳人际行为
H4-2xcc	自然共情通过内在规范动机间接作用于自愿减碳人际行为
H4-2xda	自然共情通过期望—效价动机间接作用于自愿减碳公民行为
H4-2xdb	自然共情通过印象管理动机间接作用于自愿减碳公民行为
H4-2xdc	自然共情通过内在规范动机间接作用于自愿减碳公民行为
H4-3	代际共情对自愿减碳行为有显著的正向影响
H4-3a	代际共情对自愿减碳素养行为有显著的正向影响
H4-3b	代际共情对自愿减碳决策行为有显著的正向影响
H4-3c	代际共情性对自愿减碳人际行为有显著的正向影响
H4-3d	代际共情对自愿减碳公民行为有显著的正向影响
H4-3x	代际共情通过多元动机间接作用于自愿减碳行为
H4-3xaa	代际共情通过期望—效价动机间接作用于自愿减碳素养行为
H4-3xab	代际共情通过印象管理动机间接作用于自愿减碳素养行为
H4-3xac	代际共情通过内在规范动机间接作用于自愿减碳素养行为
H4-3xba	代际共情通过期望—效价动机间接作用于自愿减碳决策行为
H4-3xbb	代际共情通过印象管理动机间接作用于自愿减碳决策行为
H4-3xbc	代际共情通过内在规范动机间接作用于自愿减碳决策行为
H4-3xca	代际共情通过期望—效价动机间接作用于自愿减碳人际行为
H4-3xcb	代际共情通过印象管理动机间接作用于自愿减碳人际行为
H4-3xcc	代际共情通过内在规范动机间接作用于自愿减碳人际行为
H4-3xda	代际共情通过期望—效价动机间接作用于自愿减碳公民行为
H4-3xdb	代际共情通过印象管理动机间接作用于自愿减碳公民行为
H4-3xdc	代际共情通过内在规范动机间接作用于自愿减碳公民行为
H4-4	环保公平感对自愿减碳行为有显著的正向影响
H4-4a	环保公平感对自愿减碳素养行为有显著的正向影响
H4-4b	环保公平感对自愿减碳决策行为有显著的正向影响
H4-4c	环保公平感对自愿减碳人际行为有显著的正向影响
H4-4d	环保公平感对自愿减碳公民行为有显著的正向影响
H4-4x	环保公平感通过动机间接作用于自愿减碳行为
H4-4xaa	环保公平感通过期望—效价动机间接作用于自愿减碳素养行为

续表

序号	研究假设
H4-4xab	环保公平感通过印象管理动机间接作用于自愿减碳素养行为
H4-4xac	环保公平感通过内在规范动机间接作用于自愿减碳素养行为
H4-4xba	环保公平感通过期望—效价动机间接作用于自愿减碳决策行为
H4-4xbb	环保公平感通过印象管理动机间接作用于自愿减碳决策行为
H4-4xbc	环保公平感通过内在规范动机间接作用于自愿减碳决策行为
H4-4xca	环保公平感通过期望—效价动机间接作用于自愿减碳人际行为
H4-4xcb	环保公平感通过印象管理动机间接作用于自愿减碳人际行为
H4-4xcc	环保公平感通过内在规范动机间接作用于自愿减碳人际行为
H4-4xda	环保公平感通过期望—效价动机间接作用于自愿减碳公民行为
H4-4xdb	环保公平感通过印象管理动机间接作用于自愿减碳公民行为
H4-4xdc	环保公平感通过内在规范动机间接作用于自愿减碳公民行为

（五）情境变量的调节效应假设

1. 选择成本偏好对多元动机作用于城市居民自愿减碳行为的影响假设

人们在实施任一行为时通常会付出一定的成本（时间、金钱等），自愿减碳行为同样也需要人们付出一定的成本。而个体往往偏向于选择付出成本较小的行为（宗阳，2017）。前文分析表明，影响城市居民自愿减碳行为的情境条件包括内部、外部两方面，两者相辅相成、缺一不可。从内部情境条件来说，大力降低个体实行减碳的成本可以增强自愿减碳的行为意愿，其中包括：减少公众自愿减碳行为的经济成本；使公众不好的生活消费习惯发生改变；提高自愿减碳行为实施的便利性、安全性和健康性等。因此，结合深度访谈，提出如下假设（见表2-11）。

表2-11 选择成本偏好对多元动机和城市居民自愿减碳行为的影响假设

序号	研究假设
H5	选择成本偏好对多元动机作用于自愿减碳行为的路径有显著正调节效应
H5-1	个人经济成本对多元动机作用于自愿减碳行为的路径有显著正调节效应

续表

序号	研究假设
H5-1aa	个人经济成本对期望—效价动机作用于自愿减碳素养行为的路径有显著正调节效应
H5-1ab	个人经济成本对印象管理动机作用于自愿减碳素养行为的路径有显著正调节效应
H5-1ac	个人经济成本对内在规范动机作用于自愿减碳素养行为的路径有显著正调节效应
H5-1ba	个人经济成本对期望—效价动机作用于自愿减碳决策行为的路径有显著正调节效应
H5-1bb	个人经济成本对印象管理动机作用于自愿减碳决策行为的路径有显著正调节效应
H5-1bc	个人经济成本对内在规范动机作用于自愿减碳决策行为的路径有显著正调节效应
H5-1ca	个人经济成本对期望—效价动机作用于自愿减碳人际行为的路径有显著正调节效应
H5-1cb	个人经济成本对印象管理动机作用于自愿减碳人际行为的路径有显著正调节效应
H5-1cc	个人经济成本对内在规范动机作用于自愿减碳人际行为的路径有显著正调节效应
H5-1da	个人经济成本对期望—效价动机作用于自愿减碳公民行为的路径有显著正调节效应
H5-1db	个人经济成本对印象管理动机作用于自愿减碳公民行为的路径有显著正调节效应
H5-1dc	个人经济成本对内在规范动机作用于自愿减碳公民行为的路径有显著正调节效应
H5-2	习惯转化成本对多元动机作用于自愿减碳行为的路径有显著正调节效应
H5-2aa	习惯转化成本对期望—效价动机作用于自愿减碳素养行为的路径有显著正调节效应
H5-2ab	习惯转化成本对印象管理动机作用于自愿减碳素养行为的路径有显著正调节效应
H5-2ac	习惯转化成本对内在规范动机作用于自愿减碳素养行为的路径有显著正调节效应
H5-2ba	习惯转化成本对期望—效价动机作用于自愿减碳决策行为的路径有显著正调节效应
H5-2bb	习惯转化成本对印象管理动机作用于自愿减碳决策行为的路径有显著正调节效应
H5-2bc	习惯转化成本对内在规范动机作用于自愿减碳决策行为的路径有显著正调节效应
H5-2ca	习惯转化成本对期望—效价动机作用于自愿减碳人际行为的路径有显著正调节效应
H5-2cb	习惯转化成本对印象管理动机作用于自愿减碳人际行为的路径有显著正调节效应
H5-2cc	习惯转化成本对内在规范动机作用于自愿减碳人际行为的路径有显著正调节效应
H5-2da	习惯转化成本对期望—效价动机作用于自愿减碳公民行为的路径有显著正调节效应
H5-2db	习惯转化成本对印象管理动机作用于自愿减碳公民行为的路径有显著正调节效应
H5-2dc	习惯转化成本对内在规范动机作用于自愿减碳公民行为的路径有显著正调节效应
H5-3	行为实施成本对多元动机作用于自愿减碳行为的路径有显著正调节效应
H5-3aa	行为实施成本对期望—效价动机作用于自愿减碳素养行为的路径有显著正调节效应
H5-3ab	行为实施成本对印象管理动机作用于自愿减碳素养行为的路径有显著正调节效应
H5-3ac	行为实施成本对内在规范动机作用于自愿减碳素养行为的路径有显著正调节效应
H5-3ba	行为实施成本对期望—效价动机作用于自愿减碳决策行为的路径有显著正调节效应
H5-3bb	行为实施成本对印象管理动机作用于自愿减碳决策行为的路径有显著正调节效应

续表

序号	研究假设
H5-3bc	行为实施成本对内在规范动机作用于自愿减碳决策行为的路径有显著正调节效应
H5-3ca	行为实施成本对期望—效价动机作用于自愿减碳人际行为的路径有显著正调节效应
H5-3cb	行为实施成本对印象管理动机作用于自愿减碳人际行为的路径有显著正调节效应
H5-3cc	行为实施成本对内在规范动机作用于自愿减碳人际行为的路径有显著正调节效应
H5-3da	行为实施成本对期望—效价动机作用于自愿减碳公民行为的路径有显著正调节效应
H5-3db	行为实施成本对印象管理动机作用于自愿减碳公民行为的路径有显著正调节效应
H5-3dc	行为实施成本对内在规范动机作用于自愿减碳公民行为的路径有显著正调节效应
H5-4	舒适偏好成本对多元动机作用于自愿减碳行为的路径有显著正调节效应
H5-4aa	舒适偏好成本对期望—效价动机作用于自愿减碳素养行为的路径有显著正调节效应
H5-4ab	舒适偏好成本对印象管理动机作用于自愿减碳素养行为的路径有显著正调节效应
H5-4ac	舒适偏好成本对内在规范动机作用于自愿减碳素养行为的路径有显著正调节效应
H5-4ba	舒适偏好成本对期望—效价动机作用于自愿减碳决策行为的路径有显著正调节效应
H5-4bb	舒适偏好成本对印象管理动机作用于自愿减碳决策行为的路径系在显著正调节效应
H5-4bc	舒适偏好成本对内在规范动机作用于自愿减碳决策行为的路径有显著正调节效应
H5-4ca	舒适偏好成本对期望—效价动机作用于自愿减碳人际行为的路径有显著正调节效应
H5-4cb	舒适偏好成本对印象管理动机作用于自愿减碳人际行为的路径有显著正调节效应
H5-4cc	舒适偏好成本对内在规范动机作用于自愿减碳人际行为的路径有显著正调节效应
H5-4da	舒适偏好成本对期望—效价动机作用于自愿减碳公民行为的路径有显著正调节效应
H5-4db	舒适偏好成本对印象管理动机作用于自愿减碳公民行为的路径有显著正调节效应
H5-4dc	舒适偏好成本对内在规范动机作用于自愿减碳公民行为的路径有显著正调节效应
H5-5	安全成本对多元动机作用于自愿减碳行为的路径有显著正调节效应
H5-5aa	安全成本对期望—效价动机作用于自愿减碳素养行为的路径有显著正调节效应
H5-5ab	安全成本对印象管理动机作用于自愿减碳素养行为的路径有显著正调节效应
H5-5ac	安全成本对内在规范动机作用于自愿减碳素养行为的路径有显著正调节效应
H5-5ba	安全成本对期望—效价动机作用于自愿减碳决策行为的路径有显著正调节效应
H5-5bb	安全成本对印象管理动机作用于自愿减碳决策行为的路径有显著正调节效应
H5-5bc	安全成本对内在规范动机作用于自愿减碳决策行为的路径有显著正调节效应
H5-5ca	安全成本对期望—效价动机作用于自愿减碳人际行为的路径有显著正调节效应
H5-5cb	安全成本对印象管理动机作用于自愿减碳人际行为的路径有显著正调节效应
H5-5cc	安全成本对内在规范动机作用于自愿减碳人际行为的路径有显著正调节效应
H5-5da	安全成本对期望—效价动机作用于自愿减碳公民行为的路径有显著正调节效应

续表

序号	研究假设
H5-5db	安全成本对印象管理动机作用于自愿减碳公民行为的路径有显著正调节效应
H5-5dc	安全成本对内在规范动机作用于自愿减碳公民行为的路径有显著正调节效应
H5-6	健康成本对多元动机作用于自愿减碳行为的路径有显著正调节效应
H5-6aa	健康成本对期望—效价动机作用于自愿减碳素养行为的路径有显著正调节效应
H5-6ab	健康成本对印象管理动机作用于自愿减碳素养行为的路径有显著正调节效应
H5-6ac	健康成本对内在规范动机作用于自愿减碳素养行为的路径有显著正调节效应
H5-6ba	健康成本对期望—效价动机作用于自愿减碳决策行为的路径有显著正调节效应
H5-6bb	健康成本对印象管理动机作用于自愿减碳决策行为的路径有显著正调节效应
H5-6bc	健康成本对内在规范动机作用于自愿减碳决策行为的路径有显著正调节效应
H5-6ca	健康成本对期望—效价动机作用于自愿减碳人际行为的路径有显著正调节效应
H5-6cb	健康成本对印象管理动机作用于自愿减碳人际行为的路径有显著正调节效应
H5-6cc	健康成本对内在规范动机作用于自愿减碳人际行为的路径有显著正调节效应
H5-6da	健康成本对期望望—效价动机作用于自愿减碳公民行为的路径有显著正调节效应
H5-6db	健康成本对印象管理动机作用于自愿减碳公民行为的路有显著正调节效应
H5-6dc	健康成本对内在规范动机作用于自愿减碳公民行为的路径有显著正调节效应

2. 社会参照规范对多元动机作用于城市居民自愿减碳行为的影响假设

关于社会规范对低碳行为的影响，在进行低碳行为研究时应当把这一因素考虑进去（Nolan et al., 2008；Egmond et al., 2005）。从前面的分析可知，政府机构和官员作为低碳消费的表率和标杆，是引导整个社会减碳风气的必要条件，这是由外部情境条件决定的。当下，很多人的消费观念是享受至上，他们追求的是物质生活数量，而不是物质生活质量，这就容易将减碳消费行为看作降低生活质量。要使社会公众的消费观念从根本上发生变化，就要促使从以个人为中心、统治和控制自然的观念向天人合一、全面协调可持续发展观转变。此外，在深度访谈中，节约会被耻笑、没面子、被鄙视等观点被很多人提到，这种消极的面子文化和来自社会群体的压力在很大程度上诱发高碳、浪费、非绿色、非环保的消费行为，是实施自愿减碳行为的阻碍之一。与之相对，与自愿减碳相容的积极面子文化和群体压力有利于促进自愿减碳风气的形成。对于这类积极的面子文化和群体压力氛围，政策制定者应该积极营造，引导社会形成与自愿减碳行为相容的文化氛围。综上所述，居民在做出自愿减碳行为决策时，会重点考虑社会规范参照这一因素，进而影响个体对于自愿减碳行为的感知。因此，结合深度访谈，提出如下假设（见表2-12）。

表2-12　　社会参照规范对多元动机和城市居民自愿减碳行为的影响假设

序号	研究假设
H6	社会参照规范对多元动机作用于自愿减碳行为的路径有显著正调节效应
H6-1	社会表率对多元动机作用于自愿减碳行为的路径有显著正调节效应
H6-1aa	社会表率对期望—效价动机作用于自愿减碳素养行为的路径有显著正调节效应
H6-1ab	社会表率对印象管理动机作用于自愿减碳素养行为的路径有显著正调节效应
H6-1ac	社会表率对内在规范动机作用于自愿减碳素养行为的路径有显著正调节效应
H6-1ba	社会表率对期望—效价动机作用于自愿减碳决策行为的路径有显著正调节效应
H6-1bb	社会表率对印象管理动机作用于自愿减碳决策行为的路径有显著正调节效应
H6-1bc	社会表率对内在规范动机作用于自愿减碳决策行为的路径有显著正调节效应
H6-1ca	社会表率对期望—效价动机作用于自愿减碳人际行为的路径有显著正调节效应
H6-1cb	社会表率对印象管理动机作用于自愿减碳人际行为的路径有显著正调节效应
H6-1cc	社会表率对内在规范动机作用于自愿减碳人际行为的路径有显著正调节效应
H6-1da	社会表率对期望—效价动机作用于自愿减碳公民行为的路径有显著正调节效应
H6-1db	社会表率对印象管理动机作用于自愿减碳公民行为的路径有显著正调节效应
H6-1dc	社会表率对内在规范动机作用于自愿减碳公民行为的路径有显著正调节效应
H6-2	社会风气对多元动机作用于自愿减碳行为的路径系有显著正调节效应
H6-2aa	社会风气对期望—效价动机作用于自愿减碳素养行为的路径有显著正调节效应
H6-2ab	社会风气对印象管理动机作用于自愿减碳素养行为的路径有显著正调节效应
H6-2ac	社会风气对内在规范动机作用于自愿减碳素养行为的路径有显著正调节效应
H6-2ba	社会风气对期望—效价动机作用于自愿减碳决策行为的路径有显著正调节效应
H6-2bb	社会风气对印象管理动机作用于自愿减碳决策行为的路径有显著正调节效应
H6-2bc	社会风气对内在规范动机作用于自愿减碳决策行为的路径有显著正调节效应
H6-2ca	社会风气对期望—效价动机作用于自愿减碳人际行为的路径有显著正调节效应

续表

序号	研究假设
H6-2cb	社会风气对印象管理动机作用于自愿减碳人际行为的路径有显著正调节效应
H6-2cc	社会风气对内在规范动机作用于自愿减碳人际行为的路径有显著正调节效应
H6-2da	社会风气对期望—效价动机作用于自愿减碳公民行为的路径有显著正调节效应
H6-2db	社会风气对印象管理动机作用于自愿减碳公民行为的路径有显著正调节效应
H6-2dc	社会风气对内在规范动机作用于自愿减碳公民行为的路径有显著正调节效应
H6-3	群体压力对多元动机作用于自愿减碳行为的路径有显著正调节效应
H6-3aa	群体压力对期望—效价动机作用于自愿减碳素养行为的路径有显著正调节效应
H6-3ab	群体压力对印象管理动机作用于自愿减碳素养行为的路径有显著正调节效应
H6-3ac	群体压力对内在规范动机作用于自愿减碳素养行为的路径有显著正调节效应
H6-3ba	群体压力对期望—效价动机作用于自愿减碳决策行为的路径有显著正调节效应
H6-3bb	群体压力对印象管理动机作用于自愿减碳决策行为的路径有显著正调节效应
H6-3bc	群体压力对内在规范动机作用于自愿减碳决策行为的路径有显著正调节效应
H6-3ca	群体压力对期望—效价动机作用于自愿减碳人际行为的路径有显著正调节效应
H6-3cb	群体压力对印象管理动机作用于自愿减碳人际行为的路径有显著正调节效应
H6-3cc	群体压力对内在规范动机作用于自愿减碳人际行为的路径有显著正调节效应
H6-3da	群体压力对期望—效价动机作用于自愿减碳公民行为的路径有显著正调节效应
H6-3db	群体压力对印象管理动机作用于自愿减碳公民行为的路径有显著正调节效应
H6-3dc	群体压力对内在规范动机作用于自愿减碳公民行为的路径有显著正调节效应

3. 技术制度情境对多元动机作用于城市居民自愿减碳行为的影响假设

居民节能家电的消费行为与当前产品技术以及国家相关政策制定和实施力度存在较强的正相关关系（马果等，2012）。研究表明科学技术水平的提高能够大大提升居民参与环保意愿和环保动机（Murata et al.，2008）。由前述分析可知，城市居民比较关注的因素是节能产品的易获得性、性能的可靠性，能不能方便买到、是不是已有完备的基础配套设施和政策的执行力等。这就关联到了节能产品的易获得性、节能产品属性、基础设施完备性和政策的执行力度这四大因素，居民在做出自愿减碳行为决策时，会重点考虑技术制度情境这一因素，进而影响个体对于自愿减碳行为的感知。因此，结合深度访谈，提出如下假设（见表2-13）。

表 2-13　技术制度情境对多元动机和城市居民自愿减碳行为的影响假设

序号	研究假设
H7	技术制度情境对多元动机作用于自愿减碳行为的路径有显著正调节效应
H7-1	节能产品易获得性对多元动机作用于自愿减碳行为的路径有显著正调节效应
H7-1aa	节能产品易获得性对期望—效价动机作用于自愿减碳素养行为的路径有显著正调节效应
H7-1ab	节能产品易获得性对印象管理动机作用于自愿减碳素养行为的路径有显著正调节效应
H7-1ac	节能产品易获得性对内在规范动机作用于自愿减碳素养行为的路径有显著正调节效应
H7-1ba	节能产品易获得性对期望—效价动机作用于自愿减碳决策行为的路径有显著正调节效应
H7-1bb	节能产品易获得性对印象管理动机作用于自愿减碳决策行为的路径有显著正调节效应
H7-1bc	节能产品易获得性对内在规范动机作用于自愿减碳决策行为的路径有显著正调节效应
H7-1ca	节能产品易获得性对期望—效价动机作用于自愿减碳人际行为的路径有显著正调节效应
H7-1cb	节能产品易获得性对印象管理动机作用于自愿减碳人际行为的路径有显著正调节效应
H7-1cc	节能产品易获得性对内在规范动机作用于自愿减碳人际行为的路径有显著正调节效应
H7-1da	节能产品易获得性对期望—效价动机作用于自愿减碳公民行为的路径有显著正调节效应
H7-1db	节能产品易获得性对印象管理动机作用于自愿减碳公民行为的路径有显著正调节效应
H7-1dc	节能产品易获得性对内在规范动机作用于自愿减碳公民行为的路径有显著正调节效应
H7-2	节能产品属性对多元动机作用于自愿减碳行为的路径系有显著正调节效应
H7-2aa	节能产品属性对期望—效价动机作用于自愿减碳素养行为的路径有显著正调节效应
H7-2ab	节能产品属性对印象管理动机作用于自愿减碳素养行为的路径有显著正调节效应
H7-2ac	节能产品属性对内在规范动机作用于自愿减碳素养行为的路径有显著正调节效应
H7-2ba	节能产品属性对期望—效价动机作用于自愿减碳决策行为的路径有显著正调节效应
H7-2bb	节能产品属性对印象管理动机作用于自愿减碳决策行为的路径有显著正调节效应
H7-2bc	节能产品属性对内在规范动机作用于自愿减碳决策行为的路径有显著正调节效应
H7-2ca	节能产品属性对期望—效价动机作用于自愿减碳人际行为的路径有显著正调节效应
H7-2cb	节能产品属性对印象管理动机作用于自愿减碳人际行为的路径有显著正调节效应
H7-2cc	节能产品属性对内在规范动机作用于自愿减碳人际行为的路径有显著正调节效应
H7-2da	节能产品属性对期望—效价动机作用于自愿减碳公民行为的路径有显著正调节效应
H7-2db	节能产品属性对印象管理动机作用于自愿减碳公民行为的路径有显著正调节效应

续表

序号	研究假设
H7-2dc	节能产品属性对内在规范动机作用于自愿减碳公民行为的路径有显著正调节效应
H7-3	基础设施完备性对多元动机作用于自愿减碳行为的路径有显著正调节效应
H7-3aa	基础设施完备性对期望—效价动机作用于自愿减碳素养行为的路径有显著正调节效应
H7-3ab	基础设施完备性对印象管理动机作用于自愿减碳素养行为的路径有显著正调节效应
H7-3ac	基础设施完备性对内在规范动机作用于自愿减碳素养行为的路径有显著正调节效应
H5-3ba	基础设施完备性对期望—效价动机作用于自愿减碳决策行为的路径有显著正调节效应
H7-3bb	基础设施完备性对印象管理动机作用于自愿减碳决策行为的路径有显著正调节效应
H7-3bc	基础设施完备性对内在规范动机作用于自愿减碳决策行为的路径有显著正调节效应
H7-3ca	基础设施完备性对期望—效价动机作用于自愿减碳人际行为的路径有显著正调节效应
H7-3cb	基础设施完备性对印象管理动机作用于自愿减碳人际行为的路径有显著正调节效应
H7-3cc	基础设施完备性对内在规范动机作用于自愿减碳人际行为的路径有显著正调节效应
H7-3da	基础设施完备性对期望—效价动机作用于自愿减碳公民行为的路径有显著正调节效应
H7-3db	基础设施完备性对印象管理动机作用于自愿减碳公民行为的路径有显著正调节效应
H7-3dc	基础设施完备性对内在规范动机作用于自愿减碳公民行为的路径有显著正调节效应
H7-4	政策执行效度对多元动机作用于自愿减碳行为的路径有显著正调节效应
H7-4aa	政策执行效度对期望—效价动机作用于自愿减碳素养行为的路径有显著正调节效应
H7-4ab	政策执行效度对印象管理动机作用于自愿减碳素养行为的路径有显著正调节效应
H7-4ac	政策执行效度对内在规范动机作用于自愿减碳素养行为的路径有显著正调节效应
H7-4ba	政策执行效度对期望—效价动机作用于自愿减碳决策行为的路径有显著正调节效应
H7-4bb	政策执行效度对印象管理动机作用于自愿减碳决策行为的路径有显著正调节效应
H7-4bc	政策执行效度对内在规范动机作用于自愿减碳决策行为的路径有显著正调节效应
H7-4ca	政策执行效度对期望—效价动机作用于自愿减碳人际行为的路径有显著正调节效应
H7-4cb	政策执行效度对印象管理动机作用于自愿减碳人际行为的路径有显著正调节效应
H7-4cc	政策执行效度对内在规范动机作用于自愿减碳人际行为的路径有显著正调节效应
H7-4da	政策执行效度对期望—效价动机作用于自愿减碳公民行为的路径有显著正调节效应
H7-4db	政策执行效度对印象管理动机作用于自愿减碳公民行为的路径有显著正调节效应
H7-4dc	政策执行效度对内在规范动机作用于自愿减碳公民行为的路径有显著正调节效应

4. 社会人口统计学变量对城市居民自愿减碳行为影响假设

由前述分析可知,已有很多研究者研究了社会人口统计学因素对于环境行为的影响,但不同的社会人口统计学因素所起的作用目前还是没有统一的结论。以文献研究为基础，本书上篇选用年龄、性别、教育程度、政治面貌、职业性质和收入水平考察个体统计特征变量；选用家庭结构考察家庭特征变量；选用单位性质和职务层级考察组织统计变量；选用居住地因素考察城市统计变量。再结合深度访谈，提出如下假设（见表2-14）。

表2-14　社会人口统计学变量对城市居民自愿减碳行为的影响假设

序号	研究假设
H8	自愿减碳行为在个体统计变量上呈现出显著差异
H8-1	自愿减碳行为在性别上呈现出显著差异
H8-1a	自愿减碳素养行为在性别上呈现出显著差异
H8-1b	自愿减碳决策行为在性别上呈现出显著差异
H8-1c	自愿减碳人际行为在性别上呈现出显著差异
H8-1d	自愿减碳公民行为在性别上呈现出显著差异
H8-2	自愿减碳行为在年龄上呈现出显著差异
H8-2a	自愿减碳素养行为在年龄上呈现出显著差异
H8-2b	自愿减碳决策行为在年龄上呈现出显著差异
H8-2c	自愿减碳人际行为在年龄上呈现出显著差异
H8-2d	自愿减碳公民行为在年龄上呈现出显著差异
H8-3	自愿减碳行为在教育程度上呈现出显著差异
H8-3a	自愿减碳素养行为在教育程度上呈现出显著差异
H8-3b	自愿减碳决策行为在教育程度上呈现出显著差异
H8-3c	自愿减碳人际行为在教育程度上呈现出显著差异
H8-3d	自愿减碳公民行为在教育程度上呈现出显著差异
H8-4	自愿减碳行为在政治面貌上呈现出显著差异
H8-4a	自愿减碳素养行为在政治面貌上呈现出显著差异
H8-4b	自愿减碳决策行为在政治面貌上呈现出显著差异
H8-4c	自愿减碳人际行为在政治面貌上呈现出显著差异
H8-4d	自愿减碳公民行为在政治面貌上呈现出显著差异
H8-5	自愿减碳行为在收入水平上呈现出显著差异
H8-5a	自愿减碳素养行为在收入水平上呈现出显著差异

续表

序号	研究假设
H8-5b	自愿减碳决策行为在收入水平上呈现出显著差异
H8-5c	自愿减碳人际行为在收入水平上呈现出显著差异
H8-5d	自愿减碳公民行为在收入水平上呈现出显著差异
H8-6	自愿减碳行为在家庭结构上呈现出显著差异
H8-6ab	自愿减碳决策行为在有无老人上呈现出显著差异
H8-6aa	自愿减碳素养行为在有无老人上呈现出显著差异
H8-6ac	自愿减碳人际行为在有无老人上呈现出显著差异
H8-6ad	自愿减碳公民行为在有无老人上呈现出显著差异
H8-6ba	自愿减碳素养行为在有无儿童上呈现出显著差异
H8-6bb	自愿减碳决策行为在有无儿童上呈现出显著差异
H8-6bc	自愿减碳人际行为在有无儿童上呈现出显著差异
H8-6bd	自愿减碳公民行为在有无儿童上呈现出显著差异
H8-7	自愿减碳行为在家庭住宅类型上呈现出显著差异
H8-7a	自愿减碳素养行为在家庭住宅类型上呈现出显著差异
H8-7b	自愿减碳决策行为在家庭住宅类型上呈现出显著差异
H8-7c	自愿减碳人际行为在家庭住宅类型上呈现出显著差异
H8-7d	自愿减碳公民行为在家庭住宅类型上呈现出显著差异
H8-8	自愿减碳行为在家庭住宅面积上呈现出显著差异
H8-8a	自愿减碳素养行为在家庭住宅面积上呈现出显著差异
H8-8b	自愿减碳决策行为在家庭住宅面积上呈现出显著差异
H8-8c	自愿减碳人际行为在家庭住宅面积上呈现出显著差异
H8-8d	自愿减碳公民行为在家庭住宅面积上呈现出显著差异
H8-9	自愿减碳行为在家庭小汽车拥有量呈现出显著差异
H8-9a	自愿减碳素养行为在家庭小汽车拥有量上呈现出显著差异
H8-9b	自愿减碳决策行为在家庭小汽车拥有量上呈现出显著差异
H8-9c	自愿减碳人际行为在家庭小汽车拥有量上呈现出显著差异
H8-9d	自愿减碳公民行为在家庭小汽车拥有量上呈现出显著差异
H8-10	自愿减碳行为在单位性质上呈现出显著差异
H8-10a	自愿减碳素养行为在单位性质上呈现出显著差异
H8-10b	自愿减碳决策行为在单位性质上呈现出显著差异
H8-10c	自愿减碳人际行为在单位性质上呈现出显著差异

续表

序号	研究假设
H8-10d	自愿减碳公民行为在单位性质上呈现出显著差异
H8-11	自愿减碳行为在职务层级上呈现出显著差异
H8-11a	自愿减碳素养行为在职务层级上呈现出显著差异
H8-11b	自愿减碳决策行为在职务层级上呈现出显著差异
H8-11c	自愿减碳人际行为在职务层级上呈现出显著差异
H8-11d	自愿减碳公民行为在职务层级上呈现出显著差异
H8-12	自愿减碳行为在居住地因素上呈现出显著差异
H8-12a	自愿减碳素养行为在居住地因素上呈现出显著差异
H8-12b	自愿减碳决策行为在居住地因素上呈现出显著差异
H8-12c	自愿减碳人际行为在居住地因素上呈现出显著差异
H8-12d	自愿减碳公民行为在居住地因素上呈现出显著差异

第三章　多元动机视角下城市居民自愿减碳行为量表开发与数据收集

第一节　量表设计

一　量表开发步骤

本书上篇量表的开发步骤如图3-1所示，既参考了一些国内外的成熟量表，也根据我国江苏省实际情况和本书中变量的具体划分完成本土化修正，对于部分没有成熟量表可借鉴的变量量表，进行自行开发。为确保量表的可靠性和有效性，本书对初始量表进行信效度检验。以实证结果为依据，参考文献和专家咨询内容，对不能满足检验要求的指标题项进行修改或删除，以形成正式量表。

二　初始题项的生成与修正

研究变量的提取自城市居民对于自愿减碳行为的相关描述，在对外文文献中出现的相关描述进行本土化修订时兼顾语义与情境两个方面，根据我国城市居民的生活现实情况与深度访谈内容在题项上进行本土化修订。初始量表的构成见表3-1。

三　预调研与初始量表检验

设计完初始量表之后，需要通过预调研来进一步修正初始量表。预调研以实地问卷调研方式进行，对象为江苏省城市居民。为更好地提高预调研质量，预调研对象数量的选取按照吴明隆（2000）和杜强（2009）的预调研原则进行，即预调研数量应当是初始量表中最大分量表所包含题目数量的3—5倍。最大初始分量表具体为个体心理认知因素分量表，该量表共包含题目数量 19 个，理论最小预调研对象数量为 57 个。在此原则下，本次预调研共分发问卷 100 份，回收有效问卷 84 份，数量方面符合预调研的原则。

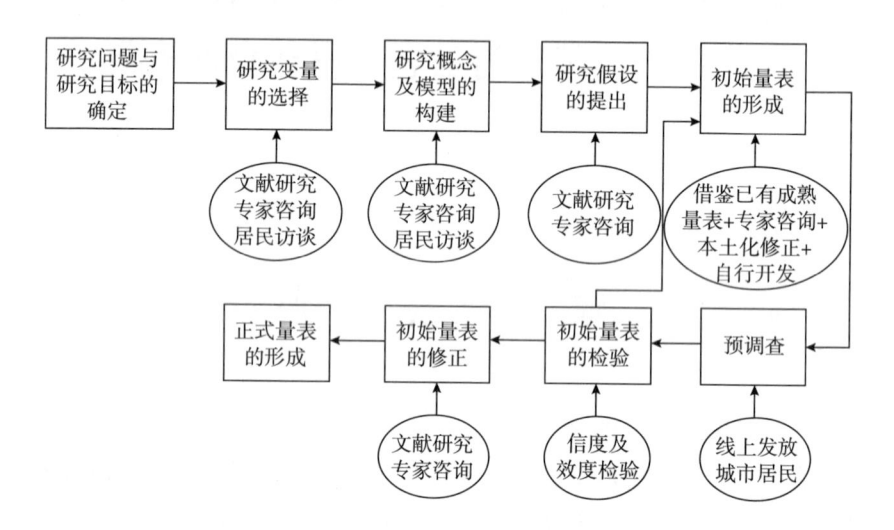

图 3-1 量表开发的具体步骤

表 3-1　　　　　　　　　　　初始量表构成

研究变量	维度或因素	对应题项	参考量表
社会人口学变量	性别	1	Barr, 1995；Chung & Poon, 2001；Golob, 2003；Barr, 2004；Aydinalp et al., 2004；自行开发
	年龄	2	
	居住地因素	3—4	
	教育程度	5	
	政治面貌	6	
	个人月收入	7	
	家庭结构	8—9	
	家庭住宅类型	10	
	家庭住宅面积	11	
	家庭小汽车拥有量	12	

续表

研究变量	维度或因素	对应题项	参考量表
社会人口学变量	职业性质	13	
	单位性质	14	
	职务层级	15	
自愿减碳行为	自愿减碳素养行为	16-1—16-4	Stern, 2000; 岳婷, 2014; Chen, 2017; 陈飞宇, 2018; 自行开发
	自愿减碳决策行为	16-5—16-10	
	自愿减碳人际行为	16-11—16-14	
	自愿减碳公民行为	16-15—16-18	
个体心理认知因素	环境问题认知	17-1—17-4	Knussen et al., 2004; Whitmarsh et al., 2011; 杨冉冉, 2014; 魏佳, 2017; 吴三美, 2019; 自行开发
	减碳知识认知	17-5—17-8	
	个体责任认知	18-1—18-4	
	行为效能认知	18-5—18-11	
个体情感因素	行为共情	19-1—19-4	Palmer et al., 1999; 王建明, 2013; 王建明和吴龙昌, 2015; 王建明, 2015; Wei et al., 2016; 宗阳, 2017; 王亚茹, 2020; 自行开发
	自然共情	19-5—19-8	
	代际共情	19-9—19-12	
	环保公平感	19-13—19-16	
动机	期望—效价动机	20-1—20-2	Lam and Snape, 2007; 刘桂霞, 2018; 自行开发
	印象管理动机	20-3—20-9	
	内在规范动机	20-10—20-11	
选择成本偏好	个人经济成本	21	Wang et al., 2020; 自行开发
	习惯转化成本		
	行为实施成本		
	舒适偏好成本		
	安全成本		
	健康成本		
社会参照规范	社会表率	22-1—22-3	Palmer et al., 1999; 姜彩芬, 2009
	社会风气	22-4—22-9	
	群体压力	22-10—22-13	
技术制度情境	节能产品易获得性	22-22—22-24	芈凌云, 2011; 王建明和王丛丛, 2015; 魏佳, 2017; 自行开发
	节能产品属性	22-18—22-21	
	基础设施完备性	22-25—22-27	
	政策执行效度	22-14—22-17	

为方便被调研对象更为直观理解初始量表的含义，初始量表的部分题项采用了负向统计策略，为保证量表一致性，在数据检验前对负向指标题目进行正向转换，具体题项为初始量表中第一部分的16-2（VCBH2）、16-3（VCBH3）、16-4（VCBH4）、16-6（VCBD2）、16-7（VCBD3）和16-8（VCBD4），第三部分的18-1（AIP1）、18-2（AIP2）、18-3（AIP3）和18-4（AIP4），第五部分的20-3（IMM1）、20-6（IMM4）和20-9（IMM7），第六部分的21（MOT），第七部分的22-4（ST1）、22-5（ST2）、22-6（ST3）、22-7（ST4）、22-8（ST5）和22-27（CPI-3）。

采用SPSS22.0对数据进行信度和效度检验。

（一）信度检验

正式量表信度检验时，克朗巴哈（Cronbach）α系数（以下简称α系数）在0.7以上时信度可以接受，大于0.8时信度良好。预调研时，α系数处于0.5以上即表明量表可接受（Hair et al.，1998）。

本书运用SPSS22.0统计软件对问卷实施信度分析，量表的整体α值为0.951，任意单个因子维度的α值均在0.6以上（见表3-2）。以上表明，本书所用的量表的一致性和稳定性均较好。

表3-2　　　　　　预调研量表的信度检验指标

变量	总体	VCB	IPCF	IA	MOT	SRN	TSS
N	89	18	19	14	11	13	14
α系数	0.951	0.911	0.838	0.895	0.712	0.613	0.867

（二）效度检验

本书将对初始量表的内容效度和结构效度逐一进行检验。

内容效度：本书先后咨询专家并进行了讨论，在结合国内外现有文献的基础上，总结各方合理意见，对量表进行多次修正和完善，最终确定初始量表的内容。

结构效度：本书通过Item-to-Total系数、总体相关系数及α系数考察各个分量表的结构效度。每个分量表的α系数应大于0.6，且分量表每个题项的Item-to-Total系数应大于0.3。

表 3-3　　　　　　　　预调研各变量的效度检验指标

因素	题项数	均值	α 系数	Item-to-Total 系数
VCBH	4	3.851	0.756	0.493—0.694
VCBH	6	3.460	0.811	0.377—0.729
VCBP	4	3.238	0.815	0.573—0.719
VCBC	4	3.310	0.840	0.570—0.796
CEI	4	2.841	0.842	0.625—0.755
CCK	4	2.994	0.798	0.514—0.652
AIP	4	3.500	0.753	0.359—0.673
CUB	7	3.687	0.888	0.395—0.777
BE	4	3.765	0.898	0.737—0.805
NE	4	4.211	0.926	0.781—0.867
IE	4	3.869	0.933	0.784—0.894
EPJ	2	2.711	0.310	0.376—0.316
EM	3	4.006	0.551	0.395—0.395
IMM	7	3.456	0.491	0.087—0.373
INM	2	3.393	0.536	0.367—0.367
SE	3	3.925	0.834	0.555—0.829
ST	6	2.665	0.569	0.076—0.587
GP	4	3.271	0.672	0.116—0.333
CPI	3	3.052	0.632	0.369—0.559
EPA	4	3.869	0.747	0.373—0.702
FAEP	3	3.476	0.752	0.419—0.680
IP	4	3.301	0.871	0.702—0.824

依据表 3-3 的初步分析结果，该初始量表中的一些题项的 Item-to-Total 系数小于 0.3，且该分量表的 α 系数小于 0.6，与上述效度要求不符，这些题项是：印象管理动机初始量表的 4 个题项（IMM1、IMM4、IMM5 和 IMM7）、社会风气初始量表的 3 个题项（ST1、ST3 和 ST6）和群体压力初始量表的 2 个题项（GP2 和 GP4）。印象管理动机属于动机维度的量表，社会风气和群体压力量表均属于社会参照规范维度的量表。动机量表和社会规范量表均是多维度量表，因此本书在初始量表的基础上剔除上述题目后进行探索性因子分析。

1. 动机初始量表的探索性因子分析

本书借助 SPSS22.0 统计软件检验动机初始量表是否适合进行探索性因子分析。实际分析中，KMO 统计量在 0.7 以上效果较好；在 0.5 以下不适合用因子分析法。动机的初始量表的具体检验结果如表 3-4 所示。

表 3-4　　动机量表的 KMO 和巴特利特检验

KMO		0.630
巴特利特球形度检验	χ^2	86.256
	自由度	21
	显著性水平	0.000

由表 3-4 可知，动机的初始量表的 KMO=0.630，且通过显著性检验，适合进行因子分析。

本书采用主成分分析法对动机初始量表进行主成分提取。在累计删除动机量表中的 4 个题项（IMM1、IMM4、IMM5 和 IMM7）后，动机初始量表中变量的总方差解释率和因子负荷矩阵如表 3-5、表 3-6 所示。结果显示，提取 3 个公因子后，累计方差解释率为 67.271%，符合前文中理论设计模型。

在累计删除动机初始量表中的 4 个题项（IMM1、IMM4、IMM5 和 IMM7）后，其余题项（EM1、EM2、IMM2、IMM3、IMM6、INM1 和 INM2）均较好地分布在 3 个潜在因子上（见表 3-6）。动机初始量表具有较好的收敛效度。

表 3-5　　动机初始题项因子解释的总方差

成分	初始特征值			提取荷载平方和			旋转荷载平方和		
	特征值	方差贡献率（%）	累计方差贡献率（%）	特征值	方差贡献率（%）	累计方差贡献率（%）	特征值	方差贡献率（%）	累计方差贡献率（%）
1	2.175	31.067	31.067	2.175	31.067	31.067	1.892	27.025	27.025
2	1.447	20.667	51.734	1.447	20.667	51.734	1.446	20.660	47.685
3	1.088	15.543	67.277	1.088	15.543	67.277	1.371	19.586	67.271

注：因四舍五入导致的误差不做调整，下同。

表 3-6　　　　　动机初始题项的正交旋转成分矩阵

	成分		
	1	2	3
EM1	0.099	0.826	-0.058
EM2	0.099	0.802	-0.093
IMM2	0.845	0.126	-0.005
IMM3	0.846	-0.081	0.009
IMM6	0.662	0.281	-0.074
INM1	0.013	-0.140	0.808
INM2	-0.058	-0.010	0.837

2. 社会参照规范初始量表的探索性因子分析

由表 3-7 可知，KMO = 0.629，且通过显著性检验，因此适合进行因子分析。

表 3-7　　　　　社会参照规范量表的 KMO 和巴特利特检验

KMO		0.629
巴特利特球形度检验	χ^2	274.373
	自由度	28
	显著性水平	0.000

在累计删除社会参照规范初始量表中的 5 个题项（ST1、ST3、ST6、GP2 和 GP4）后，社会参照规范初始量表中变量的总方差解释率和因子负荷矩阵如表 3-8、表 3-9 所示。结果显示，提取 3 个公因子之后，累计方差解释率为 73.923%，符合前文理论模型。

表 3-8　　　　　社会参照规范初始题项因子解释的总方差

成分	初始特征值			提取荷载平方和			旋转荷载平方和		
	特征值	方差贡献率(%)	累计方差贡献率(%)	特征值	方差贡献率(%)	累计方差贡献率(%)	特征值	方差贡献率(%)	累计方差贡献率(%)
1	2.862	35.775	35.775	2.862	35.775	35.775	2.403	30.039	30.039
2	2.064	25.794	61.569	2.064	25.794	61.569	1.982	24.773	54.812
3	0.988	12.353	73.923	0.988	12.353	73.923	1.529	19.111	73.923

表 3-9　　　　社会参照规范初始题项的正交旋转成分矩阵

	成分		
	1	2	3
SE1	0.903	-0.132	-0.066
SE2	0.908	0.007	0.165
SE3	0.669	0.217	0.289
ST2	-0.427	0.735	0.103
ST4	-219	0.759	-0.290
ST5	-0.097	0.843	-0.273
GP1	0.151	-0.115	0.897
GP3	0.231	-0.278	0.663

在累计删除社会参照规范初始量表中的 5 个题项（ST1、ST3、ST6、GP2 和 GP4）后，其余题项（SE1、SE2、SE3、ST2、ST4、ST5、GP1 和 GP3）均较好地分布在 3 个潜在因子上（见表 3-9）。社会参照规范初始量表具有较好的收敛效度。

四　初始量表修订与正式量表生成

基于在预调研中的初始量表信度和效度检验结果，对初始量表进行修正并对问卷进行深度讨论。量表修正意见汇总如下。

第一，根据效度和信度的初步分析结果，该初始量表中的一些题项的 Item-to-Total 系数小于 0.3，且该分量表的 α 系数小于 0.6，与本书的效度要求不符，因此剔除。剔除的题项分别是印象管理动机的 4 个题项（IMM1、IMM4、IMM5 和 IMM7）、社会风气的 3 个题项（ST1、ST3 和 ST6）和群体压力的 2 个题项（GP2 和 GP4）。此外，对于其他效度或信度较差的题项，也根据文献和专家意见进行再次修改。

第二，将上述修改与专家进行研讨，发现个别题项的统计指标可能不符合要求，但考虑到该题项的理论意义，对其进行修改后仍保留在正式量表中。例如，基础设施完备性初始量表中，题项 22—25（CPI1，我周围的很多小区都是基于低碳理念设计和装修的），该题项的 Item-to-Total 系数较低，但考虑到目前低碳社区理念的重要意义，仍然将该题项保留在正式量表中。节能产品属性初始量表中，题项 22-21（EPA4，我觉得节能产品的使用体验非常好），该题项的 Item-to-Total 系数也较低，但考虑到目前节能产品的重要意义，也将该题项保留在正式量表中。

第三，根据被调查者的反馈结果，自愿减碳行为量表中的反向测量题项（如 VCBH3）容易给调查者造成混淆（原为：我不知道我们居民还需要减碳这回事），因此对其表述进行修改（修改为：我知道我们居民还需要减碳），即改为正向描述。同时，在此基础上通过咨询专家对其他变量指标的题项进行适当修改（如 EM1 和 EM2），以保证问卷的每一个指标题项均易于理解。最后，对初始量表一些意义较小的问题进行删除，例如"您的籍贯"题项，进一步简化正式量表。

上述量表的修改情况见表 3-10。具体题项见附录 1。

表 3-10　　　　　　　　量表修正过程

变量	原有题项	删除题项	现有题项	对应题项号
性别	1	0	1	1
年龄	1	0	1	2
居住地因素	2	1	1	3
受教育水平	1	0	1	4
政治面貌	1	0	1	5
个人月收入	1	0	1	6
家庭结构	2	0	1	7—8
家庭住宅类型	1	0	1	9
家庭住宅面积	1	0	1	10
家庭小汽车拥有量	1	0	1	11
职业性质	1	0	1	12
单位性质	1	0	1	13
职务层级	1	0	1	14
自愿减碳素养行为	4	0	4	15-1—15-4
自愿减碳决策行为	6	0	6	15-5—15-10
自愿减碳人际行为	4	0	4	15-11—15-14

续表

变量	原有题项	删除题项	现有题项	对应题项号
自愿减碳公民行为	4	0	4	15-15—15-18
环境问题认知	4	0	4	16-1—16-4
减碳知识认知	4	0	4	16-5—16-8
个体责任认知	4	0	4	17-1—17-4
行为效能认知	7	0	7	17-5—17-11
行为共情	4	0	4	18-1—18-4
自然共情	4	0	4	18-5—18-8
代际共情	4	0	4	18-9—18-12
环保公平感	2	0	2	18-13—18-14
期望—效价动机	2	0	2	19-1—19-2
印象管理动机	7	4	3	19-3—19-5
内在规范动机	2	0	2	19-6—19-7
选择成本偏好	1	0	1	20
社会表率	3	0	3	21-1—21-3
社会风气	6	3	3	21-4—21-6
群体压力	4	2	2	21-7—21-8
基础设施完备性	4	0	4	21-9—21-11
节能产品属性	4	0	4	21-12—21-15
节能产品易获得性	3	0	3	21-16—21-18
政策执行效度	4	0	4	21-19—21-22

第二节 正式调研与样本情况

一 数据收集过程

本书运用 Mplus8.3 构建基于协方差的结构方程模型（Covariance-base Structural Equation Model，CB-SEM）对大样本数据进行量化分析，检验数据和潜在变量的质量。

根据 Loehlin（1992）的建议，CB-SEM 样本量应至少达到 200 个，才能保证较高水平的统计功效，否则其产生的相关矩阵不够稳定，会降低其分析结果的信度。根据 Bentler（1989）的建议，样本数与预计参数的数量之比应当大于 5 倍，将测试题项乘以 5 得到本书的最小样本量应该为 495 个。

本书上篇的正式调研对象为江苏省城市居民，通过网络问卷和纸质问卷方式收集数据。网络问卷借助问卷调查网站"问卷星"，纸质问卷调研城市涵盖江苏省。研究样本主要按照随机原则进行抽样，问卷回收情况如表 3-11 所示。此外，问卷数据具体城市分布如表 3-12 所示。

表 3-11　　问卷发放及回收情况统计

问卷形式	分发数量（份）	收回数量（份）	有效数量（份）	有效率（%）
纸质形式	300	239	217	90.8
网络形式	—	960	857	89.2
总计	—	1199	1074	89.6

表 3-12　　有效问卷城市分布情况

城市	有效问卷数（份）	所占比例（%）	城市	有效问卷数（份）	所占比例（%）
南京	113	10.5	淮安	77	7.2
无锡	84	7.8	盐城	64	6.0
徐州	118	11.0	扬州	69	6.4
常州	80	7.4	镇江	82	7.6
苏州	131	12.2	泰州	61	5.7
南通	67	6.2	宿迁	62	5.8
连云港	66	6.1			
合计				1074	100.0

二　样本特征分析

正式调研中回收的有效问卷样本特征具体如表 3-13 所示。

表 3-13　社会人口学变量的描述性统计（N=1074）

变量		频数	频率（%）	变量		频数	频率（%）
性别	男	544	50.7	房产类型	短期租赁房	166	15.5
	女	530	49.3		长期租赁房	158	14.7
年龄（岁）	≤17	2	0.0		自主产权房	750	69.8
	18—25	196	18.2	单位的组织性质	政府部门	48	4.5
	26—30	290	27.0		事业单位	110	10.2
	31—35	216	20.1		国有企业	130	12.1
	36—40	148	13.8		民营企业	410	38.2
	41—45	122	11.4		港澳台独合资	72	6.7
	46—50	50	4.7		外商独合资	52	4.8
	51—60	34	3.2		其他	62	5.8
	≥61	16	1.5	职业性质	后勤文秘类	92	8.6
个人月收入（元）	≤2000	142	13.2		生产质检类	86	8.0
	2001—4000	134	12.5		媒体文化类	62	5.8
	4001—6000	276	25.7		技术研发类	68	6.3
	6001—8000	254	23.6		企业高管	18	1.7
	8001—10000	160	14.9		医疗餐饮类	58	5.4
	10001—30000	74	6.9		机关党政类	26	2.4
	30001—100000	22	2.0		市场营销类	74	6.9
	≥100000	12	1.1		交通物流类	54	5.0
政治面貌	中共党员或预备党员	172	16.0		商务贸易类	28	2.6
					金融投资类	50	4.7
	民主党派	32	3.0		财会审计法律类	34	3.2
	团员	186	17.3				
	无党派人士	0	0.0		教育科研类	58	5.4
	群众	684	63.7		普通劳动者	100	9.3
住宅面积（平方米）	≤40	30	2.8		军队/警察	12	1.1
	40—80	216	20.1		自由职业者	76	7.1
	80—120	530	49.3		退休及家庭主妇	8	0.7
	120—160	240	22.3				

续表

变量		频数	频率（%）	变量		频数	频率（%）
住宅面积（平方米）	160—200	34	3.2	职业性质	在校大学生或研究生	138	12.8
	≥200	24	2.2		其他	32	3.0
职务层级	基层员工	516	48.0	是否有老人同住	有	696	64.8
	基层管理	170	15.8		没有	378	35.2
	中层管理	78	7.3	是否有儿童同住	有	656	61.1
	高层管理	68	6.3		没有	418	38.9
	其他	28	2.6	学历	初中及以下	110	10.2
家庭拥有小汽车数量（辆）	0	242	22.5		高中或中专	190	17.7
	1	614	57.2		大专	290	27.0
	2	150	14.0		大学本科	358	33.3
	≥3	68	6.43		硕士及以上	126	11.7

由表 3-13 可知，在 1074 个有效样本中，从性别看，男性 544 人，占 50.7%；女性 530 人，占 49.3%。从年龄看，17 周岁及以下 2 人，占 0；18—25 周岁 196 人，占 18.2%；26—30 周岁 290 人，占 27.0%；31—35 周岁 216 人，占 20.1%；36—40 周岁 148 人，占 13.8%；41—45 周岁 122 人，占 11.4%；46—50 周岁 50 人，占 4.7%；51—60 周岁 34 人，占 3.2%；61 周岁及以上 16 人，占 1.5%。从个人月收入看，2000 元及以下 142 人，占 13.2%；2001—4000 元 134 人，占 12.5%；4001—6000 元 276 人，占 25.7%；6001—8000 元 254 人，占 23.6%；8001—10000 元 160 人，占 14.9%；10001—30000 元 74 人，占 6.9%；30001—100000 元 22 人，占 2.0%；100001 元及以上 12 人，占 1.1%。从政治面貌看，中共党员或预备党员 172 人，占 16.0%；民主党派 32 人，占 3.0%；团员 186 人，占 17.3%；群众 684 人，占 63.7%。从住宅面积看，40 平方米以下 30 人，占 2.8%；40—80 平方米 216 人，占 20.1%；80—120 平方米 530 人，占 49.3%；120—160 平方米 240 人，占 22.3%；160—200 平方米 34 人，占 3.2%；200 平方米及以上 24 人，占 2.2%。从房产类型来看，短期租赁房的有 166 人，占 15.5%；长期

租赁房的有158人，占14.7%；自主产权房的有750人，占69.8%。从职务层级来看，基层员工516人，占48.0%；基层管理人员170人，占15.8%；中层管理人员78人，占7.3%；高层管理人员68人，占6.3%；其他28人，占2.6%。从学历看，初中及以下110人，占10.2%；高中或中专190人，占17.7%；大专290人，占27.0%；大学本科358人，占3.3%；硕士及以上126人，占11.7%。从家庭小汽车拥有量看，拥有量为0的有242人，占22.5%；拥有量为1的有614人，占57.2%；拥有量为2的有150人，占14.0%；拥有量大于等于3的有68人，占6.3%。从家庭中是否有老人同住来看，有老人的是696人，占64.8%；无老人的是378人，占35.2%。从家庭是否有未成年人同住来看，有未成年人的是656人，占61.1%；没有未成年人的是418人，占38.9%。从职业性质看，后勤文秘类92人，占8.6%；生产质检类86人，占8.0%；媒体文化类62人，占5.8%；技术研发类68人，占6.3%；企业高管18人，占1.7%；医疗餐饮类58人，占5.4%；机关党政类26人，占2.4%；市场营销类74人，占6.9%；交通物流类54人，占5.0%；商务贸易类28人，占2.6%；金融投资类50人，占4.7%；财会审计法律类34人，占3.2%；教育科研类58人，占5.4%；普通劳动者100人，占9.3%；军队/警察12人，占1.1%；自由职业者76人，占7.1%；退休及家庭主妇8人，占0.7%；在校大学生或研究生138人，占12.8%；其他32人，占3.0%。从单位的组织性质来看，政府部门48人，占4.5%；事业单位110人，占10.2%；国有企业130人，占12.1%；民营企业410人，占38.2%；港澳台独合资72人，占6.7%；外商独合资52人，占4.8%；其他62人，占5.8%。

第三节 正式量表检验

一 正态性检验

本书用SPSS 22.0对量表进行正态性检验。具体分析结果如表3-14所示。

表 3-14　　正式量表的正态性检验结果

题项	偏度 统计量	偏度 标准误差	峰度 统计量	峰度 标准误差	题项	偏度 统计量	偏度 标准误差	峰度 统计量	峰度 标准误差
VCBH1	-0.931	0.105	0.175	0.210	NE3	-1.004	0.105	0.339	0.210
VCBH2	-0.893	0.105	0.020	0.210	NE4	-0.983	0.105	0.542	0.210
VCBH3	-1.020	0.105	0.109	0.210	IE1	-0.933	0.105	0.019	0.210
VCBH4	-0.917	0.105	-0.092	0.210	IE2	-0.843	0.105	0.053	0.210
VCBD1	-0.781	0.105	-0.141	0.210	IE3	-1.063	0.105	0.361	0.210
VCBD2	-0.661	0.105	-0.529	0.210	IE4	-1.148	0.105	0.742	0.210
VCBD3	-0.790	0.105	-0.193	0.210	EPJ1	-0.204	0.105	-1.141	0.210
VCBD4	-0.628	0.105	-0.701	0.210	EPJ2	-1.036	0.105	0.625	0.210
VCBD5	-0.884	0.105	0.166	0.210	EM1	-1.093	0.105	0.951	0.210
VCBD6	-0.821	0.105	0.241	0.210	EM2	-0.877	0.105	0.128	0.210
VCBP1	-0.697	0.105	-0.374	0.210	IMM1	-0.949	0.105	0.345	0.210
VCBP2	-0.783	0.105	-0.151	0.210	IMM2	-0.690	0.105	-0.213	0.210
VCBP3	-0.788	0.105	-0.062	0.210	IMM3	-1.195	0.105	1.257	0.210
VCBP4	-0.486	0.105	-0.823	0.210	INM1	-0.776	0.105	-0.051	0.210
VCBC1	-0.706	0.105	-0.383	0.210	INM2	-0.640	0.105	-0.349	0.210
VCBC2	-0.617	0.105	-0.528	0.210	PEC	-0.065	0.105	-1.365	0.210
VCBC3	-0.538	0.105	-0.668	0.210	HCC	0.373	0.105	-1.371	0.210
VCBC4	-0.688	0.105	-0.404	0.210	BIC	0.093	0.105	-1.055	0.210
CEI1	-0.561	0.105	-0.643	0.210	CPC	0.011	0.105	-0.975	0.210
CEI2	-0.584	0.105	-0.548	0.210	SC	-0.216	0.105	-1.159	0.210
CEI3	-0.745	0.105	-0.241	0.210	HC	-0.177	0.105	-1.280	0.210
CEI4	-0.629	0.105	-0.509	0.210	SE1	-0.959	0.105	0.576	0.210
CCK1	-0.526	0.105	-0.667	0.210	SE2	-0.917	0.105	0.378	0.210
CCK2	-0.524	0.105	-0.712	0.210	SE3	-0.976	0.105	0.342	0.210
CCK3	-0.620	0.105	-0.415	0.210	ST1	0.971	0.105	0.384	0.210
CCK4	-0.518	0.105	-0.692	0.210	ST2	0.482	0.105	-0.695	0.210
AIP1	-0.773	0.105	-0.225	0.210	ST3	0.424	0.105	-0.664	0.210
AIP2	-0.878	0.105	0.113	0.210	GP1	-0.685	0.105	-0.146	0.210
AIP3	-0.325	0.105	-0.992	0.210	GP2	-0.686	0.105	-0.006	0.210

续表

题项	偏度 统计量	偏度 标准误差	峰度 统计量	峰度 标准误差	题项	偏度 统计量	偏度 标准误差	峰度 统计量	峰度 标准误差
AIP4	-0.929	0.105	0.083	0.210	CPI1	-0.411	0.105	-0.760	0.210
CUB1	-0.950	0.105	0.501	0.210	CPI2	-0.754	0.105	-0.183	0.210
CUB2	-0.718	0.105	-0.070	0.210	CPI3	-0.410	0.105	-0.908	0.210
CUB3	-0.783	0.105	-0.047	0.210	EPA1	-0.861	0.105	0.123	0.210
CUB4	-0.845	0.105	0.136	0.210	EPA2	-1.074	0.105	0.820	0.210
CUB5	-0.906	0.105	0.251	0.210	EPA3	-1.049	0.105	0.679	0.210
CUB6	-0.617	0.105	-0.306	0.210	EPA4	-0.871	0.105	0.424	0.210
CUB7	-1.055	0.105	0.796	0.210	FAEP1	-0.768	0.105	0.060	0.210
BE1	-0.876	0.105	0.151	0.210	FAEP2	-0.732	0.105	-0.156	0.210
BE2	-0.970	0.105	0.525	0.210	FAEP3	-0.855	0.105	0.088	0.210
BE3	-0.767	0.105	-0.088	0.210	IP1	0.086	0.105	-1.167	0.210
BE4	-0.900	0.105	0.243	0.210	IP2	0.242	0.105	-0.982	0.210
NE1	-1.173	0.105	1.029	0.210	IP3	0.028	0.105	-1.170	0.210
NE2	-1.085	0.105	0.654	0.210	IP4	-0.077	0.105	-1.191	0.210

二 正式量表信度和效度检验

正式量表检验主要是采用 SPSS 22.0 对数据进行信度和效度检验。

（一）正式量表信度分析

表 3-15 给出了正式量表的信度检验结果，正式量表各分量表的 α 系数在可接受范围内，具有较好的可靠性。

表 3-15　　　　　　　正式量表的信度检验指标

变量	总体	VCB	IPCF	IA	MOT	SRN	TSS
N	537	18	19	14	7	8	14
α 系数	0.970	0.936	0.933	0.920	0.834	0.609	0.717

（二）正式量表效度分析

正式量表的内容效度和结构效度检验如下。

1. Item-to-Total 系数检验

由表3-16可知，正式量表各分量表的α系数绝大部分在0.7以上，各变量的Item-to-Total相关系数绝大部分在0.3以上。因此，正式量表具有较好的可靠性和结构效度。

表3-16　　　　正式问卷中各变量的效度检验指标

因素	题项数	均值	α系数	Item-to-Total 系数
VCBH	4	3.860	0.799	0.575—0.632
VCBH	6	3.740	0.825	0.299—0.462
VCBP	4	3.649	0785	0.315—0.381
VCBC	4	3.614	0.849	0.636—0.713
CEI	4	3.597	0.833	0.406—0.494
CCK	4	3.355	0.821	0.588—0.700
AIP	4	3.689	0.768	0.340—0.440
CUB	7	3.809	0.880	0.609—0.735
BE	4	3.847	0.811	0.377—0.437
NE	4	3.917	0.848	0.638—0.735
IE	4	3.884	0.838	0.417—0.559
EPJ	2	3.554	0.461	0.304—0.304
EM	2	3.826	0.653	0.487—0.487
IMM	3	3.809	0.735	0.538—0.595
INM	2	3.607	0.668	0.502—0.502
SE	3	3.799	0.774	0.578—0.634
ST	3	2.396	0.744	0.476—0.631
GP	2	3.626	0.690	0.527—0.527
CPI	3	3.529	0.745	0.524—0.633
EPA	4	3.840	0.797	0.587—0.638
FAEP	3	3.713	0.737	0.488—0.622
IP	4	2.893	0.872	0.449—0.590

2. 探索性因子分析

对作为中介变量的动机变量的各维度（期望—效价动机、印象管理动机和内在规范动机）和作为因变量的自愿减碳行为的各维度（自愿减碳素养行为、自愿减碳决策行为、自愿减碳人际行为和自愿减碳公民行为）的定义是单维度的，接下来验证动机和自愿减碳行为各维度的单维性及其余自变量和调节变量的多维性。

（1）中介变量的单维性检验

对中介变量中的动机因素进行探索性因子分析，其中包括期望—效价动机、印象管理动机和内在规范动机三个变量。

由表3-17可知，期望—效价动机量表的KMO=0.500，且通过显著性检验，适合进行因子分析。分析结果如表3-18和表3-19所示。

表3-17　　期望—效价动机量表的KMO和巴特利特检验

KMO		0.500
巴特利特球形度检验	χ^2	144.521
	自由度	1
	显著性水平	0.000

表3-18　　期望—效价动机量表解释的总方差

成分	初始特征值			提取荷载平方和		
	特征值	方差贡献率（%）	累计方差贡献率（%）	特征值	方差贡献率（%）	累计方差贡献率（%）
1	1.487	74.337	74.337	1.487	74.337	74.337
2	0.513	25.663	100.000			

由表3-19可知，提取1个公因子之后，期望—效价动机量表的总方差贡献率为74.337%，贡献率较高，符合前文中的理论设计模型。期望—效价动机量表的方差最大化正交旋转的因子负荷结果如表3-19所示，量表具有较好的收敛效度。

由表3-20可知，印象管理动机量表的KMO=0.681，且通过显著性检验，适合进行因子分析。分析结果如表3-21和表3-22所示。

第三章 多元动机视角下城市居民自愿减碳行为量表开发与数据收集 | 97

表 3-19　　　　期望—效价动机量表的成分矩阵

题项	成分
	1
EM1	0.862
EM2	0.862

表 3-20　　　　印象管理动机量表的 KMO 和巴特利特检验

KMO		0.681
巴特利特球形度检验	χ^2	344.934
	自由度	4
	显著性水平	0.000

表 3-21　　　　印象管理动机量表解释的总方差

成分	初始特征值			提取荷载平方和		
	特征值	方差贡献率（%）	累计方差贡献率（%）	特征值	方差贡献率（%）	累计方差贡献率（%）
1	1.962	65.399	65.399	1.962	65.399	65.399
2	0.565	18.847	84.246			
3	0.473	15.754	100.000			

由表 3-21 可知，提取 1 个公因子之后，印象管理动机量表的总方差贡献率为 65.399%，解释率较高，符合前文中的理论设计模型。印象管理动机量表的方差最大化正交旋转的因子负荷结果如表 3-22 所示，量表具有较好的收敛效度。

表 3-22　　　　印象管理动机量表的成分矩阵

题项	成分
	1
IMM1	0.833
IMM2	0.798
IMM3	0.794

由表 3-23 可知，内在规范动机量表的 KMO = 0.500，且通过显著性检验，适合进行因子分析。分析结果如表 3-24 和表 3-25 所示。

表 3-23　　　内在规范动机量表的 KMO 和巴特利特检验

KMO		0.500
巴特利特球形度检验	χ^2	154.990
	自由度	1
	显著性水平	0.000

表 3-24　　　内在规范动机量表解释的总方差

成分	初始特征值			提取荷载平方和		
	特征值	方差贡献率（%）	累计方差贡献率（%）	特征值	方差贡献率（%）	累计方差贡献率（%）
1	1.502	75.086	75.086	1.502	75.086	75.086
2	0.498	24.914	100.000			

由表 3-24 可知，提取 1 个公因子之后，内在规范动机量表的总方差贡献率为 75.086%，解释率较高，符合前文中的理论设计模型。内在规范动机量表的方差最大化正交旋转的因子负荷结果如表 3-25 所示，量表具有较好的收敛效度。

表 3-25　　　内在规范动机量表的成分矩阵

题项	成分
	1
INM1	0.867
INM2	0.867

（2）因变量的单维性检验

由表 3-26 可知，自愿减碳素养行为的 KMO = 0.796，且通过显著性检验，表明自愿减碳素养行为适合进行因子分析。因此，下一步对自愿减碳素养行为量表进行探索性因子分析，结果如表 3-27 和表 3-28 所示。

表 3-26　自愿减碳素养行为量表的 KMO 和巴特利特检验

KMO		0.796
巴特利特球形度检验	χ^2	622.826
	自由度	6
	显著性水平	0.000

表 3-27　自愿减碳素养行为量表解释的总方差

成分	初始特征值			提取荷载平方和		
	特征值	方差贡献率（%）	累计方差贡献率（%）	特征值	方差贡献率（%）	累计方差贡献率（%）
1	2.496	62.399	62.399	2.496	62.399	62.399
2	0.555	13.886	76.285			
3	0.493	12.328	88.613			
4	0.455	11.387	100.000			

由表 3-27 可知，提取 1 个公因子之后，自愿减碳素养行为量表的总方差贡献率为 62.399%，解释率较高，符合前文中的理论设计模型。自愿减碳素养行为量表的方差最大化正交旋转的因子负荷结果如表 3-28 所示，量表具有较好的收敛效度。

表 3-28　自愿减碳素养行为量表的成分矩阵

题项	成分
	1
VCBH1	0.761
VCBH2	0.806
VCBH3	0.797
VCBH4	0.796

由表3-29可知，自愿减碳决策行为量表的KMO=0.855，且通过显著性检验，表明自愿减碳决策行为适合进行因子分析分析结果如表3-30和表3-31所示。

表3-29　自愿减碳决策行为量表的KMO和巴特利特检验

KMO		0.855
巴特利特球形度检验	χ^2	1003.513
	自由度	15
	显著性水平	0.000

表3-30　自愿减碳决策行为量表解释的总方差

成分	初始特征值			提取荷载平方和		
	特征值	方差贡献率（%）	累计方差贡献率（%）	特征值	方差贡献率（%）	累计方差贡献率（%）
1	3.206	53.428	53.428	3.206	53.428	53.428
2	0.810	13.499	66.927			
3	0.585	9.745	76.672			
4	0.502	8.361	85.033			
5	0.490	8.169	93.201			
6	0.408	6.799	100.000			

由表3-30可知，提取1个公因子之后，自愿减碳决策行为量表的总方差贡献率为53.428%，解释率较高，符合前文中的理论设计模型。自愿减碳决策行为量表的方差最大化正交旋转的因子负荷结果如表3-31所示，量表具有较好的收敛效度。

表3-31　自愿减碳决策行为量表的成分矩阵

题项	成分
	1
VCBD1	0.702
VCBD2	0.745

续表

题项	成分
	1
VCBD3	0.781
VCBD4	0.742
VCBD5	0.754
VCBD6	0.656

由表 3-32 可知，自愿减碳人际行为量表的 KMO = 0.855，且通过显著性检验，表明自愿减碳人际行为适合进行因子分析。分析结果如表 3-33 和表 3-34 所示。

表 3-32　自愿减碳人际行为量表的 KMO 和巴特利特检验

KMO		0.855
巴特利特球形度检验	χ^2	1003.513
	自由度	15
	显著性水平	0.000

表 3-33　自愿减碳人际行为量表解释的总方差

成分	初始特征值			提取荷载平方和		
	特征值	方差贡献率（%）	累计方差贡献率（%）	特征值	方差贡献率（%）	累计方差贡献率（%）
1	2.436	60.902	60.902	2.436	60.902	60.902
2	0.573	14.323	75.224			
3	0.513	12.822	88.046			
4	0.478	11.954	100.000			

由表 3-33 可知，提取 1 个公因子之后，自愿减碳人际行为量表的总方差贡献率为 60.902%，解释率较高，符合前文中的理论设计模型。自愿减碳人际行为量表的方差最大化正交旋转的因子负荷结果如表 3-34 所示，量表具有较好的收敛效度。

表 3-34　　　　　自愿减碳人际行为量表的成分矩阵

题项	成分
	1
VCBP1	0.796
VCBP2	0.773
VCBP3	0.799
VCBP4	0.753

由表 3-35 可知，自愿减碳公民行为量表的 KMO = 0.820，且通过显著性检验，表明自愿减碳公民行为适合进行因子分析。分析结果如表 3-36 和表 3-37 所示。

表 3-35　　　　自愿减碳公民行为量表的 KMO 和巴特利特检验

KMO		0.820
巴特利特球形度检验	χ^2	880.989
	自由度	6
	显著性水平	0.000

表 3-36　　　　　自愿减碳公民行为量表解释的总方差

成分	初始特征值			提取荷载平方和		
	特征值	方差贡献率（%）	累计方差贡献率（%）	特征值	方差贡献率（%）	累计方差贡献率（%）
1	2.756	68.894	68.894	2.756	68.894	68.894
2	0.485	12.131	81.025			
3	0.401	10.013	91.038			
4	0.358	8.962	100.000			

由表 3-36 可知，提取 1 个公因子之后，自愿减碳公民行为量表的总方差贡献率为 68.894%，解释率较高，符合前文中的理论设计模型。自愿减碳公民行为量表的方差最大化正交旋转的因子负荷结果如表

3-37 所示，量表具有较好的收敛效度。

表 3-37　自愿减碳公民行为量表的成分矩阵

题项	成分
	1
VCBC1	0.791
VCBC2	0.842
VCBC3	0.848
VCBC4	0.837

（3）自变量的多维性检验

个体心理认知因素：由表 3-38 可知，个体心理认知因素量表的 KMO=0.955，且通过显著性检验，表明适合进行因子分析。分析结果如表 3-39 和表 3-40 所示。

表 3-38　个体心理认知因素量表的 KMO 和巴特利特检验

KMO		0.955
巴特利特球形度检验	χ^2	5187.043
	自由度	171
	显著性水平	0.000

表 3-39　个体心理认知因素量表解释的总方差

成分	初始特征值			提取荷载平方和			旋转荷载平方和		
	特征值	方差贡献率（%）	累计方差贡献率（%）	特征值	方差贡献率（%）	累计方差贡献率（%）	特征值	方差贡献率（%）	累计方差贡献率（%）
1	8.713	45.857	45.857	8.713	45.857	45.857	3.408	17.935	17.935
2	1.706	8.980	54.837	1.706	8.980	54.837	3.145	16.551	34.486
3	0.854	4.495	59.332	0.854	4.495	59.332	2.610	13.736	48.222
4	0.832	4.380	63.712	0.832	4.380	63.712	1.909	10.045	58.267

续表

成分	初始特征值			提取荷载平方和			旋转荷载平方和		
	特征值	方差贡献率(%)	累计方差贡献率(%)	特征值	方差贡献率(%)	累计方差贡献率(%)	特征值	方差贡献率(%)	累计方差贡献率(%)
5	0.703	3.699	67.411	0.703	3.699	67.411	1.231	6.481	64.748
6	0.616	3.242	70.653	0.616	3.242	70.653	1.122	5.905	70.653

由表 3-39 可知，提取 6 个公因子之后，个体心理认知因素量表的总方差贡献率为 70.653%，解释率较高，符合前文中的理论设计模型。个体心理认知因素量表的方差最大化正交旋转的因子负荷结果如表 3-40 所示，量表具有较好的收敛效度。

表 3-40　个体心理认知因素初始题项的正交旋转成分矩阵

	成分					
	1	2	3	4	5	6
CEI1	0.676	0.393	0.044	-0.169	0.072	-0.028
CEI2	0.611	0.369	0.216	-0.395	0.043	-0.005
CEI3	0.683	0.279	0.209	-0.164	-0.187	0.237
CEI4	0.736	0.336	0.013	-0.176	-0.192	-0.134
CCK1	0.738	0.307	-0.024	0.028	0.000	-0.183
CCK2	0.729	0.228	-0.144	0.272	-0.138	-0.104
CCK3	0.569	0.346	-0.187	0.491	-0.261	0.189
CCK4	0.692	0.323	-0.055	0.111	0.076	0.097
AIP1	0.687	-0.178	0.341	0.073	0.021	-0.346
AIP2	0.649	-0.411	0.339	0.104	-0.150	0.168
AIP3	0.589	0.167	0.164	0.305	0.603	0.021
AIP4	0.642	-0.371	0.371	0.198	0.042	0.045
CUB1	0.680	-0.250	-0.105	-0.206	0.073	-0.061
CUB2	0.717	-0.177	-0.315	-0.116	0.170	0.061
CUB3	0.721	-0.136	-0.195	-0.220	0.177	0.244

续表

	成分					
	1	2	3	4	5	6
CUB4	0.652	-0.274	-0.277	0.033	-0.050	-0.437
CUB5	0.767	-0.263	-0.109	0.010	-0.128	0.011
CUB6	0.659	-0.315	-0.259	0.008	0.097	0.184
CUB7	0.632	-0.365	0.058	-0.086	-0.222	0.095

由表 3-41 可知，个体情感因素量表的 KMO = 0.952，且通过显著性检验，因此适合进行因子分析。分析结果如表 3-42 和表 3-43 所示。

表 3-41　　　　个体情感因素量表的 KMO 和巴特利特检验

KMO		0.952
巴特利特球形度检验	χ^2	3765.121
	自由度	91
	显著性水平	0.000

表 3-42　　　　个体情感因素量表解释的总方差

成分	初始特征值			提取荷载平方和			旋转荷载平方和		
	特征值	方差贡献率(%)	累计方差贡献率(%)	特征值	方差贡献率(%)	累计方差贡献率(%)	特征值	方差贡献率(%)	累计方差贡献率(%)
1	7.069	50.496	50.496	7.069	50.496	50.496	2.588	18.485	18.485
2	0.967	6.909	57.405	0.967	6.909	57.405	2.469	17.638	36.123
3	0.869	6.206	63.611	0.869	6.206	63.611	2.117	15.122	51.245
4	0.755	5.394	69.005	0.755	5.394	69.005	2.015	14.390	65.635
5	0.606	4.327	73.332	0.606	4.327	73.332	1.078	7.697	73.332

由表 3-42 可知，提取 5 个公因子之后，个体情感因素量表的总方差贡献率为 73.332%，解释率较高，符合前文中的理论设计模型。个体情感因素量表的方差最大化正交旋转的因子负荷结果如表 3-43 所示，量表具有较好的收敛效度。

表 3-43　　个体情感因素初始题项的正交旋转成分矩阵

	成分				
	1	2	3	4	5
BE1	0.697	-0.151	0.168	0.337	-0.290
BE2	0.705	-0.197	0.158	0.193	0.256
BE3	0.703	0.019	0.130	0.353	0.237
BE4	0.732	-0.076	0.124	0.323	0.117
NE1	0.719	-0.156	0.140	-0.263	-0.316
NE	0.792	-0.179	0.071	-0.159	-0.047
NE3	0.812	-0.101	-0.009	-0.170	0.033
NE4	0.730	-0.186	-0.020	-0.192	0.189
AIP1	0.773	0.245	-0.312	0.054	-0.068
AIP2	0.618	0.348	-0.567	0.005	0.210
AIP3	0.764	-0.032	-0.237	-0.039	-0.292
AIP4	0.766	0.051	-0.139	0.032	-0.162
IE1	0.366	0.779	0.444	0.006	-0.113
IE2	0.661	0.082	0.258	-0.458	0.273
IE3	0.721	-0.136	-0.195	-0.220	0.177
IE4	0.652	-0.274	-0.277	0.033	-0.050
EPJ5	0.767	-0.263	-0.109	0.010	-0.128
EPJ6	0.659	-0.315	-0.259	0.008	0.097

（4）调节变量的多维性检验

由表 3-44 可知，社会参照规范量表的 KMO = 0.872，且通过显著性检验，适合进行因子分析。分析结果如表 3-45 和表 3-46 所示。

表 3-44　　社会参照规范因素量表的 KMO 和巴特利特检验

KMO		0.872
巴特利特球形度检验	χ^2	1575.580
	自由度	28
	显著性水平	0.000

表 3-45　　社会参照规范因素量表解释的总方差

成分	初始特征值			提取荷载平方和			旋转荷载平方和		
	特征值	方差贡献率（%）	累计方差贡献率（%）	特征值	方差贡献率（%）	累计方差贡献率（%）	特征值	方差贡献率（%）	累计方差贡献率（%）
1	3.999	49.988	49.988	3.999	49.988	49.988	2.446	30.569	30.569
2	1.052	13.145	63.133	1.052	13.145	63.133	1.736	21.697	52.266
3	0.680	8.505	71.638	0.680	8.505	71.638	1.550	19.372	71.638

由表 3-45 可知，提取 3 个公因子后，个体情感因素量表的累计方差贡献率为 71.638%，解释率较高，符合前文理论设计模型。个体情感因素量表的方差最大化正交旋转的因子负荷结果如表 3-46 所示，个体情感因素量表具有较好的收敛效度。

表 3-46　　社会参照规范因素初始题项的正交旋转成分矩阵

	成分		
	1	2	3
SE1	0.810	-0.119	0.136
SE2	0.796	-0.104	0.236
BE3	0.746	-0.221	0.156
ST1	-0.611	0.351	-0.286
ST2	-0.167	0.840	-0.251
GP1	-0.230	0.843	-0.198
GP2	0.335	-0.279	0.719

由表 3-47 可知，技术制度情境因素量表的 KMO=0.907，且通过显著性检验，适合进行因子分析。分析结果如表 3-48 和表 3-49 所示。

表 3-47　技术制度情境因素量表的 KMO 和巴特利特检验

KMO		0.907
巴特利特球形度检验	χ^2	3405.440
	自由度	91
	显著性水平	0.000

表 3-48　技术制度情境因素量表解释的总方差

成分	初始特征值			提取荷载平方和			旋转荷载平方和		
	特征值	方差贡献率(%)	累计方差贡献率(%)	特征值	方差贡献率(%)	累计方差贡献率(%)	特征值	方差贡献率(%)	累计方差贡献率(%)
1	5.629	40.210	40.210	5.629	40.210	40.210	2.963	21.162	21.162
2	2.354	16.813	57.023	2.354	16.813	57.023	2.321	16.581	37.743
3	0.926	6.618	63.641	0.926	6.618	63.641	1.952	13.943	51.686
4	0.754	5.387	69.028	0.754	5.387	69.028	1.766	12.615	64.301
5	0.601	4.291	73.319	0.601	4.291	73.319	1.263	9.019	73.319

由表 3-48 可知，提取 5 个公因子之后，技术制度情境因素量表的总方差贡献率为 73.319%，解释率较高，符合前文中的理论设计模型。技术制度情境因素量表的方差最大化正交旋转的因子负荷结果如表 3-49 所示，量表具有较好的收敛效度。

表 3-49　技术制度情境因素量表初始题项的正交旋转成分矩阵

	成分				
	1	2	3	4	5
CPI1	0.816	-0.104	0.004	0.060	-0.075
CPI2	0.860	-0.053	-0.117	-0.121	0.016
CPI3	0.852	-0.087	-0.144	-0.121	-0.053
CPI4	0.801	-0.066	-0.064	-0.044	-0.325

续表

	成分				
	1	2	3	4	5
EPA1	-0.235	0.290	0.538	0.508	-0.024
EPA2	-0.078	0.223	0.795	0.119	0.175
EPA3	-0.108	0.263	0.762	0.196	0.078
EPA4	-0.046	0.662	0.435	0.132	0.139
FAEP1	-0.140	0.822	0.161	0.201	0.065
FAEP2	-0.082	0.742	0.250	0.232	0.147
FAEP3	-0.040	0.256	0.257	0.644	0.278
IP1	-0.139	0.531	0.141	0.348	0.538
IP2	-0.049	0.229	0.132	0.845	0.159
IP3	-0.253	0.169	0.179	0.243	0.821

3. 验证性因子分析

借助数据分析软件 Amos 24.0 对个体心理认知因素、个体情感因素、动机、自愿减碳行为、社会参照规范和技术制度情境因素等进行效度检验。验证性因子分析输出的拟合优度指数如表 3-50 所示。

表 3-50　　　　　　正式量表验证性因子分析

	绝对拟合指数					增量拟合指数		
	CMIN	CMIN/DF	GFI	RMR	RMSEA	NFI	TLI	CFI
IPCF	374.101	2.562	0.929	0.063	0.054	0.929	0.947	0.955
IA	104.863	1.477	0.972	0.034	0.030	0.969	0.987	0.990
MOT	113.893	2.997	0.963	0.071	0.061	0.945	0.945	0.962
VCB	342.207	2.695	0.931	0.108	0.056	0.927	0.942	0.952
SRN	111.155	6.539	0.949	0.065	0.102	0.930	0.900	0.940
TSS	231.832	3.265	0.941	0.069	0.065	0.933	0.938	0.952

由表 3-50 可知，个体心理认知因素、个体情感因素、动机、自愿减碳行为、社会参照规范和技术制度情境因素的结构拟合指标基本均达到可接受水平。

第四章 多元动机视角下城市居民自愿减碳行为驱动因素分析

第一节 多元动机视角下城市居民自愿减碳行为评价及差异性分析

一 自愿减碳行为评价

自愿减碳行为的测量采用利克特 5 分等级测度,各个分量(自愿减碳素养行为、自愿减碳决策行为、自愿减碳人际行为和自愿减碳公民行为)的题项得分越高,表示个体在该分量上越趋近于自愿减碳行为。即 5 表示该趋近率最高,4 次之,3 表示"中立"(不置可否),2 表示"比较不符合",1 表示"非常不符合"。将均值低于 3 分的定义为劣性值。自愿减碳行为各分量的均值及劣性值检出率如表 4-1 和表 4-2 所示。

表 4-1　　　　　自愿减碳行为的均值及劣性值检出率

变量	均值(MD)	标准差	劣性值(均值<3) 频率	劣性值(均值<3) 检出率(%)
自愿减碳素养行为	3.860	1.167	184	17.1
自愿减碳决策行为	3.740	1.144	208	19.4
自愿减碳人际行为	3.649	1.179	226	21.0
自愿减碳公民行为	3.614	1.194	258	24.0
自愿减碳行为(总体)	3.718	1.168	234	21.8

表 4-2　　　　　　　　自愿减碳素养行为各题项分析

变量	均值（MD）	标准差	题项	N	均值（MD）	标准差
自愿减碳素养行为	3.860	1.167	VCBH1	1074	3.81	1.141
			VCBH2	1074	3.88	1.129
			VCBH3	1074	3.95	1.185
			VCBH4	1074	3.80	1.212

由表 4-1 可知，在自愿减碳行为的各个分量中，自愿减碳素养行为的均值最高（MD=3.860），其次是自愿减碳决策行为和自愿减碳人际行为，均值分别为 3.740 和 3.649，最后是自愿减碳公民行为，均值仅为 3.614。首先，自愿减碳素养行为的均值远高于其他行为。该结果传递了一种信息，即居民通常偏向于基于自身的习惯来实施具体行为。其次，居民也偏向通过自身的决策来进行行为的选择。然而根据自愿减碳人际行为和自愿减碳公民行为的得分情况，发现城市居民仍然将环境变化看作一个时间上、空间上和社会关系上与自身无关的议题，缺少人际间和社会间的互动和共同发展。此外，自愿减碳人际行为和自愿减碳公民行为的劣性值比例分别为 21.0% 和 24.0%，超过 20%。可见，自愿减碳人际行为和自愿减碳公民行为是阻碍城市居民自愿减碳行为发生的核心点，值得关注。

（一）自愿减碳素养行为

自愿减碳素养行为的测量题项共有 4 项，分别为 15-1（在日常生活中，我总是出于习惯实施一些减碳行为）、15-2（我不在乎能源浪费，减碳跟我个人没太大的关系）、15-3（我不知道我们居民还需要减碳这回事）、15-4（平时我不太注意自己的环保行为，也不会特意去实施减碳行为）。由于部分自愿减碳素养行为的测量题项（15-2、15-3 和 15-4）为负向题项。反转后题项 15-2—15-4 分别对应 VCBH2（我很在乎节能，减碳与我相关），VCBH3（我知道我们居民还需要减碳）和 VCBH4（平时我很注意自己的环保行为，会特意去减碳）。

由表 4-2 和图 4-1 可知，自愿减碳素养行为的整体均值较高，为 3.860。从各个题项来看，VCBH3 的均值高于其他三项（MD=3.95），接近4分,表示大部分城市居民了解居民减碳这个概念,但是由于自身习惯因素,具体自愿减碳行为的实施倾向有所降低。VCBH4的均值最低(MD=3.80),结合图4-1可以发现,16.6%的居民在VCBH4题项中选择1和2,即16.6%的城市居民基于自身习惯不太注意自身的环保行为,也不会特意去实施具体的减碳行为,主动性较低。VCBH2的劣性值比例最低(13.6%),这表明,城市居民已基本意识到低碳不仅是政府的责任,也是每一个居民的责任。

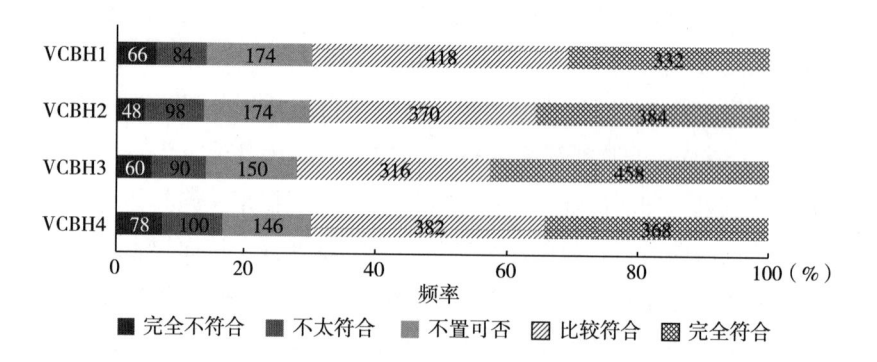

题项	完全不符合	不太符合	不置可否	比较符合	完全符合
VCBH1	66	84	174	418	332
VCBH2	48	98	174	370	384
VCBH3	60	90	150	316	458
VCBH4	78	100	146	382	368

图 4-1　自愿减碳素养行为具体题项的得分频数与频率

（二）自愿减碳决策行为

自愿减碳决策行为的测量题项共有6项,分别为15-5(我认为实施减碳行为能省钱,所以我会主动减碳)、15-6(虽然减碳很重要,但我不想改变已有的生活习惯)、15-7(虽然减碳很重要,但我认为减碳太浪费时间了)、15-8(虽然减碳很重要,但我更注重生活的舒适性)、15-9(我认为实施减碳行为有利于自己的身体健康,所以我会主动减碳)、15-10(我认为节能产品相较于传统产品更加安全,所以我会主动购买)和15-11(我会主动劝告身边的亲戚朋友实施减碳行为)。由于部分自愿减碳决策行为的测量题项(15-6、15-7和15-8)为负向题项。反转后题项15-6—15-8分别对应VCBD2(减碳很重要,我愿意改变已有的生活习惯达到减碳目的)、VCBD3(减碳很重要,我认为减碳不浪费时间)和VCBD4(减碳很重要,我愿意牺牲自身的舒适性以达到减碳目的)。

由表 4-3 和图 4-2 可知，自愿减碳决策行为的整体均值较高，为 3.740，其中，从各个题项来看，VCBD3、VCBD5 和 VCBD6 三题的均值高于其他三项（MD 都为 3.82），这表示大部分城市居民通常并没有把时间视为自愿减碳行为发生的障碍，即居民通常会接受由自愿减碳行为发生而产生的额外时间成本。此外，居民普遍认为自愿减碳行为能够产生更高的安全性和健康性，从而促进该行为的产生。与此同时，VCBD4 的均值最低（MD=3.59），结合图 4-2 可以发现，25.0% 的居民在 VCBD4 题项中选择 1 和 2，通过对比可知其劣性值比例也最高。这表明舒适度是城市居民日常生活的重要因素，导致城市居民普遍不愿意通过牺牲日常生活的舒适度来进行主动减碳。

表 4-3　　　自愿减碳决策行为各题项的得分统计分析

变量	均值（MD）	标准差	题项	N	均值（MD）	标准差
自愿减碳决策行为	3.740	1.144	VCBD1	1074	3.72	1.149
			VCBD2	1074	3.67	1.186
			VCBD3	1074	3.82	1.127
			VCBD4	1074	3.59	1.259
			VCBD5	1074	3.82	1.108
			VCBD6	1074	3.82	1.024

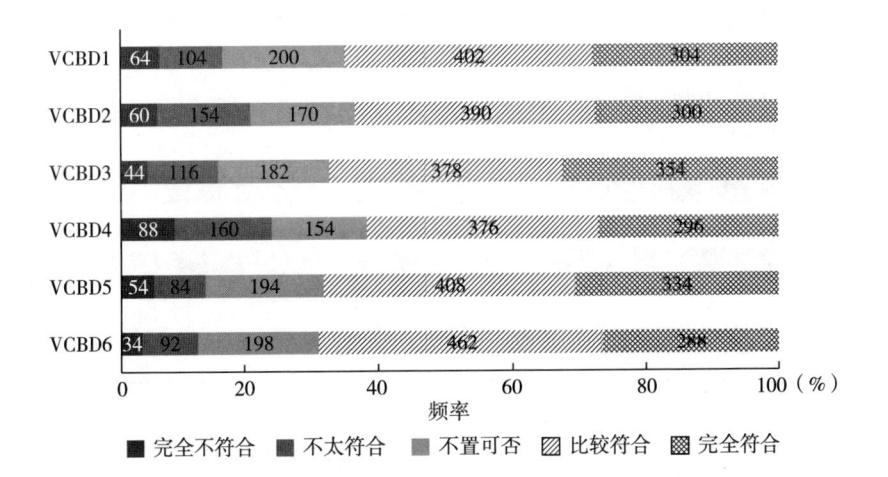

图 4-2　自愿减碳决策行为具体题项的得分频数与频率

(三) 自愿减碳人际行为

自愿减碳人际行为的测量题项共有 4 项，分别为 15-11（我会主动劝告身边的亲戚朋友实施减碳行为）、15-12（我会阻止身边人的能源浪费行为）、15-13（我认为实施减碳行为能够提升自己的形象，所以我会主动减碳）和 15-14（我认为能源浪费会遭到周围人的谴责，所以我会主动减碳）。

由表 4-4 和图 4-3 可知，自愿减碳人际行为的整体均值较低，为 3.649。从各个题项来看，VCBP3 题的均值高于其他三项，这表示在正向的外界印象管理激励下，城市居民普遍会主动实施自愿减碳行为。与此同时，VCBP4 的均值最低（MD = 3.52），结合图 4-3 可以发现，18.8%的居民在 VCBP4 题项中选择 1 和 2，通过对比可知其劣性值比例也最高。这表明自愿减碳行为在一定程度上并没有成为城市居民间的标准，也未成为城市居民的自觉行为。

表 4-4　　　　　自愿减碳人际行为各题项的得分统计

变量	均值（MD）	标准差	题项	N	均值（MD）	标准差
自愿减碳人际行为	3.649	1.179	VCBP1	1074	3.68	1.180
			VCBP2	1074	3.68	1.148
			VCBP3	1074	3.71	1.133
			VCBP4	1074	3.52	1.250

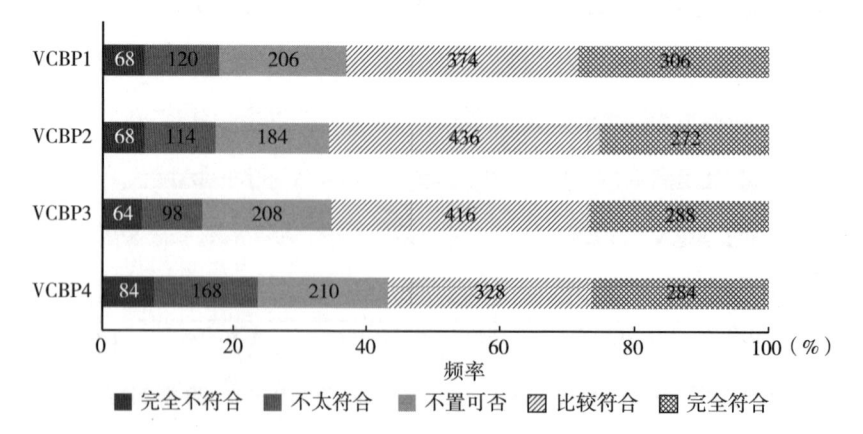

图 4-3　自愿减碳人际行为具体题项的得分频数与频率

（四）自愿减碳公民行为

自愿减碳公民行为的测量题项共有 4 项，分别为 15-15（我能够积极参与低碳生活宣传等公益活动）、15-16（针对违法的能源浪费行为，我会主动向有关部门反映）、15-17（我希望能够参加与低碳消费有关的社区会议）和 15-18（我希望能够参与低碳政策和标准的制定）。

由表 4-5 和图 4-4 可知，自愿减碳人际行为的整体均值较低，为 3.614。从各个题项来看，VCBC1 的均值（MD 为 3.73）高于其他三项，这表示在城市居民普遍接受与日常生活相关或更贴近的公益活动。与此同时，VCBC2 和 VCBC3 的均值最低（MD=3.54，MD=3.53），结合图 4-4 可以发现，21.2% 的居民在 VCBC2 题项中选择 1 和 2；其次，21.6% 的居民在 VCBC3 题项中选择 1 和 2，通过对比可知其劣性值比例也最高。这表明与自愿减碳行为相关的高公民性活动尚未被广大城市居民接受，城市居民的自愿减碳公民行为亟待加强。

表 4-5　　　　　　自愿减碳公民行为各题项分析

变量	均值（MD）	标准差	题项	N	均值（MD）	标准差
自愿减碳人际行为	3.614	1.194	VCBC1	1074	3.73	1.170
			VCBC2	1074	3.54	1.192
			VCBC3	1074	3.53	1.122
			VCBC4	1074	3.66	1.194

图 4-4　自愿减碳公民行为具体题项的得分频数与频率

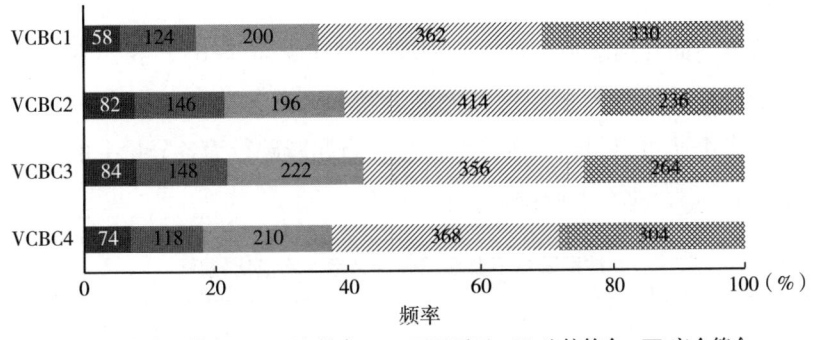

二 自愿减碳行为差异性分析

（一）性别

将自愿减碳行为的各分量（自愿减碳素养行为、自愿减碳决策行为、自愿减碳人际行为、自愿减碳公民行为）作为检验变量，将性别作为分组变量，对不同性别分组（男性、女性）在自愿减碳行为的各分量上进行了独立样本 T 检验，检验情况如表 4-6 所示。

表 4-6　　　　　　　不同性别间的独立样本 T 检验结果

性别		方差方程的 Levene 检验		均值方程的 T 检验				
		F	显著性水平	t	自由度	显著性水平	均值差值	标准误差值
VCBH	假设方差相等	1.695	0.194	-1.184	535	0.237	-0.09413	0.07952
	假设方差不相等			-1.184	534.926	0.237	-0.09413	0.07948
VCBD	假设方差相等	3.099	0.079	-1.103	535	0.270	-0.07952	0.07208
	假设方差不相等			-1.104	533.990	0.270	-0.07952	0.07202
VCBP	假设方差相等	3.002	0.084	-0.694	535	0.488	-0.05509	0.07934
	假设方差不相等			-0.695	533.056	0.487	-0.05509	0.07925
VCBC	假设方差相等	2.197	0.139	-0.013	535	0.990	-0.00110	0.08563
	假设方差不相等			-0.013	533.348	0.990	-0.00110	0.08554
VCB	假设方差相等	4.948	0.027	-0.858	535	0.391	-0.05991	0.06984
	假设方差不相等			-0.859	532.128	0.391	-0.05991	0.06974

根据不同性别间独立样本 T 检验结果（见表 4-6），我们发现城市居民的自愿减碳行为在性别上无显著差异，且各分量也不存在显著差异。由表 4-7 可以得出，男性和女性在自愿减碳行为各分量上的均值差异不大。综上，H8-1 假设不成立。

表 4-7　　　　　　性别因素下自愿减碳行为组间均值比较

性别	均值				
	VCBH	VCBD	VCBP	VCBC	VCB
男	3.81	3.70	3.62	3.61	3.69

续表

性别	均值				
	VCBH	VCBD	VCBP	VCBC	VCB
女	3.91	3.78	3.67	3.62	3.75

(二) 年龄

将城市居民的自愿减碳行为的各分量作为检验变量，分组变量为年龄，对不同年龄分组在自愿减碳行为的各分量上进行了单因素方差分析，检验情况如表4-8所示。

表4-8　　　　　　年龄单因素方差分析结果

		平方和	自由度	均方和	F值	P值
VCBH×年龄	组间	15.492	8	1.936	2.325	0.019
	组内	439.776	528	0.833		
	总计	455.268	536			
VCBD×年龄	组间	5.579	8	0.697	1.000	0.435
	组内	368.376	528	0.698		
	总计	373.956	536			
VCBP×年龄	组间	13.738	8	1.717	2.067	0.037
	组内	438.731	528	0.831		
	总计	452.469	536			
VCBC×年龄	组间	23.438	8	2.930	3.075	0.002
	组内	503.133	528	0.953		
	总计	526.571	536			
VCB×年龄	组间	8.809	8	1.101	1.701	0.096
	组内	341.893	528	0.648		
	总计	350.702	536			

由表4-8可知，自愿减碳素养行为、自愿减碳人际行为、自愿减碳公民行为和自愿减碳行为总体（显著性水平分别为0.019、0.037、0.002和0.096）均在年龄因素上呈现显著性差异，而自愿减碳决策行为（显著性为0.435）则在年龄上未呈现出显著性差异。因此，年龄对

自愿减碳素养行为、自愿减碳人际行为、自愿减碳公民行为和自愿减碳行为总体均影响显著，而对自愿减碳决策行为则无显著性影响，H8-2部分（具体为 H8-2a、H8-2c 和 H8-2d）成立。

由表 4-9 可知，老年群体的自愿减碳行为均值相对较高。对于城市居民（年龄≤17 和年龄≥61 的样本数量太少，在此予以忽略）而言，年龄越大其自愿减碳行为的均值也越高。其中，51—60 岁城市居民的自愿减碳行为均值最高，尤其是在自愿减碳素养行为上，均值高达 4.3529。

表 4-9　　　　　　　　　不同年龄的组间均值比较

年龄	均值				
	VCBH	VCBD	VCBP	VCBC	VCB
≤17	4.5000	4.0000	3.5000	3.0000	3.7778
18—25	3.9668	3.7211	3.3929	3.3112	3.6117
26—30	3.9517	3.8057	3.7638	3.6828	3.8015
31—35	3.6157	3.5895	3.6227	3.5556	3.5952
36—40	3.7162	3.6779	3.5946	3.5372	3.6366
41—45	3.9098	3.8415	3.8566	3.9385	3.8816
46—50	3.9600	3.8200	3.6000	3.8600	3.8111
51—60	4.3529	4.0196	3.9853	4.1029	4.1046
≥61	3.6875	3.7500	3.4063	3.3438	3.5694

（三）教育程度

将自愿减碳行为的各分量作为检验变量，分组变量为教育程度，对不同教育程度分组在自愿减碳行为的各分量上进行了单因素方差分析，具体检验情况如表 4-10 所示。

表 4-10　　　　　　　　　教育程度单因素方差分析

		平方和	自由度	均方和	F 值	P 值
VCBH×教育程度	组间	8.832	4	2.208	2.631	0.034
	组内	446.436	532	0.839		
	总计	455.268	536			
VCBD×教育程度	组间	9.202	4	2.301	3.355	0.010
	组内	364.753	532	0.686		
	总计	373.956	536			
VCBP×教育程度	组间	10.605	4	2.651	3.192	0.013
	组内	441.863	532	0.831		
	总计	452.469	536			
VCBC×教育程度	组间	24.958	4	6.239	6.617	0.000
	组内	501.613	532	0.943		
	总计	526.571	536			
VCB×教育程度	组间	9.481	4	2.370	3.695	0.006
	组内	341.221	532	0.641		
	总计	350.702	536			

由表 4-10 可知，自愿减碳素养行为、自愿减碳决策行为、自愿减碳人际行为、自愿减碳公民行为和自愿减碳行为总体（显著性水平分别为 0.034、0.010、0.013、0.000 和 0.006）均在教育程度因素上呈现显著性差异。因此，教育程度对自愿减碳素养行为、自愿减碳人际行为、自愿减碳公民行为和自愿减碳行为总体均影响显著，H8-3（具体为 H8-3a、H8-3b、H8-3c 和 H8-3d）成立。

进一步组间均值比较分析（见表 4-11）可以看出，大专学历是教育程度与自愿减碳行为的一条分割线。大专学历以下以及大专学历以上的自愿减碳行为均值得分都相对较高。

表 4-11　　　　　　　不同教育程度的组间均值比较

教育程度	均值				
	VCBH	VCBD	VCBP	VCBC	VCB
初中及以下	3.9727	3.9364	3.7182	3.6955	3.8424

续表

教育程度	均值				
	VCBH	VCBD	VCBP	VCBC	VCB
高中或中专	3.9474	3.8158	3.8447	3.9316	3.8772
大专	3.6517	3.5931	3.5707	3.5466	3.5908
本科	3.9372	3.8240	3.6899	3.6411	3.7787
硕士及以上	3.8889	3.5556	3.3532	3.1389	3.4921

（四）个人月收入

将自愿减碳行为各分量（自愿减碳素养行为、自愿减碳决策行为、自愿减碳人际行为、自愿减碳公民行为）作为检验变量，分组变量为收入水平，就不同收入水平（≤2000元、2000—4000元、4000—6000元、6000—8000元、8000—10000元、10000—30000元、30000—100000元和≥100000元）在自愿减碳行为的各分量上进行单因素方差分析，检验情况如表4-12所示。

表4-12　　　　　　　收入水平单因素方差分析

		平方和	自由度	均方和	F值	P值
VCBH×收入水平	组间	8.366	7	1.195	1.415	0.197
	组内	446.902	529	0.845		
	总计	455.268	536			
VCBD×收入水平	组间	7.240	7	1.034	1.492	0.167
	组内	366.715	529	0.693		
	总计	373.956	536			
VCBP×收入水平	组间	13.177	7	1.882	2.267	0.028
	组内	439.292	529	0.830		
	总计	452.469	536			
VCBC×收入水平	组间	14.918	7	2.131	2.203	0.033
	组内	511.653	529	0.967		
	总计	526.571	536			

续表

		平方和	自由度	均方和	F 值	P 值
VCB×收入水平	组间	7.987	7	1.141	1.761	0.093
	组内	342.714	529	0.648		
	总计	350.702	536			

由表 4-12 可知,自愿减碳人际行为、自愿减碳公民行为和自愿减碳行为总体(显著性水平分别为 0.028、0.033 和 0.093)均在收入水平因素上呈现显著性差异,而自愿减碳素养行为和自愿减碳决策行为(显著性水平为 0.197 和 0.167)则在收入水平上未呈现出显著性差异。因此,收入水平对自愿减碳人际行为、自愿减碳公民行为和自愿减碳行为总体等均影响显著,而对自愿减碳素养行为和自愿减碳决策行为则无显著性影响,H8-5 部分(具体为 H8-5c 和 H8-5d)成立。

进一步组间均值比较分析(见表 4-13)可以看出,收入水平的影响呈两极分化趋势,即收入水平为 30000—100000 元和 ≤2000 元(收入水平 ≥100000 的样本数量太少,在此予以忽略)的城市居民的自愿减碳行为均值相对最低,收入水平为 8000—10000 元的城市居民的自愿减碳行为均值相对最高。

表 4-13　　　　　　不同收入水平的组间均值比较

收入水平(元)	均值					
	VCBH	VCBD	VCBP	VCBC	VCB
≤2000	3.7958	3.6244	3.3099	3.3099	3.5227
2000—4000	4.0224	3.8731	3.7052	3.6045	3.8093
4000—6000	3.9185	3.7766	3.7826	3.7572	3.8052
6000—8000	3.6713	3.6037	3.5945	3.5846	3.6124
8000—10000	3.9438	3.8917	3.7688	3.7000	3.8333
10000—30000	3.9122	3.6847	3.6081	3.6081	3.7012
30000—100000	3.7727	3.7121	3.5227	3.1818	3.5657

续表

收入水平（元）	均值				
	VCBH	VCBD	VCBP	VCBC	VCB
≥100000	4.1667	4.0556	3.9583	4.2917	4.1111

（五）家庭结构

将自愿减碳行为的各分量作为检验变量，分组变量为家庭结构，就不同家庭分组在自愿减碳行为的各分量上进行了独立样本 T 检验，检验情况如表 4-14 所示。

表 4-14 不同家庭结构独立样本 T 分析结果（是否有老人同住）

		方差方程的 Levene 检验		均值方程的 T 检验				
		F	显著性水平	t	自由度	显著性水平	均值差值	标准误差值
VCBH	假设方差相等	19.325	0.000	-2.212	535	0.027	-0.18358	0.08297
	假设方差不相等			-2.379	470.475	0.018	-0.18358	0.07718
VCBD	假设方差相等	4.781	0.029	0.224	535	0.823	0.01689	0.07554
	假设方差不相等			0.231	424.512	0.817	0.01689	0.07306
VCBP	假设方差相等	1.898	0.169	0.990	535	0.323	0.08220	0.08302
	假设方差不相等			1.015	414.409	0.311	0.08220	0.08099
VCBC	假设方差相等	4.052	0.045	1.137	535	0.256	0.10181	0.08954
	假设方差不相等			1.165	413.813	0.245	0.10181	0.08739
VCB	假设方差相等	20.260	0.000	0.078	535	0.938	0.00573	0.07316
	假设方差不相等			0.084	463.686	0.933	0.00573	0.06845

由表 4-14 可知，自愿减碳素养行为（显著性水平分别为 0.018）在该家庭结构在有无老人因素上呈现显著性差异，而自愿减碳决策行为、自愿减碳人际行为、自愿减碳公民行为和自愿减碳行为总体（显著性水平为 0.817、0.311、0.245 和 0.933）则在该因素上未呈现出显著性差异。因此，该家庭结构中有无老人因素对自愿减碳素养行为影响显

第四章　多元动机视角下城市居民自愿减碳行为驱动因素分析 | 123

著，而对自愿减碳决策行为、自愿减碳人际行为、自愿减碳公民行为和自愿减碳行为总体则无显著性影响，H8-6 部分（具体为 H8-6aa）成立。

由表 4-15 可知，自愿减碳人际行为和自愿减碳公民行为（显著性水平分别为 0.051 和 0.061）在该家庭结构有无儿童因素上呈现显著性差异，而自愿减碳素养行为、自愿减碳决策行为、自愿减碳公民行为和自愿减碳行为总体（显著性水平为 0.211、0.643、0.051 和 0.578）则在该因素上未呈现出显著性差异。因此，该家庭结构因素对自愿减碳人际行为和自愿减碳公民行为影响显著，而对自愿减碳素养行为、自愿减碳决策行为、自愿减碳公民行为和自愿减碳行为总体等则无显著性影响，H8-6 部分（具体为 H8-6ba 和 H8-1bb）成立。

表 4-15　不同家庭结构独立样本 T 检验分析结果
（是否有儿童同住）

		方差方程的 Levene 检验		均值方程的 T 检验				
		F	显著性水平	t	自由度	显著性水平	均值差值	标准误差值
VCBH	假设方差相等	10.252	0.001	-1.205	535	0.229	-0.09821	0.08154
	假设方差不相等			-1.253	497.770	0.211	-0.09821	0.07835
VCBD	假设方差相等	2.264	0.133	-0.455	535	0.650	-0.03363	0.07398
	假设方差不相等			-0.464	472.454	0.643	-0.03363	0.07249
VCBP	假设方差相等	0.077	0.782	1.960	535	0.051	0.15893	0.08110
	假设方差不相等			1.960	443.511	0.051	0.15893	0.08108
VCBC	假设方差相等	0.011	0.915	1.879	535	0.061	0.16443	0.08752
	假设方差不相等			1.879	443.556	0.061	0.16443	0.08749
VCB	假设方差相等	5.176	0.023	0.542	535	0.588	0.03882	0.07164
	假设方差不相等			0.556	480.070	0.578	0.03882	0.06980

进一步组间均值比较分析（见表 4-16）可以看出，当有老人同住时，其自愿减碳行为均值相对较高。就自愿减碳素养行为而言，当没有

老人同住时，其自愿减碳行为均值相对较高。

表4-16　　　　　家庭结构下有无老人同住组间均值比较

	均值				
	VCBH	VCBD	VCBP	VCBC	VCB
有老人同住	3.7953	3.7488	3.6774	3.6494	3.7203
没有老人同住	3.9788	3.7293	3.5952	3.5476	3.7146

进一步组间均值比较分析（见表4-17）可以看出，当有儿童同住时，其自愿减碳行为均值相对较高。当有儿童同住时，其自愿减碳人际行为均值相对较高，自愿减碳公民行为均值相对较高。

表4-17　　　　　家庭结构下有无儿童同住组间均值比较

	均值				
	VCBH	VCBD	VCBP	VCBC	VCB
有儿童同住	3.8216	3.7271	3.7104	3.6776	3.7334
没有儿童同住	3.9199	3.7608	3.5514	3.5132	3.6946

（六）住宅类型

将自愿减碳行为的各分量作为检验变量，分组变量为住宅类型，对不同住宅类型分组在自愿减碳行为的各分量上进行了单因素方差分析，检验情况如表4-18所示。

表4-18　　　　　　　住宅类型单因素方差分析

		平方和	自由度	均方和	F值	P值
VCBH×住宅类型	组间	0.710	2	0.355	0.417	0.659
	组内	454.558	534	0.851		
	总计	455.268	536			

续表

		平方和	自由度	均方和	F值	P值
VCBD×住宅类型	组间	0.771	2	0.385	0.551	0.576
	组内	373.185	534	0.699		
	总计	373.956	536			
VCBP×住宅类型	组间	1.254	2	0.627	0.742	0.477
	组内	451.215	534	0.845		
	总计	452.469	536			
VCBC×住宅类型	组间	0.547	2	0.273	0.277	0.758
	组内	526.024	534	0.985		
	总计	526.571	536			
VCB×住宅类型	组间	0.644	2	0.322	0.491	0.612
	组内	350.058	534	0.656		
	总计	350.702	536			

由表4-18可知，自愿减碳素养行为、自愿减碳决策行为、自愿减碳人际行为、自愿减碳公民行为和自愿减碳行为总体（显著性水平分别为0.659、0.576、0.477、0.758和0.612）均未在住宅类型因素上呈现显著性差异。因此，住宅类型对自愿减碳素养行为、自愿减碳决策行为、自愿减碳人际行为、自愿减碳公民行为和自愿减碳行为总体等均无显著性影响，H8-7不成立。

由表4-19可知，短期租赁房、长期租赁房和自主产权房在自愿减碳行为的各分量上的均值差异不大。

表4-19　　　　　　　　不同住宅类型的组间均值比较

住宅类型	均值				
	VCBH	VCBD	VCBP	VCBC	VCB
短期租赁房	3.9428	3.7631	3.6717	3.6235	3.7517
长期租赁房	3.8639	3.8228	3.7563	3.6867	3.7869
自主产权房	3.8407	3.7178	3.6207	3.5960	3.6964

(七) 家庭住宅面积

自愿减碳行为的各分量作为检验变量，分组变量为家庭住宅面积，对不同家庭住宅面积分组 (≤40 平方米、40—80 平方米、80—120 平方米、120—160 平方米、160—200 平方米和>200 平方米) 在自愿减碳行为的各分量上进行了单因素方差分析，检验情况如表4-20 所示。

表4-20　　　　　　　　家庭住宅面积单因素方差分析

		平方和	自由度	均方和	F值	P值
VCBH×住宅类型	组间	4.580	5	0.916	1.079	0.371
	组内	450.688	531	0.849		
	总计	455.268	536			
VCBD×住宅类型	组间	5.969	5	1.194	1.723	0.128
	组内	367.986	531	0.693		
	总计	373.956	536			
VCBP×住宅类型	组间	10.770	5	2.154	2.589	0.025
	组内	441.699	531	0.832		
	总计	452.469	536			
VCBC×住宅类型	组间	11.604	5	2.321	2.393	0.037
	组内	514.967	531	0.970		
	总计	526.571	536			
VCB×住宅类型	组间	7.107	5	1.421	2.197	0.053
	组内	343.595	531	0.647		
	总计	350.702	536			

由表4-20 可知，自愿减碳人际行为、自愿减碳公民行为和自愿减碳行为总体均在家庭住宅面积上呈显著差异，而自愿减碳素养行为和自愿减碳决策行为均未在家庭住宅面积上呈显著差异。因此，家庭住宅面积因素对自愿减碳人际行为、自愿减碳公民行为和自愿减碳行为总体影响显著，而对自愿减碳素养行为和自愿减碳决策行为则无显著性影响，H8-8 部分 (具体为 H8-8c 和 H8-8d) 成立。

由表4-21 可知，从自愿减碳行为总体来说，家庭住宅面积为

160—200平方米的城市居民自愿减碳行为均值相对较高。而对于存在显著差异的自愿减碳人际行为和自愿减碳公民行为来说，家庭住宅面积为160—200平方米的自愿减碳人际行为均值相对较高，家庭住宅面积为40—80平方米的自愿减碳公民行为均值相对较高。

表4-21　　　　　不同家庭住宅面积的组间均值比较

家庭住宅面积	均值				
	VCBH	VCBD	VCBP	VCBC	VCB
≤40平方米	3.6000	3.3444	2.9667	2.9000	3.2185
40—80平方米	3.9514	3.8426	3.7523	3.7731	3.8313
40—80平方米	3.7934	3.6780	3.5896	3.5717	3.6604
120—160平方米	3.9375	3.8069	3.7479	3.6750	3.7935
160—200平方米	4.0588	3.9706	3.8235	3.5441	3.8627
>200平方米	3.7708	3.6944	3.6250	3.4792	3.6481

（八）家庭小汽车拥有量

将自愿减碳行为的各分量作为检验变量，分组变量为家庭小汽车拥有量，对不同家庭小汽车拥有量（0辆、1辆、2辆、3辆及以上）分组在自愿减碳行为的各分量上进行了单因素方差分析，检验情况如表4-22所示。

表4-22　　　　　家庭小汽车拥有量单因素方差分析

		平方和	自由度	均方和	F值	P值
VCBH×家庭小汽车拥有量	组间	2.584	3	0.861	1.014	0.386
	组内	452.684	533	0.849		
	总计	455.268	536			
VCBD×家庭小汽车拥有量	组间	0.602	3	0.201	0.286	0.835
	组内	373.354	533	0.700		
	总计	373.956	536			

续表

		平方和	自由度	均方和	F 值	P 值
VCBP×家庭小汽车拥有量	组间	3.309	3	1.103	1.309	0.271
	组内	449.160	533	0.843		
	总计	452.469	536			
VCBC×家庭小汽车拥有量	组间	7.848	3	2.616	2.688	0.046
	组内	518.722	533	0.973		
	总计	526.571	536			
VCB×家庭小汽车拥有量	组间	1.815	3	0.605	0.924	0.429
	组内	348.886	533	0.655		
	总计	350.702	536			

由表 4-22 可知，自愿减碳公民行为（显著性水平为 0.046）在家庭小汽车拥有量因素上呈现显著性差异，而自愿减碳素养行为、自愿减碳决策行为、自愿减碳人际行为和自愿减碳行为总体（显著性水平分别为 0.386、0.835、0.271 和 0.429）均未在家庭小汽车拥有量因素上呈现显著性差异。因此，家庭小汽车拥有量对自愿减碳公民行为影响显著，而对自愿减碳素养行为、自愿减碳决策行为、自愿减碳人际行为和自愿减碳行为总体则均无显著性影响，H8-9 部分（具体为 H8-9d）成立。

由表 4-23 可知，家庭小汽车拥有量为 2 辆的城市居民自愿减碳行为均值相对较高，均值为 3.8096。而对于存在显著差异的自愿减碳公民行为来说，家庭住宅面积为 2 辆的城市居民自愿减碳公民行为均值相对较高。

表 4-23　　　　不同家庭小汽车拥有量的组间均值比较

家庭小汽车拥有量	均值				
	VCBH	VCBD	VCBP	VCBC	VCB
0 辆	3.8740	3.6846	3.5165	3.3988	3.6258
1 辆	3.8599	3.7519	3.6743	3.6531	3.7367
2 辆	3.9467	3.7889	3.7633	3.7500	3.8096
3 辆及以上	3.6176	3.7255	3.6324	3.7206	3.6797

第四章 多元动机视角下城市居民自愿减碳行为驱动因素分析

（九）单位性质

将自愿减碳行为的各分量作为检验变量，分组变量为单位性质，对不同单位性质分组在自愿减碳行为的各分量上进行了单因素方差分析，检验情况如表 4-24 所示。

表 4-24　　　　　　　　单位性质单因素方差分析

		平方和	自由度	均方和	F 值	P 值
VCBH×单位性质	组间	5.092	7	0.727	0.855	0.542
	组内	450.176	529	0.851		
	总计	455.268	536			
VCBD×单位性质	组间	3.738	7	0.534	0.763	0.619
	组内	370.218	529	0.700		
	总计	373.956	536			
VCBP×单位性质	组间	6.456	7	0.922	1.094	0.366
	组内	446.013	529	0.843		
	总计	452.469	536			
VCBC×单位性质	组间	5.820	7	0.831	0.845	0.551
	组内	520.751	529	0.984		
	总计	526.571	536			
VCB×单位性质	组间	3.598	7	0.514	0.783	0.601
	组内	347.103	529	0.656		
	总计	350.702	536			

由表 4-24 可知，自愿减碳素养行为、自愿减碳决策行为、自愿减碳人际行为、自愿减碳公民行为和自愿减碳行为总体（显著性水平分别为 0.542、0.619、0.366、0.551 和 0.601）均未在单位性质因素上呈现显著性差异。因此，单位性质对自愿减碳素养行为、自愿减碳决策行为、自愿减碳人际行为、自愿减碳公民行为和自愿减碳行为总体均无显著性影响，H8-10 不成立。

由表 4-25 可知，政府部门、事业单位、国有企业、民营企业、港/澳/台独（合）资、外商独（合）资和其他在自愿减碳行为的各分量上均值差异不大。

表 4-25　　　　　　　　不同单位性质的组间均值比较

单位性质	均值				
	VCBH	VCBD	VCBP	VCBC	VCB
政府部门	3.9688	3.7153	3.7188	3.6146	3.7500
事业单位	3.9182	3.7970	3.6773	3.7091	3.7778
国有企业	3.8774	3.7170	3.6557	3.5472	3.7013
民营企业	3.8098	3.7285	3.7085	3.6707	3.7293
港/澳/台独（合）资	3.7639	3.7963	3.7500	3.6597	3.7485
外商独（合）资	3.7981	3.5513	3.5096	3.3846	3.5598
其他	4.2016	4.0108	3.7984	3.7903	3.9570

（十）职务层级

将自愿减碳行为的各分量作为检验变量，分组变量是职务层级，对不同职务层级分组在自愿减碳行为的各分量上进行了单因素方差分析，检验情况如表 4-26 所示。

表 4-26　　　　　　　　职务层级单因素方差分析

		平方和	自由度	均方和	F 值	P 值
VCBH×职务层级	组间	3.847	5	0.769	0.905	0.477
	组内	451.420	531	0.850		
	总计	455.268	536			
VCBD×职务层级	组间	3.682	5	0.736	1.056	0.384
	组内	370.274	531	0.697		
	总计	373.956	536			
VCBP×职务层级	组间	10.414	5	2.083	2.502	0.030
	组内	442.054	531	0.832		
	总计	452.469	536			

续表

		平方和	自由度	均方和	F值	P值
VCBC×职务层级	组间	8.534	5	1.707	1.749	0.122
	组内	518.037	531	0.976		
	总计	526.571	536			
VCB×职务层级	组间	5.098	5	1.020	1.566	0.168
	组内	345.604	531	0.651		
	总计	350.702	536			

由表 4-26 可知，自愿减碳人际行为（显著性水平为 0.030）在职务层级因素上呈现显著性差异，而自愿减碳素养行为、自愿减碳决策行为、自愿减碳公民行为和自愿减碳行为总体（显著性水平分别为 0.477、0.384、0.122 和 0.168）均未在职务层级因素上呈现显著性差异。因此，职务层级对自愿减碳人际行为影响显著，而对自愿减碳素养行为、自愿减碳决策行为、自愿减碳公民行为和自愿减碳行为总体则均无显著性影响，H8-11 部分（具体为 H8-11c）成立。

由表 4-27 可知，职务层级为其他的城市居民自愿减碳行为均值相对较高，均值为 4.0119。而对于存在显著差异的自愿减碳人际行为来说，职务层级为高层管理人员的城市居民自愿减碳人际行为均值相对较高，这表明越高层的管理人员越倾向于人际间的行为互动，从而促进该行为的发生。

表 4-27　　　　　　　不同职务层级的组间均值比较

职务层级	均值				
	VCBH	VCBD	VCBP	VCBC	VCB
基层员工	3.8324	3.7216	3.6453	3.5891	3.6998
基层管理人员	3.8059	3.6804	3.6500	3.6147	3.6869
中层管理人员	3.9551	3.8120	3.7821	3.7372	3.8205
高层管理人员	3.9779	3.9412	4.0368	4.0074	3.9853
其他	4.2857	4.0714	3.8571	3.8036	4.0119

(十一) 居住地因素

将自愿减碳行为的各分量作为检验变量,分组变量为居住地因素,对不同居住地因素在自愿减碳行为的各分量上进行了单因素方差分析,检验情况如表4-28所示。

表4-28　　　　　　　　居住地单因素方差分析

		平方和	自由度	均方和	F值	P值
VCBH×居住地因素	组间	8.506	10	0.851	1.001	0.441
	组内	446.762	526	0.849		
	总计	455.268	536			
VCBD×居住地因素	组间	6.196	10	0.620	0.886	0.546
	组内	367.760	526	0.699		
	总计	373.956	536			
VCBP×居住地因素	组间	5.533	10	0.553	0.651	0.770
	组内	446.935	526	0.850		
	总计	452.469	536			
VCBC×居住地因素	组间	10.711	10	1.071	1.092	0.366
	组内	515.859	526	0.981		
	总计	526.571	536			
VCB×居住地因素	组间	5.151	10	0.515	0.784	0.644
	组内	345.551	526	0.657		
	总计	350.702	536			

由表4-28可知,自愿减碳素养行为、自愿减碳决策行为、自愿减碳人际行为、自愿减碳公民行为和自愿减碳行为总体(显著性水平分别为0.441、0.546、0.770、0.366和0.644)均未在居住地因素上呈现显著性差异。因此,居住地因素对自愿减碳素养行为、自愿减碳决策行为、自愿减碳人际行为、自愿减碳公民行为和自愿减碳行为总体均无显著性影响,H8-12不成立。

由表4-29可知,江苏省的13个市城市居民在自愿减碳行为各分量上的均值差异不大。

表 4-29　　　　　　不同居住地因素的组间均值比较

居住地因素	均值				
	VCBH	VCBD	VCBP	VCBC	VCB
南京市	3.7213	3.6539	3.6017	3.5969	3.6446
无锡市	3.9844	3.9167	3.9688	3.6250	3.8785
徐州市	3.9089	3.7607	3.6467	3.6378	3.7410
常州市	4.1563	3.9583	3.9688	4.1250	4.0417
苏州市	3.9740	3.7847	3.5625	3.3698	3.6852
南通市	3.9087	4.2167	4.0129	3.9147	4.0278
连云港市	4.1406	3.8958	3.7813	3.5678	3.8924
淮安市	4.1423	3.6789	36543	3.6789	3.7778
盐城市	3.9742	3.6794	4.0633	4.0956	3.6789
扬州市	4.0087	3.8333	3.8750	3.5000	3.8056
镇江市	4.0098	3.9087	3.7898	3.6754	3.9678
泰州市	4.0122	3.8345	3.6574	3.7567	3.7865
宿迁市	3.9874	3.6784	3.5609	3.5678	3.8209

第二节　多元动机视角下城市居民自愿减碳行为各驱动因素描述性分析

一　自变量描述性分析

（一）个体心理认知因素的描述分析

本书上篇个体心理认知因素的测量采用的是利克特的 5 级测度，各个维度的题项所获分数越高表示个体在该维度上越趋近于该行为，或各个维度的题项得分越高表示个体在该维度上认知程度较高。例如，5 表示该认知程度最高，4 次之，3 表示"中立"（不置可否），2 和 1 分别指"比较不符合"和"非常不符合"，或指受访者对相关知识"完全不了解"和"比较不了解"，本书将均值低于 3 分的定义为劣性值。个体心理认知因素主要包括环境问题认知（CEI）、减碳知识认知（CCK）、个体责任认知（AIP）和行为效能认知（CUB）4 个维度，具体分析如

表4-30 所示。

表4-30　　　　　个体心理认知因素各题项的分析

变量	均值	标准差	题项	N	均值	标准差
CEI	3.60	0.957	CEI1	1074	3.53	1.186
			CEI2	1074	3.54	1.160
			CEI3	1074	3.69	1.144
			CEI4	1074	3.62	1.199
CCK	3.56	0.963	CCK1	1074	3.55	1.184
			CCK2	1074	3.43	1.249
			CCK3	1074	3.63	1.147
			CCK4	1074	3.61	1.193
AIP	3.69	0.897	AIP1	1074	3.72	1.166
			AIP2	1074	3.80	1.117
			AIP3	1074	3.34	1.261
			AIP4	1074	3.89	1.123
CUB	3.81	0.821	CUB1	1074	3.86	1.058
			CUB2	1074	3.77	1.069
			CUB3	1074	3.73	1.118
			CUB4	1074	3.76	1.104
			CUB5	1074	3.82	1.107
			CUB6	1074	3.76	1.060
			CUB7	1074	3.97	1.018

由表4-30可知，环境问题认知的均值为3.60，这表明样本的环境问题认知程度处于中等水平；减碳知识认知的均值为3.56，即样本的减碳知识认知程度处于中等水平；个体责任认知的均值为3.69，即样本的个体责任认知程度处于中等水平；行为效能认知的均值为3.81，即样本的行为效能认知程度处于中等水平。

环境问题认知通过4个题项测量，分别是CEI1（我国火力发电占总发电量的7成以上，能源消耗巨大）、CEI2（我国的原材料利用效率低、浪费严重，单位GDP的能源消耗强度大大高于世界平均水平）、

CEI3［我国的污染物排放总量大，单位 GDP 的二氧化碳（SO_2）和氮氧化物排放量是发达国家的 8—9 倍］和 CEI4（我国环保投入总量占国民生产总值的比例偏低）。

由表 4-30 可知，从各个题项来看，CEI3 的整体均值较高，为 3.69。CEI1 和 CEI2 的均值明显低于 CEI3 和 CEI4，结合图 4-5 可以发现，22.8%的居民在 CEI1 题项中选择 1 和 2，即 22.8%的城市居民不太了解我国火力发电对环境所造成的污染相关情况。21.4%的居民在 CEI2 题项中选择 1 和 2，即 21.4%的城市居民不太了解我国原材料利用率和能源消耗强度相关情况。可见，政府需加强该类知识的普及和发布。

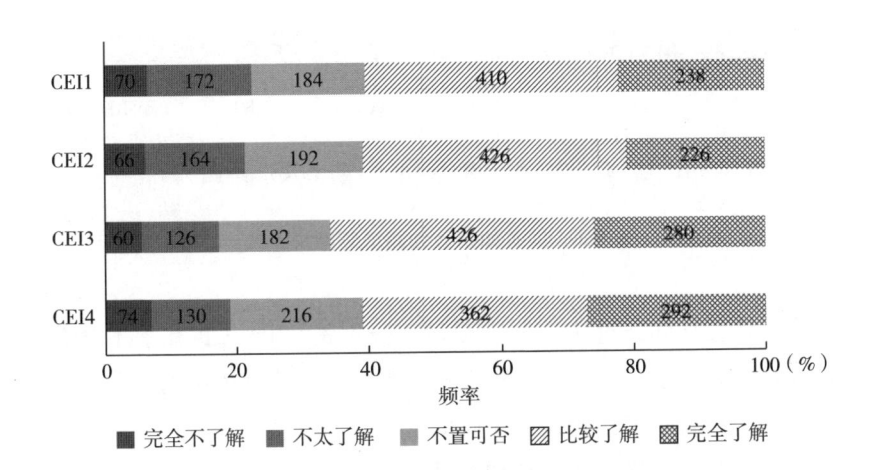

	完全不了解	不太了解	不置可否	比较了解	完全了解
CEI1	70	172	184	410	238
CEI2	66	164	192	426	226
CEI3	60	126	182	426	280
CEI4	74	130	216	362	292

图 4-5　环境问题认知题项频数与频率

减碳知识认知通过 4 个题项测量，分别是 CCK1（家电待机能耗占我国家庭电力消耗的比例高达 10%）、CCK2（冰箱放八成满最省电，同时制冷效果最好）、CCK3（夏季空调设定温度每调高 1 度，就可以节省 8%的电量）和 CCK4（洗衣机内洗涤的衣物过少和过多都会增加耗电量）。

由表 4-30 可知，从各个题项来看，CCK3 的整体均值较高，为 3.63。CCK1 和 CCK2 的均值明显低于 CCK3 和 CCK4，结合图 4-6 可以发现，21.8%的居民在 CCK1 题项中选择 1 和 2，即 21.8%的城市居民不太了解我国家电待机能耗相关情况。23.3%的居民在CCK2题项中选择1和2，即22.3%的城市居民不太了解如何合理使用冰箱才能更节能。可见，企业与政府相关部门需加强该类知识的普及。

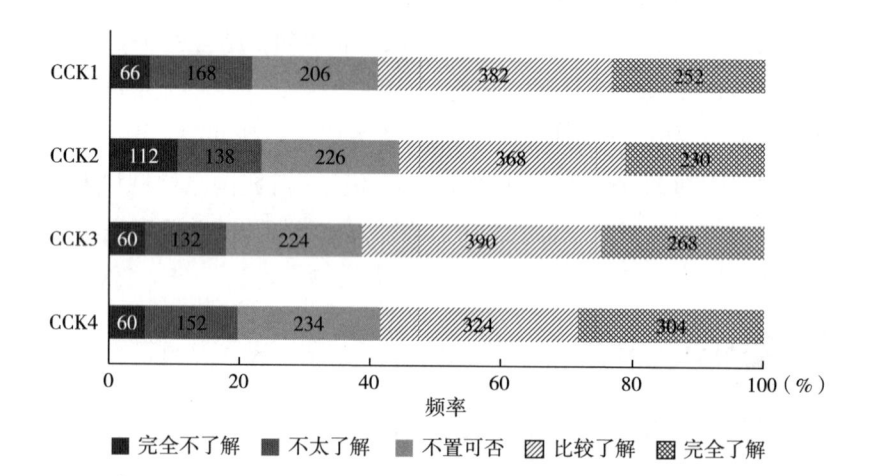

图 4-6 减碳知识认知题项频数与频率

个体责任认知通过4个题项测量，分别是AIP1（我几乎不会关注气候变化问题，也从不主动了解碳排放信息）、AIP2（我觉得我只要顾好自己的生活就行了，减碳是政府的责任，与我无关）、AIP3（我认为大多数人都与我一样，缺乏长期坚持减碳行为的动力）和AIP4（我觉得维护低碳减排与我的关系并不大）。由于部分个体责任认知的测量题项（Q17-1、Q17-2、Q17-3和Q17-4）为负向题项。反转后题项Q17-1、Q17-2、Q17-3和Q17-4分别对应AIP1（我经常关注气候变化问题，经常主动了解碳排放信息）、API2（我觉得减碳与我们责任相关，不仅是政府的责任）、AIP3（我认为大多数人都与我一样有长期坚持减碳行为的动力）和AIP4（我觉得维护低碳减排与我的关系很大）。

由表4-30可知，从各个题项来看，AIP4的整体均值较高，为3.89。AIP3的均值明显低于其他题项，结合图4-7可以发现，28.9%的居民在AIP3题项中选择1和2，即28.9%的城市居民缺乏长期坚持减碳行为的动力。

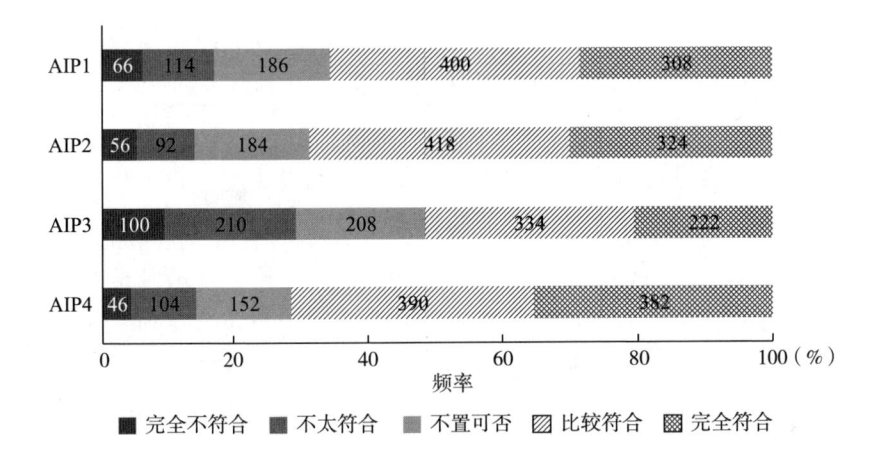

第四章 多元动机视角下城市居民自愿减碳行为驱动因素分析

图 4-7 个体责任认知题项频数与频率

行为效能认知通过 7 个题项测量，分别是 CUB1（"减碳"能让我掌握更多的环境知识和生活技巧）、CUB2（"减碳"能给我带来非常强烈的精神愉悦感）、CUB3（"减碳"能给我带来非常优越的行动体验）、CUB4（"减碳"能给我带来非常大的经济节省）、CUB5（"减碳"能给我带来非常大的健康改善）、CUB6（"减碳"能给我带来非常大的安全改善）和 CUB7（"减碳"能给社会带来非常重要的环保意义）。各题项选择情况分布如图 4-8 所示。

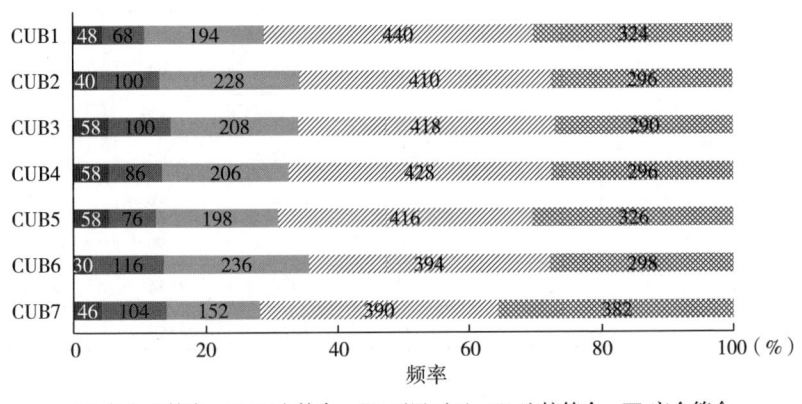

图 4-8 行为效能认知题项频数与频率

由表 4-30 可知，从各个题项来看，CUB7 的整体均值较高，为 3.97，接近 4 分。其他题项的均值比较接近，无明显较低值。

(二) 个体情感因素的描述分析

个体情感因素的测量使用的是利克特的 5 级测度，各个维度的题项得分越高表示个体在该维度上认知程度较高。即 5 表示该认知程度最高，4 次之，3 表示"中立"（不置可否），2 和 1 分别是指受访者依据自己的日常行为和行为意愿表明自身的行为与该维度所表示行为是"比较不符合"和"非常不符合"。本书将均值低于 3 分的定义为劣性值。个体情感因素主要包括行为共情（BE）、自然共情（NE）、代际共情（IE）和环保公平感（EPJ）4 个维度，其得分统计分析如表 4-31 所示。

表 4-31　　　　　　　　个体情感因素各题项的分析

变量	均值	标准差	题项	N	均值	标准差
BE	3.85	0.861	BE1	1074	3.89	1.073
			BE2	1074	3.88	1.057
			BE3	1074	3.82	1.095
			BE4	1074	3.80	1.090
NE	3.92	0.901	NE1	1074	3.94	1.064
			NE2	1074	3.94	1.093
			NE3	1074	3.83	1.142
			NE4	1074	3.95	1.047
IE	3.88	0.938	IE1	1074	3.82	1.201
			IE2	1074	3.84	1.117
			IE3	1074	3.89	1.150
			IE4	1074	3.99	1.101
EPJ	3.55	0.969	EPJ1	1074	3.26	1.302
			EPJ2	1074	3.84	1.093

由表 4-31 可知，行为共情的均值为 3.85，这表明样本的行为共情情况处在较高水平；自然共情的均值为 3.92，即样本的自然共情情况

第四章　多元动机视角下城市居民自愿减碳行为驱动因素分析

处于较高水平；代际共情的均值为 3.88，即样本的代际共情情况处于较高水平；环保公平感的均值为 3.55，即样本的环保公平感情况处于中等水平。

行为共情通过 4 个题项测量，各题项分别是 BE1（如果我实施了减碳行为，我会感到很开心、很自豪）、BE2（如果我看到他人实施了减碳行为，我会感到很赞许、很敬重）、BE3（如果我自己有能源浪费行为，我会很内疚、很痛心）和 BE4（如果我看到他人有能源浪费行为，我会很讨厌、很气愤）。各题项选择情况分布如图 4-9 所示。

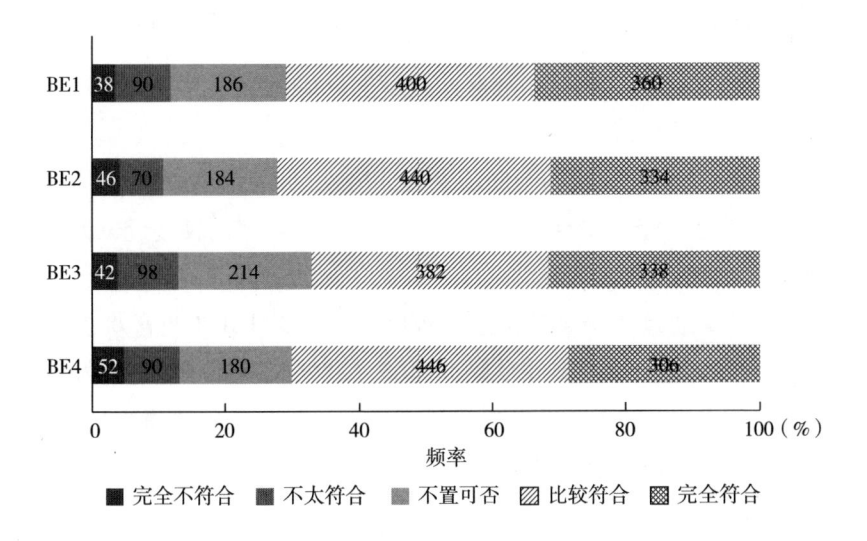

图 4-9　行为共情题项频数与频率

由表 4-31 可知，从各个题项来看，BE1 和 BE2 的整体均值较高，分别为 3.89 和 3.88。其他题项的均值比较接近，无明显较低值。

自然共情通过 4 个题项测量，各题项分别是 NE1（参加户外活动能够让我亲近大自然）、NE2（我对亲近大自然感到欣喜）、NE3（在户外活动我感觉与大自然融为一体）和 NE4（我看到大自然遭到破坏，我会感到很痛心）。各题项选择情况分布如图 4-10 所示。

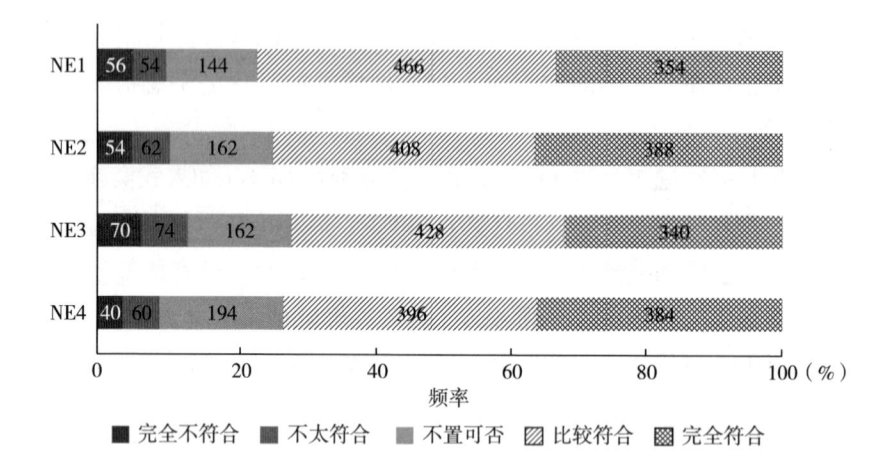

图 4-10 自然共情题项频数与频率

由表 4-31 可知,从各个题项来看,NE4、NE1 和 NE2 的整体均值较高,分别为 3.95、3.94 和 3.94。其他题项的均值比较接近,无明显较低值。

代际共情通过 4 个题项测量,各题项分别是 IE1（我喜欢孩子）、IE2（与孩子亲近让我感到很欣喜）、IE3（我愿意为孩子创造良好的生存环境）和 IE4（如果孩子的生活环境恶劣,我会感到很痛心）。各题项选择情况分布如图 4-11 所示。

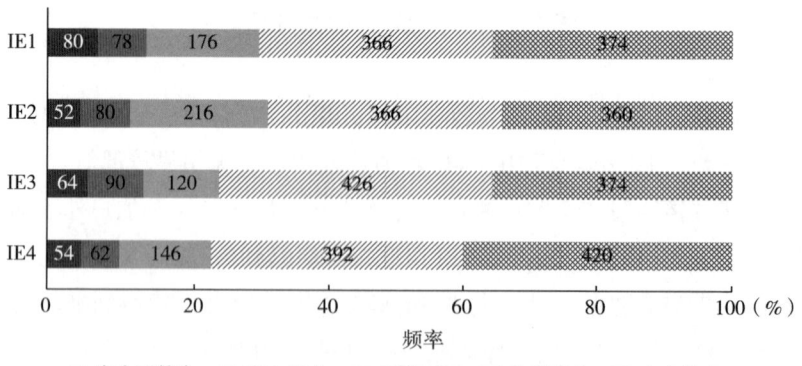

图 4-11 代际共情题项频数与频率

由表4-31可知,从各个题项来看,IE4的整体均值较高,为3.99,接近4分。其他题项的均值比较接近,无明显较低值。

环保公平感通过2个题项测量,各题项分别是EPJ1（我认为当前普通居民承受了过多的减碳责任）和EPJ2（我认为企业和政府应当承受更多的减碳责任）。

由表4-31可知,从各个题项来看,EPJ2的整体均值较高,为3.84。EPJ1的均值明显低于EPJ2,结合图4-12可以发现,30.9%的居民在EPJ1题项中选择1和2,即30.9%的城市居民认为当前普通居民承受了过多的减碳责任,感觉到了环保不公平感。

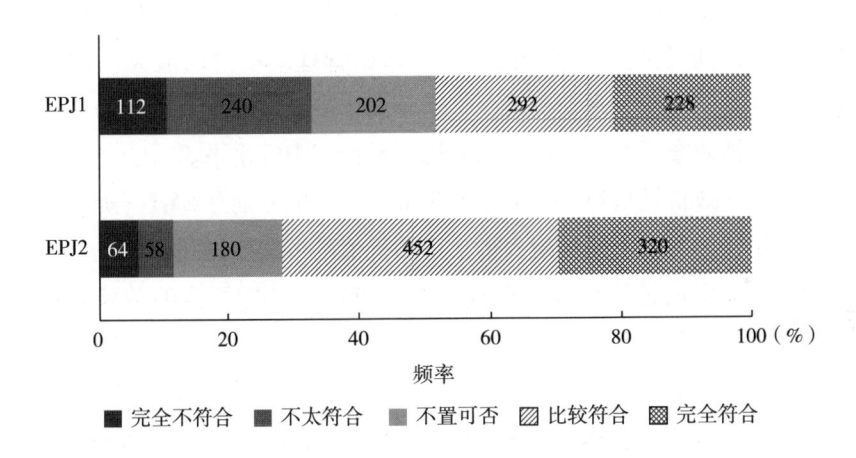

图4-12 环保公平感题项频数与频率

二 中介变量描述性分析

中介变量动机因素的测量采用利克特5分等级测度,各个维度的题项得分越高表示个体在该维度上越趋近于该行为。即5表示该趋近程度最高,4次之,3表示"中立"（不置可否）,2表示"比较不符合",1表示"非常不符合",将均值低于3分的值定义为劣性值。动机因素主要包括期望—效价动机（EM）、印象管理动机（IMM）和内在规范动机（INM）3个维度,其得分统计分析如表4-32所示。

表 4-32　　　　　　　　　中介变量各题项的得分分析

变量	均值	标准差	题项	N	均值	标准差
EM	3.83	0.925	EM1	1074	3.92	1.029
			EM2	1074	3.73	1.117
IMM	3.81	0.875	IMM1	1074	3.80	1.112
			IMM2	1074	3.68	1.108
			IMM3	1074	3.95	1.026
INM	3.61	0.971	INM1	1074	3.58	1.097
			IMM2	1074	3.64	1.144

由表 4-32 可知，期望—效价动机的均值为 3.83，即被调查样本的期望—效价动机情况处于较高水平；印象管理动机的均值为 3.81，即被调查样本的印象管理动机情况处于较高水平；内在规范动机的均值为 3.61，即被调查样本的内在规范动机情况处于中等水平。

期望—效价动机通过 2 个题项测量，各题项分别是 EM1（如果实施某种特定行为的结果能够给我带来正面价值的可能性越高，则我实施该类行为的概率也越高）和 EM2（如果实施某种特定行为的结果能够给我带来负面价值的可能性越高，则我实施该类行为的概率也越低）。

由表 4-32 可知，从各个题项来看，EM1 的整体均值较高，为 3.92，接近 4 分。EM2 的均值明显较低，结合图 4-13 可以发现，15.3%的居民在 EM2 题项中选择 1 和 2，即 15.3%的城市居民认为如果实施某种特定行为的结果能够给自身带来负面价值的可能性越高，则自身实施该类行为的概率也越低。

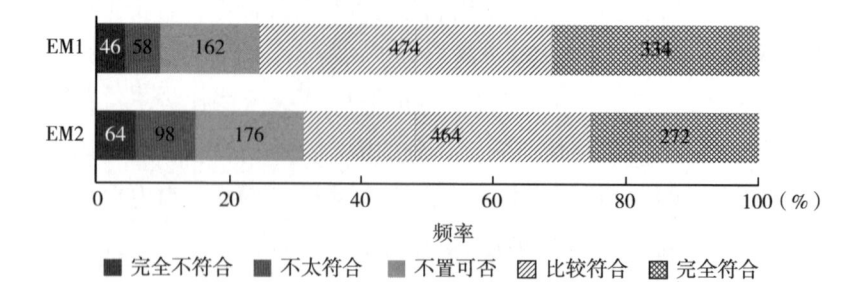

图 4-13　期望—效价动机题项频数与频率

第四章 多元动机视角下城市居民自愿减碳行为驱动因素分析 | 143

印象管理动机通过3个题项测量，各题项分别是 IMM1（我希望为了进一步的交流，使别人对我产生好感）、IMM2（外人面前，我希望展现出自己所拥有的知识）和 IMM3（我希望树立一个良好的形象）。

由表 4-32 可知，从各个题项来看，IMM3 的整体均值较高，为 3.95，接近 4 分。IMM2 的均值明显低于其他题项，结合图 4-14 可以发现，16.0% 的居民在 IMM2 题项中选择 1 和 2，即 16.0% 的城市居民在外人面前不希望展现出自己所拥有的知识。

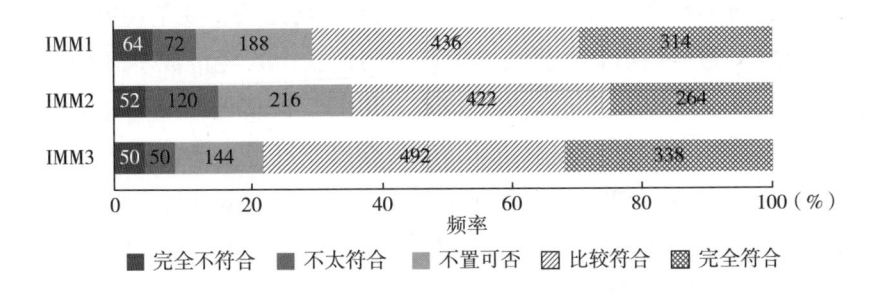

图 4-14 印象管理动机题项频数与频率

内在规范动机通过2个题项测量，各题项分别是 INM1（我对行为的选择总是倾向于社会习俗或惯例）和 INM2（我不喜欢特立独行的行为）。

由表 4-32 可知，从各个题项来看。INM1 和 INM2 的均值都较低，结合图 4-15 可以发现，17.7% 的居民在 INM1 题项中选择 1 和 2，即 17.7% 的城市居民对行为的选择总是不倾向于社会习俗或惯例。其次，16.9% 的居民在 INM2 题项中选择 1 和 2，即 16.9% 的城市居民喜欢特立独行的行为。

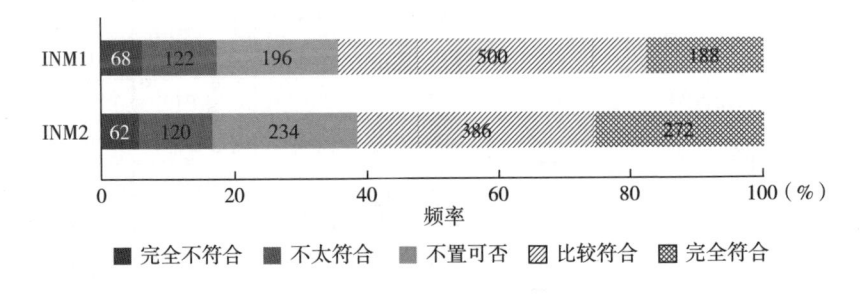

图 4-15 内在规范动机题项频数与频率

三 调节变量描述性分析

对选择成本偏好、社会参照规范和技术制度情境三个调节变量进行描述性统计分析。首先，选择成本偏好因素采用排序测度，各个维度按照"1—6"的顺序排序，其中，"1"的优先级最高，"6"的优先级最低。其次，社会参照规范和技术制度情境因素的测量采用利克特 5 分等级测度，各个维度的题项得分越高表示个体在该维度上越趋近于该行为。即 5 表示该趋近率最高，4 次之，3 表示"中立"（不置可否），2 表示"比较不符合"，1 表示"非常不符合"，将这两个变量均值低于 3 分的值定义为劣性值。选择成本偏好主要包括个人经济成本（PEC）、习惯转化成本（HCC）、行为实施成本（BIC）、舒适偏好成本（CPC）、安全成本（SC）和健康成本（HC）；社会参照规范主要包括社会表率（SE）、社会风气（ST）和群体压力（GP）；技术制度情境主要包括基础设施完备性（CPI）、节能产品属性（EPA）、节能产品易获得性（FAEP）和政策执行效度（IP）。该三个维度的得分统计分析如表 4-33 所示。

表 4-33　　　　　　　　调节变量各题项的得分分析

变量	均值	标准差	题项	N	均值	标准差
ACP	—	—	PEC	1074	3.64	1.819
			HCC	1074	3.04	1.862
			BIC	1074	3.36	1.532
			CPC	1074	3.45	1.549
			SC	1074	3.84	1.643
			HC	1074	3.67	1.705
SE	3.80	0.902	SE1	1074	3.81	1.050
			SE2	1074	3.74	1.097
			SE3	1074	3.85	1.111
ST	2.40	0.935	ST1	1074	2.14	1.087
			ST2	1074	2.46	1.173
			ST3	1074	2.60	1.186

第四章 多元动机视角下城市居民自愿减碳行为驱动因素分析 | 145

续表

变量	均值	标准差	题项	N	均值	标准差
GP	3.63	0.934	GP1	1074	3.59	1.099
			GP2	1074	3.61	1.077
CPI	3.53	0.974	CPI1	1074	3.47	1.203
			CPI2	1074	3.67	1.139
			CPI3	1074	3.50	1.246
EPA	3.84	0.838	EPA1	1074	3.83	1.091
			EPA2	1074	3.90	1.044
			EPA3	1074	3.90	1.065
			EPA4	1074	3.73	1.051
FAEP	3.71	0.896	FAEP1	1074	3.76	1.072
			FAEP2	1074	3.63	1.124
			FAEP3	1074	3.75	1.121
IP	2.89	1.110	IP1	1074	2.93	1.309
			IP2	1074	2.77	1.254
			IP3	1074	2.87	1.308
			IP4	1074	3.00	1.351

由表4-33可知，社会表率的均值为3.80，即被调查样本的社会表率情况处于较高水平；社会风气的均值为2.40，即被调查样本的社会风气情况处于较低水平；群体压力的均值为3.63，即被调查样本的内在规范动机情况处于一般水平；基础设施完备性的均值为3.53，即被调查样本的基础设施完备性情况处于一般水平；节能产品属性的均值为3.84，即被调查样本的节能产品属性情况处于一般水平；节能产品易获得性的均值为3.71，即被调查样本的节能产品易获得性情况处于一般水平；政策执行效度的均值为2.89，即被调查样本的社会表率情况处于较低水平。

选择成本偏好通过排序进行测度，由于该测量题项为负向题项，在进行量表检测和统计分析之前，已对该些题项的问卷原始数据进行相应的正向转换。同时，将均值低于3分的值定义为劣性值。

由表 4-33 可知，从各个题项来看，总体排序优先级由高至低分别为 SC、HC、PEC、CPC、BIC 和 HCC，即城市居民在自愿减碳行为中最重视其行为的安全性，最忽视其行为的习惯性。结合图 4-16 可知，54.2% 的居民在 HCC 题项中选择 1、2 和 3，即劣性值比例高达 54.2%，即 54.2% 的城市居民认为习惯性对于自愿减碳行为最不重要。

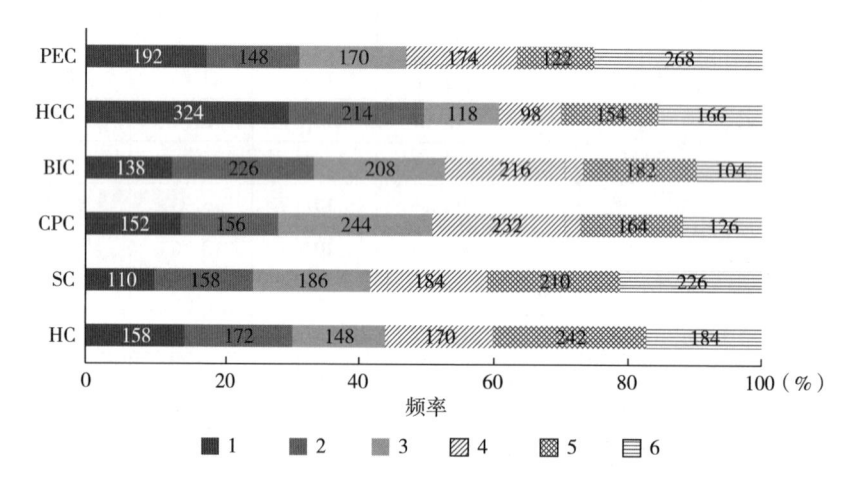

图 4-16 选择成本偏好题项频数与频率

社会表率通过 3 个题项测量，各题项分别是 SE1（如果政府官员能够自愿减碳，我们也乐意自愿减碳）、SE2（如果社会公众人物能够自愿减碳，我们也乐意自愿减碳）和 SE3（我们乐意举荐社会自愿减碳模范，并效仿他们的做法）。各题项选择情况分布如图 4-17 所示。

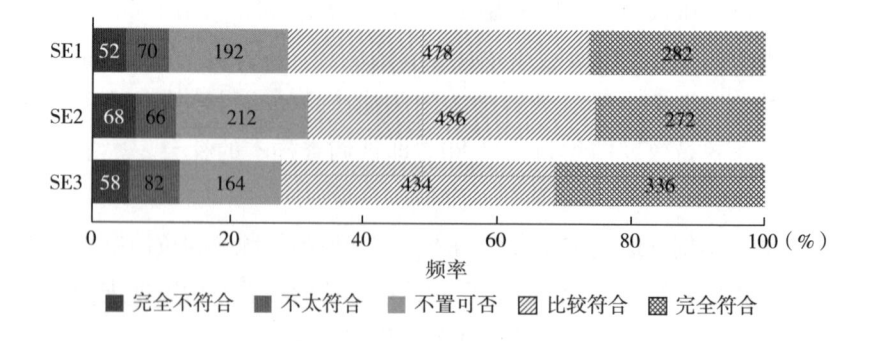

图 4-17 社会表率题项频数与频率

第四章 多元动机视角下城市居民自愿减碳行为驱动因素分析

由表4-33可知,从各个题项来看,SE3的整体均值较高,为3.85。其他题项的均值比较接近,无明显较低值。

社会风气通过3个题项测量,各题项分别是ST1(据我观察,人们吃饭都很讲究排场)、ST2(我很看重别人的评价,面子上好看是我最常考虑的事情)和ST3(我常处于维护面子而调整或者改变自身的行为)。由于部分个体责任认知的测量题项(21-4、21-5和21-6)为负向题项,在进行量表检测和统计分析之前,已对该些题项的问卷原始数据进行相应的正向转换。反转后题项21-4、21-5和21-6分别对应ST1(据我观察,人们吃饭都不讲究排场)、ST2(我不是很看重别人的评价,面子上好看不是我最常考虑的事情)、ST3(我不经常处于维护面子而调整或者改变自身的行为)。

由表4-33可知,从各个题项来看,ST1、ST2和ST3的均值都较低。结合图4-18可以发现,72.3%的居民在ST1题项中选择1和2,即72.3%的城市居民都认为当前社会在吃饭上十分讲究排场;57.7%的居民在ST2题项中选择1和2,即57.7%的城市居民都很看重别人的评价,面子上好看是其最常考虑的事情;52.9%的居民在ST3题项中选择1和2,即52.9%的城市居民都经常处于维护面子而调整或者改变自身的行为。

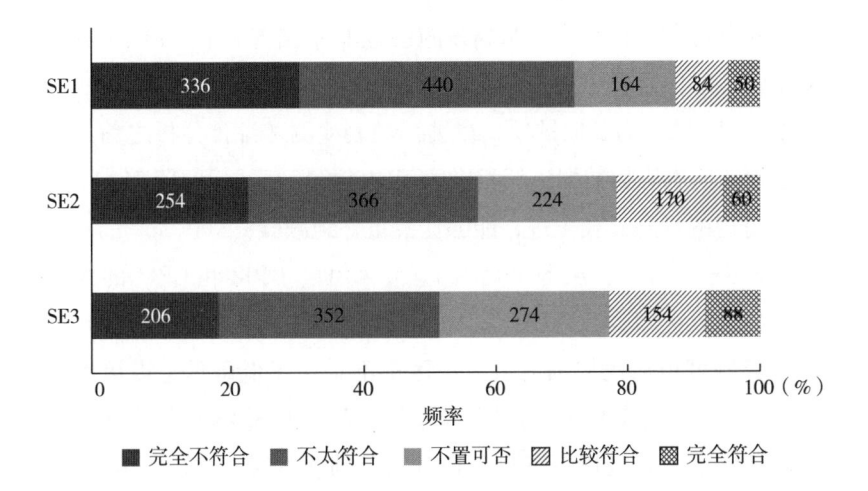

图4-18 社会风气题项频数与频率

群体压力通过 2 个题项测量，各题项分别是 GP1（我经常受到家人、朋友和同事等周围人行为或态度的影响）和 GP2（我经常参照和我相似群体的行为）。各题项选择情况分布如图 4-19 所示。

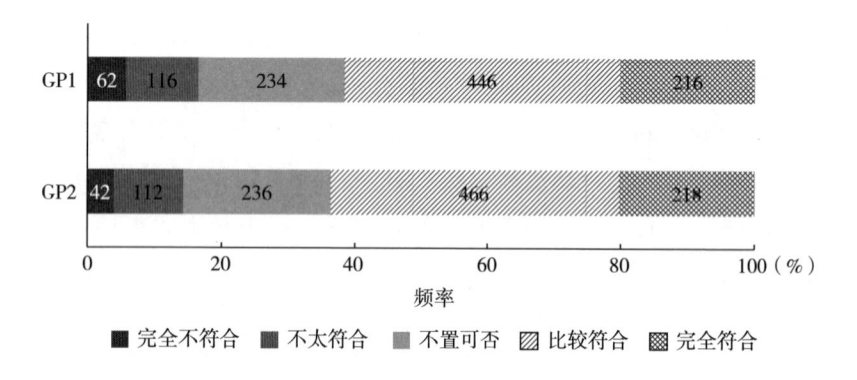

题项	完全不符合	不太符合	不置可否	比较符合	完全符合
GP1	62	116	234	446	216
GP2	42	112	236	466	218

图 4-19　群体压力题项频数与频率

由表 4-33 可知，从各个题项来看，GP1 和 GP2 的均值比较接近，无明显较低值。

基础设施完备性通过 3 个题项测量，各题项分别是 CPI1（我周围的很多小区都是基于低碳理念设计和装修的）、CPI2（据我观察，我周围的公共自行车、充电桩等基础设施已经非常完善）和 CPI3（身边的设施比较落后，让我想减碳都无能为力）。由于部分个体责任认知的测量题项（21-11）为负向题项，在进行量表检测和统计分析之前，已对这些题项的问卷原始数据进行相应的正向转换。反转后题项 21-11 对应 CPI3（身边的设施比较先进，能够让我更好地减碳）。

由表 4-33 可知，从各个题项来看，CPI1、CPI2 和 CPI3 的均值都较低。结合图 4-20 可以发现，22.2% 的居民在 CPI1 题项中选择 1 和 2，即 22.2% 的城市居民周围的很多小区都不是基于低碳理念设计和装修的；18.1% 的居民在 CPI2 题项中选择 1 和 2，即 18.1% 的城市居民周围的公共自行车、充电桩等基础设施还不是非常完善；22.3% 的居民在 CPI3 题项中选择 1 和 2，即 22.3% 的城市居民身边的设施都比较落后，不能够让其更好地减碳。

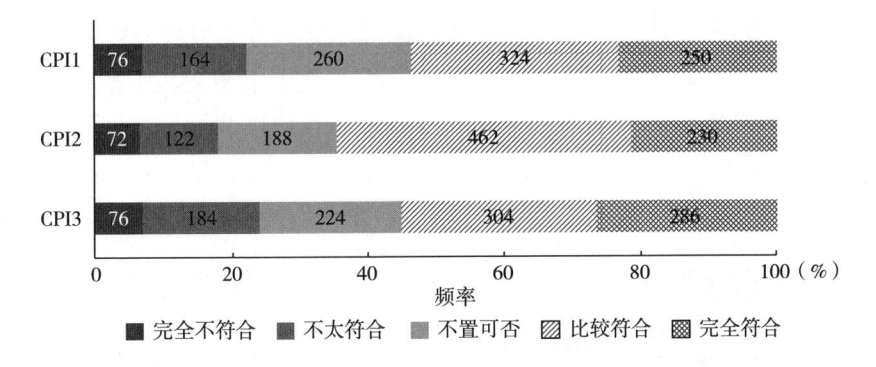

图 4-20　基础设施完备性题项频数与频率

节能产品属性通过 4 个题项测量，各题项分别是 EPA1（我是否购买节能产品，完全取决于该产品技术是否成熟）、EPA2（我很在意节能产品在使用过程中的技术稳定性）、EPA3（只有技术成熟的节能产品才能给生活带来真正的实惠和好处）和 EPA4（我觉得节能产品的使用体验非常好）。各题项选择情况分布如图 4-21 所示。

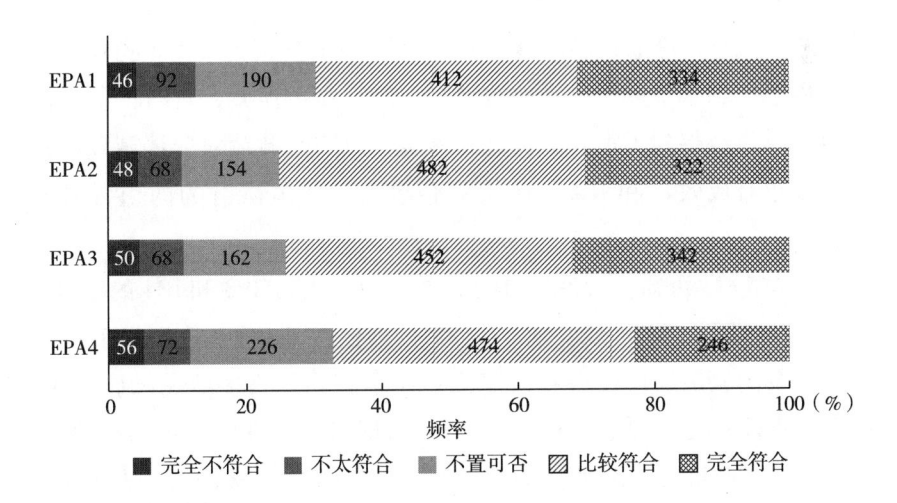

图 4-21　节能产品属性题项频数与频率

由表 4-33 可知，从各个题项来看，EPA2 和 EPA3 的均值都较高，均值分别为 3.90 和 3.90，接近 4 分。其他题项无明显较低值。

节能产品易获得性通过 3 个题项测量，各题项分别是 FAEP1（我可以便利地购买到各类节能产品）、FAEP2（据我所知，大家都可以方便地选购各类节能产品）和 FAEP3（我可以在周围便利地找到垃圾回收设施）。各题项选择情况分布如图 4-22 所示。

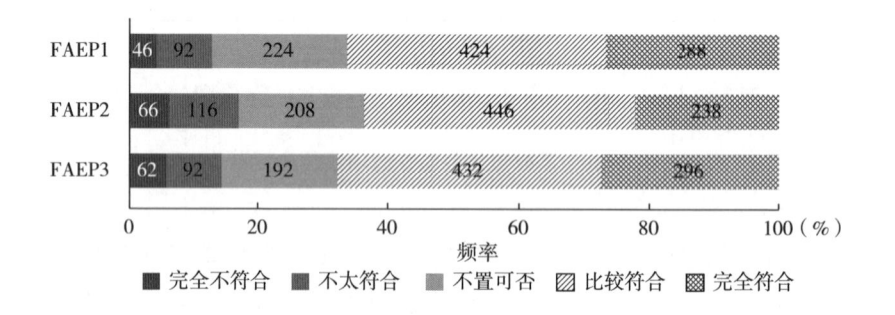

	完全不符合	不太符合	不置可否	比较符合	完全符合
FAEP1	46	92	224	424	288
FAEP2	66	116	208	446	238
FAEP3	62	92	192	432	296

图 4-22　节能产品易获得性题项频数与频率

由表 4-33 可知，从各个题项来看，各个题项的均值比较接近，无明显较低值。

政策执行效度通过 4 个题项测量，各题项分别是 IP1（我在政府宣传中了解到了很多居民减碳政策）、IP2（据我所知，现行的居民减碳政策都已经得到了很好的贯彻和落实）、IP3（政策对居民减碳行为的引导很有成效）和 IP4（政策对企事业单位减碳行为的引导很有成效）。

由表 4-33 可知，从各个题项来看，IP1、IP2、IP3 和 IP4 的均值都较低。结合图 4-23 可以发现，42.8% 的居民在 IP1 题项中选择 1 和 2，即 42.8% 的城市居民没有在政府宣传中了解到了很多居民减碳政策；46.7% 的居民在 CPI2 题项中选择 1 和 2，即 46.7% 的城市居民认为现行的居民减碳政策没有得到了很好的贯彻和落实；41.9% 的居民在 IP3 题项中选择 1 和 2，即 41.9% 的城市居民认为政策对居民减碳行为的引导不是很有成效；37.2% 的居民在 IP4 题项中选择 1 和 2，即 37.2% 的城市居民认为政策对企事业单位减碳行为的引导不是很有成效。

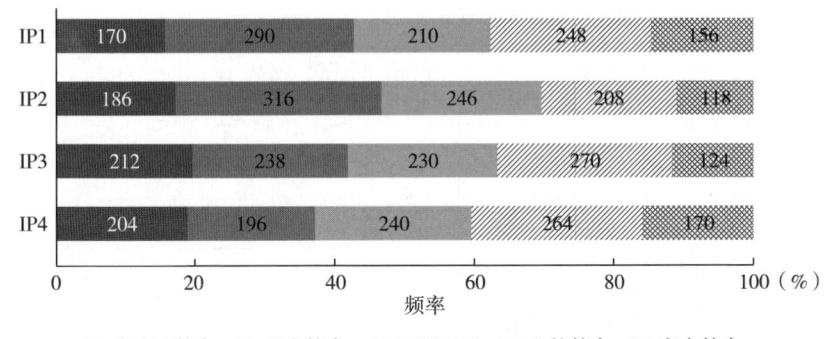

第四章 多元动机视角下城市居民自愿减碳行为驱动因素分析

	完全不符合	不太符合	不置可否	比较符合	完全符合
IP1	170	290	210	248	156
IP2	186	316	246	208	118
IP3	212	238	230	270	124
IP4	204	196	240	264	170

图 4-23 政策执行效度题项频数与频率

第三节 多元动机视角下城市居民自愿减碳行为与各驱动因素相关性分析

一 个体心理认知因素与个体情感因素相关性分析

对作为自变量的个体心理认知因素与作为自变量的个体情感因素（MOT）进行双变量 Spearman 相关分析，其中个体心理认知因素包括环境问题认知（CEI）、减碳知识认知（CCK）、个体责任认知（AIP）和行为效能认知（CUB）；个体情感因素包括行为共情（BE）、自然共情（NE）、代际共情（IE）和环保公平感（EPJ）。具体分析结果如表 4-34 所示。

由表 4-34 可知，个体认知因素均与行为共情、自然共情、代际共情和环保公平感均显著正相关。具体而言，环境问题认知、减碳知识认知、个体责任认知和行为效能认知与行为共情均显著正相关；环境问题认知、减碳知识认知、个体责任认知和行为效能认知与自然共情均显著正相关；环境问题认知、减碳知识认知、个体责任认知和行为效能认知与代际共情均显著正相关；环境问题认知、减碳知识认知、个体责任认知和行为效能认知与环保公平感均显著正相关。

表 4-34　　个体认知因素与个体情感因素的相关性分析结果

	CEI	CCK	AIP	CUB	BE	NE	IE	EPJ
CEI	1							
CCK	0.702**	1						
AIP	0.1562**	0.616**	1					
CUB	0.567**	0.605**	0.653**	1				
BE	0.522**	0.575**	0.613**	0.697*	1			
NE	0.395**	0.404**	0.602**	0.602**	0.631**	1		
IE	0.412**	0.470**	0.593**	0.593**	0.594**	0.627**	1	
EPJ	0.380**	0.386**	0.461**	0.461**	0.416**	0.399**	0.432**	1

注：**表示在 0.01 水平（双侧）上显著相关。*表示在 0.05 水平（双侧）上显著相关。下同。

二　个体情感因素与动机因素之间的相关性分析

对作为自变量的个体情感因素（IA）与作为中介变量的动机因素（MOT）进行双变量 Spearman 相关分析，其中动机因素包括期望—效价动机（EM）、印象管理动机（IMM）和内在规范动机（INM）。具体分析结果如表 4-35 所示。

表 4-35　　个体情感因素与动机因素的相关性分析结果

	BE	NE	IE	EPJ	EM	IMM	INM
BE	1						
NE	0.631**	1					
IE	0.594**	0.627**	1				
EPJ	0.416**	0.399**	0.432**	1			
EM	0.539*	0.525**	0.524**	0.383**	1		
IMM	0.583*	0.551**	0.581**	0.430**	0.546**	1	
INM	0.407**	0.366**	0.351**	0.368**	0.379**	0.466**	1

由表 4-35 可知，个体情感因素与期望—效价动机、印象管理动机

和内在规范动机均显著正相关。具体而言,行为共情、自然共情、代际共情和环保公平感与期望—效价动机均显著正相关;行为共情、自然共情、代际共情和环保公平感与印象管理动机均显著正相关;行为共情、自然共情、代际共情和环保公平感与内在规范动机均显著正相关。

三 个体情感因素与自愿减碳行为因素相关性分析

对作为自变量的个体情感因素与作为因变量的自愿减碳行为(VCB)进行双变量Spearman相关分析,其中自愿减碳行为包括自愿减碳素养行为(VCBH)、自愿减碳决策行为(VCBD)、自愿减碳人际行为(VCBP)和自愿减碳公民行为(VCBC)。具体分析结果如表4-36所示。

表4-36　　个体情感因素与自愿减碳行为的相关性分析结果

	BE	NE	IE	EPJ	VCBH	VCBD	VCBP	VCBC
BE	1							
NE	0.631**	1						
IE	0.594**	0.627**	1					
EPJ	0.416**	0.399**	0.432**	1				
VCBH	0.567**	0.525**	0.524**	0.383**	1			
VCBD	0.639**	0.551**	0.581**	0.430**	0.666**	1		
VCBP	0.648**	0.366**	0.351**	0.368**	0.554**	0.690**	1	
VCBC	0.627**	0.508**	0.536**	0.449**	0.547**	0.651**	0.712**	1

由表4-36可知,个体情感因素与自愿减碳素养行为、自愿减碳决策行为、自愿减碳人际行为和自愿减碳公民行为显著正相关。具体而言,行为共情、自然共情、代际共情和环保公平感与自愿减碳素养行为均显著正相关;行为共情、自然共情、代际共情和环保公平感与自愿减碳决策行为均显著正相关;行为共情、自然共情、代际共情和环保公平感与自愿减碳人际行为均显著正相关;行为共情、自然共情、代际共情和环保公平感与自愿减碳公民行为均显著正相关。

四　动机因素与自愿减碳行为因素相关性分析

对作为中介变量的动机因素（MOT）与作为因变量的自愿减碳行为（VCB）进行双变量 Spearman 相关分析。具体分析结果如表4-37所示。

表4-37　　　　动机因素与自愿减碳行为的相关性分析结果

	EM	IMM	INM	VCBH	VCBD	VCBP	VCBC
EM	1						
IMM	0.546**	1					
INM	0.379**	0.466**	1				
VCBH	0.466**	0.495**	0.373**	1			
VCBD	0.485**	0.569**	0.444**	0.666**	1		
VCBP	0.499**	0.628**	0.520**	0.554**	0.690**	1	
VCBC	0.468**	0.587**	0.493**	0.547**	0.651**	0.712**	1

由表4-37可知，动机因素与自愿减碳素养行为、自愿减碳决策行为、自愿减碳人际行为和自愿减碳公民行为显著正相关。具体而言，期望—效价动机、印象管理动机和内在规范动机与自愿减碳素养行为均显著正相关，前述各变量的正向增加会带来自愿减碳素养行为的显著增加；期望—效价动机、印象管理动机和内在规范动机与自愿减碳决策行为均显著正相关，前述各变量的正向增加会带来自愿减碳决策行为的显著增加；期望—效价动机、印象管理动机和内在规范动机与自愿减碳人际行为均显著正相关，前述各变量的正向增加会带来自愿减碳人际行为的显著增加；期望—效价动机、印象管理动机和内在规范动机与自愿减碳公民行为均显著正相关，前述各变量的正向增加会带来自愿减碳公民行为的显著增加。

五　自愿减碳行为、动机因素和情境变量因素相关性分析

对作为中介变量的动机因素（MOT）和作为因变量的自愿减碳行为（VCB），与作为调节变量的情境因素进行双变量 Spearman 相关分析。具体分析结果如表4-38至表4-40所示。

第四章　多元动机视角下城市居民自愿减碳行为驱动因素分析

表 4-38　自愿减碳行为及动机与选择成本偏好因素的相关性分析结果

	EM	IMM	INM	PEC	HCC	BIC	CPC	SC	HC	VCBH	VCBD	VCBP	VCBC
EM	1												
IMM	0.546**	1											
INM	0.379**	0.466**	1										
PEC	0.016	0.039	-0.004	1									
HCC	0.010	0.011	0.133**	-0.218**	1								
BIC	0.033	0.019	0.040	-0.145**	0.017	1							
CPC	-0.019	-0.018	-0.020	-0.256**	-0.116**	-0.087*	1						
SC	0.009	-0.020	-0.106**	-0.270**	-0.377**	-0.329**	-0.181**	1					
HC	-0.062	-0.040	-0.065	-0.220**	-0.374**	-0.379**	-0.248**	0.222**	1				
VCBH	0.466**	0.495**	0.373**	-0.018	0.028	-0.054	-0.068	0.047	0.056	1			
VCBD	0.485**	0.569**	0.444**	0.038	0.104*	-0.057	-0.062	-0.063	0.010	0.666**	1		
VCBP	0.499**	0.628**	0.520**	0.033	0.150**	-0.014	-0.069	-0.098*	-0.034	0.554**	0.690**	1	
VCBC	0.468**	0.587**	0.493**	-0.017	0.125**	0.010	-0.017	-0.102*	-0.012	0.547**	0.651**	0.712**	1

由表4-39可知，自愿减碳决策行为与习惯转化成本显著正相关，习惯转化成本的正向增加会带来自愿减碳决策行为的显著增加；自愿减碳人际行为与习惯转化成本显著正相关，习惯转化成本的正向增加会带来自愿减碳人际行为的显著增加；自愿减碳人际行为与安全成本显著负相关，安全成本的正向增加会带来自愿减碳人际行为的显著减少；自愿减碳公民行为与安全成本显著负相关，安全成本的正向增加会带来自愿减碳公民行为的显著减少。内在规范动机与习惯转化成本显著正相关，习惯转化成本的正向增加会带来内在规范动机的显著增加；内在规范动机与安全成本显著负相关，安全成本的正向增加会带来内在规范动机的显著减少。

由表4-40可知，自愿减碳素养行为与社会表率显著负相关，社会表率正向增加会带来自愿减碳决策行为的显著减少；自愿减碳素养行为与社会风气和群体压力显著正相关，社会风气和群体压力正向增加会带来自愿减碳决策行为的显著增加；自愿减碳决策行为与社会表率显著负相关，社会表率正向增加会带来自愿减碳决策行为的显著减少；自愿减碳决策行为与社会风气和群体压力显著正相关，社会风气和群体压力正向增加会带来自愿减碳决策行为的显著增加；自愿减碳人际行为与社会表率显著负相关，社会表率正向增加会带来自愿减碳决策行为的显著减少；自愿减碳人际行为与社会风气和群体压力显著正相关，社会风气和群体压力正向增加会带来自愿减碳决策行为的显著增加；自愿减碳公民行为与社会表率显著负相关，社会表率正向增加会带来自愿减碳决策行为的显著减少；自愿减碳行为与社会风气和群体压力显著正相关，社会风气和群体压力正向增加会带来自愿减碳决策行为的显著增加。

期望—效价动机与社会表率显著负相关，社会表率正向增加会带来期望—效价动机的显著减少；期望—效价动机与社会风气和群体压力显著正相关，社会风气和群体压力正向增加会带来自愿减碳决策行为的显著增加；印象管理动机与社会表率显著负相关，社会表率正向增加会带来印象管理动机的显著减少；印象管理动机与社会风气和群体压力显著正相关，社会风气和群体压力正向增加会带来印象管理动机的显著增加；内在规范动机与社会表率显著负相关，社会表率正向增加会带来自

表 4-39　动机及自愿减碳行为与社会参照规范因素的相关性分析结果

	EM	IMM	INM	SE	ST	GP	VCBH	VCBD	VCBP	VCBC
EM	1									
IMM	0.546**	1								
INM	0.379**	0.466**	1							
SE	-0.458**	-0.521**	-0.553**	1						
ST	0.538**	0.545**	0.404**	-0.502**	1					
GP	0.411**	0.517**	0.512**	-0.587**	0.465**	1				
VCBH	0.466**	0.495**	0.373**	-0.376**	0.505**	0.376**	1			
VCBD	0.485**	0.569**	0.444**	-0.476**	0.547**	0.439**	0.666**	1		
VCBP	0.499**	0.628**	0.520**	-0.567**	0.597**	0.498**	0.554**	0.690**	1	
VCBC	0.468**	0.587**	0.493**	-0.554**	0.499**	0.485**	0.547**	0.651**	0.712**	1

表 4-40　自愿减碳行为及动机与技术制度情境因素的相关性分析结果

	EM	IMM	INM	CPI	EPA	GP	IP	VCBH	VCBD	VCBP	VCBC
EM	1										
IMM	0.649**	1									
INM	0.455**	0.547**	1								
CPI	0.501**	0.600**	0.499**	1							
EPA	0.675**	0.754**	0.548**	0.610**	1						
GP	0.552**	0.659**	0.528**	0.675**	0.696**	1					
IP	-0.289**	-0.329**	-0.383**	-0.349**	-0.296**	-0.259**	1				
VCBH	0.619**	0.618**	0.480**	0.578**	0.678**	0.625**	-0.275**	1			
VCBD	0.604**	0.657**	0.487**	0.658**	0.705**	0.640**	-0.279**	0.768**	1		
VCBP	0.563**	0.703**	0.546**	0.670**	0.702**	0.708**	-0.319**	0.671**	0.761**	1	
VCBC	0.515**	0.637**	0.492**	0.678**	0.663**	0.682**	-0.294**	0.631**	0.717**	0.772**	1

愿减碳决策行为的显著减少；内在规范动机与社会风气、群体压力显著正相关，社会风气、群体压力正向增加会带来内在规范动机的显著减少。

由表4-40可知，基础设施完备性、节能产品属性、节能产品易获得性和政策执行效力与自愿减碳素养行为、自愿减碳决策行为、自愿减碳人际行为和自愿减碳公民行为显著相关。具体而言，基础设施完备性、节能产品属性、节能产品易获得性与自愿减碳素养行为均呈显著正相关，前述各变量的正向增加会带来自愿减碳素养行为的显著增加；政策执行效力与自愿减碳素养行为呈显著负相关，前述各变量的正向增加会带来自愿减碳素养行为的显著减少；基础设施完备性、节能产品属性、节能产品易获得性与自愿减碳决策行为均呈显著正相关，前述各变量的正向增加会带来自愿减碳决策行为的显著增加；政策执行效力与自愿减碳决策行为呈显著负相关，前述各变量的正向增加会带来自愿减碳决策行为的显著减少；基础设施完备性、节能产品属性、节能产品易获得性与自愿减碳人际行为均呈显著正相关，前述各变量的正向增加会带来自愿减碳人际行为的显著增加；政策执行效力与自愿减碳人际行为呈显著负相关，前述各变量的正向增加会带来自愿减碳人际行为的显著减少。基础设施完备性、节能产品属性、节能产品易获得性与自愿减碳公民行为均呈显著正相关，前述各变量的正向增加会带来自愿减碳公民行为的显著增加；政策执行效力与自愿减碳公民行为呈显著负相关，前述各变量的正向增加会带来自愿减碳公民行为的显著减少。

期望—效价动机与基础设施完备性、节能产品属性及产品易获得性显著正相关，基础设施完备性、节能产品属性及节能产品易获得性正向增加会带来期望—效价动机的显著增加；期望—效价动机与政策执行效度显著负相关，政策执行效度正向增加会带来期望—效价动机的显著增加；印象管理动机与基础设施完备性、节能产品属性及节能产品易获得性显著正相关，基础设施完备性、节能产品属性及节能产品易获得性正向增加会带来印象管理动机的显著增加；印象管理动机与政策执行效度显著负相关，政策执行效度正向增加会带来印象管理动机的显著增加；内在规范动机与基础设施完备性、节能产品属性及节能产品易获得性显著正相关，基础设施完备性、节能产品属性及节能产品易获得性正向增加会带来内在规范动机的显著增加；内在规范动机与政策执行效度显著负相关，政策执行效度正向增加会带来内在规范动机的显著增加。

第四节 多元动机视角下个体心理认知因素作用于个体情感因素效应检验

在理论模型的构建过程中，将个体心理认知因素和个体情感因素路径关系设定为个体心理认知因素直接作用于个体情感因素。采用结构方程模型来检验个体心理认知因素作用于个体情感因素的效应，步骤为：分别逐步检验个体心理认知因素各个维度作用于个体情感因素的路径系数是否显著。

Mplus 可以综合数个潜变量分析方法于一个统一的潜变量分析框架内（王济川等，2011）。当卡方值较小、CFI 和 TLI 越接近 1 越好（大于 0.80 尚可接受，大于 0.90 为佳）、RMSEA 小于 0.08、RMSEA 的 90%置信区间上限小于 0.08、SRMR 小于 0.08 时，则模型拟合较好。

运用 Mplus18.0 对个体心理认知作用于个体情感的效应进行检验，所用命令语言见附录 2。

一 个体心理认知因素作用于行为共情效应检验

由表 4-41 可知，个体心理认知因素作用于行为共情的 CFI 值为 0.812（大于 0.80），SRMR 值为 0.075（小于 0.08），拟合优度指数达标，模型可接受。

表 4-41 拟合优度指数——个体心理认知因素作用于行为共情模型

卡方检验		RMSEA	
卡方值	6678.964	系数	0.071
自由度	810	90%置信区间	0.067—0.071
P 值	0.0000	P（RMSEA≤0.05）	0.000
CFI=0.812；TLI=0.869；SRMR=0.075			

第四章 多元动机视角下城市居民自愿减碳行为驱动因素分析 | 161

如表 4-42 所示，减碳知识认知的 P 值为 0.003，个体责任认知的 P 值为 0.001，行为效能认知的 P 值为 0.000，检验结果均显著，而环境问题认知的 P 值为 0.221，检验结果不显著。因此，在后续的模型分析中，环境问题认知作用于行为共情的路径将不再考虑。

表 4-42　　路径系数——个体心理认知因素作用于行为共情

	系数	标准差	系数/标准差	P 值（双尾）
CEI→BE	-0.132	0.108	-1.224	0.221
CCK→BE	0.180	0.124	1.453	0.003
AIP→BE	-0.153	0.105	-1.454	0.001
CUB→BE	1.270	0.264	4.811	0.000

二　个体心理认知因素作用于自然共情效应检验

由表 4-43 可知，个体心理认知因素作用于自然共情的 CFI 值为 0.898（大于 0.80），SRMR 值为 0.064（小于 0.08），拟合优度指数达标，模型可接受。

表 4-43　　拟合优度指数——个体心理认知因素作用于自然共情模型

卡方检验		RMSEA	
卡方值	7321.767	系数	0.061
自由度	943	90%置信区间	0.060—0.063
P 值	0.0000	（RMSEA≤0.05）	0.901
CFI=0.898；TLI=0.915；SRMR=0.064			

表 4-44　　路径系数——个体心理认知因素作用于自然共情

	系数	标准差	系数/标准差	P 值（双尾）
CEI→NE	-0.582	0.183	-3.181	0.001
CCK→NE	0.721	0.196	3.681	0.000
AIP→NE	0.017	0.099	0.171	0.165
CUB→NE	0.776	0.102	7.575	0.000

如表 4-44 所示，环境问题认知的 P 值为 0.001，减碳知识认知的 P 值为 0.001，行为效能认知的 P 值为 0.000，检验结果均显著，而个体责任认知的 P 值为 0.165，检验结果不显著。因此，在后续的模型分析中，个体责任认知作用于自然共情的路径将不再考虑。

三 个体心理认知因素作用于代际共情效应检验

由表 4-45 可知，个体心理认知因素作用于代际共情的 CFI 值为 0.912（大于 0.80），SRMR 值为 0.069（小于 0.08），拟合优度指数达标，模型可接受。

表 4-45　拟合优度指数——个体心理认知因素作用于代际共情模型

卡方检验		RMSEA	
卡方值	11650.252	系数	0.057
自由度	1470	90%置信区间	0.056—0.059
P 值	0.0000	P（RMSEA≤0.05）	0.956
CFI=0.912；TLI=0.924；SRMR=0.069			

如表 4-46 所示，环境问题认知的 P 值为 0.010，减碳知识认知的 P 值为 0.001，行为效能认知的 P 值为 0.000，检验结果均显著，而个体责任认知的 P 值为 0.248，检验结果不显著。因此，在后续的模型分析中，个体责任认知作用于代际共情的路径将不再考虑。

表 4-46　路径系数——个体心理认知因素作用于代际共情

	系数	标准差	系数/标准差	P 值（双尾）
CEI→IE	-0.498	0.193	-2.584	0.010
CCK→IE	0.680	0.212	3.206	0.001
AIP→IE	-0.153	0.132	-1.155	0.248
CUB→IE	0.887	0.127	7.003	0.000

四 个体心理认知因素作用于环保公平感效应检验

由表 4-47 可知，个体心理认知因素作用于环保公平感的 CFI 值为 0.907（大于 0.80），SRMR 值为 0.069（小于 0.08），拟合优度指数达标，模型可接受。

表 4-47　拟合优度指数——个体心理认知因素作用于环保公平感模型

卡方检验		RMSEA	
卡方值	7650.252	系数	0.061
自由度	470	90%置信区间	0.059—0.62
P 值	0.0000	P（RMSEA≤0.05）	0.965
CFI=0.907；TLI=0.892；SRMR=0.069			

如表 4-48 所示，减碳知识认知的 P 值为 0.008，个体责任认知的 P 值为 0.000、行为效能的 P 值为 0.000，检验结果均显著，而环境问题认知的 P 值为 0.577，检验结果不显著。因此，在后续的模型分析中，环境问题认知作用于环保公平感的路径将不再考虑。

表 4-48　路径系数——个体心理认知因素作用于环保公平感

	系数	标准差	系数/标准差	P 值（双尾）
CEI→EPJ	0.325	0.583	0.557	0.577
CCK→EPJ	−0.472	0.637	−0.742	0.008
AIP→EPJ	−0.264	0.326	−0.811	0.000
CUB→EPJ	0.776	0.511	1.519	0.000

五　个体心理认知因素与个体情感因素关系假设检验

H1-2a：减碳知识认知对行为共情存在显著的正向影响。基于实证检验可以发现，减碳知识认知对行为共情的影响显著，系数为 0.180（P=0.003<0.05），实证结果符合前文假设，假设 H1-2a 成立。

H1-2b：减碳知识认知对自然共情存在显著的正向影响。基于实证检验可以发现，减碳知识认知对自然共情的影响显著，系数为 0.721（P=0.000<0.05），实证结果符合前文假设，假设 H1-2b 成立。

H1-2c：减碳知识认知对代际共情存在显著的正向影响。基于实证检验可以发现，减碳知识认知对代际共情的影响显著，系数为0.680（P=0.001<0.05），实证结果符合前文假设，假设H1-2c成立。

H1-4a：行为效能认知对行为共情存在显著的正向影响。基于实证检验可以发现，行为效能认知对行为共情的影响显著，系数为1.270（P=0.000<0.05），实证结果符合前文假设，假设H1-4a成立。

H1-4b：行为效能认知对自然共情存在显著的正向影响。基于实证检验可以发现，行为效能认知对自然共情的影响不显著，系数为0.776（P=0.000<0.05），实证结果符合前文假设，假设H1-4b成立。

H1-4c：行为效能认知对代际共情存在显著的正向影响。基于实证检验可以发现，行为效能认知对代际共情的影响不显著，系数为0.887（P=0.000<0.05），实证结果符合前文假设，假设H1-4c成立。

H1-4d：行为效能认知对环保公平感存在显著的正向影响。基于实证检验可以发现，行为效能认知对环保公平感的影响不显著，系数为0.776（P=0.000<0.05），实证结果符合前文假设，假设H1-4d成立。

具体假设检验结果见表4-49。

表4-49　个体心理认知因素与个体情感因素关系的假设检验

序号	研究假设	验证结论
H1	个体心理意识认知对个体情感因素存在显著的正向影响	部分成立
H1-1	环境问题认知对个体情感因素存在显著的正向影响	不成立
H1-1a	环境问题认知对行为共情存在显著的正向影响	不成立
H1-1b	环境问题认知对自然共情存在显著的正向影响	不成立
H1-1c	环境问题认知对代际共情存在显著的正向影响	不成立
H1-1d	环境问题认知对环保公平感存在显著的正向影响	不成立
H1-2	减碳知识认知对个体情感因素存在显著的正向影响	部分成立
H1-2a	减碳知识认知对行为共情存在显著的正向影响	成立
H1-2b	减碳知识认知对自然共情存在显著的正向影响	成立
H1-2c	减碳知识认知对代际共情存在显著的正向影响	成立

续表

序号	研究假设	验证结论
H1-2d	减碳知识认知对环保公平感存在显著的正向影响	不成立
H1-3	个体责任认知对个体情感因素存在显著的正向影响	不成立
H1-3a	个体责任认知对行为共情存在显著的正向影响	不成立
H1-3b	个体责任认知对自然共情存在显著的正向影响	不成立
H1-3c	个体责任认知对代际共情存在显著的正向影响	不成立
H1-3d	个体责任认知对环保公平感存在显著的正向影响	不成立
H1-4	行为效能认知对个体情感因素存在显著的正向影响	成立
H1-4a	行为效能认知对行为共情存在显著的正向影响	成立
H1-4b	行为效能认知对自然共情存在显著的正向影响	成立
H1-4c	行为效能认知对代际共情存在显著的正向影响	成立
H1-4d	行为效能认知对环保公平感存在显著的正向影响	成立

第五节 动机因素中介效应分析及假设检验

理论模型中，动机因素（期望—效价动机、印象管理动机和内在规范动机）为中介变量，个体情感因素（行为共情、自然共情、代际共情和环保公平感）为自变量，自愿减碳行为（自愿减碳素养行为、自愿减碳决策行为、自愿减碳人际行为和自愿减碳公民行为）为因变量。

一 个体情感因素作用于自愿减碳行为效应检验

运用 Mplus18.0 对个体情感因素作用于自愿减碳行为的效应进行检验，所用命令语言见附录2。由于自愿减碳行为包括四个维度（自愿减碳素养行为、自愿减碳进程行为、自愿减碳人际行为和自愿减碳公民行为），因此将个体情感因素分别对自愿减碳行为的四个维度进行效应检验。

(一) 个体情感因素作用于自愿减碳素养行为效应检验

由表4-50可知,个体情感因素作用于自愿减碳素养行为的CFI值为0.919(大于0.80),SRMR值为0.068(小于0.08),拟合优度指数达标,模型可接受。

表4-50 拟合优度指数——个体情感因素作用于
自愿减碳素养行为模型

卡方检验		RMSEA	
卡方值	8091.573	系数	0.060
自由度	980	90%置信区间	0.059—0.062
P值	0.0000	P(RMSEA≤0.05)	0.901
CFI=0.919;TLI=0.937;SRMR=0.068			

如表4-51所示,行为共情的P值为0.000,自然共情的P值为0.001、环保公平感的P值为0.007,检验结果均显著,而代际共情的P值为0.404,检验结果不显著。因此,在后续的模型分析中,代际共情作用于自愿减碳素养行为的路径将不再考虑。

表4-51 路径系数——个体情感因素作用于自愿减碳素养行为

	系数	标准差	系数/标准差	P值(双尾)
BE→VCBH	0.470	0.036	3.567	0.000
NE→VCBH	0.099	0.119	2.906	0.001
IE→VCBH	0.081	0.168	0.830	0.404
EPJ→VCBH	0.040	0.020	3.096	0.007

(二) 个体情感因素作用于自愿减碳决策行为效应检验

由表4-52可知,个体情感因素作用于自愿减碳决策行为的CFI值为0.811(大于0.80),SRMR值为0.069(小于0.08),拟合优度指数达标，模型可接受。

表 4-52　拟合优度指数——个体情感因素作用于自愿减碳决策行为模型

卡方检验		RMSEA	
卡方值	8988.234	系数	0.058
自由度	810	90%置信区间	0.056—0.059
P 值	0.0000	P（RMSEA≤0.05）	0.921

CFI＝0.811；TLI＝0.777；SRMR＝0.069

如表 4-53 所示，自然共情的 P 值为 0.004、环保公平感的 P 值为 0.000，检验结果均显著，而行为共情的 P 值为 0.134，代际共情的 P 值为 0.222，检验结果不显著。因此，在后续的模型分析中，行为共情作用于自愿减碳决策行为、代际共情作用于自愿减碳决策行为的路径将不再考虑。

表 4-53　路径系数——个体情感因素作用于自愿减碳决策行为

	系数	标准差	系数/标准差	P 值（双尾）
BE→VCBD	−0.132	0.074	−1.496	0.134
NE→VCBD	0.180	0.018	2.998	0.004
IE→VCBD	−0.153	0.105	−1.220	0.222
EPJ→VCBD	1.270	0.061	3.346	0.000

（三）个体情感因素作用于自愿减碳人际行为效应检验

由表 4-54 可知，个体情感因素作用于自愿减碳人际行为的 CFI 值为 0.921（大于 0.80），SRMR 值为 0.062（小于 0.08），拟合优度指数达标，模型可接受。

表 4-54　拟合优度指数——个体情感因素作用于自愿减碳人际行为模型

卡方检验		RMSEA	
卡方值	7342.744	系数	0.056
自由度	980	90%置信区间	0.055—0.057
P 值	0.0000	P（RMSEA≤0.05）	0.978
CFI=0.921；TLI=0.990；SRMR=0.062			

如表 4-55 所示，行为共情的 P 值为 0.001、自然共情的 P 值为 0.000，环保公平感的 P 值为 0.000，检验结果均显著，而代际共情 P 值为 0.561，检验结果不显著。因此，在后续的模型分析中，代际共情作用于自愿减碳人际行为的路径将不再考虑。

表 4-55　路径系数——个体情感因素作用于自愿减碳人际行为

	系数	标准差	系数/标准差	P 值（双尾）
BE→VCBP	1.010	0.122	3.245	0.001
NE→VCBP	0.048	0.040	4.578	0.000
IE→VCBP	−0.371	0.168	0.578	0.561
EPJ→VCBP	0.511	0.090	3.765	0.000

（四）个体情感因素作用于自愿减碳公民行为效应检验

由表 4-56 可知，个体情感因素作用于自愿减碳公民行为的 CFI 值为 0.911（大于 0.80），SRMR 值为 0.070（小于 0.08），拟合优度指数达标，模型可接受。

表 4-56　拟合优度指数——个体情感因素作用于自愿减碳公民行为模型

卡方检验		RMSEA	
卡方值	8989.645	系数	0.061
自由度	980	90%置信区间	0.059—0.063
P 值	0.0000	P（RMSEA≤0.05）	0.991
CFI=0.911；TLI=0.887；SRMR=0.070			

如表 4-57 所示，行为共情的 P 值为 0.000、代际共情的 P 值为 0.001，环保公平感的 P 值为 0.001，检验结果均显著，而自然共情 P 值为 0.578，检验结果不显著。因此，在后续的模型分析中，自然共情作用于自愿减碳公民行为的路径将不再考虑。

表 4-57　路径系数——个体情感因素作用于自愿减碳公民行为

	系数	标准差	系数/标准差	P 值（双尾）
BE→VCBC	0.658	0.022	5.409	0.000
NE→VCBC	0.048	0.069	0.598	0.578
IE→VCBC	-0.187	0.055	3.399	0.001
EPJ→VCBC	0.484	0.106	3.440	0.001

二　个体感因素作用于动机因素效应检验

运用 Mplus18.0 对个体情感因素作用于动机因素的效应进行检验，所用命令语言见附录 2。由于动机因素包括三个维度（期望—效价动机、印象管理动机和内在规范动机），因此将个体情感因素分别对动机因素三个维度进行效应检验。

（一）个体情感因素作用于期望—效价动机效应检验

由表 4-58 可知，个体情感因素作用于期望—效价动机的 CFI 值为 0.921（大于 0.80），SRMR 值为 0.069（小于 0.08），拟合优度指数达标，模型可接受。

表 4-58　拟合优度指数——个体情感因素作用于期望—效价动机模型

卡方检验		RMSEA	
卡方值	8331.045	系数	0.063
自由度	980	90%置信区间	0.062—0.064
P 值	0.0000	P（RMSEA≤0.05）	0.980
CFI=0.921；TLI=0.926；SRMR=0.069

如表 4-59 所示，行为共情的 P 值为 0.000、自然共情的 P 值为 0.000，环保公平感的 P 值为 0.000，检验结果均显著，而代际共情 P 值为 0.321，检验结果不显著。因此，在后续的模型分析中，代际共情作用于期望-效价动机的路径将不再考虑。

表 4-59　路径系数——个体情感因素作用于期望—效价动机

	系数	标准差	系数/标准差	P 值（双尾）
BE→EM	0.607	0.034	3.098	0.000
NE→EM	0.440	0.058	2.121	0.000
IE→EM	-0.345	0.089	0.955	0.321
EPJ→EM	0.013	0.020	2.431	0.000

（二）个体情感因素作用于印象管理动机效应检验

由表 4-60 可知，个体情感因素作用于印象管理动机的 CFI 值为 0.930（大于 0.80），SRMR 值为 0.074（小于 0.08），拟合优度指数达标，模型可接受。

表 4-60　拟合优度指数——个体情感因素作用于印象管理动机模型

卡方检验		RMSEA	
卡方值	9870.282	系数	0.060
自由度	1238	90%置信区间	0.059—0.061
P 值	0.0000	P（RMSEA≤0.05）	0.968
CFI=0.930；TLI=0.859；SRMR=0.074			

如表 4-61 所示，行为共情、自然共情、代际共情和环保公平感的标准化估计值均显著（P<0.05）。

表 4-61　路径系数——个体情感因素作用于印象管理动机

	系数	标准差	系数/标准差	P 值（双尾）
BE→IMM	0.190	0.038	2.450	0.014

续表

	系数	标准差	系数/标准差	P 值（双尾）
NE→IMM	0.259	0.092	4.422	0.000
IE→IMM	−0.053	0.046	−2.242	0.026
EPJ→IMM	0.103	0.056	4.129	0.000

（三）个体情感因素作用于期望—效价动机效应检验

由表 4-62 可知，个体情感因素作用于内在规范动机的 CFI 值为 0.902（大于 0.80），SRMR 值为 0.068（小于 0.08），拟合优度指数达标，模型可接受。

表 4-62　拟合优度指数——个体情感因素作用于内在规范动机模型

卡方检验		RMSEA	
卡方值	7321.921	系数	0.062
自由度	830	90%置信区间	0.061—0.063
P 值	0.0000	P（RMSEA≤0.05）	0.992
CFI=0.902；TLI=0.890；SRMR=0.068			

如表 4-63 所示，行为共情的 P 值为 0.002、代际共情的 P 值为 0.000，环保公平感的 P 值为 0.025，检验结果均显著，而自然共情 P 值为 0.798，检验结果不显著。因此，在后续的模型分析中，自然共情作用于内在规范动机的路径将不再考虑。

表 4-63　路径系数——个体情感因素作用于内在规范动机

	系数	标准差	系数/标准差	P 值（双尾）
BE→INM	−0.105	0.040	3.279	0.002
NE→INM	0.073	0.127	0.230	0.798
IE→INM	0.255	0.095	3.780	0.000
EPJ→INM	−0.383	0.068	2.220	0.025

三 动机因素作用于自愿减碳行为效应检验

运用 Mplus18.0 对动机因素作用于自愿减碳行为的效应进行检验，所用命令语言见附录2。由于自愿减碳行为包括四个维度（自愿减碳素养行为、自愿减碳决策行为、自愿减碳人际行为和自愿减碳公民行为），因此将动机因素分别对自愿减碳行为的四个维度进行效应检验。

（一）动机因素作用于自愿减碳素养行为效应检验

由表4-64可知，动机因素作用于自愿减碳素养行为的CFI值为0.909（大于0.80），SRMR值为0.073（小于0.08），拟合优度指数达标，模型可接受。

表 4-64　拟合优度指数——动机因素作用于自愿减碳素养行为模型

卡方检验		RMSEA	
卡方值	8842.098	系数	0.062
自由度	1080	90%置信区间	0.061—0.063
P 值	0.0000	P（RMSEA≤0.05）	1.000

CFI=0.909；TLI=0.890；SRMR=0.073

如表4-65所示，期望—效价动机、印象管理动机和内在规范动机的标准化估计值均显著（$P<0.05$）。

表 4-65　路径系数——动机因素作用于自愿减碳素养行为

	系数	标准差	系数/标准差	P 值（双尾）
EM→VCBH	2.281	0.022	5.482	0.000
IMM→VCBH	−1.282	0.016	−3.567	0.000
INM→VCBH	1.058	0.054	3.518	0.000

（二）动机因素作用于自愿减碳决策行为效应检验

由表4-66可知，动机因素作用于自愿减碳决策行为的CFI值为0.921（大于0.80），SRMR值为0.069（小于0.08），拟合优度指数优度达标，模型可接受。

表 4-66　拟合优度指数——动机因素作用于自愿减碳决策行为模型

卡方检验		RMSEA	
卡方值	7432.024	系数	0.060
自由度	845	90%置信区间	0.059—0.061
P 值	0.0000	P（RMSEA≤0.05）	0.943
CFI=0.921；TLI=0.902；SRMR=0.069			

如表 4-67 所示，期望—效价动机的 P 值为 0.000、印象管理动机的 P 值为 0.000，而内在规范动机的 P 值为 0.562，检验结果均显著。因此，在后续的模型分析中内在规范动机作用于自愿减碳决策行为的路径将不再考虑。

表 4-67　路径系数——动机因素作用于自愿减碳决策行为

	系数	标准差	系数/标准差	P 值（双尾）
EM→VCBD	0.351	0.035	4.875	0.000
IMM→VCBD	0.958	0.126	5.284	0.000
INM→VCBD	-0.082	0.038	0.580	0.562

（三）动机因素作用于自愿减碳人际行为效应检验

由表 4-68 可知，动机因素作用于自愿减碳人际行为的 CFI 值为 0.909（大于 0.80），SRMR 值为 0.070（小于 0.08），拟合优度指数达标，模型可接受。

表 4-68　拟合优度指数——动机因素作用于自愿减碳人际行为模型

卡方检验		RMSEA	
卡方值	8893.381	系数	0.061
自由度	998	90%置信区间	0.060—0.062
P 值	0.0000	P（RMSEA≤0.05）	0.980
CFI=0.909；TLI=0.882；SRMR=0.070			

如表4-69所示，期望—效价动机、印象管理动机和内在规范动机的标准化估计值均显著（P<0.05）。

表4-69　路径系数——动机因素作用于自愿减碳人际行为

	系数	标准差	系数/标准差	P值（双尾）
EM→VCBP	0.939	0.048	3.060	0.002
IMM→VCBP	0.586	0.025	4.230	0.000
INM→VCBP	0.127	0.038	2.468	0.013

（四）动机因素作用于自愿减碳公民行为效应检验

由表4-70可知，动机因素作用于自愿减碳公民行为的CFI值为0.923（大于0.80），SRMR值为0.069（小于0.08），拟合优度指数达标，模型可接受。

表4-70　拟合优度指数——动机因素作用于自愿减碳公民行为模型

卡方检验		RMSEA	
卡方值	7978.232	系数	0.063
自由度	920	90%置信区间	0.062—0.064
P值	0.0000	P（RMSEA≤0.05）	0.970
	CFI=0.923；TLI=0.933；SRMR=0.069		

如表4-71所示，动机因素的标准化估计值均显著（P<0.05）。

表4-71　路径系数——动机因素作用于自愿减碳公民行为

	系数	标准差	系数/标准差	P值（双尾）
EM→VCBC	1.340	0.027	2.960	0.002
IMM→VCBC	-0.291	0.018	-2.436	0.016
INM→VCBC	0.618	0.040	2.820	0.023

四 个体情感因素、动机因素和自愿减碳行为全模型检验

构建包含个体情感因素、动机因素和自愿减碳行为的结构方程全模型。所用命令语言见附录2。由表4-72可知，各模型的拟合优度指数达到可接受水平。

表4-72　　拟合优度指数——结构方程全模型

因变量	卡方检验 卡方值	自由度	P值	RMSEA 系数	90%置信区间	P（RMSEA≤0.05）	CFI	TLI	SRMR
VCBH（EM）	7012.823	1302	0.000	0.059	0.058—0.059	0.989	0.860	0.890	0.062
VCBH（IMM）	6801.103	1201	0.000	0.049	0.048—0.049	0.994	0.818	0.908	0.067
VCBH（INM）	8978.352	1467	0.000	0.059	0.049—0.051	0.876	0.876	0.868	0.070
VCBD（EM）	8942.254	1467	0.000	0.048	0.047—0.049	0.876	0.891	0.856	0.070
VCBD（IMM）	6145.575	1056	0.000	0.050	0.051—0.052	0.778	0.825	0.909	0.067
VCBD（INM）	7689.123	1278	0.000	0.050	0.049—0.051	0.720	0.812	0.902	0.072
VCBP（EM）	9045.791	1578	0.000	0.052	0.051—0.053	0.872	0.889	0.856	0.069
VCBP（IMM）	7402.310	1320	0.000	0.048	0.047—0.049	0.989	0.812	0.901	0.065
VCBP（INM）	6559.81	1102	0.000	0.049	0.048—0.050	0.978	0.822	0.890	0.067
VCBC（EM）	6812.102	1208	0.000	0.048	0.047—0.049	0.998	0.822	0.898	0.065
VCBC（IMM）	7982.912	1321	0.000	0.053	0.052—0.054	0.729	0.812	0.897	0.070
VCBC（INM）	6447.921	1070	0.000	0.049	0.048—0.050	0.789	0.841	0.921	0.070

中介效应结构方程全模型检验结果如表4-73所示。

表4-73　　中介效应检验结果

作用路径	间接效应 系数	P值（双尾）	直接效应 系数	P值（双尾）	检验结果
BE→VCBH（EM）	0.978	0.018	-0.045	0.002	部分
NE→VCBH（EM）	0.644	0.043	1.022	0.012	部分
EPJ→VCBH（EM）	0.034	0.022	0.021	0.324	完全

续表

作用路径	间接效应 系数	间接效应 P值（双尾）	直接效应 系数	直接效应 P值（双尾）	检验结果
NE→VCBD（EM）	0.147	0.014	0.832	0.466	完全
BE→VCBP（EM）	0.176	0.000	0.089	0.156	完全
NE→VCBP（EM）	0.034	0.011	0.067	0.018	部分
EPJ→VCBP（EM）	0.113	0.000	0.123	0.012	部分
BE→VCBC（EM）	0.055	0.000	0.067	0.034	部分
EPJ→VCBC（EM）	0.099	0.012	0.123	0.021	部分
BE→VCBH（IMM）	0.693	0.018	0.998	0.048	部分
NE→VCBH（IMM）	0.114	0.031	0.171	0.032	部分
EPJ→VCBH（IMM）	0.109	0.034	0.124	0.008	部分
NE→VCBD（IMM）	0.067	0.012	0.376	0.904	完全
BE→VCBP（IMM）	0.053	0.000	0.089	0.004	部分
NE→VCBP（IMM）	0.345	0.000	0.056	0.765	完全
EPJ→VCBP（IMM）	0.098	0.004	−0.056	0.012	部分
BE→VCBC（IMM）	0.089	0.021	0.121	0.009	部分
IE→VCBC（IMM）	−0.078	0.021	−0.032	0.789	完全
EPJ→VCBC（IMM）	0.079	0.002	0.060	0.621	完全
BE→VCBH（INM）	0.078	0.005	0.098	0.005	部分
EPJ→VCBH（INM）	0.054	0.010	0.076	0.029	部分
BE→VCBP（INM）	0.078	0.029	0.056	0.789	完全
EPJ→VCBP（INM）	0.018	0.001	0.013	0.888	完全
BE→VCBC（INM）	0.121	0.000	0.105	0.114	完全
IE→VCBC（INM）	0.073	0.011	0.028	0.594	完全
EPJ→VCBC（INM）	0.570	0.000	0.129	0.584	完全

（1）环保公平感完全通过期望—效价动机作用于自愿减碳素养行为，而行为共情和自然共情则不完全通过期望—效价动机作用于自愿减碳素养行为，即部分通过期望—效价动机作用于自愿减碳素养行为，部分直接作用于自愿减碳素养行为；行为共情、自然共情和环保公平感不完全通过印象管理动机作用于自愿减碳素养行为，即部分通过印象管理

动机作用于自愿减碳素养行为，部分直接作用于自愿减碳素养行为；行为共情和环保公平感不完全通过内在规范动机作用于自愿减碳素养行为，即部分通过内在规范动机作用于自愿减碳素养行为，部分直接作用于自愿减碳素养行为。

（2）自然共情完全通过期望—效价动机作用于自愿减碳决策行为；自然共情完全通过印象管理动机作用于自愿减碳决策行为。

（3）行为共情完全通过期望—效价动机作用于自愿减碳人际行为，而自然共情和环保公平感则不完全通过期望—效价动机作用于自愿减碳人际行为，即部分通过期望—效价动机作用于自愿减碳人际行为，部分直接作用于自愿减碳人际行为；自然共情完全通过印象管理动机作用于自愿减碳人际行为，而环保公平感和行为共情则不完全通过印象管理动机作用于自愿减碳人际行为，即部分通过印象管理动机作用于自愿减碳人际行为，部分直接作用于自愿减碳人际行为；行为共情和环保公平感完全通过内在规范动机作用于自愿减碳人际行为。

（4）行为共情和环保公平感不完全通过期望—效价动机作用于自愿减碳公民行为，即部分通过期望—效价动机作用于自愿减碳公民行为，部分直接作用于自愿减碳公民行为；代际共情和环保公平感完全通过印象管理动机作用于自愿减碳公民行为，而行为共情则不完全通过印象管理动机作用于自愿减碳公民行为，即部分通过印象管理动机作用于自愿减碳公民行为，部分直接作用于自愿减碳公民行为；行为共情、代际共情和环保公平感完全通过内在规范动机作用于自愿减碳公民行为。

五　个体情感因素、动机因素和自愿减碳行为关系假设检验

（一）动机与城市居民自愿减碳行为关系假设

H2-1a：期望—效价动机对自愿减碳素养行为显著的正向影响。基于实证检验可以发现，期望—效价动机对自愿减碳素养行为的影响显著，系数为2.281（P=0.000<0.05），实证结果符合前文假设，假设H2-1a成立。

H2-1b：期望—效价动机对自愿减碳决策行为有显著的正向影响。基于实证检验可以发现，期望—效价动机对自愿减碳决策行为的影响显著，系数为0.351（P=0.000<0.05），实证结果符合前文假设，假设

H2-1b 成立。

H2-1c：期望—效价动机对自愿减碳人际行为有显著的正向影响。基于实证检验可以发现，期望—效价动机对自愿减碳人际行为的影响显著，系数为 0.939（P＝0.002＜0.05），实证结果符合前文假设，假设 H2-1c 成立。

H2-1d：期望—效价动机对自愿减碳公民行为有显著的正向影响。基于实证检验可以发现，期望—效价动机对自愿减碳公民行为的影响显著，系数为 1.340（P＝0.002＜0.05），实证结果符合前文假设，假设 H2-1d 成立。

H2-2b：印象管理动机对自愿减碳决策行为有显著的正向影响。基于实证检验可以发现，印象管理动机对自愿减碳决策行为的影响显著，系数为 0.958（P＝0.000＜0.05），实证结果符合前文假设，假设 H2-2b 成立。

H2-2c：印象管理动机对自愿减碳人际行为有显著的正向影响。基于实证检验可以发现，印象管理动机对自愿减碳人际行为的影响显著，系数为 0.586（P＝0.000＜0.05），实证结果符合前文假设，假设 H2-2c 成立。

H2-3a：内在规范动机对自愿减碳素养行为显著的正向影响。基于实证检验可以发现，内在规范动机对自愿减碳素养行为的影响显著，系数为 1.058（P＝0.000＜0.05），实证结果符合前文假设，假设 H2-3a 成立。

H2-3c：内在规范动机对自愿减碳人际行为有显著的正向影响。基于实证检验可以发现，在规范动机对自愿减碳人际行为的影响显著，系数为 0.127（P＝0.013＜0.05），实证结果符合前文假设，假设 H2-3c 成立。

H2-3d：内在规范动机对自愿减碳公民行为有显著的正向影响。基于实证检验可以发现，内在规范动机对自愿减碳公民行为的影响显著，系数为 0.618（P＝0.023＜0.05），实证结果符合前文假设，假设 H2-3d 成立。

具体假设检验结果见表 4-74。

第四章 多元动机视角下城市居民自愿减碳行为驱动因素分析

表 4-74　动机与城市居民自愿减碳行为的关系假设

序号	研究假设	验证结论
H2	动机对自愿减碳行为存在显著的正向影响	部分成立
H2-1	期望—效价动机对自愿减碳行为存在显著的正向影响	成立
H2-1a	期望—效价动机对自愿减碳素养行为显著的正向影响	不成立
H2-1b	期望—效价动机对自愿减碳决策行为有显著的正向影响	成立
H2-1c	期望—效价动机对自愿减碳人际行为有显著的正向影响	成立
H2-1d	期望—效价动机对城市居民自愿减碳公民行为有显著的正向影响	成立
H2-2	印象管理动机对自愿减碳行为存在显著的正向影响	部分成立
H2-2a	印象管理动机对自愿减碳素养行为显著的正向影响	不成立
H2-2b	印象管理动机对自愿减碳决策行为有显著的正向影响	成立
H2-2c	印象管理动机对自愿减碳人际行为有显著的正向影响	成立
H2-2d	印象管理动机对自愿减碳公民行为有显著的正向影响	不成立
H2-3	内在规范动机对自愿减碳行为存在显著的正向影响	部分成立
H2-3a	内在规范动机对自愿减碳素养行为有显著的正向影响	成立
H2-3b	内在规范动机对自愿减碳决策行为有显著的正向影响	不成立
H2-3c	内在规范动机对自愿减碳人际行为有显著的正向影响	成立
H2-3d	内在规范动机对自愿减碳公民行为有显著的正向影响	成立

（二）个体情感与城市居民自愿减碳行为关系假设

H4-1a：行为共情对自愿减碳素养行为有显著的正向影响。基于实证检验可以发现，行为共情对自愿减碳素养行为的影响显著，系数为 0.470（P=0.000<0.05），实证结果符合前文假设，假设 H4-1a 成立。

H4-1c：行为共情对自愿减碳人际行为有显著的正向影响。基于实证检验可以发现，行为共情对自愿减碳人际行为的影响显著，系数为 1.010（P=0.001<0.05），实证结果符合前文假设，假设 H4-1c 成立。

H4-1d：行为共情对自愿减碳公民行为有显著的正向影响。基于实证检验可以发现，行为共情对自愿减碳公民行为的影响显著，系数为 0.658（P=0.000<0.05），实证结果符合前文假设，假设 H4-1d 成立。

H4-2a：自然共情对自愿减碳素养行为有显著的正向影响。基于实证检验可以发现，自然共情对自愿减碳素养行为的影响显著，系数为

0.099（P=0.001<0.05），实证结果符合前文假设，假设 H4-2a 成立。

H4-2b：自然共情对自愿减碳决策行为有显著的正向影响。基于实证检验可以发现，自然共情对自愿减碳决策行为的影响显著，系数为 0.180（P=0.004<0.05），实证结果符合前文假设，假设 H4-2b 成立。

H4-2c：自然共情性对自愿减碳人际行为有显著的正向影响。基于实证检验可以发现，自然共情性对自愿减碳人际行为的影响显著，系数为 0.048（P=0.000<0.05），实证结果符合前文假设，假设 H4-2c 成立。

H4-4a：环保公平感对自愿减碳素养行为有显著的正向影响。基于实证检验可以发现，环保公平感对自愿减碳素养行为的影响显著，系数为 0.040（P=0.007<0.05），实证结果符合前文假设，假设 H4-4a 成立。

H4-4b：环保公平感对自愿减碳决策行为有显著的正向影响。基于实证检验可以发现，环保公平感对自愿减碳决策行为的影响显著，系数为 1.270（P=0.000<0.05），实证结果符合前文假设，假设 H4-4b 成立。

H4-4c：环保公平感对自愿减碳人际行为有显著的正向影响。基于实证检验可以发现，环保公平感对自愿减碳人际行为的影响显著，系数为 0.511（P=000<0.05），实证结果符合前文假设，假设 H4-4c 成立。

H4-4d：环保公平感对自愿减碳公民行为有显著的正向影响。基于实证检验可以发现，环保公平感对自愿减碳公民行为的影响显著，系数为 0.484（P=0.001<0.05），实证结果符合前文假设，假设 H4-4d 成立。

具体假设检验结果见表 4-75。

表 4-75　　个体情感与城市居民自愿减碳行为的关系假设

序号	研究假设	验证结论
H4	个体情感因素对自愿减碳行为有显著的正向影响	部分成立
H4-1	行为共情对自愿减碳行为有显著的正向影响	部分成立
H4-1a	行为共情对自愿减碳素养行为有显著的正向影响	成立

第四章 多元动机视角下城市居民自愿减碳行为驱动因素分析 | 181

续表

序号	研究假设	验证结论
H4-1b	行为共情对自愿减碳决策行为有显著的正向影响	不成立
H4-1c	行为共情对自愿减碳人际行为有显著的正向影响	成立
H4-1d	行为共情对自愿减碳公民行为有显著的正向影响	成立
H4-2	自然共情对自愿减碳行为有显著的正向影响	部分成立
H4-2a	自然共情对自愿减碳素养行为有显著的正向影响	成立
H4-2b	自然共情对自愿减碳决策行为有显著的正向影响	成立
H4-2c	自然共情性对自愿减碳人际行为有显著的正向影响	成立
H4-2d	自然共情对自愿减碳公民行为有显著的正向影响	不成立
H4-3	代际共情对自愿减碳行为有显著的正向影响	部分成立
H4-3a	代际共情对自愿减碳素养行为有显著的正向影响	不成立
H4-3b	代际共情对碳自愿减碳决策行为有显著的正向影响	不成立
H4-3c	代际共情性对自愿减碳人际行为有显著的正向影响	不成立
H4-3d	代际共情对自愿减碳公民行为有显著的正向影响	不成立
H4-4	环保公平感对自愿减碳行为有显著的正向影响	成立
H4-4a	环保公平感对自愿减碳素养行为有显著的正向影响	成立
H4-4b	环保公平感对自愿减碳决策行为有显著的正向影响	成立
H4-4c	环保公平感对自愿减碳人际行为有显著的正向影响	成立
H4-4d	环保公平感对自愿减碳公民行为有显著的正向影响	成立

(三) 个体情感与动机关系假设

H3-1a：行为共情对期望—效价动机有显著的正向影响。基于实证检验可以发现，行为共情对期望—效价动机的影响显著，系数为0.607 (P=0.000<0.05)，实证结果符合前文假设，假设H3-1a成立。

H3-1b：行为共情对印象管理动机有显著的正向影响。基于实证检验可以发现，行为共情对印象管理动机的影响显著，系数为0.190 (P=0.014<0.05)，实证结果符合前文假设，假设H3-1b成立。

H3-2a：自然共情对期望—效价动机有显著的正向影响。基于实证检验可以发现，自然共情对期望—效价动机的影响显著，系数为0.440 (P=0.000<0.05)，实证结果符合前文假设，假设H3-2a成立。

H3-2b：自然共情对印象管理动机有显著的正向影响。基于实证检验可以发现,自然共情对印象管理动机的影响显著,系数为0.259（P=0.000<0.05）,实证结果符合前文假设,假设H3-2b成立。

H3-3c：代际共情对内在规范动机有显著的正向影响。基于实证检验可以发现,代际共情对内在规范动机的影响显著,系数为0.255（P=0.000<0.05）,实证结果符合前文假设,假设H3-3c成立。

H3-4a：环保公平感对期望—效价动机显著的正向影响。基于实证检验可以发现,环保公平感对期望—效价动机的影响显著,系数为0.013（P=0.000<0.05）,实证结果符合前文假设,假设H3-4a成立。

H3-4b：环保公平感对印象动机有显著的正向影响。基于实证检验可以发现,环保公平感对印象动机的影响显著,系数为0.103（P=0.000<0.05）,实证结果符合前文假设,假设H3-4b成立。

具体假设检验结果见表4-76。

表4-76　　　　　　　　个体情感与动机的关系假设

序号	研究假设	验证结论
H3	个体情感对多元动机存在显著的正向影响	部分成立
H3-1	行为共情对多元动机存在显著的正向影响	部分成立
H3-1a	行为共情对期望—效价动机有显著的正向影响	成立
H3-1b	行为共情对印象管理动机有显著的正向影响	成立
H3-1c	行为共情对内在规范动机有显著的正向影响	不成立
H3-2	自然共情对多元动机存在显著的正向影响	部分成立
H3-2a	自然共情对期望—效价动机有显著的正向影响	成立
H3-2b	自然共情对印象管理动机有显著的正向影响	成立
H3-2c	自然共情对内在规范动机有显著的正向影响	不成立
H3-3	代际共情对多元动机存在显著的正向影响	部分成立
H3-3a	代际共情对期望—效价动机显著的正向影响	不成立
H3-3b	代际共情对印象管理动机有显著的正向影响	不成立
H3-3c	代际共情对内在规范动机有显著的正向影响	成立
H3-4	环保公平感对多元动机存在显著的正向影响	部分成立
H3-4a	环保公平感对期望—效价动机显著的正向影响	成立
H3-4b	环保公平感对印象管理动机有显著的正向影响	成立

第四章　多元动机视角下城市居民自愿减碳行为驱动因素分析 ▎ 183

续表

序号	研究假设	验证结论
H3-4c	环保公平感对内在规范动机有显著的正向影响	不成立

（四）中介假设检验

H4-1xaa：行为共情通过期望—效价动机间接作用于自愿减碳素养行为。基于实证检验可以发现，行为共情对自愿减碳素养行为作用路径的间接效应显著，而且直接效应显著，即期望—效价动机对行为共情作用于自愿减碳素养行为存在部分中介效应，实证结果符合前文假设，假设H4-1xaa成立。

H4-1xab：行为共情通过印象管理动机间接作用于自愿减碳素养行为。基于实证检验可以发现，行为共情对自愿减碳素养行为作用路径的间接效应显著，而且直接效应显著，即印象管理动机对行为共情作用于自愿减碳素养行为存在部分中介效应，实证结果符合前文假设，假设H4-1xab成立。

H4-1xac：行为共情通过内在规范动机间接作用于自愿减碳素养行为。基于实证检验可以发现，行为共情对自愿减碳素养行为作用路径的间接效应显著，而且直接效应显著，即内在规范动机对行为共情作用于自愿减碳素养行为存在部分中介效应，实证结果符合前文假设，假设H4-1xac成立。

H4-1xca：行为共情通过期望—效价动机间接作用于自愿减碳人际行为。基于实证检验可以发现，行为共情对自愿减碳人际行为作用路径的间接效应显著，而直接效应不显著，即期望—效价动机对行为共情作用于自愿减碳人际行为存在完全中介效应，实证结果符合前文假设，假设H4-1xca成立。

H4-1xcb：行为共情通过印象管理动机间接作用于自愿减碳人际行为。基于实证检验可以发现，行为共情对自愿减碳人际行为作用路径的间接效应显著，而且直接效应显著，即印象管理动机对行为共情作用于自愿减碳人际行为存在部分中介效应，实证结果符合前文假设，假设H4-1xcb成立。

H4-1xcc：行为共情通过内在规范动机间接作用于自愿减碳人际行为。基于实证检验可以发现，行为共情对自愿减碳人际行为作用路径的间接效应显著，而直接效应不显著，即内在规范动机对行为共情作用于自愿减碳人际行为存在完全中介效应，实证结果符合前文假设，假设 H4-1xcc 成立。

H4-1xda：行为共情通过期望—效价动机间接作用于自愿减碳公民行为。基于实证检验可以发现，行为共情对自愿减碳公民行为作用路径的间接效应显著，而且直接效应显著，即期望—效价动机对行为共情作用于自愿减碳公民行为存在部分中介效应，实证结果符合前文假设，假设 H4-1xda 成立。

H4-1xdb：行为共情通过印象管理动机间接作用于自愿减碳公民行为。基于实证检验可以发现，行为共情对自愿减碳公民行为作用路径的间接效应显著，而且直接效应显著，即印象管理动机对行为共情作用于自愿减碳公民行为存在部分中介效应，实证结果符合前文假设，假设 H4-1xdb 成立。

H4-1xdc：行为共情通过内在规范动机间接作用于自愿减碳公民行为。基于实证检验可以发现，行为共情对自愿减碳公民行为作用路径的间接效应显著，而直接效应不显著，即内在规范动机对行为共情作用于自愿减碳公民行为存在完全中介效应，实证结果符合前文假设，假设 H4-1xdc 成立。

H4-2xaa：自然共情通过期望—效价动机间接作用于自愿减碳素养行为。基于实证检验可以发现，自然共情对自愿减碳素养行为作用路径的间接效应显著，而且直接效应显著，即期望—效价动机对自然共情作用于自愿减碳素养行为存在部分中介效应，实证结果符合前文假设，假设 H4-2xaa 成立。

H4-2xab：自然共情通过印象管理动机间接作用于自愿减碳素养行为。基于实证检验可以发现，自然共情对自愿减碳素养行为作用路径的间接效应显著，而且直接效应显著，即印象管理动机对自然共情作用于自愿减碳素养行为存在部分中介效应，实证结果符合前文假设，假设 H4-2xab 成立。

H4-2xba：自然共情通过期望—效价动机间接作用于自愿减碳决策行为。基于实证检验可以发现，自然共情对自愿减碳决策行为作用路径的间接效应显著，而直接效应不显著，即期望—效价动机对自然共情作用于自愿减碳决策行为存在完全中介效应，实证结果符合前文假设，假设 H4-2xba 成立。

H4-2xbb：自然共情通过印象管理动机间接作用于自愿减碳决策行为。基于实证检验可以发现，自然共情对自愿减碳决策行为作用路径的间接效应显著，而直接效应不显著，即印象管理动机对自然共情作用于自愿减碳决策行为存在完全中介效应，实证结果符合前文假设，假设 H4-2xbb 成立。

H4-2xca：自然共情通过期望—效价动机间接作用于自愿减碳人际行为。基于实证检验可以发现，自然共情对自愿减碳人际行为作用路径的间接效应显著，而直接效应显著，即期望—效价动机对自然共情作用于自愿减碳人际行为存在部分中介效应，实证结果符合前文假设，假设 H4-2xca 成立。

H4-2xcb：自然共情通过印象管理动机间接作用于自愿减碳人际行为。基于实证检验可以发现，自然共情对自愿减碳人际行为作用路径的间接效应显著，而直接效应不显著，即印象管理动机对自然共情作用于自愿减碳人际行为存在完全中介效应，实证结果符合前文假设，假设 H4-2xcb 成立。

H4-3xdb：代际共情通过印象管理动机间接作用于自愿减碳公民行为。基于实证检验可以发现，代际共情对自愿减碳公民行为作用路径的间接效应显著，而直接效应不显著，即印象管理动机对代际共情作用于自愿减碳公民行为存在完全中介效应，实证结果符合前文假设，假设 H4-3xdb 成立。

H4-3xdc：代际共情通过内在规范动机间接作用于自愿减碳公民行为。基于实证检验可以发现，代际共情对自愿减碳公民行为作用路径的间接效应显著，而直接效应不显著，即内在规范动机对代际共情作用于自愿减碳公民行为存在完全中介效应，实证结果符合前文假设，假设 H4-3xdc 成立。

H4-4xaa：环保公平感通过期望—效价动机间接作用于自愿减碳素养行为。基于实证检验可以发现，环保公平感对自愿减碳素养行为作用路径的间接效应显著，而直接效应不显著，即期望—效价动机对环保公平感作用于自愿减碳素养行为存在完全中介效应，实证结果符合前文假设，假设 H4-4xaa 成立。

H4-4xab：环保公平感通过印象管理动机间接作用于自愿减碳素养行为。基于实证检验可以发现，环保公平感对自愿减碳素养行为作用路径的间接效应显著，而且直接效应显著，即印象管理动机对环保公平感作用于自愿减碳素养行为存在部分中介效应，实证结果符合前文假设，假设 H4-4xab 成立。

H4-4xac：环保公平感通过内在规范动机间接作用于自愿减碳素养行为。基于实证检验可以发现，环保公平感对自愿减碳素养行为作用路径的间接效应显著，而且直接效应显著，即内在规范动机对环保公平感作用于自愿减碳素养行为存在部分中介效应，实证结果符合前文假设，假设 H4-4xac 成立。

H4-4xca：环保公平感通过期望—效价动机间接作用于自愿减碳人际行为。基于实证检验可以发现，环保公平感对自愿减碳人际行为作用路径的间接效应显著，而且直接效应显著，即期望—效价动机对环保公平感作用于自愿减碳人际行为存在部分中介效应，实证结果符合前文假设，假设 H4-4xca 成立。

H4-4xcb：环保公平感通过印象管理动机间接作用于自愿减碳人际行为。基于实证检验可以发现，环保公平感对自愿减碳人际行为作用路径的间接效应显著，而且直接效应显著，即印象管理动机对环保公平感作用于自愿减碳人际行为存在部分中介效应，实证结果符合前文假设，假设 H4-4xcb 成立。

H4-4xcc：环保公平感通过内在规范动机间接作用于自愿减碳人际行为。基于实证检验可以发现，环保公平感对自愿减碳人际行为作用路径的间接效应显著，而直接效应不显著，即内在规范动机对环保公平感作用于自愿减碳人际行为存在完全中介效应，实证结果符合前文假设，假设 H4-2xcc 成立。

第四章　多元动机视角下城市居民自愿减碳行为驱动因素分析 | 187

H4-4xda：环保公平感通过期望—效价动机间接作用于自愿减碳公民行为。基于实证检验可以发现，环保公平感对自愿减碳公民行为作用路径的间接效应显著，而且直接效应显著，即期望—效价动机对环保公平感作用于自愿减碳公民行为存在部分中介效应，实证结果符合前文假设，假设 H4-4xda 成立。

H4-4xdb：环保公平感通过印象管理动机间接作用于自愿减碳公民行为。基于实证检验可以发现，环保公平感对自愿减碳公民行为作用路径的间接效应显著，而直接效应不显著，即印象管理动机对环保公平感作用于自愿减碳公民行为存在完全中介效应，实证结果符合前文假设，假设 H4-4xdb 成立。

H4-4xdc：环保公平感通过内在规范动机间接作用于自愿减碳公民行为。基于实证检验可以发现，环保公平感对自愿减碳公民行为作用路径的间接效应显著，而直接效应不显著，即内在规范动机对环保公平感作用于自愿减碳公民行为存在完全中介效应，实证结果符合前文假设，假设 H4-4xdc 成立。

具体假设检验结果见表 4-77。

表 4-77　　　　　　　　中介假设检验

序号	研究假设	验证结论
H4x	个体情感因素通过动机间接作用于自愿减碳行为	部分成立
H4-1x	行为共情通过动机间接作用于自愿减碳行为	部分成立
H4-1xaa	行为共情通过期望—效价动机间接作用于自愿减碳素养行为	成立
H4-1xab	行为共情通过印象管理动机间接作用于自愿减碳素养行为	成立
H4-1xac	行为共情通过内在规范动机间接作用于自愿减碳素养行为	成立
H4-1xba	行为共情通过期望—效价动机间接作用于自愿减碳决策行为	不成立
H4-1xbb	行为共情通过印象管理动机间接作用于自愿减碳决策行为	不成立
H4-1xbc	行为共情通过内在规范动机间接作用于自愿减碳决策行为	不成立
H4-1xca	行为共情通过期望—效价动机间接作用于自愿减碳人际行为	成立
H4-1xcb	行为共情通过印象管理动机间接作用于自愿减碳人际行为	成立
H4-1xcc	行为共情通过内在规范动机间接作用于自愿减碳人际行为	成立

续表

序号	研究假设	验证结论
H4-1xda	行为共情通过期望—效价动机间接作用于自愿减碳公民行为	成立
H4-1xdb	行为共情通过印象管理动机间接作用于自愿减碳公民行为	成立
H4-1xdc	行为共情通过内在规范动机间接作用于自愿减碳公民行为	成立
H4-2x	自然共情通过动机间接作用于自愿减碳行为	部分成立
H4-2xaa	自然共情通过期望—效价动机间接作用于自愿减碳素养行为	成立
H4-2xab	自然共情通过印象管理动机间接作用于自愿减碳素养行为	成立
H4-2xac	自然共情通过内在规范动机间接作用于自愿减碳素养行为	不成立
H4-2xba	自然共情通过期望—效价动机间接作用于自愿减碳决策行为	成立
H4-2xbb	自然共情通过印象管理动机间接作用于自愿减碳决策行为	成立
H4-2xbc	自然共情通过内在规范动机间接作用于自愿减碳决策行为	不成立
H4-2xca	自然共情通过期望—效价动机间接作用于自愿减碳人际行为	成立
H4-2xcb	自然共情通过印象管理动机间接作用于自愿减碳人际行为	成立
H4-2xcc	自然共情通过内在规范动机间接作用于自愿减碳人际行为	不成立
H4-2xda	自然共情通过期望—效价动机间接作用于自愿减碳公民行为	不成立
H4-2xdb	自然共情通过印象管理动机间接作用于自愿减碳公民行为	不成立
H4-2xdc	自然共情通过内在规范动机间接作用于自愿减碳公民行为	不成立
H4-3x	代际共情通过动机间接作用于自愿减碳行为	部分成立
H4-3xaa	代际共情通过期望—效价动机间接作用于自愿减碳素养行为	不成立
H4-3xab	代际共情通过印象管理动机间接作用于自愿减碳素养行为	不成立
H4-3xac	代际共情通过内在规范动机间接作用于自愿减碳素养行为	不成立
H4-3xba	代际共情通过期望—效价动机间接作用于自愿减碳决策行为	不成立
H4-3xbb	代际共情通过印象管理动机间接作用于自愿减碳决策行为	不成立
H4-3xbc	代际共情通过内在规范动机间接作用于自愿减碳决策行为	不成立
H4-3xca	代际共情通过期望—效价动机间接作用于自愿减碳人际行为	不成立
H4-3xcb	代际共情通过印象管理动机间接作用于自愿减碳人际行为	不成立
H4-3xcc	代际共情通过内在规范动机间接作用于自愿减碳人际行为	不成立
H4-3xda	代际共情通过期望—效价动机间接作用于自愿减碳公民行为	不成立
H4-3xdb	代际共情通过印象管理动机间接作用于自愿减碳公民行为	成立
H4-3xdc	代际共情通过内在规范动机间接作用于自愿减碳公民行为	成立
H4-4x	环保公平感通过动机间接作用于自愿减碳行为	部分成立
H4-4xaa	环保公平感通过期望—效价动机间接作用于自愿减碳素养行为	成立

续表

序号	研究假设	验证结论
H4-4xab	环保公平感通过印象管理动机间接作用于自愿减碳素养行为	成立
H4-4xac	环保公平感通过内在规范动机间接作用于自愿减碳素养行为	成立
H4-4xba	环保公平感通过期望—效价动机间接作用于自愿减碳决策行为	不成立
H4-4xbb	环保公平感通过印象管理动机间接作用于自愿减碳决策行为	不成立
H4-4xbc	环保公平感通过内在规范动机间接作用于自愿减碳决策行为	不成立
H4-4xca	环保公平感通过期望—效价动机间接作用于自愿减碳人际行为	成立
H4-4xcb	环保公平感通过印象管理动机间接作用于自愿减碳人际行为	成立
H4-4xcc	环保公平感通过内在规范动机间接作用于自愿减碳人际行为	成立
H4-4xda	环保公平感通过期望—效价动机间接作用于自愿减碳公民行为	成立
H4-4xdb	环保公平感通过印象管理动机间接作用于自愿减碳公民行为	成立
H4-4xdc	环保公平感通过内在规范动机间接作用于自愿减碳公民行为	成立

第六节 自愿减碳行为作用于动机因素效应检验

在理论模型中,自愿减碳行为直接作用于动机因素。采用结构方程模型来检自愿减碳行为作用于动机因素的效应检验,主要检验步骤为:分别逐步检验自愿减碳行为各个维度作用于动机因素的路径系数是否显著。

运用 Mplus18.0 对自愿减碳行为作用于动机因素的效应进行检验,所用命令语言见附录2。

一 自愿减碳行为作用于期望—效价动机效应检验

由表4-78可知,自愿减碳行为作用于期望—效价动机的 CFI 值为 0.820(大于0.80),SRMR 值为 0.060(小于0.08),拟合优度指数达标,模型可接受。

表 4-78　拟合优度指数—自愿减碳行为作用于期望—效价动机模型

卡方检验		RMSEA	
卡方值	7423.321	系数	0.061
自由度	871	90%置信区间	0.060-0.062
P 值	0.0000	P（RMSEA≤0.05）	0.876
CFI=0.820；TLI=0.892；SRMR=0.069			

如表 4-79 所示，自愿减碳素养行为、自愿减碳决策行为和自愿减碳公民行为的标准化估计值均显著（P<0.05），而自愿减碳人际行为的标准化估计值不显著（P<0.05）。

表 4-79　路径系数—自愿减碳行为作用于期望—效价动机

	系数	标准差	系数/标准差	P 值（双尾）
VCBH→EM	-0.056	0.055	2.098	0.000
VCBD→EM	0.640	0.075	2.548	0.000
VCBP→EM	-0.010	0.089	0.948	0.298
VCBC→EM	0.141	0.052	1.987	0.000

二　自愿减碳行为作用于印象管理动机效应检验

由表 4-80 可知，自愿减碳行为作用于印象管理动机的 CFI 值为 0.812（大于 0.80），SRMR 值为 0.068（小于 0.08），拟合优度指数达标，模型可接受。

表 4-80　拟合优度指数（自愿减碳行为作用于印象管理动机模型）

卡方检验		RMSEA	
卡方值	8456.821	系数	0.058
自由度	1078	90%置信区间	0.057-0.059
P 值	0.0000	P（RMSEA≤0.05）	0.921
CFI=0.812；TLI=0.798；SRMR=0.068			

如表 4-81 所示，自愿减碳素养行为、自愿减碳人际行为和自愿减碳公民行为的标准化估计值均显著（P<0.05），而自愿减碳决策行为的标准化估计值均不显著（P<0.05）。

表 4-81　路径系数（自愿减碳行为作用于印象管理动机）

	系数	标准差	系数/标准差	P 值（双尾）
VCBH→IMM	-0.172	0.016	-2.998	0.003
VCBD→IMM	0.060	0.074	1.501	0.136
VCBP→IMM	-0.203	0.040	-2.265	0.023
VCBC→IMM	-0.079	0.021	-3.980	0.000

三　自愿减碳行为作用于内在规范动机效应检验

由表 4-82 可知，自愿减碳行为作用于内在规范动机的 CFI 值为 0.917（大于 0.80），SRMR 值为 0.069（小于 0.08），拟合优度指数达标，模型可接受。

表 4-82　拟合优度指数（自愿减碳行为作用于内在规范动机模型）

卡方检验		RMSEA	
卡方值	7821.231	系数	0.059
自由度	967	90%置信区间	0.058-0.060
P 值	0.0000	P（RMSEA≤0.05）	0.901
CFI=0.917；TLI=0.945；SRMR=0.069			

如表 4-83 所示，自愿减碳素养行为、自愿减碳决策行为、自愿减碳人际行为和自愿减碳公民行为的标准化估计值均显著（P<0.05）。

表 4-83　路径系数（自愿减碳行为作用于内在规范动机）

	系数	标准差	系数/标准差	P 值（双尾）
VCBH→INM	0.383	0.014	2.480	0.012
VCBD→INM	0.414	0.114	2.812	0.005

续表

	系数	标准差	系数/标准差	P值（双尾）
VCBP→INM	-0.228	0.009	-2.050	0.046
VCBC→INM	-0.180	0.041	-4.821	0.000

四 自愿减碳行为和动机因素关系假设检验

H2-1xb：自愿减碳决策行为对期望—效价动机有显著正向影响。基于实证检验可以发现，自愿减碳决策行为对期望—效价动机的影响显著，系数为 0.640（P=0.000），实证结果符合前文假设，假设 H2-1xb 成立。

H2-1xd：自愿减碳公民行为对期望—效价动机有显著正向影响。基于实证检验可以发现，自愿减碳公民行为对期望—效价动机的影响显著，系数为 0.141（P=0.000），实证结果符合前文假设，假设 H2-1xd 成立。

H2-3xa：自愿减碳素养行为对内在规范动机有显著正向影响。基于实证检验可以发现，自愿减碳素养行为对内在规范动机的影响显著，系数为 0.383（P=0.012），实证结果符合前文假设，假设 H2-3xa 成立。

H2-3xb：自愿减碳决策行为对内在规范动机有显著正向影响。基于实证检验可以发现，自愿减碳决策行为对内在规范动机的影响显著，系数为 0.414（P=0.005），实证结果符合前文假设，假设 H2-3xb 成立。

具体假设检验结果见表4-84。

表 4-84　自愿减碳行为和动机因素的关系假设检验

序号	研究假设	验证结论
H2x	自愿减碳行为对动机存在显著正向影响	部分成立
H2-1x	自愿减碳行为对期望—效价动机存在显著正向影响	部分成立
H2-1xa	自愿减碳素养行为对期望—效价动机有显著正向影响	不成立
H2-1xb	自愿减碳决策行为对期望—效价动机有显著正向影响	成立

第四章　多元动机视角下城市居民自愿减碳行为驱动因素分析　193

续表

序号	研究假设	验证结论
H2-1xc	自愿减碳人际行为对期望—效价动机有显著正向影响	不成立
H2-1xd	自愿减碳公民行为对期望—效价动机有显著正向影响	成立
H2-2x	自愿减碳行为对印象管理动机存在显著正向影响	不成立
H2-2xa	自愿减碳素养行为对印象管理动机有显著正向影响	不成立
H2-2xb	自愿减碳决策行为对印象管理动机有显著正向影响	不成立
H2-2xc	自愿减碳人际行为对印象管理动机有显著正向影响	不成立
H2-2xd	自愿减碳公民行为对印象管理动机有显著正向影响	不成立
H2-3x	自愿减碳行为对内在规范动机存在显著正向影响	部分成立
H2-3xa	自愿减碳素养行为对内在规范动机有显著正向影响	成立
H2-3xb	自愿减碳决策行为对内在规范动机有显著正向影响	成立
H2-3xc	自愿减碳人际行为对内在规范动机有显著正向影响	不成立
H2-3xd	自愿减碳公民行为对内在规范动机有显著正向影响	不成立

第七节　多元动机视角下情境因素调节效应分析及假设检验

本小节主要讨论情境因素对动机因素与自愿减碳行为间的调节效应。在分析前要对中介变量（期望—效价动机、印象管理动机和内在规范动机）和情境变量（选择成本偏好、社会参照规范和技术制度情境）做中心化处理。分层回归为三层，第一层为动机因素，第二层为情境因素，第三层为动机因素与情境因素的交互项。由此构建三个模型，第一个模型（Model1）包括中介变量和自愿减碳行为，第二个模型（Model2）加入情境因素，第三个模型（Model3）在前一模型基础上增加情境因素与中介变量交互产生的变量。如最终模型的 R^2 值相对于前两个模型的 R^2 值有显著增加，说明存在显著调节效应，也就是说情境因素对动机因素作用于自愿减碳行为的路径起到调节效应。

一 选择成本偏好调节效应分析

(一) 个人经济成本调节效应分析

在单独考虑个人经济成本变量 (PEC) 下分析该调节变量对动机因素作用于自愿减碳行为 (VCB) 各维度路径关系的调节效应,具体分析结果如表 4-85、表 4-86 和表 4-87 所示。

表 4-85　　　　个人经济成本的调节效应检验 (1)

	VCBH			VCBD		
	Model 1	Model 2	Model 3	Model 1	Model 2	Model 3
EM	0.619***	0.620***	0.620***	0.604***	0.603***	0.603***
PEC		-0.021	-0.020		0.017	0.018
EM×PEC			-0.011			-0.012
R^2	0.383	0.382	0.381	0.363	0.362	0.361
F	333.063***	102.942***	110.862***	306.559***	153.194***	102.000***

	VCBP			VCBC		
	Model 1	Model 2	Model 3	Model 1	Model 2	Model 3
EM	0.563***	0.563***	0.562***	0.515***	0.515***	0.515***
PEC		0.013	0.014		-0.023	-0.022
EM×PEC			-0.027			-0.010
R^2	0.316	0.314	0.314	0.265	0.266	0.266
F	169.852***	123.921***	82.724***	192.994***	596.573***	64.292***

注:表格内的主体数据为标准化系数 (β值);*** 表示在 $P<0.001$ 水平下显著;** 表示在 $P<0.01$ 水平下显著;* 表示在 $P<0.05$ 水平下显著;下同。

(1) 个人经济成本对期望—效价动机作用于自愿减碳素养行为路径有显著正调节效应。由表 4-85 的模型 3 可知,个人经济成本对期望—效价动机的交互项作用不显著,假设不成立。

(2) 个人经济成本对期望—效价动机作用于自愿减碳决策行为路径有显著正调节效应。由表 4-85 的模型 3 可知,个人经济成本对期望—效价动机的交互项作用不显著,假设不成立。

(3) 个人经济成本对期望—效价动机作用于自愿减碳人际行为路

径有显著正调节效应。由表 4-85 的模型 3 可知，个人经济成本对期望—效价动机的交互项作用不显著，假设不成立。

（4）个人经济成本对期望—效价动机作用于自愿减碳公民行为路径有显著正调节效应。由表 4-85 的模型 3 可知，个人经济成本对期望—效价动机的交互项作用不显著，假设不成立。

表 4-86　　　　　　个人经济成本的调节效应检验（2）

	VCBH			VCBD		
	Model 1	Model 2	Model 3	Model 1	Model 2	Model 3
IMM	0.618***	0.619***	0.619***	0.657**	0.657***	0.657***
PEC		−0.036	−0.036		−0.001	0.000
IMM×PEC			−0.003			−0.010
R^2	0.380	0.380	0.379	0.431	0.430	0.429
F	329.763***	165.498***	110.130***	406.506***	202.999***	151.133***

	VCBP			VCBC		
	Model 1	Model 2	Model 3	Model 1	Model 2	Model 3
IMM	0.703***	0.704***	0.702***	0.637***	0.639***	0.641***
PEC		−0.008	−0.007		−0.042	−0.044
IMM×PEC			−0.022			0.022
R^2	0.494	0.493	0.492	0.405	0.406	0.405
F	524.425***	132.554***	88.449***	366.055***	184.013***	122.682***

（5）个人经济成本对印象管理动机作用于自愿减碳素养行为路径有显著正调节效应。由表 4-86 的模型 3 可知，个人经济成本对印象管理动机的交互项作用不显著，假设不成立。

（6）个人经济成本对印象管理动机作用于自愿减碳决策行为路径有显著正调节效应。由表 4-86 的模型 3 可知，个人经济成本对印象管理动机的交互项作用不显著，假设不成立。

（7）个人经济成本对印象管理动机作用于自愿减碳人际行为路径有显著正调节效应。由表 4-86 的模型 3 可知，个人经济成本对印象管理动机的交互项作用不显著，假设不成立。

(8) 个人经济成本对印象管理动机作用于自愿减碳公民行为路径有显著正调节效应。由表 4-86 的模型 3 可知，个人经济成本对印象管理动机的交互项作用不显著，假设不成立。

表 4-87　　　　　　　个人经济成本的调节效应检验（3）

	VCBH			VCBD		
	Model 1	Model 2	Model 3	Model 1	Model 2	Model 3
INM	0.480**	0.480***	0.479***	487**	0.486***	0.486***
PEC		−0.014	−0.013		0.024	0.024
INM×PEC			−0.020			−0.012
R^2	0.230	0.231	0.231	0.236	0.235	0.233
F	160.198***	80.037***	53.378***	166.189***	83.196***	55.402***

	VCBP			VCBC		
	Model 1	Model 2	Model 3	Model 1	Model 2	Model 3
INM	0.546***	0.546***	0.546***	0.492***	0.492***	0.495***
PEC		0.017	0.017		−0.019	−0.020
INM×PEC			−0.001			0.028
R^2	0.297	0.296	0.295	0.241	0.240	0.239
F	222.699***	80.097***	53.392**	171.057***	85.530***	57.147***

(9) 个人经济成本对内在规范动机作用于自愿减碳素养行为路径有显著正调节效应。由表 4-87 的模型 3 可知，个人经济成本对内在规范动机的交互项作用不显著，假设不成立。

(10) 个人经济成本对内在规范动机作用于自愿减碳决策行为路径有显著正调节效应。由表 4-87 的模型 3 可知，个人经济成本对内在规范动机的交互项作用不显著，假设不成立。

(11) 个人经济成本对内在规范动机作用于自愿减碳人际行为路径有显著正调节效应。由表 4-87 的模型 3 可知，个人经济成本对内在规范动机的交互项作用不显著，假设不成立。

(12) 个人经济成本对内在规范动机作用于自愿减碳公民行为路径有显著正调节效应。由表 4-87 的模型 3 可知，个人经济成本对内在规范动机的交互项作用不显著,假设不成立。

(二) 习惯转化成本调节效应分析

在单独考虑习惯转化成本变量(HCC)的情况下分析该调节变量对动机因素作用于自愿减碳行为(VCB)各维度的路径关系的调节效应,具体分析结果如表4-88、表4-89和表4-90所示。

表4-88　　　　习惯转化成本的调节效应检验(1)

	VCBH			VCBD		
	Model 1	Model 2	Model 3	Model 1	Model 2	Model 3
EM	0.619***	0.619***	0.619***	0.604***	0.603***	0.602***
HCC		0.039	0.039		0.087**	0.085**
EM×HCC			0.009			0.052
R^2	0.383	0.382	0.382	0.363	0.369	0.371
F	333.063***	167.307***	111.370***	306.559***	158.030***	106.305***

	VCBP			VCBC		
	Model 1	Model 2	Model 3	Model 1	Model 2	Model 3
EM	0.563***	0.562***	0.562***	0.515***	0.514***	0.513***
PEC		0.137***	0.136***		0.121***	0.119***
EM×PEC			0.039			0.066*
R^2	0.316	0.333	0.333	0.264	0.277	0.280
F	248.124***	134.950***	90.395***	192.994***	103.750***	70.480***

(1) 习惯转化成本对期望—效价动机作用于自愿减碳素养行为路径有显著正调节效应。由表4-88的模型3可知,习惯转化成本对期望—效价动机的交互项作用不显著,假设不成立。

(2) 习惯转化成本对期望—效价动机作用于自愿减碳决策行为路径有显著正调节效应。由表4-88的模型3可知,习惯转化成本对期望—效价动机的交互项作用不显著,假设不成立。

(3) 习惯转化成本对期望—效价动机作用于自愿减碳人际行为路径有显著正调节效应。由表4-88的模型3可知,习惯转化成本对期望—效价动机的交互项作用不显著,假设不成立。

(4) 习惯转化成本对期望—效价动机作用于自愿减碳公民行为路径有显著正调节效应。由表 4-88 的模型 3 可知,习惯转化成本对期望—效价动机的 F=70.480,P<0.001,习惯转化成本和期望—效价动机的交互项作用显著,系数为 0.066,表明习惯转化成本对期望—效价动机作用于自愿减碳公民行为的路径有正向调节效应。

表 4-89　　　　　　习惯转化成本的调节效应检验(2)

	VCBH			VCBD		
	Model 1	Model 2	Model 3	Model 1	Model 2	Model 3
IMM	0.618***	0.617***	0.618***	0.657**	0.656***	0.657***
HCC		0.034	0.033		0.081**	0.080**
IMM×HCC			0.049			0.036
R^2	0.380	0.380	0.382	0.431	0.436	0.437
F	329.763***	165.373***	111.204***	406.758***	298.456***	139.449***

	VCBP			VCBC		
	Model 1	Model 2	Model 3	Model 1	Model 2	Model 3
IMM	0.703***	0.701***	0.702***	0.637***	0.636***	0.636***
HCC		0.131***	0.130***		0.115***	0.115***
IMM×HCC			0.025			0.015
R^2	0.494	0.510	0.509	0.405	0.417	0.416
F	523.425***	179.679***	186.581***	366.055***	192.966***	128.530***

(5) 习惯转化成本对印象管理动机作用于自愿减碳素养行为路径有显著正调节效应。由表 4-89 的模型 3 可知,习惯转化成本对印象管理动机的交互项作用不显著,假设不成立。

(6) 习惯转化成本对印象管理动机作用于自愿减碳决策行为路径有显著正调节效应。由表 4-89 的模型 3 可知,习惯转化成本对印象管理动机的交互项作用不显著,假设不成立。

(7) 习惯转化成本对印象管理动机作用于自愿减碳人际行为路径有显著正调节效应。由表 4-89 的模型 3 可知,习惯转化成本对印象管理动机的交互项作用不显著,假设不成立。

(8) 习惯转化成本对印象管理动机作用于自愿减碳公民行为路径有显著正调节效应。由表4-89的模型3可知,习惯转化成本对印象管理动机的交互项作用不显著,假设不成立。

(9) 习惯转化成本对内在规范动机作用于自愿减碳素养行为路径有显著正调节效应。由表4-90的模型3可知,习惯转化成本对内在规范动机的F=54.744,P<0.001,习惯转化成本和内在规范的交互项作用显著,系数为0.073,表明习惯转化成本对内在规范动机作用于自愿减碳素养行为的路径有正向调节效应。

表4-90 习惯转化成本的调节效应检验(3)

	VCBH			VCBD		
	Model 1	Model 2	Model 3	Model 1	Model 2	Model 3
INM	0.480**	0.481***	0.480***	0.487***	0.483***	0.481***
HCC		−0.009	−0.013		0.038	0.032
INM×HCC			0.073*			0.110***
R^2	0.229	0.228	0.231	0.236	0.236	0.246
F	160.198***	79.987***	54.744***	166.189***	83.598***	59.138***

	VCBP			VCBC		
	Model 1	Model 2	Model 3	Model 1	Model 2	Model 3
INM	0.546***	0.548***	0.548***	0.492***	0.485***	0.483***
HCC		−0.039	−0.039		0.072*	0.068*
INM×HCC			0.013			0.066*
R^2	0.297	0.297	0.296	0.241	0.245	0.247
F	227.699***	114.452***	76.216**	171.057***	87.774***	59.690***

(10) 习惯转化成本对内在规范动机作用于自愿减碳决策行为路径有显著正调节效应。由表4-90的模型3可知,习惯转化成本对内在规范动机的F=59.138,P<0.001,习惯转化成本和内在规范的交互项作用显著,系数为0.110,表明习惯转化成本对内在规范动机作用于自愿减碳决策行为的路径有正向调节效应。

(11) 习惯转化成本对内在规范动机作用于自愿减碳人际行为路径

有显著正调节效应。由表4-90的模型3可知，习惯转化成本对内在规范动机的F=76.216，P<0.001，习惯转化成本和内在规范的交互项作用显著，系数为0.548，表明习惯转化成本对内在规范动机作用于自愿减碳人际行为的路径有正向调节效应。

（12）习惯转化成本对内在规范动机作用于自愿减碳公民行为路径有显著正调节效应。由表4-90的模型3可知，习惯转化成本对内在规范动机的F=59.690，P<0.001，习惯转化成本和内在规范的交互项作用显著，系数为0.066，表明习惯转化成本对内在规范动机作用于自愿减碳公民行为的路径有正向调节效应。

（三）行为实施成本调节效应分析

在单独考虑行为实施成本变量（BIC）的情况下分析该调节变量对动机因素作用于自愿减碳行为（VCB）各维度的路径关系的调节效应，具体分析结果如表4-91、表4-92和表4-93所示。

表4-91　　　　　行为实施成本的调节效应检验（1）

	VCBH			VCBD		
	Model 1	Model 2	Model 3	Model 1	Model 2	Model 3
EM	0.619***	0.622***	0.622***	0.604***	0.606***	0.603***
BIC		−0.073**	−0.073**		−0.061*	−0.064*
EM×BIC			0.001			−0.046
R^2	0.383	0.387	0.386	0.363	0.366	0.367
F	333.063***	170.011***	113.128***	306.559***	155.431***	104.468***

	VCBP			VCBC		
	Model 1	Model 2	Model 3	Model 1	Model 2	Model 3
EM	0.563***	0.564***	0.564***	0.515***	0.516***	0.515***
BIC		−0.041*	−0.041*		−0.024*	−0.024*
EM×BIC			−0.003			−0.004
R^2	0.316	0.316	0.315	0.264	0.263	0.262
F	248.124***	124.801***	83.049***	192.994***	96.594***	64.281***

（1）行为实施成本对期望—效价动机作用于自愿减碳素养行为路

径有显著正调节效应。由表4-91的模型3可知，行为实施成本对期望—效价动机的交互项作用不显著，假设不成立。

（2）行为实施成本对期望—效价动机作用于自愿减碳决策行为路径有显著正调节效应。由表4-91的模型3可知，行为实施成本对期望—效价动机的交互项作用不显著，假设不成立。

（3）行为实施成本对期望—效价动机作用于自愿减碳人际行为路径有显著正调节效应。由表4-91的模型3可知，行为实施成本对期望—效价动机的交互项作用不显著，假设不成立。

（4）行为实施成本对期望—效价动机作用于自愿减碳公民行为路径有显著正调节效应。由表4-91的模型3可知，行为实施成本对期望—效价动机的交互项作用不显著，假设不成立。

表4-92　　　　　行为实施成本的调节效应检验（2）

	VCBH			VCBD		
	Model 1	Model 2	Model 3	Model 1	Model 2	Model 3
IMM	0.618***	0.618***	0.618***	0.657**	0.657***	0.657***
BIC		-0.055	-0.056*		-0.044	-0.044
IMM×BIC			-0.014			-0.007
R^2	0.380	0.382	0.381	0.431	0.432	0.431
F	329.763***	165.713***	111.031***	406.758***	204.573***	136.152***
	VCBP			VCBC		
	Model 1	Model 2	Model 3	Model 1	Model 2	Model 3
IMM	0.703***	0.703***	0.703***	0.637***	0.637***	0.638***
BIC		-0.026	-0.025		-0.010	-0.011
IMM×BIC			0.009			-0.018
R^2	0.494	0.493	0.492	0.405	0.404	0.403
F	523.425***	261.924***	174.344***	366.055***	182.757***	121.780***

（5）行为实施成本对印象管理动机作用于自愿减碳素养行为路径有显著正调节效应。由表4-92的模型3可知，行为实施成本对印象管理动机的交互项作用不显著，假设不成立。

(6) 行为实施成本对印象管理动机作用于自愿减碳决策行为路径有显著正调节效应。由表 4-92 的模型 3 可知，行为实施成本对印象管理动机的交互项作用不显著，假设不成立。

(7) 行为实施成本对印象管理动机作用于自愿减碳人际行为路径有显著正调节效应。由表 4-92 的模型 3 可知，行为实施成本对印象管理动机的交互项作用不显著，假设不成立。

(8) 行为实施成本对印象管理动机作用于自愿减碳公民行为路径有显著正调节效应。由表 4-92 的模型 3 可知，行为实施成本对印象管理动机的交互项作用不显著，假设不成立。

表 4-93　　　　　行为实施成本的调节效应检验（3）

	VCBH			VCBD		
	Model 1	Model 2	Model 3	Model 1	Model 2	Model 3
INM	0.480**	0.482***	0.480***	487***	0.489***	0.489***
BIC		−0.067*	−0.068*		−0.055	−0.056
INM×BIC			0.029			0.047
R^2	0.229	0.232	0.231	0.236	0.237	0.238
F	160.198***	81.958***	54.745***	166.189***	84.322***	56.748***

	VCBP			VCBC		
	Model 1	Model 2	Model 3	Model 1	Model 2	Model 3
INM	0.546***	0.548***	0.548**	0.492***	0.493***	0.493***
BIC		−0.039	−0.039		−0.021	−0.023
INM×BIC			0.013			0.041
R^2	0.297	0.297	0.296	0.241	0.240	0.240
F	227.699***	114.452***	76.216**	171.057***	85.578***	57.433***

(9) 行为实施成本对内在规范动机作用于自愿减碳素养行为路径有显著正调节效应。由表 4-93 的模型 3 可知，行为实施成本对内在规范动机的交互项作用不显著，假设不成立。

(10) 行为实施成本对内在规范动机作用于自愿减碳决策行为路径有显著正调节效应。由表 4-93 的模型 3 可知，行为实施成本对内在规范动机的交互项作用不显著,假设不成立。

(11) 行为实施成本对内在规范动机作用于自愿减碳人际行为路径有显著正调节效应。由表4-93的模型3可知,行为实施成本对内在规范动机的交互项作用不显著,假设不成立。

(12) 行为实施成本对内在规范动机作用于自愿减碳公民行为路径有显著正调节效应。由表4-93的模型3可知,行为实施成本对内在规范动机的交互项作用不显著,假设不成立。

(四) 舒适偏好成本调节效应分析

在单独考虑行为舒适偏好变量(CPC)的情况下分析该调节变量对动机因素作用于自愿减碳行为(VCB)各维度的路径关系的调节效应,具体分析结果如表4-94、表4-95和表4-96所示。

表4-94 舒适偏好成本的调节效应检验(1)

	VCBH			VCBD		
	Model 1	Model 2	Model 3	Model 1	Model 2	Model 3
EM	0.619***	0.618***	0.617***	0.604***	0.603***	0.602***
CPC		-0.068**	-0.062*		-0.047	-0.043
EM×CPC			0.052			0.027
R^2	0.383	0.386	0.388	0.363	0.364	0.364
F	333.063***	169.493***	114.175***	306.559***	154.437***	103.115***

	VCBH			VCBD		
	Model 1	Model 2	Model 3	Model 1	Model 2	Model 3
EM	0.563***	0.562***	0.561***	0.515***	0.514***	0.513***
CPC		-0.056	-0.050		-0.023	-0.017
EM×CPC			0.050			0.047
R^2	0.316	0.317	0.319	0.264	0.263	0.264
F	248.124***	125.647***	84.616***	192.994***	96.571***	65.040***

(1) 舒适偏好成本对期望—效价动机作用于自愿减碳素养行为路径有显著正调节效应。由表4-94的模型3可知,舒适偏好成本对期望—效价动机的交互项作用不显著,假设不成立。

（2）舒适偏好成本对期望—效价动机作用于自愿减碳决策行为路径有显著正调节效应。由表 4-94 的模型 3 可知，舒适偏好成本对期望—效价动机的交互项作用不显著，假设不成立。

（3）舒适偏好成本对期望—效价动机作用于自愿减碳人际行为路径有显著正调节效应。由表 4-94 的模型 3 可知，舒适偏好成本对期望—效价动机的交互项作用不显著，假设不成立。

（4）舒适偏好成本对期望—效价动机作用于自愿减碳公民行为路径有显著正调节效应。由表 4-94 的模型 3 可知，舒适偏好成本对期望—效价动机的交互项作用不显著，假设不成立。

表 4-95　　　　　舒适偏好成本的调节效应检验（2）

	VCBH			VCBD		
	Model 1	Model 2	Model 3	Model 1	Model 2	Model 3
IMM	0.618***	0.615***	0.614***	0.657**	0.656***	0.660***
CPC		-0.054	-0.053		-0.030	-0.036
IMM×CPC			0.010			-0.044
R^2	0.380	0.382	0.381	0.431	0.432	0.432
F	329.763***	166.594***	110.902***	406.758***	203.761***	136.762***

	VCBP			VCBC		
	Model 1	Model 2	Model 3	Model 1	Model 2	Model 3
IMM	0.703***	0.702***	0.702***	0.637***	0.637***	0.638***
CPC		-0.037	-0.038		-0.005	-0.006
IMM×CPC			-0.005			-0.004
R^2	0.494	0.494	0.492	0.405	0.404	0.403
F	523.425***	263.665***	174.803***	366.055***	182.708***	121.584***

（5）舒适偏好成本对印象管理动机作用于自愿减碳素养行为路径有显著正调节效应。由表 4-95 的模型 3 可知，舒适偏好成本对印象管理动机的交互项作用不显著，假设不成立。

（6）舒适偏好成本对印象管理动机作用于自愿减碳决策行为路径有显著正调节效应。由表 4-95 的模型 3 可知，舒适偏好成本对印象管理动机的交互项作用不显著,假设不成立。

(7) 舒适偏好成本对印象管理动机作用于自愿减碳人际行为路径有显著正调节效应。由表 4-95 的模型 3 可知,舒适偏好成本对印象管理动机的交互项作用不显著,假设不成立。

(8) 舒适偏好成本对印象管理动机作用于自愿减碳公民行为路径有显著正调节效应。由表 4-95 的模型 3 可知,舒适偏好成本对印象管理动机的交互项作用不显著,假设不成立。

表 4-96　　　　舒适偏好成本的调节效应检验（3）

	VCBH			VCBD		
	Model 1	Model 2	Model 3	Model 1	Model 2	Model 3
INM	0.480**	0.479***	0.481***	0.487***	0.486***	0.487***
CPC		-0.077	-0.073		-0.055	-0.054
INM×CPC			0.037			0.015
R^2	0.229	0.233	0.234	0.236	0.237	0.236
F	160.198***	82.625***	55.451***	166.189***	84.336***	56.199***

	VCBP			VCBC		
	Model 1	Model 2	Model 3	Model 1	Model 2	Model 3
INM	0.546***	0.546***	0.547**	0.492***	0.492***	0.493***
CPC		-0.063*	-0.061*		-0.029	-0.028
INM×CPC			0.032			0.020
R^2	0.297	0.300	0.300	0.241	0.240	0.239
F	227.699***	115.828***	77.486**	171.057***	85.767***	57.202***

(9) 舒适偏好成本对内在规范动机作用于自愿减碳素养行为路径有显著正调节效应。由表 4-96 的模型 3 可知,舒适偏好成本对内在规范动机的交互项作用不显著,假设不成立。

(10) 舒适偏好成本对内在规范动机作用于自愿减碳决策行为路径有显著正调节效应。由表 4-96 的模型 3 可知,舒适偏好成本对内在规范动机的交互项作用不显著,假设不成立。

(11) 舒适偏好成本对内在规范动机作用于自愿减碳人际行为路径

有显著正调节效应。由表 4-96 的模型 3 可知，舒适偏好成本对内在规范动机的交互项作用不显著，假设不成立。

（12）舒适偏好成本对内在规范动机作用于自愿减碳公民行为路径有显著正调节效应。由表 4-96 的模型 3 可知，舒适偏好成本对内在规范动机的交互项作用不显著，假设不成立。

（五）安全成本调节效应分析

在单独考虑安全成本变量（SC）的情况下分析该调节变量对动机因素作用于自愿减碳行为（VCB）各维度的路径关系的调节效应，具体分析结果如表 4-97、表 4-98 和表 4-99 所示。

表 4-97　　　　安全成本的调节效应检验（1）

	VCBH			VCBD		
	Model 1	Model 2	Model 3	Model 1	Model 2	Model 3
EM	0.619***	0.619***	0.617***	0.604***	0.604***	0.605***
SC		0.034	0.037		-0.063*	-0.063*
EM×SC			-0.055			0.018
R^2	0.383	0.383	0.384	0.363	0.366	0.365
F	333.063***	167.054***	112.518***	306.559***	155.594***	103.667***

	VCBP			VCBC		
	Model 1	Model 2	Model 3	Model 1	Model 2	Model 3
EM	0.563***	0.564***	0.564***	0.515***	0.516***	0.513***
SC		-0.094	-0.094		-0.079**	-0.079**
EM×SC			0.001			-0.079**
R^2	0.316	0.323	0.322	0.264	0.269	0.274
F	248.124***	128.995***	85.836***	192.994***	99.785***	68.422***

（1）安全成本对期望—效价动机作用于自愿减碳素养行为路径有显著正调节效应。由表 4-97 的模型 3 可知，安全成本对期望—效价动机的交互项作用不显著，假设不成立。

（2）安全成本对期望—效价动机作用于自愿减碳决策行为路径有显著正调节效应。由表 4-97 的模型 3 可知，安全成本对期望—效价动机的交互项作用不显著,假设不成立。

(3) 安全成本对期望—效价动机作用于自愿减碳人际行为路径有显著正调节效应。由表4-97的模型3可知,安全成本对期望—效价动机的交互项作用不显著,假设不成立。

(4) 安全成本对期望—效价动机作用于自愿减碳公民行为路径有显著正调节效应。由表4-97的模型3可知,安全成本对期望—效价动机的 F=68.422,P<0.001,安全成本和期望—效价动机的交互项作用显著,系数为-0.079,表明安全成本对期望—效价动机作用于自愿减碳公民行为的路径有负向调节效应,假设不成立。

表4-98 安全成本的调节效应检验(2)

	VCBH			VCBD		
	Model 1	Model 2	Model 3	Model 1	Model 2	Model 3
IMM	0.618***	0.618***	0.620***	0.657**	0.656***	0.656***
SC		0.054	0.057*		-0.043	-0.044
IMM×SC			-0.064*			0.021
R^2	0.380	0.382	0.385	0.431	0.432	0.431
F	329.763***	166.599***	112.769***	406.758***	204.514***	136.339***

	VCBP			VCBC		
	Model 1	Model 2	Model 3	Model 1	Model 2	Model 3
IMM	0.703***	0.702***	0.701***	0.637***	0.636***	0.637***
SC		-0.074**	-0.076**		-0.065*	-0.063*
IMM×SC			0.030			-0.054
R^2	0.494	0.498	0.498	0.405	0.408	0.410
F	523.425***	267.059***	178.363***	366.055***	185.918***	125.200***

(5) 安全成本对印象管理动机作用于自愿减碳素养行为路径有显著正调节效应。由表4-98的模型3可知,安全成本对印象管理动机的 F=112.769,P<0.001,安全成本和印象管理动机的交互项作用显著,系数为-0.064,表明安全成本对印象管理动机作用于自愿减碳公民行为的路径有负向调节效应,假设不成立。

（6）安全成本对印象管理动机作用于自愿减碳决策行为路径有显著正调节效应。由表4-98的模型3可知，安全成本对印象管理动机的交互项作用不显著，假设不成立。

（7）安全成本对印象管理动机作用于自愿减碳人际行为路径有显著正调节效应。由表4-98的模型3可知，安全成本对印象管理动机的交互项作用不显著，假设不成立。

（8）安全成本对印象管理动机作用于自愿减碳公民行为路径有显著正调节效应。由表4-98的模型3可知，安全成本对印象管理动机的交互项作用不显著，假设不成立。

表4-99　　　　　　　　安全成本的调节效应检验（3）

	VCBH			VCBD		
	Model 1	Model 2	Model 3	Model 1	Model 2	Model 3
INM	0.480**	0.489***	0.496***	0.487***	0.486***	0.491***
SC		0.092**	0.097**		-0.005	-0.002
INM×SC			-0.098***			-0.070*
R^2	0.229	0.236	0.244	0.236	0.234	0.238
F	160.198***	83.772***	58.736***	166.189***	82.953***	56.678***

	VCBP			VCBC		
	Model 1	Model 2	Model 3	Model 1	Model 2	Model 3
INM	0.546***	0.543***	0.548***	0.492***	0.489***	0.493***
SC		-0.032*	-0.029*		-0.027	-0.022
INM×SC			-0.070*			-0.108***
R^2	0.297	0.297	0.305	0.241	0.240	0.250
F	227.699***	114.191***	77.779***	171.057***	85.708***	60.683***

（9）安全成本对内在规范动机作用于自愿减碳素养行为路径有显著正调节效应。由表4-99的模型3可知，安全成本对内在规范动机的F=58.736，P<0.001，安全成本和内在规范动机的交互项作用显著，系数为-0.098，表明安全成本对内在规范动机作用于自愿减碳素养行为的路径有负向调节效应，假设不成立。

（10）安全成本对内在规范动机作用于自愿减碳决策行为路径有显著正调节效应。由表 4-99 的模型 3 可知，安全成本对内在规范动机的 F=56.678，P<0.001，安全成本和内在规范动机的交互项作用显著，系数为 -0.070，表明安全成本对内在规范动机作用于自愿减碳决策行为的路径有负向调节效应，假设不成立。

（11）安全成本对内在规范动机作用于自愿减碳人际行为路径有显著正调节效应。由表 4-99 的模型 3 可知，安全成本对内在规范动机的 F=77.779，P<0.001，安全成本和内在规范动机的交互项作用显著，系数为 -0.070，表明安全成本对内在规范动机作用于自愿减碳人际行为的路径有负向调节效应，假设不成立。

（12）安全成本对内在规范动机作用于自愿减碳公民行为路径有显著正调节效应。由表 4-99 的模型 3 可知，安全成本对内在规范动机的 F=60.683，P<0.001，安全成本和内在规范动机的交互项作用显著，系数为 -0.108，表明安全成本对内在规范动机作用于自愿减碳公民行为的路径有负向调节效应，假设不成立。

（六）健康成本调节效应分析

在单独考虑行为健康变量（HC）的情况下分析该调节变量对动机因素作用于自愿减碳行为（VCB）各维度的路径关系的调节效应，具体分析结果如表 4-100、表 4-101 和表 4-102 所示。

表 4-100　　　　　　健康成本的调节效应检验（1）

	VCBH			VCBD		
	Model 1	Model 2	Model 3	Model 1	Model 2	Model 3
EM	0.619***	0.624***	0.625***	0.604***	0.606***	0.610***
HC		0.074**	0.074**		0.044	0.044
EM×HC			-0.014			-0.051
R^2	0.383	0.387	0.389	0.363	0.364	0.365
F	333.063***	170.048***	113.245***	306.559***	154.262***	103.772***

	VCBP			VCBC		
	Model 1	Model 2	Model 3	Model 1	Model 2	Model 3
EM	0.563***	0.564***	0.569***	0.515***	0.516***	0.518***
HC		0.015	0.016		0.014	0.014
EM×HC			−0.071**			−0.031
R^2	0.316	0.315	0.322	0.264	0.263	0.262
F	248.124***	123.966***	84.410***	192.994***	96.413***	64.476***

（1）健康成本对期望—效价动机作用于自愿减碳素养行为路径有显著正调节效应。由表4-100的模型3可知，健康成本对期望—效价动机的交互项作用不显著，假设不成立。

（2）健康成本对期望—效价动机作用于自愿减碳决策行为路径有显著正调节效应。由表4-100的模型3可知，健康成本对期望—效价动机的交互项作用不显著，假设不成立。

（3）健康成本对期望—效价动机作用于自愿减碳人际行为路径有显著正调节效应。由表4-100的模型3可知，健康成本对期望—效价动机的F=84.410，P<0.001，健康成本和期望—效价动机的交互项作用显著，系数为−0.071，表明健康成本对期望—效价动机作用于自愿减碳公民行为的路径有负向调节效应，假设不成立。

（4）健康成本对期望—效价动机作用于自愿减碳公民行为路径有显著正调节效应。由表4-100的模型3可知，健康成本对期望—效价动机的交互项作用不显著，假设不成立。

表4-101　　　　　　健康成本的调节效应检验（2）

	VCBH			VCBD		
	Model 1	Model 2	Model 3	Model 1	Model 2	Model 3
IMM	0.618***	0.618***	0.618***	0.657**	0.658***	0.657***
HC		0.048	0.048		0.020	0.020
IMM×HC			0.004			−0.006
R^2	0.380	0.381	0.380	0.432	0.432	0.432
F	329.763***	166.214***	110.610***	406.758***	203.338***	135.326***

续表

	VCBP			VCBC		
	Model 1	Model 2	Model 3	Model 1	Model 2	Model 3
IMM	0.703***	0.703***	0.701***	0.637***	0.636***	0.639***
HC		-0.005**	-0.005**		-0.005	-0.005
IMM×HC			-0.044			0.037
R^2	0.494	0.495	0.496	0.405	0.404	0.404
F	523.425***	261.250***	175.155***	366.055***	182.704***	122.232***

（5）健康成本对印象管理动机作用于自愿减碳素养行为路径有显著正调节效应。由表4-101的模型3可知，健康成本对印象管理动机的交互项作用不显著，假设不成立。

（6）健康成本对印象管理动机作用于自愿减碳决策行为路径有显著正调节效应。由表4-101的模型3可知，健康成本对印象管理动机的交互项作用不显著，假设不成立。

（7）健康成本对印象管理动机作用于自愿减碳人际行为路径有显著正调节效应。由表4-101的模型3可知，健康成本对印象管理动机的交互项作用不显著，假设不成立。

（8）健康成本对印象管理动机作用于自愿减碳公民行为路径有显著正调节效应。由表4-101的模型3可知，健康成本对印象管理动机的交互项作用不显著，假设不成立。

表4-102　　　　　　　健康成本的调节效应检验（3）

	VCBH			VCBD		
	Model 1	Model 2	Model 3	Model 1	Model 2	Model 3
INM	0.480**	0.484***	0.485***	0.487***	0.489***	0.492***
HC		0.067*	0.066*		0.038	0.037
INM×HC			-0.028			-0.095**
R^2	0.229	0.232	0.231	0.236	0.236	0.243
F	160.198***	81.960***	54.776***	166.189***	83.608***	58.418***

续表

	VCBP			VCBC		
	Model 1	Model 2	Model 3	Model 1	Model 2	Model 3
INM	0.546***	0.547***	0.549**	0.492***	0.493***	0.495***
HC		0.016	-0.015		0.014	0.013
INM×HC			-0.054			-0.051
R^2	0.297	0.297	0.298	0.241	0.240	0.241
F	227.699***	113.767***	76.734**	171.057***	85.455***	57.670***

（9）健康成本对内在规范动机作用于自愿减碳素养行为路径有显著正调节效应。由表4-102的模型3可知，健康成本对内在规范动机的交互项作用不显著，假设不成立。

（10）健康成本对内在规范动机作用于自愿减碳决策行为路径有显著正调节效应。由表4-102的模型3可知，安全成本对内在规范动机的F=58.418，P<0.001，健康成本和内在规范动机的交互项作用显著，系数为-0.095，表明健康成本对内在规范动机作用于自愿减碳决策行为的路径有负向调节效应，假设不成立。

（11）健康成本对内在规范动机作用于自愿减碳人际行为路径有显著正调节效应。由表4-102的模型3可知，健康成本对内在规范动机的交互项作用不显著，假设不成立。

（12）健康成本对内在规范动机作用于自愿减碳公民行为路径有显著正调节效应。由表4-102的模型3可知，健康成本对内在规范动机的交互项作用不显著，假设不成立。

二 社会参照规范调节效应分析

（一）社会表率调节效应分析

在单独考虑社会表率变量（SE）的情况下分析该调节变量对动机因素作用于自愿减碳行为（VCB）各维度的路径关系的调节效应，具体分析结果如表4-103、表4-104和表4-105所示。

第四章 多元动机视角下城市居民自愿减碳行为驱动因素分析

表 4-103　　　　　　　社会表率的调节效应检验（1）

	VCBH			VCBD		
	Model 1	Model 2	Model 3	Model 1	Model 2	Model 3
EM	0.619***	0.355***	0.289***	0.604***	0.330***	0.317***
SE		0.412***	0.358***		0.426***	0.415***
EM×SE			−0.123***			−0.025
R^2	0.383	0.482	0.499	0.3643	0.469	0.469
F	333.063***	250.040***	179.061***	306.559***	237.879***	158.785***

	VCBP			VCBC		
	Model 1	Model 2	Model 3	Model 1	Model 2	Model 3
EM	0.563***	0.218***	0.203***	0.515***	0.228***	0.221***
SE		0.538***	0.526***		0.446***	0.440***
EM×SE			−0.027			−0.015
R^2	0.316	0.485	0.485	0.264	0.380	0.379
F	248.825***	253.561***	87.195***	192.994***	165.478**	110.120***

（1）社会表率对期望—效价动机作用于自愿减碳素养行为路径有显著正调节效应。由表4-103的模型3可知，社会表率对期望—效价动机的F=179.061，P<0.001，社会表率和期望—效价动机的交互项作用显著，系数为-0.123，表明社会表率对期望—效价动机作用于自愿减碳素养行为的路径有负向调节效应，假设不成立。

（2）社会表率对期望—效价动机作用于自愿减碳决策行为路径有显著正调节效应。由表4-103的模型3可知，社会表率对期望—效价动机的交互项作用不显著，假设不成立。

（3）社会表率对期望—效价动机作用于自愿减碳人际行为路径有显著正调节效应。由表4-103的模型3可知，社会表率对期望—效价动机的交互项作用不显著，假设不成立。

（4）社会表率对期望—效价动机作用于自愿减碳公民行为路径有显著正调节效应。由表4-103的模型3可知，社会表率对期望—效价动机的交互项作用不显著，假设不成立。

表 4-104　　　　　　　社会表率的调节效应检验（2）

	VCBH			VCBD		
	Model 1	Model 2	Model 3	Model 1	Model 2	Model 3
IMM	0.618***	0.343***	0.300***	0.657**	0.417***	0.438***
SE		0.411***	0.382***		0.359***	0.373***
IMM×SE			−0.070**			0.034
R^2	0.380	0.473	0.478	0.431	0.502	0.502
F	329.763***	241.389***	164.331***	406.758***	270.829***	181.166***

	VCBP			VCBC		
	Model 1	Model 2	Model 3	Model 1	Model 2	Model 3
IMM	0.703***	0.452***	0.479***	0.637***	0.436***	0.461***
SE		0.376***	0.393***		0.302***	0.319***
IMM×SE			0.043*			0.041
R^2	0.494	0.571	0.573	0.405	0.455	0.456
F	523.425***	357.972***	240.325***	366.055***	224.615***	150.626***

（5）社会表率对印象管理动机作用于自愿减碳素养行为路径有显著正调节效应。由表4-104的模型3可知，社会表率对印象管理动机的F=164.331，P<0.001，社会表率和印象管理动机的交互项作用显著，系数为−0.070，表明社会表率对印象管理动机作用于自愿减碳素养行为的路径有负向调节效应，假设不成立。

（6）社会表率对印象管理动机作用于自愿减碳决策行为路径有显著正调节效应。由表4-104的模型3可知，社会表率对印象管理动机的交互项作用不显著，假设不成立。

（7）社会表率对印象管理动机作用于自愿减碳人际行为路径有显著正调节效应。由表4-104的模型3可知，社会表率对印象管理动机的F=240.325，P<0.001，社会表率和印象管理动机的交互项作用显著，系数为0.043，表明社会表率对印象管理动机作用于自愿减碳人际行为的路径有正向调节效应。

（8）社会表率对印象管理动机作用于自愿减碳公民行为路径有显著正调节效应。由表4-104的模型3可知，社会表率对印象管理动机的交互项作用不显著,假设不成立。

表 4-105　　　　　　社会表率的调节效应检验 (3)

	VCBH			VCBD		
	Model 1	Model 2	Model 3	Model 1	Model 2	Model 3
INM	0.480***	0.206***	0.190***	0.487***	0.216***	0.220***
SE		0.534***	0.490***		0.527***	0.537***
INM×SE			-0.067**			0.015
R^2	0.229	0.438	0.442	0.236	0.439	0.439
F	160.198***	210.247***	142.805**	166.189***	211.007***	140.550***
	VCBP			VCBC		
	Model 1	Model 2	Model 3	Model 1	Model 2	Model 3
INM	0.546***	0.269***	0.277***	0.492***	0.255***	0.268***
SE		0.539***	0.561***		0.462***	0.499***
INM×SE			0.032			0.055*
R^2	0.297	0.511	0.511	0.241	0.397	0.400
F	227.699***	280.899***	187.787***	171.057***	177.612***	119.891***

(9) 社会表率对内在规范动机作用于自愿减碳素养行为路径有显著正调节效应。由表 4-105 的模型 3 可知,社会表率对内在规范动机的 F=142.805,P<0.001,社会表率和内在规范动机的交互项作用显著,系数为-0.067,表明社会表率对内在规范动机作用于自愿减碳素养行为的路径有负向调节效应,假设不成立。

(10) 社会表率对内在规范动机作用于自愿减碳决策行为路径有显著正调节效应。由表 4-105 的模型 3 可知,社会表率对内在规范动机的交互项作用不显著,假设不成立。

(11) 社会表率对内在规范动机作用于自愿减碳人际行为路径有显著正调节效应。由表 4-105 的模型 3 可知,社会表率对内在规范动机的交互项作用不显著,假设不成立。

(12) 社会表率对内在规范动机作用于自愿减碳公民行为路径有显著正调节效应。由表 4-105 的模型 3 可知,社会表率对内在规范动机的 F=119.891,P<0.001,社会表率和内在规范动机的交互项作用显著,

系数为 0.055，表明社会表率对内在规范动机作用于自愿减碳公民行为的路径有正向调节效应。

（二）社会风气的调节效应分析

在单独考虑社会风气变量（ST）情况下分析该调节变量对动机因素作用于自愿减碳行为（VCB）各维度路径关系的调节效应，具体分析结果如表4-106、表4-107和表4-108所示。

表 4-106　　　　　　　　社会风气的调节效应检验（1）

	VCBH			VCBD		
	Model 1	Model 2	Model 3	Model 1	Model 2	Model 3
EM	0.619***	0.507***	0.422***	0.604***	0.464***	0.426***
ST		-0.220***	-0.203***		-0.267***	-0.260***
EM×ST			0.148***			0.071**
R^2	0.383	0.417	0.438	0.363	0.415	0.419
F	333.063***	192.880***	140.341***	306.559***	191.049***	129.768***

	VCBP			VCBC		
	Model 1	Model 2	Model 3	Model 1	Model 2	Model 3
EM	0.563***	0.370***	0.374***	0.515***	0.315***	0.304***
ST		-0.378***	-0.378***		-0.392***	-0.389***
EM×ST			-0.007			0.019
R^2	0.316	0.420	0.419	0.264	0.376	0.375
F	248.825***	195.079***	129.833***	192.994***	162.525***	108.321***

（1）社会风气对期望—效价动机作用于自愿减碳素养行为路径有显著正调节效应。由表4-106的模型3可知，社会风气对期望—效价动机的 F=140.341，P<0.001，社会风气和期望—效价动机的交互项作用显著，系数为0.148，表明社会风气对期望—效价动机作用于自愿减碳素养行为的路径有正向调节效应。

（2）社会风气对期望—效价动机作用于自愿减碳决策行为路径有显著正调节效应。由表4-106的模型3可知，社会风气对期望—效价动机的 F=129.768，P<0.001，社会风气和期望—效价动机的交互项作用

显著，系数为 0.071，表明社会风气对期望—效价动机作用于自愿减碳决策行为的路径有正向调节效应。

（3）社会风气对期望—效价动机作用于自愿减碳人际行为路径有显著正调节效应。由表4-106的模型3可知，社会风气对内在规范动机的交互项作用不显著，假设不成立。

（4）社会风气对期望—效价动机作用于自愿减碳公民行为路径有显著正调节效应。由表4-106的模型3可知，社会风气对内在规范动机的交互项作用不显著，假设不成立。

表 4-107　　　　　　社会风气的调节效应检验（2）

	VCBH			VCBD		
	Model 1	Model 2	Model 3	Model 1	Model 2	Model 3
IMM	0.618***	0.510***	0.447***	0.657**	0.546***	0.512***
SE		-0.190***	-0.180***		-0.197***	-0.191***
IMM×SE			0.106***			0.057*
R^2	0.380	0.404	0.413	0.431	0.456	0.458
F	329.763***	182.461***	129.779***	406.758***	225.867***	152.134***
	VCBP			VCBC		
	Model 1	Model 2	Model 3	Model 1	Model 2	Model 3
IMM	0.703***	0.563***	0.561***	0.637***	0.478***	0.417***
SE		-0.248***	-0.248***		-0.282***	-0.281***
IMM×SE			0.004			0.011
R^2	0.494	0.535	0.534	0.405	0.458	0.457
F	523.425***	308.761***	205.465***	366.055***	227.642***	151.550***

（5）社会风气对印象管理动机作用于自愿减碳素养行为路径有显著正调节效应。由表4-107的模型3可知，社会风气对印象管理动机的F=129.779，P<0.001，社会风气和印象管理动机的交互项作用显著，系数为0.106，表明社会风气对印象管理动机作用于自愿减碳素养行为的路径有正向调节效应。

（6）社会风气对印象管理动机作用于自愿减碳决策行为路径有显

著正调节效应。由表 4-107 的模型 3 可知，社会风气对印象管理动机的 $F=152.134$，$P<0.001$，社会风气和印象管理动机的交互项作用显著，系数为 0.057，表明社会风气对印象管理动机作用于自愿减碳决策行为的路径有正向调节效应。

（7）社会风气对印象管理动机作用于自愿减碳人际行为路径有显著正调节效应。由表 4-107 的模型 3 可知，社会风气对印象管理动机的交互项作用不显著，假设不成立。

（8）社会风气对印象管理动机作用于自愿减碳公民行为路径有显著正调节效应。由表 4-107 的模型 3 可知，社会风气对印象管理动机的交互项作用不显著，假设不成立。

表 4-108　　　　　　社会风气的调节效应检验（3）

	VCBH			VCBD		
	Model 1	Model 2	Model 3	Model 1	Model 2	Model 3
INM	0.480***	0.302***	0.271***	0.487**	0.287***	0.296***
SE		-0.299***	-0.284***		-0.335***	-0.339***
INM×SE			0.069*			-0.020
R^2	0.229	0.285	0.289	0.236	0.307	0.306
F	160.198***	108.083***	73.640***	166.189***	119.538***	79.699***

	VCBP			VCBC		
	Model 1	Model 2	Model 3	Model 1	Model 2	Model 3
INM	0.546***	0.324***	0.328***	0.492***	0.253***	0.290***
SE		-0.374***	-0.376***		-0.402***	-0.420***
INM×SE			-0.010			-0.084**
R^2	0.297	0.386	0.385	0.241	0.344	0.350
F	227.699***	169.694***	112.965***	171.057***	141.474***	97.133***

（9）社会风气对内在规范动机作用于自愿减碳素养行为路径有显著正调节效应。由表 4-108 的模型 3 可知，社会风气对内在规范动机的 $F=73.640$，$P<0.001$，社会风气和内在规范动机的交互项作用显著，系数为 0.069，表明社会风气对内在规范动机作用于自愿减碳素养行为的路径有正向调节效应。

(10) 社会风气对内在规范动机作用于自愿减碳决策行为路径有显著正调节效应。由表4-108的模型3可知，社会风气对内在规范动机的交互项作用不显著，假设不成立。

(11) 社会风气对内在规范动机作用于自愿减碳人际行为路径有显著正调节效应。由表4-108的模型3可知，社会风气对内在规范动机的交互项作用不显著，假设不成立。

(12) 社会表率对内在规范动机作用于自愿减碳公民行为路径有显著正调节效应。由表4-108的模型3可知，社会风气对内在规范动机的$F=97.133$，$P<0.001$，社会风气和内在规范动机的交互项作用显著，系数为-0.084，表明社会风气对内在规范动机作用于自愿减碳公民行为的路径有负向调节效应，假设不成立。

(三) 群体压力的调节效应分析

在单独考虑群体压力变量（GP）的情况下分析该调节变量对动机因素作用于自愿减碳行为（VCB）各维度的路径关系的调节效应，具体分析结果如表4-109、表4-110和表4-111所示。

表4-109 群体压力的调节效应检验（1）

	VCBH			VCBD		
	Model 1	Model 2	Model 3	Model 1	Model 2	Model 3
EM	0.619***	0.513***	0.481***	0.604***	0.479***	0.463***
GP		0.222***	0.199***		0.259***	0.247***
EM×GP			-0.072**			-0.037
R^2	0.383	0.419	0.425	0.363	0.414	0.414
F	333.063***	194.462***	132.911***	306.559***	191.049***	129.768***
	VCBP			VCBC		
	Model 1	Model 2	Model 3	Model 1	Model 2	Model 3
EM	0.563***	0.397***	0.390***	0.515***	0.358***	0.355***
GP		0.343***	0.338***		0.326***	0.324***
EM×GP			-0.017			-0.007
R^2	0.316	0.405	0.405	0.264	0.344	0.343
F	248.124***	183.525***	122.310***	192.994***	141.648***	94.282***

(1) 群体压力对期望—效价动机作用于自愿减碳素养行为路径有显著正调节效应。由表4-109的模型3可知，社会风气对期望—效价动机的F=132.911，P<0.001，群体压力和期望—效价动机的交互项作用显著，系数为-0.072，表明群体压力对期望—效价动机作用于自愿减碳素养行为的路径有负向调节效应，假设不成立。

(2) 群体压力对期望—效价动机作用于自愿减碳决策行为路径有显著正调节效应。由表4-109的模型3可知，群体压力本对期望—效价动机的交互项作用不显著，假设不成立。

(3) 群体压力对期望—效价动机作用于自愿减碳人际行为路径有显著正调节效应。由表4-109的模型3可知，群体压力对期望—效价动机的交互项作用不显著，假设不成立。

(4) 群体压力对期望—效价动机作用于自愿减碳公民行为路径有显著正调节效应。由表4-109的模型3可知，群体压力对期望—效价动机的交互项作用不显著，假设不成立。

表4-110　　　　　　　　群体压力的调节效应检验（2）

	VCBH			VCBD		
	Model 1	Model 2	Model 3	Model 1	Model 2	Model 3
IMM	0.618***	0.520***	0.501***	0.657***	0.561***	0.456***
GP		0.169***	0.155***		0.166**	0.165***
IMM×GP			-0.042			-0.004
R^2	0.380	0.398	0.399	0.431	0.448	0.447
F	329.763***	178.329***	119.670***	406.758***	218.787***	145.594***

	VCBP			VCBC		
	Model 1	Model 2	Model 3	Model 1	Model 2	Model 3
IMM	0.703***	0.591***	0.595***	0.637***	0.524***	0.553***
GP		0.194***	0.197**		0.196***	0.218***
IMM×GP			-0.009			0.063**
R^2	0.494	0.518	0.517	0.405	0.430	0.433
F	523.425***	288.959***	192.352***	366.055***	203.069***	137.620***

第四章　多元动机视角下城市居民自愿减碳行为驱动因素分析 | 221

（5）群体压力对印象管理动机作用于自愿减碳素养行为路径有显著正调节效应。由表 4-110 的模型 3 可知，群体压力对印象管理动机的交互项作用不显著，假设不成立。

（6）群体压力对印象管理动机作用于自愿减碳决策行为路径有显著正调节效应。由表 4-110 的模型 3 可知，群体压力对印象管理动机的交互项作用不显著，假设不成立。

（7）群体压力对印象管理动机作用于自愿减碳人际行为路径有显著正调节效应。由表 4-110 的模型 3 可知，群体压力对印象管理动机的交互项作用不显著，假设不成立。

（8）群体压力对印象管理动机作用于自愿减碳公民行为路径有显著正调节效应。由表 4-110 的模型 3 可知，群体压力对印象管理动机的 $F=137.620$，$P<0.001$，群体压力和印象管理动机的交互项作用显著，系数为 0.063，表明群体压力对印象管理动机作用于自愿减碳素养行为的路径有正向调节效应。

表 4-111　　群体压力的调节效应检验（3）

	VCBH			VCBD		
	Model 1	Model 2	Model 3	Model 1	Model 2	Model 3
INM	0.480***	0.315***	0.299***	0.487***	0.307***	0.315***
GP		0.289***	0.270***		0.314**	0.323***
INM×GP			−0.046			0.022
R^2	0.229	0.284	0.285	0.236	0.301	0.300
F	160.198***	107.153***	72.128***	166.189***	116.194***	77.517***

	VCBP			VCBC		
	Model 1	Model 2	Model 3	Model 1	Model 2	Model 3
INM	0.546***	0.357***	0.365***	0.492***	0.308***	0.340***
GP		0.330**	0.339**		0.322***	0.360***
INM×GP			0.022			0.095***
R^2	0.297	0.370	0.369	0.241	0.309	0.318
F	227.699***	158.124***	105.469***	171.057***	121.106***	84.357***

（9）群体压力对内在规范动机作用于自愿减碳素养行为路径有显著正调节效应。由表4-111的模型3可知，群体压力对内在规范动机的交互项作用不显著，假设不成立。

（10）群体压力对内在规范动机作用于自愿减碳决策行为路径有显著正调节效应。由表4-111的模型3可知，群体压力对内在规范动机的交互项作用不显著，假设不成立。

（11）群体压力对内在规范动机作用于自愿减碳人际行为路径有显著正调节效应。由表4-111的模型3可知，群体压力对内在规范动机的交互项作用不显著，假设不成立。

（12）群体压力对内在规范动机作用于自愿减碳公民行为路径有显著正调节效应。由表4-111的模型3可知，群体压力对内在规范动机的$F=84.357$，$P<0.001$，群体压力和内在规范动机的交互项作用显著，系数为0.095，表明群体压力对内在规范动机作用于自愿减碳素养行为的路径有正向调节效应。

三　技术制度情境的调节效应分析

（一）基础设施完备性的调节效应分析

在单独考虑基础设施完备性变量（CPI）下分析该调节变量对动机因素作用于自愿减碳行为（VCB）各维度路径关系的调节效应，分析结果如表4-112、表4-113和表4-114所示。

表4-112　　基础设施完备性的调节效应检验（1）

	VCBH			VCBD		
	Model 1	Model 2	Model 3	Model 1	Model 2	Model 3
EM	0.619***	0.440***	0.321***	0.604***	0.366***	0.312***
CPI		0.358***	0.368***		0.479***	0.479***
EM×CPI			−0.193***			−0.087***
R^2	0.364	0.469	0.469	0.363	0.531	0.537
F	306.559***	237.879***	158.785***	306.559***	304.678***	208.558***

第四章 多元动机视角下城市居民自愿减碳行为驱动因素分析 | 223

续表

	VCBP			VCBC		
	Model 1	Model 2	Model 3	Model 1	Model 2	Model 3
EM	0.563***	0.303***	0.219***	0.515***	0.234***	0.235***
CPI		0.519***	0.520***		0.561***	0.560***
EM×CPI			−0.020			0.002
R^2	0.316	0.516	0.516	0.264	0.499	0.498
F	248.124***	287.116***	191.332***	192.994***	267.417***	177.947***

（1）基础设施完备性对期望—效价动机作用于自愿减碳素养行为路径有显著正调节效应。由表4-112的模型3可知，基础设施完备性对期望—效价动机的F=158.785，P<0.001，基础设施完备性和期望—效价动机的交互项作用显著，系数为-0.193，表明基础设施完备性对期望—效价动机作用于自愿减碳素养行为的路径有负向调节效应，假设不成立。

（2）基础设施完备性对期望—效价动机作用于自愿减碳决策行为路径有显著正调节效应。由表4-112的模型3可知，基础设施完备性对期望—效价动机的F=208.558，P<0.001，基础设施完备性和期望—效价动机的交互项作用显著，系数为-0.087，表明基础设施完备性对期望—效价动机作用于自愿减碳决策行为的路径有负向调节效应，假设不成立。

（3）基础设施完备性对期望—效价动机作用于自愿减碳人际行为路径有显著正调节效应。由表4-112的模型3可知，基础设施完备性本对期望—效价动机的交互项作用不显著，假设不成立。

（4）基础设施完备性对期望—效价动机作用于自愿减碳公民行为路径有显著正调节效应。由表4-112的模型3可知，基础设施完备性本对期望—效价动机的交互项作用不显著，假设不成立。

表 4-113　　基础设施完备性的调节效应检验 (2)

	VCBH			VCBD		
	Model 1	Model 2	Model 3	Model 1	Model 2	Model 3
IMM	0.618***	0.423***	0.378***	0.657***	0.410***	0.411***
CPI		0.325***	0.327***		0.412***	0.412***
IMM×CPI			-0.067**			0.001
R^2	0.380	0.447	0.449	0.431	0.539	0.538
F	329.763***	217.440***	146.835***	406.758***	314.242***	209.103***

	VCBP			VCBC		
	Model 1	Model 2	Model 3	Model 1	Model 2	Model 3
IMM	0.703***	0.470***	0.476***	0.637***	0.361***	0.378***
CPI		0.388***	0.388***		0.462***	0.461***
IMM×CPI			0.008			0.025
R^2	0.494	0.590	0.591	0.405	0.541	0.541
F	523.425***	386.052***	256.941***	366.055***	316.908***	211.310***

（5）基础设施完备性对印象管理动机作用于自愿减碳素养行为路径有显著正调节效应。由表 4-113 的模型 3 可知，基础设施完备性对印象管理动机的 F=146.835，P<0.001，基础设施完备性和印象管理动机的交互项作用显著，系数为-0.067，表明基础设施完备性对印象管理动机作用于自愿减碳素养行为的路径有负向调节效应，假设不成立。

（6）基础设施完备性对印象管理动机作用于自愿减碳决策行为路径有显著正调节效应。由表 4-113 的模型 3 可知，基础设施完备性对印象管理动机的交互项作用不显著，假设不成立。

（7）基础设施完备性对印象管理动机作用于自愿减碳人际行为路径有显著正调节效应。由表 4-113 的模型 3 可知，基础设施完备性对印象管理动机的交互项作用不显著，假设不成立。

（8）基础设施完备性对印象管理动机作用于自愿减碳公民行为路径有显著正调节效应。由表 4-113 的模型 3 可知，基础设施完备性对印象管理动机的交互项作用不显著，假设不成立。

表 4-114　　　　　基础设施完备性的调节效应检验（3）

	VCBH			VCBD		
	Model 1	Model 2	Model 3	Model 1	Model 2	Model 3
INM	0.480***	0.255***	0.213***	0.487***	0.211***	0.194***
CPI		0.451***	0.429***		0.553***	0.544***
INM×CPI			-0.164***			-0.065**
R^2	0.229	0.381	0.405	0.236	0.464	0.467
F	160.198***	165.803***	122.493***	166.189***	233.257***	157.651***
	VCBP			VCBC		
	Model 1	Model 2	Model 3	Model 1	Model 2	Model 3
INM	0.546***	0.282***	0.258***	0.492***	0.205***	0.195***
CPI		0.530***	0.517***		0.576***	0.570***
INM×CPI			-0.092***			-0.039
R^2	0.297	0.507	0.514	0.241	0.489	0.489
F	227.699***	276.926***	190.171***	171.057***	257.504***	172.304***

（9）基础设施完备性对内在规范动机作用于自愿减碳素养行为路径有显著正调节效应。由表 4-114 的模型 3 可知，基础设施完备性对内在规范动机的 F=122.493，P<0.001，基础设施完备性和内在规范动机的交互项作用显著，系数为-0.164，表明基础设施完备性对内在规范动机作用于自愿减碳素养行为的路径有负向调节效应，假设不成立。

（10）基础设施完备性对内在规范动机作用于自愿减碳决策行为路径有显著正调节效应。由表 4-114 的模型 3 可知，基础设施完备性对内在规范动机的 F=157.651，P<0.001，基础设施完备性和内在规范动机的交互项作用显著，系数为-0.065，表明基础设施完备性对内在规范动机作用于自愿减碳决策行为的路径有负向调节效应，假设不成立。

（11）基础设施完备性对内在规范动机作用于自愿减碳人际行为路径有显著正调节效应。由表 4-114 的模型 3 可知，基础设施完备性对内在规范动机的 F=190.171，P<0.001，基础设施完备性和内在规范动机的交互项作用显著，系数为-0.092，表明基础设施完备性对内在规范动机作用于自愿减碳人际行为的路径有负向调节效应，假设不成立。

（12）基础设施完备性对内在规范动机作用于自愿减碳公民行为路径有显著正调节效应。由表4-114的模型3可知，基础设施完备性对内在规范动机的交互项作用不显著，假设不成立。

（二）节能产品属性的调节效应分析

在单独考虑节能产品属性变量（EPA）的情况下分析该调节变量对动机因素作用于自愿减碳行为（VCB）各维度的路径关系的调节效应，具体分析结果如表4-115、表4-116和表4-117所示。

表4-115　　　　　　节能产品属性的调节效应检验（1）

	VCBH			VCBD		
	Model 1	Model 2	Model 3	Model 1	Model 2	Model 3
EM	0.619***	298***	0.247***	0.604***	0.234***	0.229***
EPA		0.477**	0.427***		0.547***	0.542***
EM×EPA			−0.102***			−0.011
R^2	0.383	0.506	0.516	0.363	0.526	0.525
F	333.063***	275.233***	191.667***	306.559***	297.980***	198.394***

	VCBP			VCBC		
	Model 1	Model 2	Model 3	Model 1	Model 2	Model 3
EM	0.563***	0.164***	0.166***	0.515***	0.124***	0.134***
EPA		0.591***	0.592***		0.580***	0.590***
EM×EPA			0.003			0.021
R^2	0.316	0.505	0.504	0.264	0.446	0.446
F	248.124***	274.414***	182.606***	192.994***	216.839***	144.573***

（1）节能产品属性对期望—效价动机作用于自愿减碳素养行为路径有显著正调节效应。由表4-115的模型3可知，节能产品属性对期望—效价动机的F=191.667，P<0.001，节能产品属性和期望—效价动机的交互项作用显著，系数为−0.102，表明节能产品属性对期望—效价动机作用于自愿减碳素养行为的路径有负向调节效应，假设不成立。

（2）节能产品属性对期望—效价动机作用于自愿减碳决策行为路径有显著正调节效应。由表4-115的模型3可知，节能产品属性对期望—效价动机的交互项作用不显著，假设不成立。

（3）节能产品属性对期望—效价动机作用于自愿减碳人际行为路径有显著正调节效应。由表4-115的模型3可知，节能产品属性对期望—效价动机的交互项作用不显著，假设不成立。

（4）节能产品属性对期望—效价动机作用于自愿减碳公民行为路径有显著正调节效应。由表4-115的模型3可知，节能产品属性对期望—效价动机的交互项作用不显著，假设不成立。

表4-116　　　　　节能产品属性的调节效应检验（2）

	VCBH			VCBD		
	Model 1	Model 2	Model 3	Model 1	Model 2	Model 3
IMM	0.618***	246***	0.214***	0.657***	0.290***	0.295***
EPA		0.492**	0.468***		0.486***	0.490***
IMM×EPA			−0.054*			0.008
R^2	0.380	0.484	0.486	0.431	0.532	0.531
F	329.763***	251.962***	169.678***	406.758***	305.721***	203.488***

	VCBP			VCBC		
	Model 1	Model 2	Model 3	Model 1	Model 2	Model 3
IMM	0.703***	0.404***	0.431***	0.637***	0.318***	0.353***
EPA		0.397***	0.417***		0.423***	0.449***
IMM×EPA			0.046			0.059*
R^2	0.494	0.561	0.562	0.405	0.481	0.484
F	523.425***	343.102***	230.321***	366.055***	249.843***	168.628***

（5）节能产品属性对印象管理动机作用于自愿减碳素养行为路径有显著正调节效应。由表4-116的模型3可知，节能产品属性对印象管理动机的F=169.678，P<0.001，节能产品属性和印象管理动机的交互项作用显著，系数为−0.054，表明节能产品属性对印象管理动机作用于自愿减碳素养行为的路径有负向调节效应，假设不成立。

（6）节能产品属性对印象管理动机作用于自愿减碳决策行为路径有显著正调节效应。由表4-116的模型3可知，节能产品属性对印象管理动机的交互项作用不显著,假设不成立。

(7)节能产品属性对印象管理动机作用于自愿减碳人际行为路径有显著正调节效应。由表4-116的模型3可知,节能产品属性对印象管理动机的交互项作用不显著,假设不成立。

(8)节能产品属性对印象管理动机作用于自愿减碳公民行为路径有显著正调节效应。由表4-116的模型3可知,节能产品属性对印象管理动机的F=168.628,P<0.001,节能产品属性和印象管理动机的交互项作用显著,系数为0.059,表明节能产品属性对印象管理动机作用于自愿减碳公民行为的路径有正向调节效应。

表4-117　　　　节能产品属性的调节效应检验(3)

	VCBH			VCBD		
	Model 1	Model 2	Model 3	Model 1	Model 2	Model 3
INM	0.480***	0.155***	0.144***	0.487***	0.143***	0.144***
EPA		0.593***	0.544***		0.627***	0.628***
INM×EPA			-0.070**			0.001
R^2	0.230	0.476	0.481	0.236	0.510	0.509
F	160.198***	242.762***	164.849***	166.189***	280.034***	91.462***

	VCBP			VCBC		
	Model 1	Model 2	Model 3	Model 1	Model 2	Model 3
INM	0.546***	0.232***	0.230***	0.492***	0.184***	0.194***
EPA		0.575***	0.569***		0.562***	0.605***
INM×EPA			-0.008			0.060*
R^2	0.297	0.528	0.530	0.242	0.464	0.467
F	227.699***	300.653***	200.110***	171.057***	230.713***	155.895***

(9)节能产品属性对内在规范动机作用于自愿减碳素养行为路径有显著正调节效应。由表4-117的模型3可知,节能产品属性对内在规范动机的F=164.849,P<0.001,节能产品属性和内在规范动机的交互项作用显著,系数为-0.070,表明节能产品属性对内在规范动机作用于自愿减碳素养行为的路径有负向调节效应,假设不成立。

第四章　多元动机视角下城市居民自愿减碳行为驱动因素分析 | 229

（10）节能产品属性对内在规范动机作用于自愿减碳决策行为路径有显著正调节效应。由表4-117的模型3可知，节能产品属性对内在规范动机的交互项作用不显著，假设不成立。

（11）节能产品属性对内在规范动机作用于自愿减碳人际行为路径有显著正调节效应。由表4-117的模型3可知，节能产品属性对内在规范动机的交互项作用不显著，假设不成立。

（12）节能产品属性对内在规范动机作用于自愿减碳公民行为路径有显著正调节效应。由表4-117的模型3可知，节能产品属性对内在规范动机的F=155.895，P<0.001，节能产品属性和内在规范动机的交互项作用显著，系数为0.060，表明节能产品属性对内在规范动机作用于自愿减碳人际行为的路径有正向调节效应。假设成立。

（三）节能产品易获得性的调节效应分析

在单独考虑节能产品易获得性变量（FAEP）的情况下分析该调节变量对动机因素作用于自愿减碳行为（VCB）各维度的路径关系的调节效应。具体分析结果如表4-118、表4-119和表4-120所示。

表4-118　　　节能产品易获得性的调节效应检验（1）

	VCBH			VCBD		
	Model 1	Model 2	Model 3	Model 1	Model 2	Model 3
EM	0.619***	0.395***	0.328***	0.604***	0.360***	0.335***
FAEP		0.407**	0.377***		0.442***	0.430***
EM×FAEP			-0.125***			-0.046
R^2	0.383	0.497	0.514	0.363	0.498	0.500
F	333.063***	265.976***	189.974***	306.559***	266.977***	179.348***

	VCBP			VCBC		
	Model 1	Model 2	Model 3	Model 1	Model 2	Model 3
EM	0.563***	0.248***	0.248***	0.515***	0.199***	0.02***
FAEP		0.571***	0.571***		0.572***	0.574***
EM×FAEP			0.001			0.006
R^2	0.316	0.542	0.541	0.264	0.491	0.490
F	248.124***	318.286***	211.794***	192.994***	259.609***	172.774***

(1) 节能产品易获得性对期望—效价动机作用于自愿减碳素养行为路径有显著正调节效应。由表4-118的模型3可知,节能产品易获得性对期望—效价动机的 F=189.974,P<0.001,节能产品易获得性和期望—效价动机的交互项作用显著,系数为-0.125,表明节能产品易获得性对期望—效价动机作用于自愿减碳素养行为的路径有负向调节效应,假设不成立。

(2) 节能产品易获得性对期望—效价动机作用于自愿减碳决策行为路径有显著正调节效应。由表4-118的模型3可知,节能产品易获得性对期望—效价动机的交互项作用不显著,假设不成立。

(3) 节能产品易获得性对期望—效价动机作用于自愿减碳人际行为路径有显著正调节效应。由表4-118的模型3可知,节能产品易获得性对期望—效价动机的交互项作用不显著,假设不成立。

(4) 节能产品易获得性对期望—效价动机作用于自愿减碳公民行为路径有显著正调节效应。由表4-118的模型3可知,节能产品易获得性对期望—效价动机的交互项作用不显著,假设不成立。

表 4-119　　节能产品易获得性的调节效应检验 (2)

	VCBH			VCBD		
	Model 1	Model 2	Model 3	Model 1	Model 2	Model 3
IMM	0.618***	0.363***	0.305***	0.657***	0.416***	0.397***
FAEP		0.386***	0.372***		0.366***	0.362***
IMM×FAEP			-0.084*			-0.028
R^2	0.380	0.463	0.469	0.431	0.506	0.506
F	329.763***	232.707***	158.781***	406.758***	275.3217***	183.733***

	VCBP			VCBC		
	Model 1	Model 2	Model 3	Model 1	Model 2	Model 3
IMM	0.703***	0.418***	0.423***	0.637***	0.332***	0.337***
FAEP		0.432***	0.433***		0.463***	0.465***
IMM×FAEP			0.007			0.007
R^2	0.494	0.599	0.598	0.405	0.526	0.525
F	523.425***	400.609***	266.622***	366.055***	298.268***	198.510***

（5）节能产品易获得性对印象管理动机作用于自愿减碳素养行为路径有显著正调节效应。由表4-119的模型3可知，节能产品易获得性对印象管理动机的F=158.781，P<0.001，节能产品易获得性和印象管理动机的交互项作用显著，系数为-0.084，表明节能产品易获得性对印象管理动机作用于自愿减碳素养行为的路径有负向调节效应，假设不成立。

（6）节能产品易获得性对印象管理动机作用于自愿减碳决策行为路径有显著正调节效应。由表4-119的模型3可知，节能产品易获得性对印象管理动机的交互项作用不显著，假设不成立。

（7）节能产品易获得性对印象管理动机作用于自愿减碳人际行为路径有显著正调节效应。由表4-119的模型3可知，节能产品易获得性对印象管理动机的交互项作用不显著，假设不成立。

（8）节能产品易获得性对印象管理动机作用于自愿减碳公民行为路径有显著正调节效应。由表4-119的模型3可知，节能产品易获得性对印象管理动机的交互项作用不显著，假设不成立。

表4-120　节能产品易获得性的调节效应检验（3）

	VCBH			VCBD		
	Model 1	Model 2	Model 3	Model 1	Model 2	Model 3
INM	0.480***	0.208***	0.177***	0.487***	0.206***	0.195***
FAEP		0.515***	0.465***		0.531***	0.514***
INM×FAEP			-0.122***			-0.043
R^2	0.229	0.420	0.438	0.236	0.439	0.439
F	160.198***	194.829***	138.481***	166.189***	210.295***	141.072***
	VCBP			VCBC		
	Model 1	Model 2	Model 3	Model 1	Model 2	Model 3
INM	0.546***	0.239***	0.233***	0.492***	0.183***	0.189***
FAEP		0.582***	0.571***		0.586***	0.596***
INM×FAEP			-0.026			0.025
R^2	0.297	0.541	0.541	0.242	0.490	0.490
F	227.699***	316.497***	211.208***	171.057***	256.070***	170.861***

(9) 节能产品易获得性对内在规范动机作用于自愿减碳素养行为路径有显著正调节效应。由表 4-120 的模型 3 可知，节能产品易获得性对内在规范动机的 F=138.481，P<0.001，节能产品易获得性和内在规范动机的交互项作用显著，系数为-0.122，表明节能产品易获得性对内在规范动机作用于自愿减碳素养行为的路径有负向调节效应，假设不成立。

(10) 节能产品易获得性对内在规范动机作用于自愿减碳决策行为路径有显著正调节效应。由表 4-120 的模型 3 可知，节能产品易获得性对内在规范动机的交互项作用不显著，假设不成立。

(11) 节能产品易获得性对内在规范动机作用于自愿减碳人际行为路径有显著正调节效应。由表 4-120 的模型 3 可知，节能产品易获得性对内在规范动机的交互项作用不显著，假设不成立。

(12) 节能产品易获得性对内在规范动机作用于自愿减碳公民行为路径有显著正调节效应。由表 4-120 的模型 3 可知，节能产品易获得性对内在规范动机的交互项作用不显著，假设不成立。

（四）政策执行效度的调节效应分析

在单独考虑政策执行效度变量（IP）的情况下分析该调节变量对动机因素作用于自愿减碳行为（VCB）各维度的路径关系的调节效应。具体分析结果如表 4-121、表 4-122 表 4-123 所示。

表 4-121　　　　　政策执行效度的调节效应检验（1）

	VCBH			VCBD		
	Model 1	Model 2	Model 3	Model 1	Model 2	Model 3
EM	0.619***	0.589***	0.553***	0.604***	0.517***	0.551***
IP		-0.105**	-0.127***		-0.114***	-0.126***
EM×IP			0.097**			0.053
R^2	0.383	0.391	0.398	0.363	0.374	0.375
F	333.063***	173.412***	71.696***	306.559***	161.009***	108.145***

续表

	VCBP			VCBC		
	Model 1	Model 2	Model 3	Model 1	Model 2	Model 3
EM	0.563***	0.514***	0.505***	0.515***	0.469***	0.450***
IP		-0.171***	-0.176***		-0.159***	-0.171***
EM×IP			0.023			0.052
R^2	0.316	0.341	0.340	0.264	0.285	0.286
F	248.124***	139.770***	93.173***	192.994***	108.070***	72.677***

（1）政策执行效度对期望—效价动机作用于自愿减碳素养行为路径的有显著正调节效应。由表4-121的模型3可知，政策执行效度对期望—效价动机的F=71.696，P<0.001，政策执行效度和期望—效价动机的交互项作用显著，系数为0.097，表明政策执行效度对期望—效价动机作用于自愿减碳素养行为的路径有正向调节效应。

（2）政策执行效度对期望—效价动机作用于自愿减碳决策行为路径有显著正调节效应。由表4-121的模型3可知，政策执行效度对期望—效价动机的交互项作用不显著，假设不成立。

（3）政策执行效度对期望—效价动机作用于自愿减碳人际行为路径有显著正调节效应。由表4-121的模型3可知，政策执行效度对期望—效价动机的交互项作用不显著，假设不成立。

（4）政策执行效度对期望—效价动机作用于自愿减碳公民行为路径有显著正调节效应。由表4-121的模型3可知，政策执行效度对期望—效价动机的交互项作用不显著，假设不成立。

表4-122　　　　政策执行效度的调节效应检验（2）

	VCBH			VCBD		
	Model 1	Model 2	Model 3	Model 1	Model 2	Model 3
IMM	0.618***	0.591***	0.572***	0.657***	0.634***	0.615***

续表

	VCBH			VCBD		
	Model 1	Model 2	Model 3	Model 1	Model 2	Model 3
IP		-0.081***	-0.093***		-0.070***	-0.082***
IMM×IP			0.043			0.042
R^2	0.380	0.385	0.385	0.431	0.434	0.435
F	329.763***	168.657***	112.965***	406.758***	206.675***	138.362***

	VCBP			VCBC		
	Model 1	Model 2	Model 3	Model 1	Model 2	Model 3
IMM	0.703***	0.671***	0.674***	0.637***	0.606***	0.604***
IP		-0.099***	-0.096***		-0.095***	-0.096***
IMM×IP			-0.008			0.005
R^2	0.494	0.501	0.500	0.405	0.412	0.411
F	523.425***	270.456***	180.005***	366.055***	188.822***	125.656***

（5）政策执行效度对印象管理动机作用于自愿减碳素养行为路径有显著正调节效应。由表4-122的模型3可知，政策执行效度对印象管理动机的交互项作用不显著，假设不成立。

（6）政策执行效度对印象管理动机作用于自愿减碳决策行为路径有显著正调节效应。由表4-122的模型3可知，政策执行效度对印象管理动机的交互项作用不显著，假设不成立。

（7）政策执行效度对印象管理动机作用于自愿减碳人际行为路径有显著正调节效应。由表4-122的模型3可知，政策执行效度对印象管理动机的交互项作用不显著，假设不成立。

（8）政策执行效度对印象管理动机作用于自愿减碳公民行为路径有显著正调节效应。由表4-122的模型3可知，政策执行效度对印象管理动机的交互项作用不显著，假设不成立。

表 4-123　　　　　　政策执行效度的调节效应检验（3）

	VCBH			VCBD		
	Model 1	Model 2	Model 3	Model 1	Model 2	Model 3
INM	0.480***	0.439***	0.454***	0.487***	0.445***	0.473***
IP		-0.107***	-0.097***		-0.108***	-0.091***
INM×IP			-0.038			-0.071*
R^2	0.229	0.237	0.237	0.236	0.244	0.247
F	160.198***	84.409***	56.508***	166.189***	87.602***	59.521***

	VCBP			VCBC		
	Model 1	Model 2	Model 3	Model 1	Model 2	Model 3
INM	0.546***	0.497***	0.525***	0.492***	0.445***	0.485***
IP		-0.129***	-0.111***		-0.124***	-0.098***
INM×IP			-0.071*			-0.103**
R^2	0.297	0.310	0.313	0.241	0.253	0.259
F	227.699***	121.514***	82.330***	171.057***	91.561***	63.590***

（9）政策执行效度对内在规范动机作用于自愿减碳素养行为路径有显著正调节效应。由表 4-123 的模型 3 可知，政策执行效度对内在规范动机的交互项作用不显著，表明政策执行效度对内在规范动机作用于自愿减碳素养行为的路径没有显著正调节效应。

（10）政策执行效度对内在规范动机作用于自愿减碳决策行为路径有显著正调节效应。由表 4-123 的模型 3 可知，政策执行效度对内在规范动机的 F=59.521，P<0.001，政策执行效度和内在规范动机的交互项作用显著，系数为-0.071，表明政策执行效度对内在规范动机作用于自愿减碳决策行为的路径有负向调节效应，假设不成立。

（11）政策执行效度对内在规范动机作用于自愿减碳人际行为路径有显著正调节效应。由表 4-123 的模型 3 可知，政策执行效度对内在规范动机的 F=82.330，P<0.001，政策执行效度和内在规范动机的交互项作用显著，系数为-0.071，表明政策执行效度对内在规范动机作用于自愿减碳人际行为的路径有负向调节效应，假设不成立。

（12）政策执行效度对内在规范动机作用于自愿减碳公民行为路径

有显著正调节效应。由表 4-123 的模型 3 可知，政策执行效度对内在规范动机的 $F=63.590$，$P<0.001$，政策执行效度和内在规范动机的交互项作用显著，系数为 -0.103，表明政策执行效度对内在规范动机作用于自愿减碳公民行为的路径有负向调节效应，假设不成立。

四 情境因素调节效应相关假设检验

（一）选择成本偏好的调节效应相关假设检验

H5-2ac：习惯转化成本对内在规范动机作用于自愿减碳素养行为的路径有显著正调节效应。基于实证检验可以发现，习惯转化成本对内在规范动机作用于自愿减碳素养行为路径有正向调节效应，系数为 0.073（$P<0.001$），假设 H5-2ac 成立。

H5-2bc：习惯转化成本对内在规范动机作用于自愿减碳决策行为的路径有显著正调节效应。基于实证检验可以发现，习惯转化成本对内在规范动机作用于自愿减碳决策行为路径有正向调节效应，系数为 0.110（$P<0.001$），假设 H5-2bc 成立。

H5-2cc：习惯转化成本对内在规范动机作用于自愿减碳人际行为的路径有显著正调节效应。基于实证检验可以发现，习惯转化成本对内在规范动机作用于自愿减碳人际行为路径有正向调节效应，系数为 0.037（$P<0.001$），假设 H5-2cc 成立。

H5-2dc：习惯转化成本对内在规范动机作用于自愿减碳公民行为的路径有显著正调节效应。基于实证检验可以发现，习惯转化成本对内在规范动机作用于自愿减碳公民行为路径有正向调节效应，系数为 0.066（$P<0.001$），假设 H5-2dc 成立。

（二）社会参照规范的调节效应相关假设检验

H6-1cb：社会表率对印象管理动机作用于自愿减碳人际行为的路径有显著正调节效应。基于实证检验可以发现，社会表率对印象管理动机作用于自愿减碳人际行为的路径有显著的正向调节效应，系数为 0.043（$P<0.001$），假设 H6-1cb 成立。

H6-1dc：社会表率对内在规范动机作用于自愿减碳公民行为的路径有显著正调节效应。基于实证检验可以发现，社会表率对内在规范动机作用于自愿减碳公民行为的路径有显著的正向调节效应，系数为

0.055（P<0.001），假设 H6-1dc 成立。

　　H6-2aa：社会风气对期望—效价动机作用于自愿减碳素养行为的路径有显著正调节效应。基于实证检验可以发现，社会风气对期望—效价动机作用于自愿减碳素养行为的路径有显著的正向调节效应，系数为 0.148（P<0.001），假设 H6-2aa 成立。

　　H6-2ab：社会风气对印象管理动机作用于自愿减碳素养行为的路径有显著正调节效应。基于实证检验可以发现，社会风气对印象管理动机作用于自愿减碳素养行为的路径有显著的正向调节效应，系数为 0.106（P<0.001），假设 H6-2ab 成立。

　　H6-2ac：社会风气对内在规范动机作用于自愿减碳素养行为的路径有显著正调节效应。基于实证检验可以发现，社会风气对内在规范动机作用于自愿减碳素养行为的路径有显著的正向调节效应，系数为 0.069（P<0.001），假设 H6-2ac 成立。

　　H6-2ba：社会风气对期望—效价动机作用于自愿减碳决策行为的路径有显著正调节效应。基于实证检验可以发现，社会风气对期望—效价动机作用于自愿减碳决策行为的路径有显著的正向调节效应，系数为 0.071（P<0.001），假设 H6-2ba 成立。

　　H6-2bb：社会风气对印象管理动机作用于自愿减碳决策行为的路径有显著正调节效应。基于实证检验可以发现，社会风气对印象管理动机作用于自愿减碳决策行为的路径有显著的正向调节效应，系数为 0.057（P<0.001），假设 H6-2bb 成立。

　　H6-3db：群体压力对印象管理动机作用于自愿减碳公民行为的路径有显著正调节效应。基于实证检验可以发现，群体压力对印象管理动机作用于自愿减碳公民行为的路径有显著的正向调节效应，系数为 0.063（P<0.001），假设 H6-3db 成立。

　　H6-3dc：群体压力对内在规范动机作用于自愿减碳公民行为的路径有显著正调节效应。基于实证检验可以发现，群体压力对内在规范动机作用于自愿减碳公民行为的路径有显著的正向调节效应，系数为 0.095（P<0.001），假设 H6-3dc 成立。

(三) 技术制度情境的调节效应相关假设检验

H7-2db：节能产品属性对印象管理动机作用于自愿减碳公民行为的路径有显著正调节效应。基于实证检验可以发现，节能产品属性对印象管理动机作用于自愿减碳公民行为的路径有显著的正向调节效应，系数为0.059（P<0.001），假设H7-2db成立。

H7-2dc：节能产品属性对内在规范动机作用于自愿减碳公民行为的路径有显著正调节效应。基于实证检验可以发现，节能产品属性对内在规范动机作用于自愿减碳公民行为的路径有显著的正向调节效应，系数为0.060（P<0.001），假设H7-2dc成立。

H7-4aa：政策执行效度对期望—效价动机作用于自愿减碳素养行为的路径有显著正调节效应。基于实证检验可以发现，政策执行效度对期望—效价动机作用于自愿减碳素养行为的路径有显著的正向调节效应，系数为0.097（P<0.001），假设H7-4aa成立。

第五章　研究结论与建议

第一节　主要研究结论

一　自愿减碳行为现状特征

自愿减碳行为总体均值为3.718，处于偏上水平，劣性值检出率达到21.8%，表明整体上仅有约20%的被调查者较少实施自愿减碳行为。在自愿减碳行为各个维度方面，自愿减碳素养行为的均值最高，其次是自愿减碳决策行为。该结果向我们传递了一种信息，居民通常偏向于基于自身的习惯来实施具体的行为。其次，居民也偏向通过自身的决策来进行行为的选择，这表明绝大多数都是"理性人"。均值较低的自愿减碳人际行为和自愿减碳公民行为的劣性值比例分别为21.0%和21.8%，超过20%。可见，自愿减碳人际行为和自愿减碳公民行为是阻碍自愿减碳行为发生的关键。

二　自愿减碳行为在社会人口统计学变量上的差异性特征

自愿减碳行为在年龄、受教育程度、个人月收入、住宅面积上存在显著性差异。进一步分析自愿减碳行为各维度的在社会人口学变量上的差异性可知：①自愿减碳素养行为在年龄、受教育程度、家庭结构上存在显著性差异，其中自愿减碳素养行为得分较低的主要统计特征表现为家庭有老人及儿童同住。②自愿减碳决策行为在受教育程度上存在显著性差异，其中自愿减碳决策行为得分较低的主要统计特征表现为硕士及以上学历人群。③自愿减碳人际行为在年龄、受教育程度、政治面貌、个人月收入、住宅面积、职务层级上存在显著性差异。④自愿减碳公民行为在年龄、受教育程度、政治面貌、个人月收入、住宅面积、家庭小汽车拥有量上存在显著性差异。

三 部分情感因素通过动机作用于自愿减碳行为

从自愿减碳各维度进行分析，结论如下：①从自愿减碳素养行为来看，环保公平感完全通过期望—效价动机作用于自愿减碳素养行为。②从自愿减碳决策行为来看，自然共情完全通过期望—效价、印象管理动机作用于自愿减碳决策行为。③从自愿减碳人际行为来看，行为共情完全通过期望—效价动机作用于自愿减碳人际行为；自然共情完全通过印象管理动机作用于自愿减碳人际行为；行为共情和环保公平感完全通过内在规范动机作用于自愿减碳人际行为。④从自愿减碳公民行为来看，代际共情和环保公平感完全通过印象管理动机作用于自愿减碳公民行为；行为共情、代际共情和环保公平感完全通过内在规范动机作用于自愿减碳公民行为。

四 情境因素对动机作用于自愿减碳行为路径有部分调节效应

习惯转化成本、社会表率、社会风气、群体压力、节能产品属性和政策执行效度对动机作用于自愿减碳行为路径呈现正向调节作用。分别从各情境因素来看：①习惯转化成本对内在规范动机作用于自愿减碳行为路径有显著正调节作用。②社会表率对印象管理动机作用于自愿减碳人际行为的路径有显著正调节效应；社会表率对内在规范动机作用于自愿减碳公民行为的路径有显著正调节效应。③社会风气对多元动机作用于自愿减碳素养行为存在正调节作用；社会风气对期望—效价动机、印象管理动机作用于自愿减碳决策行为路径有显著正调节效应。④群体压力对印象管理、内在规范动机作用自愿减碳公民行为路径有显著正调节作用。⑤节能产品属性对印象管理、内在规范动机作用与自愿减碳公民行为路径有显著正调节效应。⑥政策执行效度对期望—效价动机作用于自愿减碳素养行为的路径有显著正调节效应。

第二节 对策建议

基于上述研究结论，提出以下促进居民自愿减碳行为实施的对策。

一 自愿减碳行为自身建设和提升策略

为了提升居民自愿减碳行为，应从政府、社区和个人三个层面进行考虑以促进自愿减碳行为的形成。

从政府层面来看，除了传统的政府政策，也可以采取一些柔性策略助推公众的自愿减碳行为的产生，如选派一些具有影响力的政府官员作为"低碳形象大使"，增进居民低碳意识进而引导居民实施自愿减碳行为。

从社区层面来看，可以通过公布社区家庭的平均用电量、煤气使用量等措施激励社区成员减少能源使用的行为。

从个体层面来看，可以激发个体"社会人"的本质，倡导共享经济，推动个体由"为己利他"向"真正的环保主义者"转变。

二 强化个体情感层面自愿减碳行为—环境一体化建设策略

除代际共情外，其他情感维度对于自愿减碳行为的各维度大部分都呈现出正向的调节作用，因此提出以下"以情促行"的策略。①适度激发行为共情。一方面，可以采用实践、体验和参与等方式（例如举办"拍摄身边减碳行为画面"的摄影展、建立个人绿色消费档案）激发居民对减碳行为的自豪感。另一方面，采用适当的公益广告、新闻报道、宣传教育等信息传播方式激发居民对他人减碳行为的赞赏感。②大力培养自然共情。一方面让居民充分认识到美好环境是社会可持续发展的前提，激发居民内心深处的生态环境热爱感；另一方面提升居民环境审美能力，触动居民内心深处对环境的热爱。③有效地提升环保公平感。可以采用适当的公益纪录片、主题活动等多种信息方式传播政府、企业的环保贡献，唤醒居民的内疚感，从而激发内心的公平感。

三 以动机为导向的自愿减碳行为强化策略

自愿减碳行为对于动机具有正向影响，而动机对于自愿减碳行为也具有正向影响，因此自愿减碳行为结果的积极、高效强化能进一步增强和巩固居民的自愿减碳行为。政府可以通过补贴低碳产品选购、建立低碳积分制度等方式对居民形成较高的经济激励水平，促进居民自愿减碳行为的建设。进一步地，通过评选低碳先进个人、设置榜样标识（在微信等社交账号上点亮环保达人标识）等提高个人形象，以维持自愿低碳行为的实施。最后，通过宣传教育、制定低碳行为相关的社会规范引导居民的低碳行为，巩固居民自愿减碳行为。

四 优化情境因素，自愿减碳行为干预策略

实证表明习惯转化成本、社会表率、社会风气、群体压力、节能产品属性和政策执行效度对动机作用于自愿减碳行为路径呈现正向调节作用。因此本书提出如下建议：①从居民的日常生活习惯角度出发制定亲民的、符合居民生活习惯的便民减碳政策，降低居民的减碳成本。②"内化于心"方能"外化于行"，可以通过形象标杆、典范模型等形式树立正面榜样形象，让受众触动、感化。③营造"保护环境，人人有责"的社会风气，推动高碳行为到自愿减碳行为的转变，在此基础上进行适当的舆论引导，加强群体压力。④提高低碳产品技术、创新低碳产品种类、优化低碳产品属性。⑤制定刚性政策，严格管控政策执行，如对垃圾不分类的家庭进行经济上的处罚等。

下篇
柔性助推视角下城市居民自愿减碳行为引导策略

第六章　柔性助推视角下城市居民自愿减碳行为理论模型构建与量表检验

在上篇对城市居民自愿减碳行为的界定基础上，下篇从柔性助推视角，依据 Stern 等（2000）对亲环境行为的划分方式，将城市居民自愿减碳行为划分为私人自愿减碳行为和公共自愿减碳行为两类，私人自愿减碳行为指居民个人日常生活中从个人角度出发主动实行的减碳行为，包括购买节能产品、随手关灯、低碳出行、垃圾分类、减少食物浪费等；公共自愿减碳行为指居民通过主动影响他人行为而间接减少碳排放的行为，包括主动向亲朋好友分享减碳经验、主动阻止他人的能源浪费行为等。

第一节　研究假设提出

一　个体心理变量与自愿减碳行为意愿之间关系假设

（一）态度

态度是与个体行为密切相关的心理变量之一，对行为意愿的影响已被众多学者证实，如张露等（2013）发现消费者对绿色产品的态度显著正向影响绿色产品购买意愿，石世英和胡鸣明（2020）证明态度能够显著加强居民垃圾分类意愿。张文彬和李国平（2017）发现行为态度能够促进居民的生态保护意愿，Chen 等（2014）证明态度能够促进居民的低碳消费行为意愿，而王建华等（2020）发现环境态度对不同环境行为产生不同影响，如能够显著促进私人环境行为，而对公共环境行为的影响不显著。

根据计划行为理论，态度指个体对所实施行为的评价，是居民行为意愿的重要影响因素（Ajzen，1991）。如果个体的环境态度越强，实行环境行为的可能性就越大，具体来说，居民对环境行为形成的理性评价，评价越正向，实行环境行为的意愿越高涨（杨昕雅和耿柳娜，2020）。已有学者发现行为态度显著正向影响居民行为意愿，如居民低碳出行意愿（Jiang et al.，2020）、节能意愿（杨君茹和王宇，2018），以及绿色行为意愿（李创和邵莹，2020）。基于此，提出如下假设：

H1：态度对自愿减碳行为意愿存在显著促进作用。

（二）环境责任感

环境责任感具体表现为个人解决环境问题的决心和勇气。一般而言，环境责任感越强，实行环境行为的可能性越大（Jia et al.，2021）。张嘉琪等（2021）运用双栏模型对环境责任感与居民垃圾分类治理投资意愿进行实证检验，结果发现两者之间显著正相关，即居民环境责任感越强，投资意愿越高。环境责任感能够促进居民的垃圾分类行为（廖茂林，2020）和绿色消费意愿（盛光华等，2018；盛光华等，2019）。石志恒等（2020）通过结构方程模型发现环境责任感正向影响农户的绿色生产行为。Lee（2008）发现消费者的绿色购买行为受到环境责任感的正向影响，且随着环境责任感的增强而增加。

当居民面临环境问题时，个体对于自己是否应该采取行动产生一种责任意识，这种责任意识被称为环境责任感，是社会组织责任的一部分（彭远春和毛佳宾，2018）。环境行为从社会利益的视角出发，可能需要居民付出相应的成本，而这种成本不一定能及时让居民产生收益，当居民面临成本与收益的选择时，如果居民的环境责任感越强，那么实行环境行为的可能性越大（Mbbs and Low，2017）。环境责任感能够显著提升居民的绿色消费行为意向和减碳行为（盛光华等，2019；聂伟，2016），同时能够显著促进居民的环境行为（滕玉华等，2021）。基于此，提出如下假设：

H2：环境责任感对自愿减碳行为意愿存在显著促进作用。

（三）自我效能感

自我效能感指个体的自我评价，能够增强人们的亲环境行为意愿和随后的行动（Lauren et al.，2016）。Chen 等（2015）发现自我效能感越强的个体，越容易实行绿色行为，Tabernero 和 Hernández 的研究（2011）发现自我效能感对循环回收行为存在显著正向影响，Thøgersen 和 Grønhøj 的研究（2010）证明自我效能感对家庭节电行为存在积极影响。Palacios 和 Aguayo（2013）运用结构方程模型的方法证明自我效能感能够促进青少年的环境责任行为，能够通过媒介的中介作用间接作用于环境行为，是预测个体 PM2.5 减排意愿的重要因素，并将进一步影响个体的实际行为（Shi et al.，2019）。

根据社会认知理论，自我效能感能够显著影响居民环保行为（刘宗华和李燕萍，2020），自我效能感越高，意味着居民对自己实行环保行为的能力越有信心，从而实行环保行为的可能性越大（段文杰等，2017）。自我效能感对低碳产品的购买意愿存在显著正向影响（杜宇和马蓓蕾，2017），能够显著促进居民的绿色购买行为（盛光华等，2019），同时消费者的自我效能感越强，越偏好购买绿色产品（Straughan and Roberts，1999）。基于此，提出如下假设：

H3：自我效能感对自愿减碳行为意愿存在显著促进作用。

（四）环境自我认同

根据 Bem 的研究（1967），个体行为受到自己和他人对自己期望的影响。环境自我认同既有助于将自己与他人区分开来，又符合自己所在群体的价值观（Christensen 等，2004）。因此，环境自我认同被认为是环境行为的重要影响因素。目前国外关于环境自我认同对环境行为影响的研究较多，如认为自己是回收者的人比不认为自己是回收者的人有更强的回收意愿（Mannetti，2004），环境自我认同能够显著影响亲环境行为和消费行为（杨冠宇和李淑敏，2021；Fekadu and Kraft，2001；Cook et al.，2002）。Whitburn 等（2020）的研究发现，环境自我认同对减少浪费行为、节约用水行为、家庭节能行为、绿色购物和饮食行为存在显著影响，而且比对亲环境行为的预测作用更强。国内学者如杨冠宇和李淑敏（2021）认为，环境自我认同与个体低碳行为显著正相关，个体的环境自我认同水平越高，越愿意实行低碳行为。徐嘉祺等（2020）认为环境自我认同越强的居民，参与绿色产品购买的意愿越高。

环境自我认同指个体将自己视为环保主义者的程度（刘建一和吴建平，2018），是环境行为的重要预测因素。亲环境行为背景下，居民的自我身份和形象认知对行为的影响具体可以分为两个层面，一是特定行为，二是一般行为。特定行为指回收行为、低碳购买行为等，一般行为即所有的环境行为，包括一系列环境行动。环境自我认同是超越计划行为理论变量的重要环境行为预测因素（Fekadu and Kraft，2001）。已有研究发现，自称为"绿色消费者"的人相较于普通居民购买有机食品的可能性更大（Sparks and Shepherd，1992），认为自己是典型的回收者的人比那些不认为自己是回收者的人更有可能回收，环境自我认同能够显著影响环境行为意向（Mannetti et al.，2004）。基于此，提出如下假设：

H4：环境自我认同对自愿减碳行为意愿存在显著促进作用。

（五）社会学习

社会学习的过程即信任他人的过程。在社会交往的过程中，居民个体的心理状态容易被他人的行为影响，个体通过观察周围人的行为来学习行为技能。然而，目前关于社会学习与绿色行为之间的关系学者得到两种不同的结论，一种是社会学习能够促进居民的绿色生产行为（张康洁等，2021），另一种是社会学习对居民的亲环境行为存在显著抑制作用（丁翔等，2021）。因此，社会学习对环境行为的影响还需验证。

社会学习是个体获得行为技能的一个过程，主要表现为与亲朋邻里交流学习、线上学习等。个人进行行为决策之前，首先观察周围人的行为（Bandura，1965），如果周围有影响力的居民注重实行减碳行为，则居民个体实行减碳行为的可能性越大；反之，如果周围有影响力的居民不注重实行减碳行为，则居民个体实行减碳行为的可能性降低。如果居民通过线上及其他途径进行社会学习，则能习得更多的减碳相关信息，更易实行自愿减碳行为，但不可避免的是，网上信息鱼龙混杂，容易出现错误信息，从而阻碍居民减碳行为的实施。因此，社会学习对减碳行为的实行具有双面性，如丁翔等（2021）发现社会学习对亲环境行为有显著负向影响，张康洁和尹昌斌（2021）发现社会学习促进稻农的绿色生产行为。基于此，提出如下假设：

H5：社会学习对自愿减碳行为意愿存在显著影响。

（六）参照群体

参照群体指个人在行为决策时用以作为比较的群体（宫秀双等，2017）。Peschiera 等（2010）通过实验的方法发现，如果居民了解自己和周围群体的能耗信息，则会增加自己实行节能行为的可能性。陈家瑶等（2006）证明参照群体显著影响消费者的购买意愿。解芳等（2019）通过对 463 份有效问卷进行结构方程模型分析，证实参照群体的各个维度对居民的绿色购买意愿的影响并不完全一致，如信息性和价值表达性影响显著影响绿色购买意愿，而功利性影响对意愿的影响不显著。贾楠（2021）则认为当参照群体的消费水平足够高时，参照群体的作用不显著。

参照群体指对个体行为产生影响的团体或个人，无论个体与其他人是否是隶属关系，只要他人能够影响个体态度和行为，那么就可以成为参照群体（李国武和陈姝妤，2018）。Park 和 Lessing（1977）将参照群体对消费行为的影响划分为信息性影响、功利性影响和价值表达性影响三个维度，并得到较多学者的推崇，开发的量表得到广泛应用，而且一直沿用至今。信息性影响指接受和相信他人提供的信息，具体表现为观察专业群体或思想领袖行为模式并搜寻信息，据此执行下一步决定；功利性影响指居民从自身利益出发，为获得利益或减小损失而选择与目标群体的行为保持一致；价值表达性影响指居民为强化和表达与目标群体相近的形象，促使自身的实际行为向目标群体靠近的决策（Park and Lessing，1977）。人是社会人，不能脱离社会而存在，社会的本质存在于社会成员间的持续互动过程，个体考虑行为决策时，不可避免地会受到周围人的影响，他人的建议以及购买期望会被消费者赋予特殊意义从而影响自己的决策（葛万达和盛光华，2020）。以往研究证明，消费者的购买行为会受到参照群体的影响，参照群体是社会对个人施加影响的重要手段之一，能够显著影响消费者的个体行为。参照群体对消费意愿存在显著正向影响（胡保玲，2014），显著促进居民消费意愿（江林和马椿荣，2009；吴剑琳和朱宁，2010）。基于此，提出如下假设：

H6：信息性影响对自愿减碳行为意愿存在显著促进作用；

H7：功利性影响对自愿减碳行为意愿存在显著促进作用；

H8：价值表达性影响对自愿减碳行为意愿存在显著促进作用。

（七）自愿减碳行为意愿

计划行为理论表明居民行为是由居民行为意愿转化而来，即居民行为意愿越强，发生实际行为的可能性就越大（Ajzen，1991）。在环境行为领域，众多学者直接用行为意愿来测量实际行为，并将其应用到各个领域，如低碳行为，节能行为等。本书将行为意愿作为心理变量影响自愿减碳行为的中介变量，并据此提出如下假设：

H9：自愿减碳行为意愿对私人自愿减碳行为存在显著促进作用；

H10：自愿减碳行为意愿对公共自愿减碳行为存在显著促进作用。

二 柔性助推调节作用假设

柔性助推依据人是社会人这一前提假设，在不强迫改变人们行为选择的情况下，以不显著增加成本的方式，设计选择架构潜移默化地帮助人们做出更好的选择（Thaler and Sunstein，2008）。柔性助推最先应用于健康、经济领域，最近几年，学者逐渐将目光拓展到环境行为领域，在解决个体的认知行为局限方面，默认选项、损益框架和示范性规范逐渐引起学者的关注。

国内外学者的研究发现，居民的行为意愿与实际行为之间存在意愿—行为缺口，并不是所有的行为意愿都会转化为实际行为，如石洪景（2018）发现我国城市居民低碳消费意愿与行为之间存在较大的缺口，因此需要借助外界或社会环境的良好条件来缩小缺口。意愿与行为缺口的存在使得默认和潜意识的决策能够促进居民减少碳排放的行为，因为居民个体的心理变量的差异可能会导致居民对不同行为的偏好，而这种偏好在做出决定的过程中可以通过构建相应的选择架构，促使居民的行为发生一定的转变（Homar and Cvelbar，2021）。默认选项、损益框架和示范性规范通过设计合理的选择框架无形中影响居民的行为决策，都旨在鼓励居民的自愿减碳行为（傅鑫媛等，2019）。

（一）默认选项

默认选项属于柔性助推的其中之一，最初是一种电脑术语，指在无外部干预的情况下，电脑系统对程序参数的自动选择（傅鑫媛等，

2019)。在行为经济学领域，默认选项是个体决策前系统对于选项的提前自动选择（Johnson and Goldstein，2003）。由于默认选项已提前帮助个体做出决策，相当于无形中鼓励个体将默认选择作为参照与其他选项进行对比（Brown and Krishna，2004），因此人们往往更愿意按照默认选项决策。默认选项在行为领域的作用已得到众多学者的证实，如 Thaler 和 Sunstein（2008）发现默认选项能够显著影响个体的行为决策。在消费决策领域，Kaenzig 等（2013）发现默认选项能够促进用户购买决策行为的改变。

默认选项指系统提前设置一个选择供决策者备选（傅鑫媛等，2019）。江程铭等（2019）利用实验室和现场实验检验默认选项对慈善捐赠行为的影响，发现将"捐献"设置为默认选项时，被试者捐献的概率更高。默认选项影响人的行为有如下原因：第一，人在做决策时趋向于躲避决策，有惰性心理，倾向于不思考就直接决策；第二，默认选项由于事先帮人做好决策，无形中给人形成了一种参照，个体决策前会首先思考默认选项的优点；第三，默认选项相当于设置了一种信息，无形中给人一种信息干预，因此会更容易被人接受。樊亚凤等（2019）利用现场实验的方法，证明默认选项的设置显著影响个人的公益捐赠意愿。将打印机的默认选项设置为双面打印时，选择双面打印的人更多；将绿电设置为默认选项时，选择绿电的人显著增加（Egebark and Ekstrom，2016）。基于此，提出如下假设：

H11：默认选项在自愿减碳行为意愿与私人自愿减碳行为之间起调节作用；

H12：默认选项在自愿减碳行为意愿与公共自愿减碳行为之间起调节作用。

（二）损益框架

框架效应经常应用于环境行为领域，指针对一个客观问题用不同的表达方式进行描述（Tversky and Kahneman，1981）。损益框架是框架效应的其中之一，指对同一问题强调其获益或损失属性（Levin et al.，1998）。Hardisty 等（2010）的研究发现相较于损失框架，获益框架下居民更愿意选择包含"碳补偿费"的产品或服务。Spence 等（2014）

的研究以财务成本和环境为框架，发现参与者收到二氧化碳信息后实行环境行为的可能性增加，而且损益框架在气候变化对环境行为意图的作用中起调节作用。

框架效应下个体根据不同的信息表达方式做出不同的决策（Tversky et al., 1981）。损益框架指对同一信息的描述，获益框架强调获益属性，损失框架强调损失属性。相关学者发现，框架效应主要是依赖个体的直觉经验和情绪偏好影响决策（刘扬和孙彦，2014）。Homonoff（2018）发现，对一次性塑料袋征收 5 美分显著减少居民的一次性塑料袋的使用，而奖励 5 美分对一次性塑料袋的使用无显著影响。基于此，提出如下假设：

H13：损益框架在自愿减碳行为意愿与私人自愿减碳行为之间起调节作用；

H14：损益框架在自愿减碳行为意愿与公共自愿减碳行为之间起调节作用。

（三）示范性规范

示范性规范是社会规范的其中之一，社会规范指个体感知到的他人的普遍行为，因为个体很可能在新的环境中根据他人行为来决定自己的行为（Smith et al., 2012）。社会规范可以分为描述性行为规范和命令性行为规范（Cialdini and Trost, 1998），其中描述性行为规范指给定情况下大多数人的做法，命令性规范指给定情况下社会认可的行为（韦庆旺和孙健敏，2013）。示范性规范与描述性规范内涵相近，指向居民个体传达周围绝大多数人的统一行为，这为居民个体的行为决策提供了依据。目前的研究已经证实示范性规范对节能行为、循环利用、出行方式选择、绿色消费等亲环境行为产生积极影响，是一种常用的绿色助推工具（Jaeger and Schultz, 2017；Horne and Kennedy, 2017；杨昕雅和耿柳娜，2020）。

示范性规范是由大多数人的实际行为形成的准则（孙前路等，2020）。Kallgren 等（2000）的研究发现，只有当社会规范与个体产生某种联系时，个体才会遵守社会规范。过去研究较多采用问卷调查法和实验法证明示范性社会规范能够促进绿色环保行为，但 Pisano 和 Lubell

（2017）提出，示范性规范能够促进行为意愿到实际行为的转化，即在意愿对行为的作用中起调节作用，而且对环保行为决策存在积极影响（郑昱，2020）。由于人具有社会偏好性，现实中人们往往倾向于自己的行为接近大多数人的选择，因此示范性规范被认为是一种简单、易于实施的柔性助推策略，可有效规避经济和政策刺激的缺陷（杨昕雅和耿柳娜，2020），由此可知有效传递正面的示范性规范有助于引导居民行为向减碳行为的方向改变。基于此，提出如下假设：

H15：示范性规范在自愿减碳行为意愿与私人自愿减碳行为之间起调节作用；

H16：示范性规范在自愿减碳行为意愿与公共自愿减碳行为之间起调节作用。

第二节　理论模型构建

自愿减碳行为的发生可以分为三个阶段，具体如下：

第一阶段：个体心理变量转变为自愿减碳行为意愿的阶段。在计划行为理论的基础上，探究行为态度对自愿减碳行为意愿的影响；参考价值—信念—规范理论、社会认知理论和负责任的环境行为理论模型，结合相关文献研究，将环境责任感、自我效能感、环境自我认同、社会学习和参照群体作为自愿减碳行为意愿的前因变量。

第二阶段：自愿减碳行为意愿转变为自愿减碳行为的阶段。根据计划行为理论，行为意愿是影响行为的决定性因素，但是实际生活中并非所有的行为意愿都能够转化为实际行为，意愿与行为之间存在一定的心理障碍，即意愿—行为缺口。虽然一个人有较高的行为意愿，但该种行为意愿不一定完全转化为实际行为，而且在具体的行为方面也存在差异。柔性助推能够影响人们的选择，但不强迫人们做选择，既避免了家长制的弊端，又保留了人们的自主选择权，是成本较低且易于实施的一种管理工具。因此，由于小成本的柔性助推的存在，可能会提升个体参与自愿减碳行为的积极性，因此本书将柔性助推作为调节变量引入模型，探究默认选项、损益框架和示范性规范在自愿减碳行为意愿转化为自愿减碳行为过程中的调节作用。

第三阶段：柔性助推对居民心理变量的影响。柔性助推是否通过心理变量间接影响实际行为有待研究。本书下篇在检验柔性助推在自愿减碳行为意愿转化为自愿减碳行为过程中的调节作用的基础上，进一步检验柔性助推对心理变量的影响以便明确柔性助推对自愿减碳行为的影响路径，因此构建理论模型（见图6-1）。

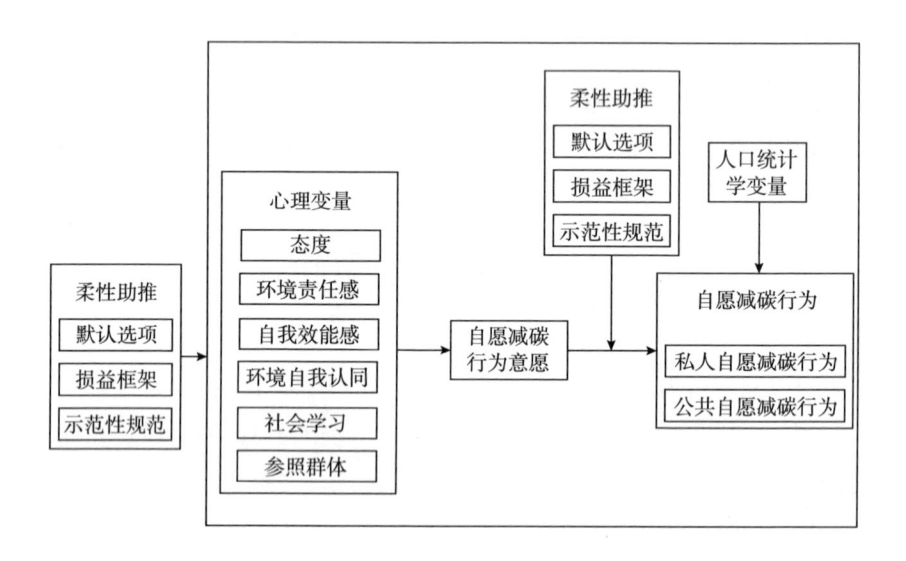

图6-1 柔性助推视角下城市居民自愿减碳行为理论模型

第三节 变量测量量表开发

针对本书下篇的变量测量量表，首先通过梳理国内外相关文献选取成熟量表，其中英文量表通过专家咨询多次修改以符合我国的语言表达习惯。本书的初始问卷主要包括人口学变量、心理变量、自愿减碳行为意愿、柔性助推和自愿减碳行为五部分，初始量表构成如表6-1所示。

表 6-1　　初始量表构成

研究变量	维度或因素	对应题项	参考量表
人口学变量	性别	1	岳婷（2014）；陈飞宇（2018）
	年龄	2	
	婚姻状况	3	
	学历水平	4	
	职业类型	5	
	个人月收入水平	6	
	家庭成员人数	7	
心理变量	态度	8-1—8-5	孙前路等（2020）；盛光华等（2019）；丁翔等（2021）；Park 和 Lessing（1977）；王世进和周慧颖（2019）；Huang（2016）；Whitmarsh 和 O'Neill（2010）
	环境责任感	9-1—9-4	
	自我效能感	10-1—10-4	
	环境自我认同	11-1—11-4	
	社会学习	12-1—12-3	
	参照群体	13-1—13-10	
自愿减碳行为意愿	自愿减碳行为意愿	14-1—14-6	岳婷（2014）
柔性助推	默认选项	15-1—15-3	Bonini 等（2018）；江程铭等（2019）；Shi 等（2017）；Larrick 和 Soll（2008）；自行开发
	损益框架	15-4—15-6	
	示范性规范	15-7—15-11	
自愿减碳行为	私人自愿减碳行为	16-1—16-6	Stern（2000）；岳婷（2014）
	公共自愿减碳行为	16-7—16-10	

人口学变量部分参考岳婷（2014）、陈飞宇等（2018）的研究，包括性别、年龄、婚姻状况、学历水平、职业类型、个人月收入水平和家庭成员人数，共 7 个题项。心理变量中的态度参考王世进和周慧颖（2019）的研究，共 5 个题项；环境责任感参考盛光华等（2019）的研究，共 4 个题项；自我效能感参考 Huang 等（2016）的研究，共 4 个题项；环境自我认同参考 Whitmarsh 和 O'Neill 等（2010）的研究，共 4 个题项；社会学习参考孙前路等（2020）的研究，共 3 个题项；参照群体参考 Park 和 Lessing（1977）的研究，其中信息性影响 3 个题项、功利性影响 3 个题项、价值表达性影响 4 个题项，参照群体共 10 个题项。

自愿减碳行为意愿参考岳婷（2014）的研究，共 6 个题项。自愿减碳行为参考 Stern（2000）、岳婷（2014）的研究，其中私人自愿减碳行为 6 个题项、公共自愿减碳行为 4 个题项，自愿减碳行为共 10 个题项。柔性助推中默认选项参考江程铭等（2019）的实验研究、Bonini 等（2018）的实验的研究，并结合我国本土情境，与多位专家进行多轮咨询，共开发 3 个测量题项；损益框架参考 Larrick 和 Soll 等（2008）的实验的研究，并结合我国本土情境，与多位专家进行多轮咨询，共开发 3 个测量题项；示范性规范参考 Shi 等（2017）研究，共 5 个题项。

第四节　初始量表检验与修正

初始问卷量表确定后，首先进行预调研，根据预调研结果对初始问卷进行检验与修正，形成正式问卷，之后开展正式调研，并对收集的数据依次进行正态性检验、信度和效度检验，为后文的实证检验提供数据基础。

基于最大初始分量表的测量题项数量确定所需预调研样本量，最大分量表为柔性助推分量表，共包含测量题项 11 个，理论最小预调研样本量为题目数量的 3—5 倍，因此预调研最少需要 33 份问卷。本书预调研于 2021 年 11 月 20 日至 30 日以线上的方式展开，通过亲朋好友转发问卷的方式进行扩散，共回收有效问卷 102 份，是最大量表题目的 9.3 倍，符合要求。

一　信度检验

使用 SPSS22.0 软件，运用克朗巴哈（Cronbach'α）系数（以下简称 α 系数）检验量表的信度，结果如表 6-2 所示，除默认选项外，态度、环境责任感、自我效能感、环境自我认同、社会学系、信息性影响、功利性影响、价值表达性影响、自愿减碳行为意愿、损益框架、示范性规范、私人自愿减碳行为和公共自愿减碳行为的 α 系数均在 0.7 以上，实际调研中 α 系数大于 0.6 即可接受。通过进一步分析，发现 DO（3）、AT（5）和 RCBW（6）的"Item-to-Total"系数均小于 0.3，因此本书在初始量表的基础上删除上述题项。删除部分题项后的各变量信度检验结果如表6-3所示,发现所有变量的 α 系数均大于0.6,所有变量的测量题项"Item-to-Total"系数均大于0.3,满足信度检验的要求。

表6-2　　　　　初始量表各变量的信度检验结果

变量	题项数	均值	α 系数	Item-to-Total 系数
态度(AT)	5	3.614	0.709	0.247—0.644
环境责任感(ER)	4	3.863	0.751	0.460—0.679
自我效能感(SE)	4	3.725	0.830	0.539—0.724
环境自我认同(SI)	4	3.387	0.854	0.653—0.783
社会学习(SL)	3	3.059	0.769	0.452—0.684
信息性影响(II)	3	3.304	0.791	0.640—0.705
功利性影响(UI)	3	3.248	0.812	0.384—0.584
价值表达性影响(VI)	4	3.176	0.777	0.412—0.591
自愿减碳行为意愿(RCBW)	6	3.493	0.788	0.096—0.810
默认选项(DO)	3	3.209	0.398	0.261—0.494
损益框架(GL)	3	3.340	0.729	0.436—0.673
示范性规范(EN)	5	2.851	0.841	0.464—0.569
私人自愿减碳行为(PRCB)	6	3.897	0.874	0.471—0.700
公共自愿减碳行为(CRCB)	4	3.424	0.891	0.680—0.812

表6-3　　　　删除部分题项后的各变量信度检验结果

变量	题项数	均值	α 系数	Item-to-Total 系数
态度(AT)	4	3.613	0.718	0.475—0.645
环境责任感(ER)	4	3.863	0.751	0.462—0.678
自我效能感(SE)	4	3.725	0.830	0.545—0.723
环境自我认同(SI)	4	3.387	0.854	0.661—0.781
社会学习(SL)	3	3.059	0.769	0.468—0.694
信息性影响(II)	3	3.304	0.791	0.645—0.715
功利性影响(UI)	3	3.248	0.812	0.397—0.582
价值表达性影响(VI)	4	3.176	0.777	0.418—0.596

续表

变量	题项数	均值	α 系数	Item-to-Total 系数
自愿减碳行为意愿（RCBW）	5	3.588	0.888	0.555—0.811
默认选项（DO）	2	3.426	0.692	0.431—0.505
损益框架（GL）	3	3.340	0.729	0.453—0.668
示范性规范（EN）	5	2.851	0.841	0.476—0.578
私人自愿减碳行为（PRCB）	6	3.897	0.874	0.465—0.706
公共自愿减碳行为（CRCB）	4	3.424	0.891	0.681—0.824

二 效度检验

效度检验分为以下三个步骤进行：第一步为对数据进行 KMO 和巴特利特球形检验，检验量表的 KMO 值，卡方值和 P 值，判断量表是否符合进行探索性因子分析的前提条件。第二步为对变量进行主成分因子分析，检验因子的方差解释率，判断是否通过共同方法偏差检验。第三步为采用最大方差法对数据进行正交旋转，判断各个题项的因子载荷，以及是否能够较好地分布在各个变量上。由于涉及变量较多，因此将研究变量分为心理变量量表、行为意愿与行为量表、柔性助推量表进行检验。

（一）心理变量量表效度检验

心理变量包括态度、环境责任感、自我效能感、环境自我认同、社会学习、信息性影响、功利性影响和价值表达性影响。按照效度检验步骤，对量表进行检验，结果如表 6-4 所示，发现 KMO 值为 0.847，大于 0.7，近似卡方值为 2783.670，在 0.001 的水平上显著（P=0.000），所以可知心理变量预调研量表符合进行探索性因子分析的前提条件。对该量表进行主成分提取，结果如表 6-5 所示，可知提取 8 个公因子后，解释总方差的 72.780%，大于 60%，而且第一个因子解释了 17.355%，小于 40%，说明该量表通过共同方法偏差检验。对该量表进行正交旋转，结果如表 6-6 所示，发现各题项的因子荷载均大于 0.5，且在 8 个因子上的分布如理论预期，因此，心理变量量表通过效度检验。

表 6-4 心理变量量表 KMO 和巴特利特球形检验

KMO 取样适切性量数		0.847
巴特利特球形检验	近似卡方	2783.670
	自由度	406
	显著性水平	0.000

表 6-5 心理变量量表因子总方差解释

成分	初始特征值			提取荷载平方和			旋转荷载平方和		
	总计	方差贡献率（%）	累计方差贡献率（%）	总计	方差贡献率（%）	累计方差贡献率（%）	总计	方差贡献率（%）	累计方差贡献率（%）
1	14.767	41.019	41.019	14.767	41.019	41.019	6.248	17.355	17.355
2	2.509	6.970	47.989	2.509	6.970	47.989	4.344	12.066	29.421
3	2.140	5.946	53.934	2.140	5.946	53.934	3.617	10.047	39.468
4	1.846	5.129	59.063	1.846	5.129	59.063	3.600	9.999	49.467
5	1.472	4.090	63.153	1.472	4.090	63.153	2.653	7.370	56.837
6	1.299	3.610	66.762	1.299	3.610	66.762	2.138	5.940	62.777
7	1.158	3.215	69.978	1.158	3.215	69.978	2.043	5.674	68.451
8	1.009	2.802	72.780	1.009	2.802	72.780	1.558	4.328	72.780

表 6-6 心理变量量表旋转成分

题项	成分							
	1	2	3	4	5	6	7	8
AT1			0.775					
AT2			0.594					
AT3			0.598					
AT4			0.631					
ER1	0.748							
ER2	0.624							
ER3	0.559							
ER4	0.729							

续表

题项	成分							
	1	2	3	4	5	6	7	8
SE1						0.522		
SE2						0.578		
SE3						0.597		
SE4						0.548		
SI1				0.705				
SI2				0.680				
SI3				0.592				
SI4				0.629				
SL1								0.811
SL2								0.796
SL3								0.567
II1					0.564			
II2					0.507			
II3					0.641			
UI1							0.728	
UI2							0.753	
UI3							0.822	
VI1		0.647						
VI2		0.547						
VI3		0.747						
VI4		0.815						

（二）行为意愿与行为量表效度检验

行为意愿与行为变量包括自愿减碳行为意愿、私人自愿减碳行为和公共自愿减碳行为。按照效度检验步骤，对量表进行检验，结果如表6-7所示，发现KMO值为0.887，大于0.7，近似卡方值为837.922，在0.001的水平上显著（P=0.000），所以可知行为意愿与行为预调研量表符合进行探索性因子分析的前提条件。对该量表进行主成分提取，结果如表6-8所示，可知提取三个公因子后，方差贡献率为73.721%，大于60%，而且第一个因子的解释量为28.078%，小于40%，说明行为意愿与行为量表通过共同方法偏差检验。对该量表进行正交旋转，结果如表6-9所示，发现各题项的因子荷载均大于0.5，且在三个因子上的分布如理论预期，因此，行为意愿与行为量表通过效度检验。

表6-7　行为意愿与行为量表 KMO 和巴特利特球形检验

KMO 取样适切性量数		0.887
巴特利特球形检验	近似卡方	837.922
	自由度	105
	显著性水平	0.000

表6-8　行为意愿与行为量表因子总方差解释

成分	初始特征值			提取荷载平方和			旋转荷载平方和		
	总计	方差贡献率（%）	累计方差贡献率（%）	总计	方差贡献率（%）	累计方差贡献率（%）	总计	方差贡献率（%）	累计方差贡献率（%）
1	8.718	58.118	58.118	8.718	58.118	58.118	4.212	28.078	28.078
2	1.296	8.640	66.757	1.296	8.640	66.757	3.742	24.950	53.027
3	1.045	6.964	73.721	1.045	6.964	73.721	3.104	20.694	73.721

表6-9　行为意愿与行为量表旋转成分

题项	成分		
	1	2	3
RCBW1			0.808
RCBW2			0.847
RCBW3			0.753
RCBW4			0.636
RCBW5			0.752
PRCB1		0.643	
PRCB2		0.815	

续表

题项	成分		
	1	2	3
PRCB3		0.769	
PRCB4		0.690	
PRCB5		0.607	
PRCB6		0.518	
CRCB1	0.754		
CRCB2	0.665		
CRCB3	0.662		
CRCB4	0.723		

（三）柔性助推量表效度检验

柔性助推量表包括默认选项、损益框架和示范性规范。按照效度检验步骤，对量表进行检验，结果如表6-10所示，发现KMO值为0.805，大于0.7，近似卡方值为276.844，在0.001的水平上显著（P=0.000），所以可知柔性助推预调研量表符合进行探索性因子分析的前提条件。对该量表进行主成分提取，结果如表6-11所示，可知提取三个公因子后，方差贡献率为70.510%，大于60%，而且第一个因子的贡献率为31.470%，小于40%，说明柔性助推量表通过共同方法偏差检验。对该量表进行正交旋转，结果如表6-12所示，发现各题项的因子荷载均大于0.5，且在三个因子上的分布如理论预期，因此，柔性助推量表通过效度检验。

表6-10　柔性助推量表KMO和巴特利特球形检验

KMO取样适切性量数		0.805
巴特利特球形检验	近似卡方	276.844
	自由度	45
	显著性水平	0.000

表 6-11　柔性助推量表因子总方差解释

成分	初始特征值 总计	初始特征值 方差贡献率（%）	初始特征值 累计方差贡献率（%）	提取荷载平方和 总计	提取荷载平方和 方差贡献率（%）	提取荷载平方和 累计方差贡献率（%）	旋转荷载平方和 总计	旋转荷载平方和 方差贡献率（%）	旋转荷载平方和 累计方差贡献率（%）
1	4.680	46.801	46.801	4.680	46.801	46.801	3.147	31.470	31.470
2	1.239	12.386	59.186	1.239	12.386	59.186	2.620	26.198	57.667
3	1.132	11.324	70.510	1.132	11.324	70.510	1.284	12.843	70.510

表 6-12　柔性助推量表旋转成分

题项	1	2	3
DO1			0.875
DO2			0.521
GL1		0.807	
GL2		0.786	
GL3		0.707	
EN1	0.750		
EN2	0.680		
EN3	0.860		
EN4	0.844		
EN5	0.676		

第五节　正式调研与量表检验

正式调研于2021年12月至2022年1月展开，通过网络问卷和纸质问卷方式收集数据。网络问卷通过亲朋好友转发问卷链接进行传播与扩散，纸质问卷在江苏省徐州市内人流量大处寻找居民进行填写，每人填写完成后将获得一份小礼物作为奖励。问卷回收情况如表6-13所示，共回收有效问卷 902 份,整体有效回收率为 84.9%。

表 6-13　　　　　　　　问卷发放及回收情况统计

问卷	分发数量	回收数量	有效数量	有效率
纸质问卷	200	178	156	87.6%
网络问卷	—	885	746	84.3%
总计	—	1063	902	84.9%

一　正态性检验

数据分析之前,首先对数据进行正态性检验,具体分析结果如表 6-14 所示,可知峰度和偏度的绝对值均小于 2。因此,正式数据被认为满足正态性要求。

表 6-14　　　　　　　　正式量表的正态性检验结果

题项	偏度 统计值	偏度 标准误	峰度 统计值	峰度 标准误	题项	偏度 统计值	偏度 标准误	峰度 统计值	峰度 标准误
AT1	-1.280	0.081	0.773	0.163	VI3	-0.704	0.081	-0.107	0.163
AT2	-0.963	0.081	0.092	0.163	VI4	-0.549	0.081	-0.549	0.163
AT3	-0.505	0.081	-0.583	0.163	RCBW1	-1.004	0.081	0.322	0.163
AT4	-0.710	0.081	-0.365	0.163	RCBW2	-1.148	0.081	0.637	0.163
ER1	-1.018	0.081	0.494	0.163	RCBW3	-1.042	0.081	0.399	0.163
ER2	-1.070	0.081	0.404	0.163	RCBW4	-0.695	0.081	-0.321	0.163
ER3	-0.761	0.081	-0.168	0.163	RCBW5	-0.375	0.081	-0.701	0.163
ER4	-0.915	0.081	0.039	0.163	DO1	-0.689	0.081	-0.393	0.163
SE1	-0.837	0.081	-0.088	0.163	DO2	-0.781	0.081	-0.231	0.163
SE2	-0.865	0.081	0.106	0.163	GL1	-0.529	0.081	-0.477	0.163
SE3	-0.913	0.081	0.165	0.163	GL2	-0.672	0.081	-0.319	0.163
SE4	-1.040	0.081	0.282	0.163	GL3	-0.662	0.081	-0.401	0.163
SI1	-0.600	0.081	-0.317	0.210	EN1	-0.284	0.081	-0.709	0.163
SI2	-0.771	0.081	-0.022	0.210	EN2	-0.279	0.081	-0.776	0.163

续表

题项	偏度 统计值	偏度 标准误	峰度 统计值	峰度 标准误	题项	偏度 统计值	偏度 标准误	峰度 统计值	峰度 标准误
SI3	-0.723	0.081	-0.275	0.210	EN3	-0.336	0.081	-0.655	0.163
SI4	-0.685	0.081	-0.341	0.210	EN4	-0.440	0.081	-0.538	0.163
SL1	-0.390	0.081	-0.778	0.163	EN5	-0.481	0.081	-0.427	0.163
SL2	-0.326	0.081	-0.918	0.163	PRCB1	-1.003	0.081	0.339	0.163
SL3	-0.962	0.081	0.151	0.163	PRCB2	-1.081	0.081	0.430	0.163
II1	-0.622	0.081	-0.346	0.163	PRCB3	-0.936	0.081	0.119	0.163
II2	-0.459	0.081	-0.664	0.163	PRCB4	-0.965	0.081	0.236	0.163
II3	-0.942	0.081	0.301	0.163	PRCB5	-0.726	0.081	-0.176	0.163
UI1	-0.685	0.081	-0.209	0.163	PRCB6	-1.066	0.081	0.452	0.163
UI2	-0.535	0.081	-0.420	0.163	CRCB1	-0.670	0.081	-0.176	0.163
UI3	-0.554	0.081	-0.560	0.163	CRCB2	-0.628	0.081	-0.305	0.163
VI1	-0.537	0.081	-0.422	0.163	CRCB3	-0.662	0.081	-0.402	0.163
VI2	-0.559	0.081	-0.325	0.163	CRCB4	-0.772	0.081	-0.136	0.163

二 正式量表信度和效度检验

（一）正式量表的信度检验

正式量表的信度检验结果如表6-15所示，结果显示正式量表各变量的α系数均大于0.6，"Item-to-Total"系数均大于0.3，在可接受范围内，说明正式量表具有较好的可靠性。

表6-15　　　　　　正式量表的信度检验指标

变量	题项数	均值	α系数	Item-to-Total 系数
态度（AT）	4	3.748	0.824	0.476—0.674
环境责任感（ER）	4	3.812	0.861	0.568—0.696
自我效能感（SE）	4	3.767	0.874	0.665—0.723
环境自我认同（SI）	4	3.657	0.888	0.716—0.759
社会学习（SL）	3	3.557	0.787	0.649—0.717

续表

变量	题项数	均值	α 系数	Item-to-Total 系数
信息性影响（II）	3	3.625	0.810	0.697—0.733
功利性影响（UI）	3	3.584	0.818	0.639—0.717
价值表达性影响（VI）	4	3.584	0.877	0.690—0.736
自愿减碳行为意愿（RCBW）	5	3.755	0.858	0.643—0.764
默认选项（DO）	2	3.716	0.692	0.579—0.610
损益框架（GL）	3	3.588	0.746	0.583—0.634
示范性规范（EN）	5	3.405	0.918	0.651—0.707
私人自愿减碳行为（PRCB）	6	3.893	0.879	0.526—0.692
公共自愿减碳行为（CRCB）	4	3.654	0.886	0.721—0.767

（二）正式量表的效度检验

1. 心理变量量表效度检验

按照效度检验步骤，对量表进行检验，结果如表 6-16 所示，心理变量正式量表 KMO 值为 0.972，大于 0.7，近似卡方值为 10471.718，在 0.001 的水平上显著（P=0.000），由此可知心理变量正式量表符合进行探索性因子分析的前提条件。对该量表进行主成分提取，结果如表 6-17 所示，可知提取 8 个公因子后，总方差贡献率为 75.854%，大于 60%，第一个因子的贡献率为 20.955%，小于 40%，说明心理变量正式量表通过共同方法偏差检验。对该量表进行正交旋转，结果如表 6-18 所示，发现各题项的因子荷载均大于 0.5，且在 8 个因子上的分布如理论预期，因此，心理变量正式量表通过效度检验。

表 6-16　心理变量正式量表 KMO 和巴特利特球形检验

KMO 取样适切性量数		0.972
巴特利特球形检验	近似卡方	10471.718
	自由度	406
	显著性水平	0.000

表 6-17　　　　　　　心理变量正式量表因子总方差解释

成分	初始特征值 总计	初始特征值 方差贡献率（%）	初始特征值 累计方差贡献率（%）	提取荷载平方和 总计	提取荷载平方和 方差贡献率（%）	提取荷载平方和 累计方差贡献率（%）	旋转荷载平方和 总计	旋转荷载平方和 方差贡献率（%）	旋转荷载平方和 累计方差贡献率（%）
1	14.840	51.173	51.173	14.840	51.173	51.173	6.077	20.955	20.955
2	2.644	9.119	60.292	2.644	9.119	60.292	4.425	15.257	36.212
3	1.189	4.099	64.391	1.189	4.099	64.391	3.809	13.135	49.347
4	0.767	2.644	67.034	0.767	2.644	67.034	2.882	9.937	59.285
5	0.746	2.571	69.605	0.746	2.571	69.605	1.884	6.498	65.782
6	0.648	2.236	71.841	0.648	2.236	71.841	1.201	4.142	69.924
7	0.591	2.037	73.879	0.591	2.037	73.879	0.886	3.054	72.979
8	0.573	1.975	75.854	0.573	1.975	75.854	0.834	2.875	75.854

表 6-18　　　　　　　　心理变量正式量表旋转成分

题项	1	2	3	4	5	6	7	8
AT1			0.775					
AT2			0.594					
AT3			0.598					
AT4			0.631					
ER1	0.748							
ER2	0.624							
ER3	0.559							
ER4	0.729							
SE1						0.522		
SE2						0.578		
SE3						0.597		
SE4						0.548		
SI1				0.705				
SI2				0.680				
SI3				0.592				

续表

题项	成分							
	1	2	3	4	5	6	7	8
SI4				0.629				
SL1								0.811
SL2								0.796
SL3								0.567
II1					0.564			
II2					0.507			
II3					0.641			
UI1							0.728	
UI2							0.753	
UI3							0.822	
VI1		0.647						
VI2		0.547						
VI3		0.747						
VI4		0.815						

进一步对心理变量正式量表进行验证性因子分析，结果如表6-19所示，结果显示心理变量的题项荷载均大于0.5，AVE值大于0.5，CR值大于0.7，满足要求。

表6-19　　　心理变量正式量表验证性因子分析

题项	非标准化估计值	标准误(S.E.)	t值	显著性水平	标准化估计值（因子荷载）	AVE	CR
AT1	1				0.822	0.660	0.886
AT2	0.989	0.035	27.923	***	0.866		
AT3	0.913	0.042	21.969	***	0.768		
AT4	0.909	0.039	23.125	***	0.790		

续表

题项	非标准化估计值	标准误（S.E.）	t值	显著性水平	标准化估计值（因子荷载）	AVE	CR
ER1	1				0.773	0.703	0.904
ER2	1.034	0.05	20.512	***	0.845		
ER3	1.072	0.05	21.473	***	0.875		
ER4	1.044	0.05	20.928	***	0.858		
SE1	1				0.845	0.654	0.883
SE2	0.919	0.044	20.798	***	0.782		
SE3	0.658	0.036	18.34	***	0.719		
SE4	1				0.880		
SI1	1.039	0.037	28.121	***	0.886	0.666	0.888
SI2	0.938	0.042	22.449	***	0.789		
SI3	0.874	0.042	21.009	***	0.759		
SI4	1				0.824		
SL1	1.037	0.046	22.42	***	0.836	0.646	0.845
SL2	0.783	0.042	18.453	***	0.732		
SL3	1				0.839		
II1	1.004	0.043	23.535	***	0.858	0.673	0.860
II2	0.92	0.043	21.199	***	0.803		
II3	1.032	0.049	20.998	***	0.798		
UI1	1				0.835	0.707	0.878
UI2	0.98	0.043	22.728	***	0.838		
UI3	1.037	0.045	23.252	***	0.849		
VI1	1.045	0.045	23.4	***	0.853	0.663	0.887
VI2	1				0.787		
VI3	1.077	0.056	19.23	***	0.811		
VI4	1.188	0.062	19.033	***	0.804		

注：***表示P<0.001。

心理变量正式量表模型拟合指标结果如表6-20所示，发现所有拟合指标均满足要求，也表明心理变量正式量表通过效度检验。

表 6-20　　　　　　心理变量正式量表拟合指标结果

变量	χ^2/df	CFI	IFI	TLI	RMSEA
心理变量	2.741	0.912	0.913	0.903	0.061
要求	<3	>0.9	>0.9	>0.9	<0.08

2. 行为意愿与行为量表效度检验

按照效度检验步骤，对量表进行检验，结果如表 6-21 所示，行为意愿与行为正式量表 KMO 值为 0.954，大于 0.7，近似卡方值为 4863.617，在 0.001 的水平上显著（P = 0.000），所以可知该量表符合探索性因子分析的前提条件。对该量表进行主成分提取，结果如表 6-22 所示，可知提取三个公因子后，总方差贡献率为 70.115%，大于 60%，第一个因子的贡献率为 26.720%，小于 40%，说明行为意愿与行为正式量表通过共同方法偏差检验。对该量表进行正交旋转，结果见表 6-23，发现各测量题项因子荷载均大于 0.5，且在三个因子上的分布如理论预期，因此，行为意愿与行为正式量表通过效度检验。

表 6-21　　行为意愿与行为正式量表 KMO 和巴特利特球形检验

KMO 取样适切性量数		0.954
巴特利特球形检验	近似卡方	4863.617
	自由度	105
	显著性水平	0.000

表 6-22　　　　行为意愿与行为正式量表因子总方差解释

成分	初始特征值			提取荷载平方和			旋转荷载平方和		
	总计	方差贡献率（%）	累计方差贡献率（%）	总计	方差贡献率（%）	累计方差贡献率（%）	总计	方差贡献率（%）	累计方差贡献率（%）
1	8.373	55.819	55.819	8.373	55.819	55.819	4.008	26.720	26.720
2	1.424	9.494	65.312	1.424	9.494	65.312	3.954	26.362	53.082
3	0.720	4.803	70.115	0.720	4.803	70.115	2.555	17.034	70.115

表 6-23　　　　　行为意愿与行为正式量表旋转成分

题项	成分 1	成分 2	成分 3
RCBW1			0.694
RCBW2			0.610
RCBW3			0.641
RCBW4			0.605
RCBW5			0.531
PRCB1		0.617	
PRCB2		0.838	
PRCB3		0.724	
PRCB4		0.718	
PRCB5		0.706	
PRCB6		0.712	
CRCB1	0.753		
CRCB2	0.675		
CRCB3	0.759		
CRCB4	0.821		

进一步对行为意愿与行为正式量表进行验证性因子分析，结果如表 6-24 所示，结果显示行为意愿与行为的题项荷载均大于 0.5，AVE 值大于 0.5，CR 值大于 0.7，满足要求。

表 6-24　　　　　行为意愿与行为正式量表验证性因子分析

题项	非标准化估计值	标准误(S.E.)	t 值	显著性水平	标准化估计值（因子荷载）	AVE	CR
RCBW1	1				0.851		
RCBW2	0.849	0.044	19.389	***	0.752		
RCBW3	0.991	0.044	22.774	***	0.834	0.585	0.873
RCBW4	1.052	0.050	21.236	***	0.799		
RCBW5	0.811	0.063	12.773	***	0.549		

续表

题项	非标准化估计值	标准误(S.E.)	t值	显著性水平	标准化估计值(因子荷载)	AVE	CR
PRCB1	1				0.782		
PRCB2	0.894	0.054	16.488	***	0.718		
PRCB3	1.056	0.059	17.762	***	0.764	0.555	0.882
PRCB4	1.062	0.058	18.259	***	0.782		
PRCB5	0.944	0.063	15.029	***	0.664		
PRCB6	0.958	0.055	17.445	***	0.753		
CRCB1	1				0.834		
CRCB2	0.893	0.048	18.562	***	0.749	0.663	0.887
CRCB3	1.018	0.047	21.826	***	0.839		
CRCB4	0.998	0.046	21.532	***	0.831		

注：***表示P<0.001。

行为意愿与行为正式量表模型拟合指标结果如表6-25所示，发现所有拟合指标均符合要求，也表明行为意愿与行为正式量表通过效度检验。

表6-25　　　　行为意愿与行为正式量表拟合指标结果

变量	χ^2/df	CFI	IFI	TLI	RMSEA
行为意愿与行为	2.799	0.978	0.978	0.971	0.061
要求	<3	>0.9	>0.9	>0.9	<0.08

3. 柔性助推量表效度检验

按照效度检验的步骤，对量表进行检验，由表6-26可知KMO值为0.925，大于0.7，近似卡方值为2675.940，在0.001的水平上显著（P=0.000），所以可知柔性助推正式量表符合进行探索性因子分析的前提条件。对该量表进行主成分提取，结果如表6-27所示，可知提取三个公因子后，方差解释率为72.735%，大于60%，而且第一个因子的解释量为35.276%，小于40%，说明柔性助推正式量表通过共同方法偏差检验。对该量表进行正交旋转，结果如表6-28所示，发现各题项的因子荷载均大于0.5，且在三个因子上的分布如理论预期，因此，柔性助推正式量表通过效度检验。

表6-26　　　柔性助推正式量表 KMO 和巴特利特球形检验

KMO 取样适切性量数		0.925
巴特利特球形检验	近似卡方	2675.940
	自由度	45
	显著性水平	0.000

表6-27　　　柔性助推正式量表因子总方差解释

成分	初始特征值			提取荷载平方和			旋转荷载平方和		
	总计	方差贡献率（%）	累计方差贡献率（%）	总计	方差贡献率（%）	累计方差贡献率（%）	总计	方差贡献率（%）	累计方差贡献率（%）
1	5.534	55.343	55.343	5.534	55.343	55.343	3.528	35.276	35.276
2	1.006	10.061	65.404	1.006	10.061	65.404	2.237	22.370	57.647
3	0.733	7.331	72.735	0.733	7.331	72.735	1.509	15.089	72.735

表6-28　　　柔性助推正式量表旋转成分

题项	成分		
	1	2	3
DO1			0.827
DO2			0.648
GL1		0.736	
GL2		0.734	
GL3		0.675	
EN1	0.764		
EN2	0.765		

续表

题项	成分		
	1	2	3
EN3	0.834		
EN4	0.789		
EN5	0.818		

进一步对柔性助推正式量表进行验证性因子分析，结果如表6-29所示，结果显示柔性助推量表的题项荷载均大于0.5，AVE值大于0.5，CR值大于0.7，满足要求。

表6-29 柔性助推正式量表验证性因子分析

题项	非标准化估计值	标准误(S.E.)	t值	显著性水平	标准化估计值（因子荷载）	AVE	CR
DO1	1				0.796	0.575	0.730
DO2	0.796	0.046	17.169	***	0.719		
GL1	1				0.850	0.721	0.886
GL2	1.034	0.044	23.552	***	0.845		
GL3	0.972	0.041	23.878	***	0.852		
EN1	1.003	0.042	23.971	***	0.854	0.615	0.888
EN2	1				0.722		
EN3	1.028	0.067	15.248	***	0.759		
EN4	0.994	0.067	14.743	***	0.731		
EN5	0.936	0.040	23.598	***	0.846		

注：***表示P<0.001。

柔性助推正式量表模型拟合指标结果如表6-30所示，发现所有拟合指标均符合要求，也表明柔性助推正式量表通过效度检验。

表 6-30　　　　　柔性助推正式量表拟合指标结果

变量	χ^2/df	CFI	IFI	TLI	RMSEA
柔性助推	2.329	0.990	0.990	0.984	0.052
要求	<3	>0.9	>0.9	>0.9	<0.08

第七章　柔性助推视角下城市居民自愿减碳行为实证检验

第一节　描述性统计分析

正式调研中回收的有效问卷样本特征具体如表 7-1 所示。

表 7-1　　　　　人口统计学变量的描述性统计

变量		频数	频率（%）	变量		频数	频率（%）
性别	男	412	45.7	职业类型	党政机关、事业单位、国企工作人员	124	13.8
	女	490	54.3				
年龄	18—29 岁	469	52.0		教育、科研、卫生领域人员	135	15.1
	30—39 岁	214	23.7		专业技术人员	131	14.5
	40—49 岁	134	14.9		商业、服务业及销售人员	67	7.4
	50—59 岁	35	3.9		生产、运输设备操作人员及相关人员	57	6.3
	60 岁及以上	50	5.5				
婚姻状况	已婚	394	43.7		自由职业人员	47	5.2
	未婚	476	52.8		在校学生	270	29.9
	离异	23	2.5		家庭主妇	30	3.3
	其他	9	1.0		离退人员	9	1.0
学历水平	初中及以下	63	7.0		其他	32	3.5
	高中或中专	93	10.3	个人月收入	2000 元及以下	265	29.3
	大专	151	16.7		2001—5000 元	239	26.6

续表

变量		频数	频率(%)	变量		频数	频率(%)
学历水平	本科	394	43.7	个人月收入	5001—10000 元	282	31.2
	硕士研究生及以上	201	22.3		10001—20000 元	98	10.9
					20001 元及以上	18	2.0
				家庭成员人数	1—2 人	82	9.1
					3 人	377	41.8
					4 人	287	31.8
					5 人及以上	156	17.3

由表 7-1 可知，在 902 个有效样本中，从性别看，男性 412 人，占 45.7%；女性 490 人，占 54.3%。从年龄看，18—29 周岁 469 人，占 52.0%；30—39 周岁 214 人，占 23.7%；40—49 周岁 134 人，占 14.9%；50—59 周岁 35 人，占 3.9%；60 岁及以上 50 人，占 5.5%。从婚姻状况看，已婚 394 人，占 43.7%；未婚 476 人，占 52.8%；离异 23 人，占 2.5%；其他 9 人，占 1.0%。从学历水平来看，初中及以下 63 人，占 7.0%；高中或中专 93 人，占 10.3%；大专 151 人，占 16.7%；本科 394 人，占 43.7%；硕士研究生及以上 201 人，占 22.3%。从职业类型看，在校学生人数最多，共 270 人，占 29.9%；其次是教育、科研、卫生领域人员 135 人，占 15.1%；离退人员最少，共 9 人，占 1.0%。从个人月收入看，2000 元及其以下 265 人，占 29.3%；2001—5000 元 239 人，占 26.6%；5001—10000 元 282 人，占 31.2%；10001—20000 元 98 人，占 10.9%；20001 元及以上 18 人，占 2.0%。从家庭成员人数看，1—2 人有 82 人，占 9.1%；3 人有 377 人，占 41.8%；4 人有 287 人，占 31.8%；5 人及以上 156 人，占 17.3%。

各变量的均值、标准差如表 7-2 所示。发现私人自愿减碳行为的均值高于公共自愿减碳行为，但两者的实施情况并不理想，即居民的自愿减碳行为处于中等水平。

表 7-2　　　　　　　变量的描述性统计分析

变量	均值	标准误	标准差
AT	3.748	0.033	1.001
ER	3.812	0.032	0.974
SE	3.767	0.033	1.003
SI	3.657	0.033	0.996
SL	3.557	0.034	1.028
II	3.625	0.033	0.984
UI	3.584	0.033	0.979
VI	3.584	0.032	0.976
RCBW	3.755	0.032	0.965
DO	3.716	0.034	1.009
GL	3.588	0.033	0.977
EN	3.405	0.033	0.983
PRCB	3.893	0.031	0.920
CRCB	3.654	0.032	0.972

第二节　自愿减碳行为差异特征分析

本书采用独立样本 T 检验和单因素方差分析比较居民自愿减碳行为在人口学变量上的差异，分析结果如表 7-3 所示。

对性别进行独立样本 T 检验，结果表明，性别对私人自愿减碳行为（F=0.176，P=0.675>0.05）和公共自愿减碳行为（F=0.134，P=0.714>0.05）不存在显著影响，但从平均值看，私人自愿减碳行为方面女性的均值高于男性，但在公共自愿减碳行为方面，男性的均值略高于女性，说明女性更注重私人领域自愿减碳行为，对公共自愿减碳行为关注较少。

对年龄进行单因素方差分析，结果表明，年龄对私人自愿减碳行为（F=7.457，P=0.000<0.05）和公共自愿减碳行为（F=3.189，P=0.007<0.05）存在显著影响，除此之外发现老年人的私人自愿减碳行

为和公共自愿减碳行为的均值最低,这可能是因为老年人习惯节约,消费时优先考虑价格便宜的产品而不在乎产品是否节能。

对婚姻状况进行单因素方差分析,结果表明婚姻状况对私人自愿减碳行为(F=6.487,P=0.000<0.05)存在显著影响,对公共自愿减碳行为(F=2.169,P=0.090>0.05)的影响不显著,而且离异居民的私人自愿减碳行为和公共自愿减碳行为的均值最小,而婚姻状况为其他的居民的私人自愿减碳行为和公共自愿减碳行为的均值最大。

对学历水平进行单因素方差分析,结果表明学历对私人自愿减碳行为(F=6.732,P=0.000<0.05)和公共自愿减碳行为(F=2.937,P=0.020<0.05)存在显著影响,而且随着学历的提高,私人自愿减碳行为的均值也在增加。

对职业类型进行单因素方差分析,结果表明职业类型对私人自愿减碳行为(F=2.279,P=0.016<0.05)存在显著影响,但对公共自愿减碳行为(F=1.740,P=0.076>0.05)的影响不显著,除此之外,在校学生的私人自愿减碳行为的平均值最大,专业技术人员的公共自愿减碳行为的平均值最大。

对月收入水平进行单因素方差分析,结果表明月收入水平对私人自愿减碳行为(F=1.739,P=0.139>0.05)和公共自愿减碳行为(F=1.163,P=0.326>0.05)不存在显著影响,但发现月收入水平在2万元以上的居民更注重实行私人自愿减碳行为和公共自愿减碳行为。

对家庭成员人数进行单因素方差分析,结果表明家庭成员人数对私人自愿减碳行为(F=1.475,P=0.220>0.05)和公共自愿减碳行为(F=1.522,P=0.200>0.05)不存在显著影响,但发现家里成员人数5人及以上的个体更注重实行私人自愿减碳行为和公共自愿减碳行为。

表7-3　　　　　　　　　人口统计学变量差异分析

人口统计学变量	分类	私人自愿减碳行为				公共自愿减碳行为			
		均值	标准差	F值	P值	均值	标准差	F值	P值
性别	男	3.877	0.921	0.176	0.675	3.670	0.980	0.134	0.714
	女	3.906	0.920			3.641	0.966		

续表

人口统计学变量	分类	私人自愿减碳行为 均值	私人自愿减碳行为 标准差	F值	P值	公共自愿减碳行为 均值	公共自愿减碳行为 标准差	F值	P值
年龄	18—29岁	4.034	0.750	7.457	0.000	3.705	0.866	3.189	0.007
	30—39岁	3.829	1.027			3.715	1.001		
	40—49岁	3.750	1.062			3.590	1.111		
	50—59岁	3.676	1.114			3.407	1.196		
	60岁及以上	2.889	1.592			2.778	1.331		
婚姻状况	已婚	3.790	1.072	6.487	0.000	3.667	1.080	2.169	0.090
	未婚	3.998	0.745			3.665	0.866		
	离异	3.377	1.133			3.152	1.110		
	其他	4.148	0.637			3.806	0.705		
学历水平（包含正在攻读的）	初中及以下	3.635	0.950	6.732	0.000	3.488	1.010	2.937	0.020
	高中或中专	3.647	1.017			3.417	1.127		
	大专	3.714	1.004			3.584	1.024		
	本科	3.989	0.908			3.738	0.957		
	硕士研究生及以上	4.033	0.756			3.705	0.845		
职业类型	党政机关、事业单位、国企工作人员	3.995	0.964	2.279	0.016	3.780	1.013	1.740	0.076
	教育、科研、卫生领域人员	3.889	0.971			3.724	0.957		
	专业技术人员	3.899	0.914			3.792	0.960		
	商业、服务业及销售人员	3.724	1.036			3.623	1.037		
	生产、运输设备操作人员及相关人员	3.591	1.113			3.539	1.186		
	自由职业人员	3.738	1.135			3.484	1.101		
	在校学生	4.015	0.700			3.611	0.833		
	家庭主妇	3.794	0.890			3.667	0.847		
	离退人员	3.296	1.474			2.944	1.467		
	其他	3.839	0.901			3.383	1.100		
个人月收入	2000元及以下	3.893	0.688	1.739	0.139	3.602	0.854	1.163	0.326
	2001—5000元	3.856	0.977			3.630	1.020		
	5001—10000元	3.844	1.028			3.691	1.031		
	10001—20000元	3.803	0.998			3.676	1.000		
	20001元及以上	4.176	0.827			4.069	0.813		

续表

人口统计学变量	分类	私人自愿减碳行为				公共自愿减碳行为			
		均值	标准差	F值	P值	均值	标准差	F值	P值
家庭成员人数	1—2人	3.754	0.923	1.475	0.220	3.494	0.967	1.552	0.200
	3人	3.893	0.988			3.691	1.025		
	4人	3.870	0.897			3.606	0.923		
	5人及以上	4.006	0.774			3.739	0.925		

第三节 自愿减碳行为理论模型的检验与修正

一 相关性分析

（一）心理变量和行为意愿与行为变量相关性分析

利用皮尔森相关系数对心理变量和行为意愿与行为变量进行相关性分析，结果如表7-4所示，可知态度、环境责任感、自我效能感、环境自我认同、社会学习、信息性影响、功利性影响和价值表达性影响，各变量之间存在正相关性，且在0.01的水平上显著。之后，进一步检查了各个变量之间的多重共线性，结果发现，心理变量和意愿与行为变量的最小容差值为0.246，大于0.2；方差膨胀因子（VIF）的最大值为4.060，小于10，因此，心理变量和意愿与行为变量通过多重共线性检验。

表7-4　　　　　心理变量和行为意愿与行为变量的相关系数

变量	AT	ER	SE	SI	SL	II	UI	VI	RCBW	PRCB	CRCB
AT	1										
ER	0.507**	1									
SE	0.472**	0.514**	1								
SI	0.368**	0.350**	0.408**	1							
SL	0.290**	0.258**	0.313**	0.467**	1						

续表

变量	AT	ER	SE	SI	SL	II	UI	VI	RCBW	PRCB	CRCB
II	0.313**	0.293**	0.342**	0.472**	0.518**	1					
UI	0.224**	0.226**	0.291**	0.332**	0.393**	0.420**	1				
VI	0.257**	0.236**	0.413**	0.430**	0.416**	0.427**	0.470**	1			
RCBW	0.404**	0.386**	0.422**	0.492**	0.280**	0.429**	0.377**	0.416**	1		
PRCB	0.303**	0.344**	0.255**	0.344**	0.249**	0.323**	0.286**	0.295**	0.463**	1	
CRCB	0.337**	0.324**	0.368**	0.449**	0.432**	0.450**	0.374**	0.520**	0.481**	0.407**	1

注：***表示 $P<0.001$；**表示 $P<0.01$；*表示 $P<0.05$。下同。

（二）柔性助推变量和行为意愿与行为变量相关性分析

利用皮尔森相关系数对柔性助推变量和行为意愿与行为变量进行相关性分析，结果如表 7-5 所示，可知默认选项、损益框架、示范性规范、自愿减碳行为意愿、私人自愿减碳行为和公共自愿减碳行为，各变量之间存在正相关性，且在 0.01 的水平上显著。之后，本书进一步检查了各个变量之间的多重共线性，结果发现，柔性助推变量和意愿与行为变量最小容差值为 0.246，大于 0.2；方差膨胀因子（VIF）最大值为 4.060，小于 10，因此，柔性助推变量和行为意愿与行为变量通过多重共线性检验。

表 7-5　柔性助推变量和行为意愿与行为变量的相关系数

变量	DO	GL	EN	RCBW	PRCB	CRCB
DO	1					
GL	0.291**	1				
EN	0.250**	0.366**	1			
RCBW	0.398**	0.384**	0.370**	1		
PRCB	0.341**	0.296**	0.200**	0.463**	1	
CRCB	0.302**	0.349**	0.417**	0.481**	0.407**	1

二 路径分析

运用结构方程模型方法对理论模型进行检验和修正。根据理论模型,态度、环境责任感、自我效能感、环境自我认同、社会学习、信息性影响、功利性影响和价值表达性影响作为自变量,自愿减碳行为意愿作为中介变量,自变量通过自愿减碳行为意愿间接影响城市居民私人自愿减碳行为和公共自愿减碳行为。据此,通过运行 Amos 24.0 软件,发现模型的拟合指标较好,拟合指标分别为 $\chi^2/df=2.794<3$,IFI=0.913>0.9,TLI=0.903>0.9,CFI=0.912>0.9,RMSEA=0.061<0.08,以上拟合指标均满足要求,因此该模型即为最终模型,路径分析结果如表7-6 所示。

表 7-6   理论模型的路径分析结果

路径	标准化路径系数	S.E.	C.R.	P
自愿减碳行为意愿<---态度	0.287	0.018	7.294	***
自愿减碳行为意愿<---环境责任感	0.183	0.023	4.793	***
自愿减碳行为意愿<---自我效能感	0.236	0.026	5.914	***
自愿减碳行为意愿<---环境自我认同	0.533	0.028	11.243	***
自愿减碳行为意愿<---社会学习	-0.198	0.018	-5.008	***
自愿减碳行为意愿<---信息性影响	0.293	0.024	6.926	***
自愿减碳行为意愿<---功利性影响	0.262	0.029	6.283	***
自愿减碳行为意愿<---价值表达性影响	0.239	0.023	6.056	***
私人自愿减碳行为<---自愿减碳行为意愿	0.753	0.073	11.266	***
公共自愿减碳行为<---自愿减碳行为意愿	0.781	0.083	12.201	***

从表 7-6 中可以看出,在影响城市居民私人自愿减碳行为和公共自愿减碳行为的作用路径中,自愿减碳行为意愿对私人自愿减碳行为($\beta=0.753$,P=0.000)和公共自愿减碳行为($\beta=0.781$,P=0.000)存在显著的正向影响,而且对公共自愿减碳行为的影响大于私人自愿减碳行为。态度、环境责任感、自我效能感、环境自我认同、社会学习、信息性影响、功利性影响和社会表达性影响对自愿减碳行为意愿产生显

著影响，其中社会学习对居民的自愿减碳行为有抑制作用（β = -0.198，P = 0.000），其他七个自变量对自愿减碳行为意愿均为正向影响，其中环境自我认同对自愿减碳行为意愿的影响最大（β = 0.533，P = 0.000），其次为信息性影响（β = 0.293，P = 0.000）、态度（β = 0.287，P = 0.000）、功利性影响（β = 0.262，P = 0.000）、价值表达性影响（β = 0.239，P = 0.000）、自我效能感（β = 0.236，P = 0.000），最后为环境责任感（β = 0.183，P = 0.000），路径分析系数如图 7-1 所示。

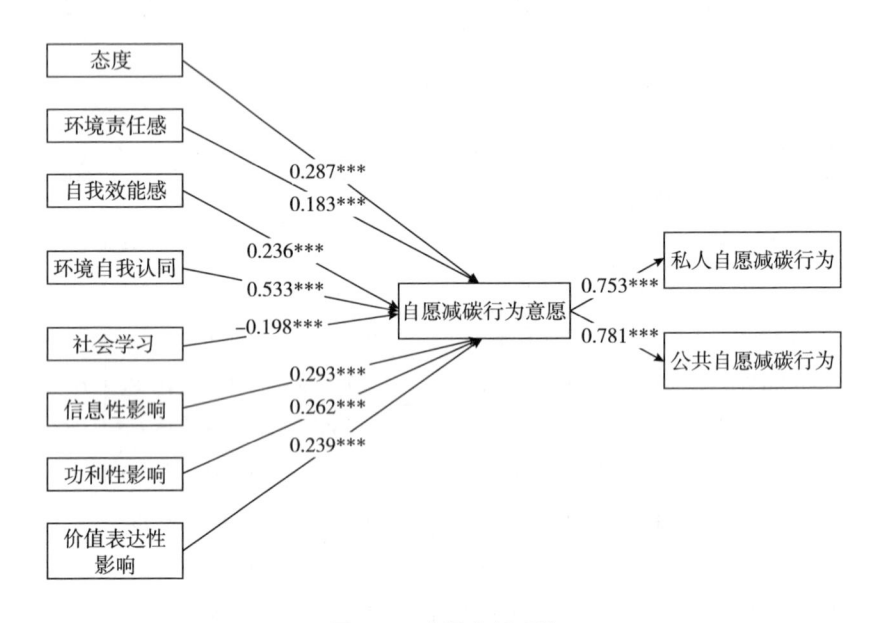

图 7-1　路径分析系数

第四节　默认选项调节效应检验

在不考虑外部因素的条件下，对自愿减碳行为意愿、默认选项、私人自愿减碳行为和公共自愿减碳行为进行多层回归分析，结果见表 7-7。由模型一（Model 1）结果可知，自愿减碳行为意愿对私人自愿减碳行为（F=673.083，P<0.001）与公共自愿减碳行为（F=751.451，P<0.001）具有显著正向影响，自愿减碳行为意愿是私人自愿减碳行为和公共自愿减碳行为的主要预测因素。在模型二（Model 2）的检验结果中，发现默认选项对私人自愿减碳行为与公共自愿减碳行为在0.001水平上具有显著影响。在模型三（Model 3）的检验结果中，自愿减碳行为意愿与默认选项的交互项在自愿减碳行为意愿对私人自愿减碳行为的影响中不显著（P>0.050），在自愿减碳行为意愿对公共自愿减碳行为的影响中显著（P<0.050），这意味着当居民具有自愿减碳行为意愿时，如果系统已提前帮助居民设置好默认绿色选项，那么居民越会主动参与到公共自愿减碳行为中去。但是针对私人自愿减碳行为，默认选项的作用没有那么明显。因为当居民个体具有明显的选择偏好时，默认选项不会充分发挥作用，只有对无明显选择偏好的居民才能发挥作用，而且居民的私人自愿减碳行为并未受到其他人的监督，居民可能更加关注行为决策带给自己的经济影响或环境影响，此时行为决策不只依赖直觉系统，因此在自愿减碳行为意愿到私人自愿减碳行为之间的调节效应不显著。

表7-7　　　　　　　　　默认选项的调节效应检验

	PRCB			CRCB		
	Model 1	Model 2	Model 3	Model 1	Model 2	Model 3
RCBW	0.763***	0.616***	0.753***	0.781***	0.702***	0.540***
DO		0.211***	0.387***		0.112**	-0.098
RCBW×DO			-0.293			0.350*
R^2	0.583	0.605	0.608	0.609	0.614	0.617
F	673.083***	369.067***	248.228***	751.451***	385.272***	260.371***

第五节　损益框架调节效应检验

在不考虑外部因素的条件下，对自愿减碳行为意愿、损益框架、私人自愿减碳行为和公共自愿减碳行为进行多层回归分析，回归分析结果如表7-8所示。由模型一结果可知，自愿减碳行为意愿对私人自愿减碳行为（F=673.083，P<0.001）与公共自愿减碳行为（F=751.451，P<0.001）具有显著正向影响，自愿减碳行为意愿是私人自愿减碳行为和公共自愿减碳行为的主要预测因素。在模型二的检验结果中发现损益框架对私人自愿减碳行为和公共自愿减碳行为的影响在0.001的水平上显著。在模型三的检验结果中，自愿减碳行为意愿与损益框架的交互项对私人自愿减碳行为的作用显著（P<0.001），且为负向调节，对公共自愿减碳行为的调节作用不显著（P>0.050），这可能是因为当涉及公共利益和个人利益时，居民个体往往选择个人利益最大化，将公共利益排在个人利益之后。因此，在公共自愿减碳行为方面，损益框架的调节效应不显著。

表7-8　　损益框架的调节效应检验

	PRCB			CRCB		
	Model 1	Model 2	Model 3	Model 1	Model 2	Model 3
RCBW	0.763***	0.669***	1.037***	0.781***	0.632***	0.652***
GL		0.139***	0.671***		0.217***	0.246*
RCBW×GL			−0.839***			−0.045
R^2	0.583	0.593	0.609	0.609	0.634	0.634
F	673.083***	350.328***	249.718***	751.451***	417.306***	277.684***

第六节　示范性规范调节效应检验

在不考虑外部因素的条件下，对自愿减碳行为意愿、示范性规范、私人自愿减碳行为和公共自愿减碳行为进行多层回归分析，回归分析结果如表7-9所示。由模型一结果可知，自愿减碳行为意愿对私人自愿减碳行为（F=673.083，P<0.001）与公共自愿减碳行为（F=751.451，

P<0.001）具有显著正向影响，自愿减碳行为意愿是私人自愿减碳行为和公共自愿减碳行为的主要预测因素。在模型二的检验结果中，发现示范性规范对私人自愿减碳行为（P>0.050）的影响不显著，但对公共自愿减碳行为（P<0.001）具有显著正向作用。在模型三的检验结果中，自愿减碳行为意愿与示范性规范的交互项对私人自愿减碳行为的作用显著（P<0.050），对公共自愿减碳行为的调节作用不显著（P>0.050）。这意味着当居民具有自愿减碳行为意愿时，如果居民知道周围其他人的行为，可能居民个体为了保持自己的性格独特性，参与到私人自愿减碳行为的积极性降低，而在公共自愿减碳行为方面，由于居民已经具有自愿减碳行为意愿，而周围人的行为还未达到能够在原来行为意愿的基础上激励居民实行公共自愿减碳行为的水平。除此之外，公共自愿减碳行为包括劝阻其他人的能源浪费行为，由于部分居民注重人与人之间的界限感和隐私感，所以示范性规范在自愿减碳行为意愿到公共自愿减碳行为之间的调节效应不显著。

表 7-9　　　　　　　　示范性规范的调节效应检验

	PRCB			CRCB		
	Model 1	Model 2	Model 3	Model 1	Model 2	Model 3
RCBW	0.763***	0.777***	0.942***	0.781***	0.544***	0.622***
EN		−0.020	0.273		0.353**	0.492***
RCBW×EN			−0.426*			−0.202
R^2	0.583	0.583	0.587	0.609	0.678	0.679
F	673.083***	336.155***	227.338***	751.451***	506.277***	338.196***

第七节　柔性助推对心理变量直接效应检验

在前文检验柔性助推在自愿减碳行为转化为私人自愿减碳行为和公共自愿减碳行为的过程中的调节效应的基础上，本节进一步分析不同柔性助推策略对居民心理变量的影响，利用回归分析，结果如表7-10所示。

表7-10　　　　柔性助推对心理变量的直接效应检验

柔性助推	AT β	AT T	ER β	ER T	SE β	SE T	SI β	SI T
DO	0.526***	14.194	0.516***	13.219	0.569***	15.182	0.587***	15.922
GL	0.524***	13.505	0.497***	12.574	0.574***	15.405	0.595***	16.257
EN	0.516***	13.224	0.458***	11.305	0.524***	13.515	0.654***	18.985

柔性助推	SL β	SL T	II β	II T	UI β	UI T	VI β	VI T
DO	0.556***	14.692	0.599***	16.429	0.543***	14.194	0.558***	14.762
GL	0.600***	16.451	0.626***	17.620	0.639***	18.256	0.719***	22.732
EN	0.755***	25.240	0.695***	21.222	0.705***	21.845	0.737***	23.930

由结果可知、默认选项、损益框架和示范性规范对居民的心理变量均存在显著正向影响。针对态度而言，默认选项对态度的影响最大（β=0.526，P=0.000），其次是损益框架（β=0.524，P=0.000），最后是示范性规范（β=0.516，P=0.000）。针对环境责任感而言，默认选项对态度的影响最大（β=0.516，P=0.000），其次是损益框架和示范性规范。针对自我效能感而言，损益框架对自我效能感的影响最大（β=0.574，P=0.000），其次是默认选项和示范性规范。针对其他心理变量而言，示范性规范的影响最大，其次是损益框架和默认选项。除此之外，发现默认选项对环境自我认同的影响最大（β=0.587，P=0.000），损益框架对价值表达性影响的解释度最高（β=0.719，P=0.000），示范性规范对社会学习的影响最大（β=0.755，P=0.000）。

第八章　柔性助推对城市居民自愿减碳行为影响情境实验

　　实验法是研究变量之间因果关系的有效方法，相较于问卷调查法，实验法对结果拥有更强的解释力和说服力。具体来说，实验的过程即一个验证或推翻假设的过程，实验的过程是可重复可操作的，尤其在环境行为领域（任莉颖，2018）。情境实验属于标准实验形式之一，情境实验中，被试者被随机分配到不同实验组和对照组，不同实验组处于情境中，对照组不予以情境助推，待被试者充分理解情境内容之后，被试者根据情境内容做出相应的选择。

　　由实证研究结果可知，默认选项在自愿减碳行为意愿转化为公共自愿减碳行为的过程中存在显著调节作用，但在转化为私人自愿减碳行为的过程中调节效应不显著；损益框架在自愿减碳行为意愿转化为私人自愿减碳行为的过程中存在显著调节作用，但在转化为公共自愿减碳行为的过程中调节效应不显著；示范性规范在自愿减碳行为意愿转化为私人自愿减碳行为的过程中存在显著调节作用，但在转化为公共自愿减碳行为的过程中调节效应不显著。无论是默认选项、损益框架，还是示范性规范，在自愿减碳行为意愿转化为私人自愿减碳行为和公共自愿减碳行为的过程中均存在不同影响。实验法作为一种更客观的方法，更容易定量评估居民的实际行为，因此本书在实证研究的基础上，具体设计3组实验检验默认选项、获益框架和损失框架、示范性规范对居民自愿减碳行为的影响，并且比较各柔性助推情境下居民的心理变量和自愿减碳行为与对照组的区别，从而更具针对性地提出促进居民自愿减碳行为的引导策略。

　　本章实验设计为：首先，在网上借助问卷星平台随机抽取被试者，将其选做志愿者加入柔性助推情境实验。实验部分共分为三组实验，分别为默认选项组、损益框架组、示范性规范组。其中默认选项组包括默认绿色选项和默认非绿色选项组柔性助推情境，损益框架组包括获益框架和损失框架组柔性助推情境，加上示范性规范组共计五组柔性助推情境组和一组对照组。其次，对实验组进行相应的情境助推实验，具体情境分别为默认绿色选项、默认非绿色选项、获益框架、损失框架和示范性规范，对照组不进行任何情境助推。待被试者充分理解情境内容之后，首先根据情境内容要求做出行为决策，之后让其填写一份关于人口学变量、心理变量和行为变量的调查问卷。根据实证研究结果可知，居民自愿减碳行为在年龄、婚姻状况、学历水平和职业类型上存在显著差异，因此本阶段的人口学变量仅测量如上题项，心理变量和行为变量与实证研究正式量表保持一致。最后，运用统计分析软件 SPSS 22.0 对实验数据进行分析处理，对比分析不同柔性助推策略对居民自愿减碳行为和心理变量的影响，进而为政策制定者提供建议。

柔性助推情境实验于 2022 年 1—2 月通过线上的方式展开，通过制作相应链接转发给不同的亲朋好友，以滚雪球的方式邀请被试者参与到情境实验中，通过设置随机题目让被试者进入不同的情境和对照组中，具体被试分布情况如表 8-1 所示。

表 8-1　　　　　　　实验分组及柔性助推情况统计表

分组	实验 1		实验 2		实验 3	
	默认绿色选项组	默认非绿色选项组	获益框架组	损失框架组	示范性规范组	对照组
数量（份）	58	52	57	52	54	58

第一节　实验 1：默认选项对居民自愿减碳行为的影响

已有研究显示，默认选项一定程度上能够改变居民的行为。现实生活中，人由于惰性，往往更依赖于直觉决策，更倾向于不做选择，一般不会主动更改已提前设置好的选项。因此，默认选项的设置能够对城市居民自愿减碳行为产生影响（江程铭等，2019）。如 Sunstein（2021）发现将绿色能源作为默认选项时，相对于普通能源，选择绿色能源的居民更多。因此，本书下篇设置实验 1 检验默认选项的设置是否能够显著提高默认选项的选择率。

一　实验设计

运用头脑风暴、专家咨询和实地调研的方法确定本书下篇默认选项的情境设置。默认选项情境为购买垃圾袋，为了减少其他因素对本实验的干扰，提供两种垃圾袋供居民选择，一种是环保可降解的，另一种是普通垃圾袋，并且给居民醒目的标志以区分两者。关于垃圾袋的选择，通过筛选电商平台上销量靠前的两种垃圾袋以确定垃圾袋的价格与数量。采用组间设计的方式比较默认选项的不同是否影响居民的减碳购买行为。

默认选项组的情境材料为"想象一下，您负责购买家里的日常用品，现在家里的垃圾袋快用完了，需要采购新的垃圾袋，您准备花费 20 元左右购置 1 包垃圾袋（120 只左右），现在有两种选择，一种垃圾袋是绿色环保可全降解的，另一种垃圾袋是普通不可降解的，请仔细浏览以下信息（图片来自电商平台），做出您的选择"。（可全降解垃圾袋，废弃后通过光/热氧化作用及环境微生物作用，加速降解，回归生态圈，不会对环境造成污染，同时能够减少碳排放）具体如图 8-1 所示。

（a）环保可降解垃圾袋（18.8元/120只）　　（b）普通垃圾袋（18.5元/120只）

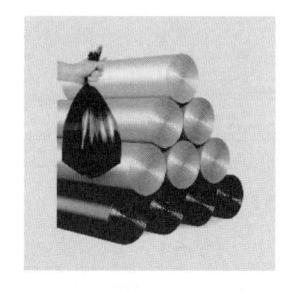

图 8-1　默认选项组柔性助推内容

本书通过线上邀请被试者参与该实验过程，默认绿色选项组提前为被试者选择好 A，默认非绿色选项组提前为被试者选择好 B，待实验完成之后给予被试者一定的物质奖励。其中参与到默认绿色选项组被试者58 人，默认非绿色选项组被试者 52 人，对照组 58 人。

二 数据分析

首先，对被试者进行描述性统计分析，结果如表 8-2 所示，可知各人口统计学变量上的分布较为平均。

表 8-2　　实验 1 人口统计学变量的描述性统计

变量		默认绿色选项频数	默认绿色选项频率（%）	默认非绿色选项频数	默认绿色选项频率（%）	对照组频数	对照组频率（%）
年龄	18—29 岁	12	20.7	13	25.0	14	24.1
	30—39 岁	12	20.7	10	19.2	12	20.7
	40—49 岁	14	24.2	11	21.2	11	19.0
	50—59 岁	10	17.2	9	17.3	13	22.4
	60 岁及以上	10	17.2	9	17.3	8	13.8
婚姻状况	已婚	15	25.9	14	26.9	21	36.3
	未婚	19	32.8	16	30.8	9	15.5
	离异	14	24.1	12	23.1	14	24.1
	其他	10	17.2	10	19.2	14	24.1
学历水平	初中及以下	8	13.8	9	17.3	7	12.1
	高中或中专	12	20.7	9	17.3	10	17.2
	大专	14	24.1	13	25.0	15	25.9
	本科	16	27.6	12	23.1	14	24.1
	硕士研究生及以上	8	13.8	9	17.3	12	20.7
职业类型	党政机关、事业单位、国企工作人员	5	8.6	3	5.8	3	5.2
	教育、科研、卫生领域人员	5	8.6	4	7.7	4	6.9
	专业技术人员	4	6.9	4	7.7	4	6.9
	商业、服务业及销售人员	6	10.3	5	9.6	5	8.6
	生产、运输设备操作人员及相关人员	4	6.9	5	9.6	6	10.3
	自由职业人员	9	15.5	6	11.5	7	12.1

续表

变量		默认绿色选项频数	默认绿色选项频率(%)	默认非绿色选项频数	默认非绿色选项频率(%)	对照组频数	对照组频率(%)
职业类型	在校学生	10	17.3	7	13.5	8	13.8
	家庭主妇	4	6.9	5	9.6	8	13.8
	离退人员	3	5.2	8	15.4	6	10.3
	其他	8	13.8	5	9.6	7	12.1

其次，对默认绿色选项组、默认非绿色选项组和对照组的人口统计学变量进行卡方检验，以保证各变量均匀分布，结果如表 8-3、表 8-4 和表 8-5 所示，发现各变量的 P 值均大于 0.5，因此不应拒绝原假设，即各组的人口统计学变量呈均匀分布。

表 8-3　　　默认绿色选项组均匀分布检验

			年龄	婚姻状况	学历水平	职业类型
χ^2	χ^2		0.966	2.828	4.414	8.897
	自由度		4.000	3.000	4.000	9.000
	渐近显著性		0.915	0.419	0.353	0.447
	显著性		0.925	0.455	0.365	0.464
	95%的置信区间	LLCI	0.920	0.445	0.355	0.455
		ULCI	0.930	0.465	0.374	0.474

表 8-4　　　默认非绿色选项组均匀分布检验

			年龄	婚姻状况	学历水平	职业类型
χ^2	χ^2		1.077	1.538	1.462	3.769
	自由度		4.000	3.000	4.000	9.000
	渐近显著性		0.898	0.673	0.833	0.926
	显著性		0.912	0.691	0.855	0.942
	95%的置信区间	LLCI	0.905	0.679	0.846	0.936
		ULCI	0.919	0.703	0.864	0.948

表 8-5　　　　　　　　　　对照组均匀分布检验

			年龄	婚姻状况	学历水平	职业类型
	χ^2		1.828	5.034	3.552	4.759
	自由度		4.000	3.000	4.000	9.000
	渐近显著性		0.767	0.169	0.470	0.855
χ^2	显著性		0.793	0.172	0.490	0.875
	95%的置信区间	LLCI	0.785	0.164	0.480	0.868
		ULCI	0.801	0.179	0.499	0.881

再次，对默认选项的结果进行统计，发现处于默认选项 A 组情境下的 58 位被试者全部选择可降解的环保垃圾袋，0 位选择普通垃圾袋。默认选项 B 组的被试者 45 位选择普通垃圾袋，7 位选择环保可降解垃圾袋。默认选项 A 组的居民的默认绿色选项率为 100%，默认 B 组的默认非绿色选项选择率为 86.54%，绿色选项的选择率为 13.46%。结合默认选项组的 110 位被试者，共有 103 位被试者选择默认选项，默认选项的选择率为 93.63%，大于 0.5，经过非参数检验，发现默认选项的设置能够显著提高默认选项的选择率（P=0.000<0.005）。

最后，对默认绿色选项组和对照组进行回归分析，发现居民的私人自愿减碳行为和公共自愿减碳行为与对照组的差异不显著，但是在柔性助推情境下居民的行为决策是全部选择购买环保可降解的垃圾袋，由此可见，默认选项能够直接影响居民的具体行为。基于此，本书结合居民自愿减碳行为的理论模型和研究目的，利用回归分析，探究默认选项柔性助推情境下，居民的心理因素与对照组的差异，具体结果如表 8-6 所示，从表中可以看到默认选项情境下，居民的功利性影响（t=2.069，P=0.041<0.05）和价值表达性影响（t=2.694，P=0.008<0.01）与对照组相比有显著差异，而态度、环境责任感、自我效能感、环境自我认同、社会学习和信息性影响均无显著差异。

表 8-6　　　　　　　　默认绿色选项与对照组对比结果

变量	默认选项	非标准化系数 β	SE	标准系数 β	t	显著性水平
AT	默认绿色选项	0.191	0.138	0.124	1.387	0.168
ER	默认绿色选项	-0.024	0.136	-0.016	-0.180	0.858
SE	默认绿色选项	0.108	0.138	0.070	0.781	0.436
SI	默认绿色选项	0.229	0.142	0.143	1.611	0.110
SL	默认绿色选项	0.249	0.157	0.141	1.585	0.116
II	默认绿色选项	0.231	0.150	0.137	1.538	0.127
UI	默认绿色选项	0.303	0.147	0.183*	2.069	0.041
VI	默认绿色选项	0.378	0.140	0.235**	2.694	0.008
PRCB	默认绿色选项	0.126	0.120	0.070	1.042	0.298
CRCB	默认绿色选项	0.230	0.151	0.102	1.528	0.128
	对照组	0				

三　研究结论

经过非参数检验和回归分析，发现设置默认选项能够显著提高默认选项的选择率，而且默认绿色选项情境下居民的功利性影响和价值表达性影响相较于对照组具有显著差异。

第二节　实验 2：获益框架和损失框架对城市居民自愿减碳行为影响

由实证研究结果可知，损益框架在自愿减碳行为意愿与私人自愿减碳行为之间起显著调节作用，而在自愿减碳行为意愿与公共自愿减碳行为之间的调节作用不显著。环境行为领域，人们在心理上更容易被消极暗示影响，相较于获益框架，更倾向于避免损失，因为遭受损失所带来的痛苦大于相应收益所带来的快乐。目前关于获益框架与损失框架对居民心理变量和环境行为的影响并未得到统一结论，如 Poortinga 和 Whitaker（2018）发现损失框架相较于获益框架更能显著改变回收行为，

Lord（1994）发现获益框架下居民的回收态度有更大的改善，而损失框架下居民的回收态度改变得不明显。Nabi 等（2018）发现获益框架下，居民的绿色态度更积极，但实际行为并不如预期。White 等（2011）发现损益框架下居民的回收意愿均显著高于无柔性助推情境下的居民，而且损失框架下居民的实际回收水平更高。虽然较多学者已研究过损益框架对行为的影响，但获益框架和损失框架对居民的行为可能产生不同的影响，因此本书通过设置一组实验，比较获益框架和损失框架下居民自愿减碳行为和心理变量的区别。

一 实验设计

获益框架组和损失框架组的设计思路为被试者首先阅读一段相同的描述气候变化严重性以及减碳必要性的文字，之后获益框架组被试者阅读具体的减碳行为的减碳量以及碳排放减少对社会和居民的好处，损失框架组被试者阅读具体的高碳行为的增碳量以及碳排放增加对社会和居民的坏处。

获益框架组的柔性助推情境为：二氧化碳排放量增多将带来一系列问题，如导致北极冰封许久的冰层逐渐融化，海平面上升形成海底城市，热浪、强降水和干旱等极端天气，对生态、人类健康的负面影响已成为不争的事实。个人的低碳行为有助于减少碳排放，有助于我国尽早实现"双碳"目标，有助于生活环境更美丽宜人，有助于身体健康。

损失框架组的柔性助推情境为：二氧化碳排放量增多将带来一系列问题，如导致北极冰封许久的冰层逐渐融化，海平面上升形成海底城市，热浪、强降水和干旱等极端天气，对生态、人类健康的负面影响已成为不争的事实。个人的高碳行为将增加碳排放，阻碍我国"双碳"目标的实现，破坏生活环境，损害身体健康。

二 数据分析

参与到获益框架组被试者 57 人，参与到损失框架组被试者 52 人。首先，对被试者进行描述性统计分析，结果如表 8-7 所示。由表可知各人口学变量上的分布较为平均，对照组数据同实验 1。

表 8-7　　　　　　实验 2 人口统计学变量的描述性统计

变量		获益框架组频数	获益框架组频率（%）	损失框架组频数	损失框架组频率（%）
年龄	18—29 岁	15	26.3	13	25.0
	30—39 岁	14	24.6	10	19.2
	40—49 岁	10	17.5	13	25.0
	50—59 岁	11	19.3	8	15.4
	60 岁及以上	7	12.3	8	15.4
婚姻状况	已婚	18	31.6	13	25.0
	未婚	18	31.6	17	32.6
	离异	11	19.3	11	21.2
	其他	10	17.6	11	21.2
学历水平	初中及以下	8	14.0	8	15.4
	高中或中专	10	17.5	8	15.4
	大专	11	19.3	13	25.0
	本科	15	26.3	15	28.8
	硕士研究生及以上	13	22.8	8	15.4
职业类型	党政机关、事业单位、国企工作人员	5	8.8	4	7.7
	教育、科研、卫生领域人员	5	8.8	3	5.8
	专业技术人员	4	7.0	4	7.7
	商业、服务业及销售人员	3	5.3	6	11.5
	生产、运输设备操作人员及相关人员	6	10.5	5	9.6
	自由职业人员	7	12.2	4	7.7
	在校学生	5	8.8	8	15.4
	家庭主妇	7	12.3	6	11.5
	离退人员	8	14.0	8	15.4
	其他	7	12.3	4	7.7

其次，对获益框架组和损失框架组的被试者人口统计学变量进行卡方检验，以保证各变量均匀分布。结果如表 8-8 和表 8-9 所示，发现

各变量的 P 值均大于 0.5，因此不应拒绝原假设，即各组的人口统计学变量呈均匀分布。

表 8-8　　　　　　　　　　　　获益框架组均匀分布检验

			年龄	婚姻状况	学历水平	职业类型
χ^2	χ^2		3.614	3.982	2.561	3.877
	自由度		4.000	3.000	4.000	9.000
	渐近显著性		0.461	0.263	0.634	0.919
	显著性		0.489	0.267	0.659	0.936
	95%的置信区间	LLCI	0.476	0.255	0.646	0.930
		ULCI	0.502	0.278	0.671	0.942

表 8-9　　　　　　　　　　　　损失框架组均匀分布检验

			年龄	婚姻状况	学历水平	职业类型
χ^2	χ^2		0.692	2.423	1.846	4.346
	自由度		1.000	4.000	3.000	4.000
	渐近显著性		0.405	0.658	0.605	0.361
	显著性		0.498	0.684	0.631	0.377
	95%的置信区间	LLCI	0.485	0.672	0.619	0.365
		ULCI	0.511	0.695	0.644	0.390

再次，通过回归分析比较获益框架和损失框架与对照组的态度、环境责任感、自我效能感、环境自我认同、社会学习、信息性影响、功利性影响、价值表达性影响、私人自愿减碳行为和公共自愿减碳的差异。具体分析结果如表 8-10 所示，可以发现，与对照组相比，损失框架下，居民的态度（t=2.538，P=0.012<0.05）、环境自我认同（t=2.510，P=0.013<0.05）、信息性影响（t=2.973，P=0.003<0.01）、功利性影响（t=2.098，P=0.037<0.05）与对照组有显著差异。而获益框架下的态度（t=1.238，P=0.217>0.05）、环境自我认同（t=1.223，P=0.222>0.05）、信息性影响（t=1.261，P=0.208>0.05）、功利性影响

(t=1.659,P=0.098>0.05)与对照组差异不显著。无论在获益框架下还是损失框架下，居民的社会学习和价值表达性影响与对照组相比均存在显著差异。

表 8-10　　损益框架与对照组对比结果

变量	损益框架	非标准化系数 β	S.E.	标准系数 β	t	显著性
AT	获益框架	0.185	0.149	0.083	1.238	0.217
	损失框架	0.388	0.153	0.168*	2.538	0.012
ER	获益框架	-0.002	0.142	-0.001	-0.017	0.987
	损失框架	0.135	0.146	0.062	0.925	0.355
SE	获益框架	0.086	0.139	0.042	0.617	0.537
	损失框架	0.114	0.143	0.053	0.795	0.427
SI	获益框架	0.182	0.149	0.082	1.223	0.222
	损失框架	0.382	0.152	0.166*	2.510	0.013
SL	获益框架	0.386	0.161	0.159*	2.399	0.017
	损失框架	0.569	0.165	0.225**	3.443	0.001
II	获益框架	0.190	0.150	0.084	1.261	0.208
	损失框架	0.459	0.154	0.196**	2.973	0.003
UI	获益框架	0.251	0.151	0.111	1.659	0.098
	损失框架	0.326	0.155	0.139*	2.098	0.037
VI	获益框架	0.316	0.155	0.136*	2.038	0.042
	损失框架	0.417	0.159	0.173**	2.629	0.009
PRCB	获益框架	0.159	0.121	0.089	1.318	0.188
	损失框架	0.262	0.124	0.141*	2.115	0.035
CRCB	获益框架	0.321	0.151	0.141*	2.120	0.035
	损失框架	0.480	0.155	0.204**	3.092	0.002
	对照组	0				

最后，以获益框架为对照组，利用回归分析法研究获益框架和损失框架的态度、环境责任感、自我效能感、环境自我认同、社会学习、信息性影响、功利性影响、价值表达性影响、私人自愿减碳行为和公共自

愿减碳的差异。结果如表 8-11 所示,可以发现,与获益框架相比,损失框架下的心理变量、私人自愿减碳行为和公共自愿减碳行为的差异不显著。

表 8-11　　　　　　　　获益框架与损失框架对比结果

变量	损益框架	非标准化系数 β	S.E.	标准系数 β	t	显著性
AT	损失框架	0.204	0.165	0.119	1.237	0.219
ER	损失框架	0.138	0.157	0.084	0.875	0.384
SE	损失框架	0.028	0.138	0.019	0.200	0.842
SI	损失框架	0.201	0.150	0.128	1.336	0.184
SL	损失框架	0.183	0.159	0.110	1.150	0.253
II	损失框架	0.269	0.146	0.175	1.839	0.069
UI	损失框架	0.075	0.154	0.047	0.484	0.630
VI	损失框架	0.102	0.155	0.063	0.656	0.513
PRCB	损失框架	0.103	0.117	0.085	0.881	0.380
CRCB	损失框架	0.159	0.149	0.103	1.068	0.288
	获益框架	0.000				

三　研究结论

经过上述研究,发现获益框架下心理变量中的社会学习和价值表达性影响与对照组存在显著差异,居民公共自愿减碳行为与对照组存在显著差异。损失框架下,心理变量中的态度、环境自我认同、社会学习、信息性影响、功利性影响和价值表达性影响与对照组存在显著差异,居民的私人自愿减碳行为和公共自愿减碳行为与对照组存在显著差异。

第三节 实验3：示范性规范对城市居民自愿减碳行为影响

示范性规范是由大多数人的行为表现形成的行为标准，告知人们特定的环境下大多数人的做法，有助于个体做出正确决策。个体为了获得社会认可或赢得大家的尊重，倾向于做出与周围人相同的行为，是个体表达对赢得群体社会认同的方式。在示范性规范影响个体减碳行为的过程中，描述其他人实行的减碳行为能够激发个体的启发式信息处理模式，因为多数人的做法说明是安全的，个体不需要花费较多精力进行决策，由于减碳行为是利他行为，所以如果不实行减碳行为则会产生群体压力，从而会增强个体的自愿减碳行为意愿，促进实行自愿减碳行为。

一 实验设计

示范性规范的情境助推设计思路为通过一段信息告知被试者周围人的某种行为做法，然后让其做出自己的选择。第一部分具体内容为：请想象您收到一条小区物业管理处推送的消息，具体内容是根据您所在小区车辆出入管理系统对于居民出行所用交通工具的统计数据，您76%的邻居本月由私家车出行转为低碳出行，您打算怎么做？然后被试者在以下三个选项中做出决策，三个选项分别如下（郑昱，2020）：

A. 我打算增加我驾驶私家车出行次数，增加_____%；

B. 我既不打算增加也不打算减少我驾驶私家车出行次数；

C. 我打算减少我驾驶私家车出行次数，减少_____%。

第二部分为个体心理变量和自愿减碳行为的测量，第三部分为人口统计学变量的测量。

二 数据分析

参与到示范性规范组被试者54人。首先，对被试者进行描述性统计分析，结果如表8-12所示，由表可知各人口统计学变量上的分布较为平均，对照组数据同实验1。

表 8-12　　　实验 3　人口统计学变量的描述性统计

变量		频数	频率(%)	变量		频数	频率(%)
年龄	18—29 岁	12	22.2	职业类型	党政机关、事业单位、国企工作人员	3	5.6
	30—39 岁	11	20.4		教育、科研、卫生领域人员	4	7.4
	40—49 岁	13	24.1		专业技术人员	5	9.3
	50—59 岁	8	14.8		商业、服务业及销售人员	6	11.1
	60 岁及以上	10	18.5		生产、运输设备操作人员及相关人员	5	9.3
婚姻状况	已婚	14	25.9		自由职业人员	6	11.1
	未婚	18	33.3		在校学生	6	11.1
	离异	11	20.4		家庭主妇	8	14.7
	其他	11	20.4		离退人员	7	13.0
学历水平	初中及以下	8	14.8		其他	4	7.4
	高中或中专	9	16.7				
	大专	15	27.8				
	本科	12	22.2				
	硕士研究生及以上	10	18.5				

其次，对示范性规范组的人口统计学变量进行卡方检验，以保证各变量均匀分布，结果如表 8-13 所示，发现各变量的 P 值均大于 0.5，因此不应拒绝原假设，即各组的人口统计学变量呈均匀分布。

表 8-13　　　　　示范性规范二项分布检验

			年龄	婚姻状况	学历水平	职业类型
	χ^2		1.370	2.444	2.852	3.778
	自由度		4.000	3.000	4.000	9.000
	渐近显著性		0.849	0.485	0.583	0.925
χ^2	显著性		0.871	0.505	0.605	0.940
	95%的置信区间	LLCI	0.865	0.495	0.596	0.936
		ULCI	0.878	0.514	0.615	0.945

再次，示范性规范情境下，有 2 人选择增加驾驶私家车的上班次

数，24 人选择不改变自己驾驶私家车上班的次数，28 人选择减少自己驾驶私家车的次数，结果如图 8-2 和表 8-14 所示。然后，对数据进行卡方检验，发现被试者的不同选项之间存在显著差异，而且被试者选择 C 选项的频率大于 0.5，因此认为示范性规范能够促进居民的低碳出行。

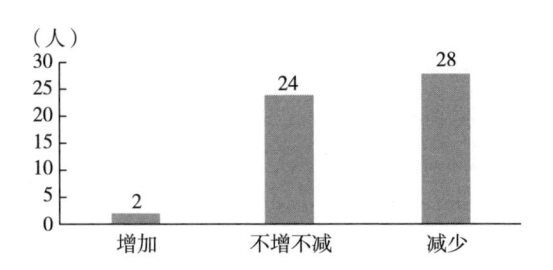

图 8-2　示范性规范选择结果

表 8-14　　　　　　　　　示范性规范结果

结果	频率	百分比	累积百分比
A	2	3.7	3.7
B	24	44.4	48.1
C	28	51.9	100.0
总计	54	100.0	

之后，通过回归分析法研究示范性规范情境与对照组的态度、环境责任感、自我效能感、环境自我认同、社会学习、信息性影响、功利性影响、价值表达性影响、私人自愿减碳行为和公共自愿减碳的差异。结果如表 8-15 所示，表明示范性规范情境下，居民的环境自我认同（$t=2.278$，$P=0.023<0.05$）、社会学习（$t=3.447$，$P=0.001<0.01$）、信息性影响（$t=2.778$，$P=0.006<0.01$）、功利性影响（$t=2.919$，$P=0.004<0.01$）、价值表达性影响（$t=3.241$，$P=0.001<0.01$）和公共自愿减碳行为（$t=2.643$，$P=0.009<0.001$）的差异显著，而态度（$t=1.819$，$P=0.070>0.05$）、环境责任感（$t=0.849$，$P=0.396>0.05$）、自我效能感（$t=1.638$，$P=0.102>0.05$）和私人自愿减碳行为（$t=$

1.485，P=0.138>0.05）与对照组差异不显著。

表 8-15　　　　　　示范性规范与对照组对比结果

变量	示范性规范	非标准化系数 β	非标准化系数 SE	标准系数 β	t	显著性
AT	示范性规范	0.236	0.130	0.130	1.819	0.070
ER	示范性规范	0.105	0.124	0.061	0.849	0.396
SE	示范性规范	0.199	0.121	0.118	1.638	0.102
SI	示范性规范	0.294	0.129	0.163*	2.278	0.023
SL	示范性规范	0.483	0.140	0.244**	3.447	0.001
II	示范性规范	0.363	0.131	0.198**	2.778	0.006
UI	示范性规范	0.385	0.132	0.209**	2.919	0.004
VI	示范性规范	0.436	0.135	0.231**	3.241	0.001
PRCB	示范性规范	0.156	0.105	0.107	1.485	0.138
CRCB	示范性规范	0.348	0.132	0.188**	2.643	0.009
	对照组	0				

最后，利用回归分析法分析选择增加次数和选择减少次数的居民的心理因素相对于选择不增不减居民的区别。结果如表 8-16 所示。结果表明，选择减少的居民的态度（t=3.775，P=0.000<0.001）、环境责任感（t=3.864，P=0.000<0.001）、自我效能感（t=3.474，P=0.001<0.01）、环境自我认同（t=2.669，P=0.009<0.01）、信息性影响（t=2.379，P=0.019<0.05）和私人自愿减碳行为（t=2.338，P=0.021<0.05）均相对于选择不增不减居民有显著差异，而社会学习（t=1.938，P=0.055>0.05）、功利性影响（t=2.338，P=0.021>0.05）、价值表达性影响（t=2.338，P=0.021>0.05）和公共自愿减碳行为（t=1.910，P=0.059>0.05）相对于选择不增不减居民的差异不显著。

表 8-16　　　　示范性规范情境下不同决策的对比结果

变量	决策	非标准化系数 β	SE	标准系数 β	t	显著性
AT	增	-0.289	0.586	-0.046	-0.493	0.623
	减	0.615	0.163	0.353***	3.775	0.000
ER	增	-0.017	0.539	-0.003	-0.032	0.975
	减	0.579	0.150	0.361***	3.864	0.000
SE	增	-0.246	0.569	-0.041	-0.432	0.667
	减	0.550	0.158	0.328***	3.474	0.001
SI	增	-0.026	0.631	-0.004	-0.041	0.967
	减	0.468	0.176	0.258**	2.669	0.009
SL	增	0.103	0.698	0.015	0.148	0.883
	减	0.376	0.194	0.191	1.938	0.055
II	增	0.080	0.637	0.012	0.126	0.900
	减	0.421	0.177	0.232*	2.379	0.019
UI	增	0.155	0.650	0.024	0.239	0.812
	减	0.231	0.181	0.127	1.278	0.204
VI	增	-0.526	0.711	-0.073	-0.739	0.462
	减	0.213	0.198	0.107	1.076	0.285
PRCB	增	-0.767	0.504	-0.146	-1.523	0.131
	减	0.327	0.140	0.225*	2.338	0.021
CRCB	增	-0.776	0.647	-0.117	-1.199	0.233
	减	0.343	0.180	0.186	1.910	0.059
	不增不减	0				

三　研究结论

根据上述实验结果，发现示范性规范能够显著提高居民选择低碳出行的概率，在示范性规范情境下，相对于不改变驾驶私家车次数的居民，选择增加驾驶私家车次数的居民与不改变出行选择居民的心理变量、私人自愿减碳行为和公共自愿减碳行为的差异不显著；选择减少次数居民的态度、环境责任感、自我效能感、环境自我认同、信息性影响和私人自愿减碳行为与选择驾驶私家车次数不增不减的居民存在显著差异。

第四节 实验结果汇总分析

首先，比较各柔性助推情境下私人自愿减碳行为和公共自愿减碳行为的平均值与对照组的差异，结果如表8-17所示。所有柔性助推情境下的私人自愿减碳行为和公共自愿减碳行为的均值均高于对照组的私人自愿减碳行为（M=3.978，SD=0.730）和公共自愿减碳行为（M=3.434，SD=0.826），其中损失框架下的居民私人自愿减碳行为（M=4.240，SD=0.599）和公共自愿减碳行为（M=3.913，SD=0.732）的平均值最大；其次，示范性规范情境下的私人自愿减碳行为（M=4.141，SD=0.723）和公共自愿减碳行为（M=3.781，SD=0.916），之后是获益框架下的私人自愿减碳行为（M=4.137，SD=0.618）和公共自愿减碳行为（M=3.754，SD=0.815），最后是默认选项情境下的私人自愿减碳行为（M=4.103，SD=0.626）和公共自愿减碳行为（M=3.664，SD=0.833）。

表8-17　柔性助推情境实验组与对照组描述性统计分析

分组	PRCB M	PRCB SD	CRCB M	CRCB SD
默认绿色选项	4.103	0.626	3.664	0.833
获益框架	4.137	0.618	3.754	0.815
损失框架	4.240	0.599	3.913	0.732
示范性规范	4.141	0.723	3.781	0.916
对照组	3.978	0.730	3.434	0.826

然后，比较不同框架下的居民私人自愿减碳行为和公共自愿减碳行为与对照组的差异，结果如表8-18所示。默认绿色选项情境下的私人自愿减碳行为（t=1.042，P=0.298>0.05）和公共自愿减碳行为（t=1.528，P=0.128>0.05）与对照组的差异不显著。获益框架下，居民

的私人自愿减碳行为（t=1.318，P=0.188>0.05）与对照组差异不显著，而公共自愿减碳行为（t=2.120，P=0.035<0.05）与对照组有显著差异。损失框架下，居民的私人自愿减碳行为（t=2.115，P=0.035<0.05）和公共自愿减碳行为（t=3.092，P=0.002<0.05）与对照组存在显著差异。示范性规范情境下，居民的私人自愿减碳行为（t=1.485，P=0.138>0.05）与对照组差异不显著，而公共自愿减碳行为（t=2.643，P=0.009<0.05）与对照组存在显著差异。

表8-18 柔性助推情境实验组与对照组自愿减碳行为差异比较

变量	情境助推	非标准化系数 β	SE	标准系数 β	t	显著性
PRCB	默认绿色选项	0.126	0.120	0.070	1.042	0.298
	获益框架	0.159	0.121	0.089	1.318	0.188
	损失框架	0.262	0.124	0.141*	2.115	0.035
	示范性规范	0.156	0.105	0.107	1.485	0.138
CRCB	默认绿色选项	0.230	0.151	0.102	1.528	0.128
	获益框架	0.321	0.151	0.141*	2.120	0.035
	损失框架	0.480	0.155	0.204**	3.092	0.002
	示范性规范	0.348	0.132	0.188**	2.643	0.009
	对照组	0				

第九章　柔性助推视角下城市居民自愿减碳行为引导策略

第一节　引导策略设计框架

基于实证研究和柔性助推情境实验的研究结果，本书从以下三个方面提出城市居民自愿减碳行为的引导策略，如图 9-1 所示，分别为基于个体心理变量的引导策略、基于减小意愿—行为缺口的引导策略、基于人口统计学变量的引导策略。

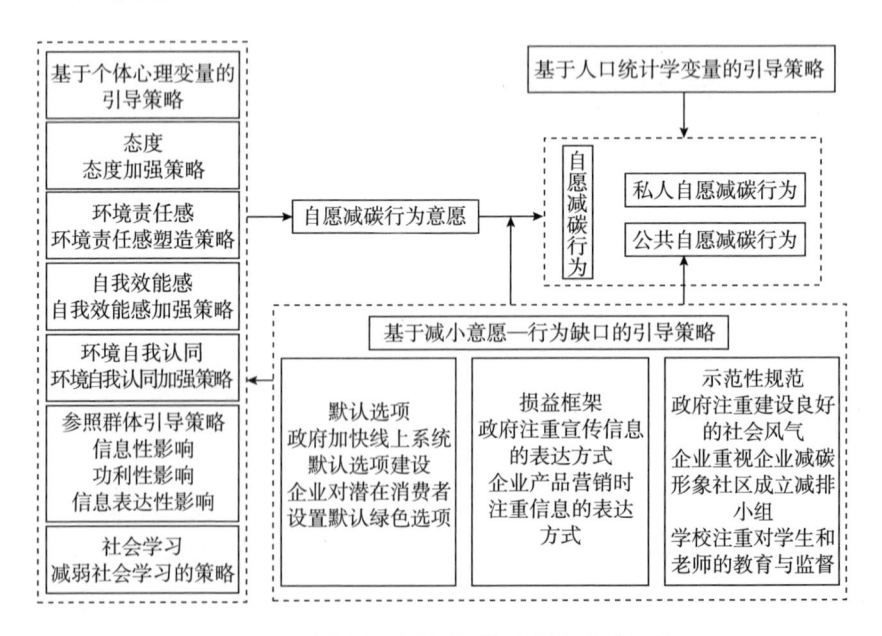

图 9-1　城市居民自愿减碳行为引导策略框架

第二节 基于个体心理变量的引导策略

一 提升居民个体的态度、环境责任感、自我效能感、环境自我认同和参照群体感知

首先，政府层面，通过社交媒体、新闻、手机推送、广告等多途径展开减碳宣传以提升居民的心理变量，从而促进行为意愿，提升自愿减碳行为的参与度。其次，创新宣传内容，除相关政策条例外，从居民自身视角出发，注重对实行自愿减碳行为的好处以及坏处的宣传，动之以情晓之以理，主动让居民参与到减碳活动中去。最后，充分发挥居民个体的主观能动性、让其积极主动地了解减碳相关知识，学习减碳行为，提高个体对气候变化的敏感性，不管是私人自愿减碳行为还是公共自愿减碳行为，都应注重践行，如随手关灯、减少食物浪费、不购买过度包装的产品、主动响应社区或单位组织的各种减碳活动等，从自身出发，助力"双碳"目标的早日实现。

此外，由于居民对自愿减碳行为和气候变化的认知程度参差不齐，因此在实际的助推中也要因材施教。针对心理认知程度较好的居民，要注重其行为的强化以及精神奖励。针对认知水平处于中等程度的居民，要注重对其行为的引导。针对认知水平较差的居民，通过外在的约束将居民的被动行为转化为自愿的减碳行为。以往研究发现，并不是所有的行为意愿都能转化为实际行为，因此可从这个角度入手。一方面，政府制定相关的标准规范约束居民的行为，制作宣传减碳行为的手册，免费发放给居民，积极组织开展减碳方面的讲座以及相关活动，加深居民对减碳的理解和知识，从而缩小意愿与行为之间的差距。另一方面，从小区入手，首先，增加减碳行为方面的监督员，如果发现居民实行高碳行为或不利于减碳的行为，监督员要及时制止，并对不遵守规范的居民进行思想教育，从而促进其行为转变。其次，充分利用线上和线下的交流平台，充分发挥宣传教育功能，宣传国家的减碳政策和社会上的典型案例，激发居民的心理认知。最后，社区积极组织各种各样的相关活动和

亲子活动等吸引居民参与，从而提升居民的自愿减碳行为的积极性。

二 重视社会学习对自愿减碳行为意愿的影响

由实证研究可知，社会学习对居民自愿减碳行为意愿存在显著负向影响。因此，政府在提升居民部分心理变量的同时，不能忽视社会学习对自愿减碳行为意愿的削弱作用。首先，重视减碳知识的宣传内容，保证信息的准确性，正向引导居民的自愿减碳行为。其次，加强对网络上各种减碳信息的监督，避免出现错误信息误导居民。最后，注重加强对居民和各种减碳组织的培训，组织专业人员对居民进行培训，增强居民的减碳知识和行为能力，增强居民对信息的辨识能力，减少周围不注重减碳行为人员的干扰，从而促进居民的自愿减碳行为意愿。

第三节 基于减小意愿—行为缺口的引导策略

一 加强默认选项的运用

根据实证研究结果，默认选项在自愿减碳行为意愿转化为公共自愿减碳行为的过程中存在显著调节作用，由情境实验研究结果可知，居民全部选择可降解的垃圾袋，由此可见，默认选项能够显著影响居民的具体行为。因此在实际生活中，政府和企业可以通过科技手段和互联网手段构建符合减碳环境效益的默认选项供居民选择，帮助人们生活便利的同时提高居民的自愿减碳行为参与度。由于互联网的快速发展，网购、外卖等成为城市居民的常用线上系统，因此网购时根据消费者需求系统优先推荐节能低碳类产品，外卖平台系统增加默认"不需餐具"选项，如果消费者需要餐具，则需要居民自行修改选项等，在给予居民更多的选择权的基础上，更多依赖直觉系统做决策，进而塑造企业和系统的绿色形象。企业可以通过设置默认绿色选项，影响居民的行为决策，从而直接或间接较少碳排放。如企业在销售产品的过程中，应尽可能地将低碳绿色产品作为默认选项来促进居民选择更多节能的产品。此外，由于减碳方面专家和普通居民对产品以及产品对于碳排放影响方面的知识各有差异，因此对于不同居民也需进行分类并区别对待。对于专家和普通居民，设计不同的产品宣传方式或设置不同的绿色选项，引导他们的行为决策。从社会层面看，高能耗产品和外卖餐具的减少能够减少对环境的污染，从而间接减少碳排放，由此促进低碳社会的建立，促进社会的可持续发展。从个人层面看，由于居民选择默认绿色选项，其功利性影响和价值表达性影响与对照组存在明显区别，在居民自己看来自己更关注碳排放问题，以此树立在自己看来更有吸引力的自我形象，降低减碳行为的门槛，从而提高居民自愿减碳行为的参与度。

由于默认选项对有明确行为偏好的居民作用不明显，因此应事先了解居民的低碳行为偏好，对不同居民进行划分。针对无明确行为偏好的居民，通过默认绿色选项的设置无形中影响居民决策。经过情境实验的检验，发现默认选项的柔性助推情境下，居民心理变量中的功利性影响和价值表达性影响与对照组有明显差异，因此，可从这两个方面入手，提高居民的功利性影响和价值表达性影响，进而促进居民的自愿减碳行为。如社区通过树立典型榜样，经常给居民进行宣传，对典型榜样的自愿减碳行为进行多途径的宣传，将典型榜样的自愿减碳行为的实施情况公布给大众，让居民形成参照对比。

二 注重损益框架的强化策略

根据实证检验结果，发现损益框架在自愿减碳行为意愿转化为私人自愿减碳行为的过程中起显著调节作用，而在转化为公共自愿减碳行为的过程中的调节作用不显著，因此政府和企业要充分发挥损益框架的作用。首先，政府应多渠道宣传碳排放增多的好处和坏处，由此加强居民对减碳的重视，促进居民自愿实行减碳行为。其次，企业在节能低碳产品投入市场时，在产品的包装上注重信息的表达方式，可以注明购买节能低碳产品的好处或坏处，如短期内花费合适的价格购买更节能的产品，长期来看也能节省一笔不菲的费用；由于减少碳排放，人们的生活环境能够变得更舒适，更有利于身体健康以及社会的可持续发展。

通过获益框架和损失框架的情境实验结果，发现损失框架对居民自愿减碳行为的影响优于获益框架，因此在日常的宣传教育中要重视损失框架的表达方式，不同柔性助推策略对居民的私人自愿减碳行为、公共自愿减碳行为和部分心理变量存在不同影响，由第四章的实证研究可得，居民的心理变量通过自愿减碳行为的中介作用间接作用于自愿减碳行为，因此国家和政府要重视获益框架和损失框架对居民的心理变量的塑造。

除促进居民的减碳行为外，也应注意抑制居民的高碳行为，针对减碳行为，充分发挥获益框架的作用，针对高碳行为，强调实行高碳行为的损失影响，从经济和健康两方面展开，加强对居民的日常宣传教育，从而促进居民行为向自愿减碳行为的转变。比如在食物消费领域，在某种程度上，改变人们的食物消费被认为是有利于减碳的政策，首先，可以更改餐厅的布局，在餐厅的装修上选用节能减少碳排放的材料，其次，在餐厅张贴呼吁减少食物浪费、支持光盘行动的标语。再次，鼓励消费者多选择蔬菜，通过制作相关宣传手册，告知居民多食用蔬菜的益处，以及食肉多的坏处。最后，居民消费完毕后，根据其光盘程度，可决定赠予一些小礼品，比如餐厅推出的低碳贴纸、可回收的塑料袋等。

三 加强示范性规范建设

加强社会风气建设，促进居民的自愿减碳行为。实证研究结果显示，示范性规范在居民的自愿减碳行为意愿转化为私人自愿减碳行为的过程中起显著调节作用，因此在实际生活中，要重视示范性规范的作用。从政府层面来看，注重在社会中形成良好的社会风气，首先，注重榜样的示范作用，通过树立典型榜样，通过线上线下多渠道相结合的方式进行宣传，并给予榜样相应的精神和物质奖励，给居民营造一种"我减排我光荣"的社会风气。其次，充分利用新兴媒体的便捷之处，如通过各种线上社交平台不定时推送减碳相关方面知识、减碳方面的榜样、国家颁布的各种节能减碳政策，除了宣扬减碳之外，也应让居民认识到减碳的必要性，如加强碳排放增加危害的宣传等，营造全民参与、全民减碳的社会风气。最后，政府要充分发挥相关部门的执法功能，针对违反相关节能减碳政策规定的企业或居民加大惩罚力度，警醒其他企业或居民，由此提高居民的减碳意识。

从企业层面来看，企业为给居民留下注重绿色减碳的形象，首先，要重视代言人的选取，该代言人在日常生活中一定是注重减碳的，因为该代言人作为公众人物，具有一定的行为号召力，因此其减碳行为会被大众模仿,从而能够促进居民的自愿减碳行为。其次,企业要充分发挥自己的主动性,拓展自己的视野,多与同行进行比较,找准自己在绿色低碳发展方面的优势与劣势,通过扬长避短,不断学习,使企业的绿色绩效连创新高。最后,在营销策略方面,充分利用新兴自媒体,充分利用流量的作用,宣传产品在节能减碳方面的优势,并通过相关有影响力的人的宣传与实际体验,充分发挥示范性规范的作用。

在社区或组织内成立由注重碳减排人员组成的减排小组,该小组负责监督自己和监督他人。由于该小组成员注重碳减排,因此日常生活中会积极参与到减碳行为中,而且由于该小组成员具有明显的行为特征,因此更容易成为别人的参照群体。根据实证研究结果,参照群体对自愿减碳行为意愿有显著正向影响,因此该种举措能够促进居民的自愿减碳行为。社区管理委员会可通过短信或微信等途径给予居民相关的用能反馈,告知其与周围邻居的用能差距,如告知居民家庭用电与节能减排实施情况较好家庭的对比,定期向居民反馈家庭的用电用水情况,另外如果发现节能减排实施情况较好,则社区可以给予一定的奖励,由此激发居民环境责任感、自我效能感和环境自我认同等心理变量,从而激励日后的自愿减碳行为。

从学校的层面来说,由于成年人已经形成了稳定的价值观,而且对自己有一个清醒的认识,而未成年人对世界的认识还处于一个朦胧的状态。首先,要重视校园教育,通过潜移默化的教育,让学生对当今的气候变化有一个清醒的认识,从而加强自身的环境责任感。其次,学校也要加强关于如何减碳的教育,因为学生可能有减碳的意愿,但是不知如何做起,学校在这方面要充分发挥教育引导作用。最后,学校也要加强对老师的监督与培训,监督老师从自身做起,给学生树立减碳形象,潜移默化地影响学生的行为。

第四节 基于人口统计学变量的引导策略

由实证研究结果可知,居民自愿减碳行为在男性、年龄在17岁及以下和 60 岁及以上、离异、初中及以下、生产运输设备操作人员及相关人员和离退人员，月收入 1 万—2 万元、家庭成员人数 1—2 人的实行情况相较于其他居民实施情况不佳。因此，政府需要针对不同人口统计学变量制定相关政策以提升居民的自愿减碳行为的参与度。具体而言，充分发挥社区的作用，各个社区管理委员会通过对所在小区的居民按照不同人口统计学变量进行分类，然后利用社交平台（微信群）发布定制化的节能减碳信息，从而引发不同居民对减碳行为的关注。节能减碳信息方面，如针对不同分组居民发布分类信息数据，可以是每月减碳量、每月减碳量相对于邻居的排名等定制化信息，通过每周或每月的动态更新反馈，吸引居民对自身行为的关注，从而增加实行自愿减碳行为的积极性。

第十章 研究结论与展望

第一节 主要研究结论

一 不同类型自愿减碳行为实施情况存在差异

通过实证研究发现，私人自愿减碳行为的实施情况优于公共自愿减碳行为。说明城市居民更注重实行私人减碳行为，注重日常生活中的节能产品的购买、随手关灯、低碳出行等行为；而对公共减碳行为的关注度不够，很少主动向亲朋好友建议节能、分享节能经验，较少参加节能减排相关活动等，这也表明我国目前对公共自愿减碳行为的引导策略还不够。

二 自愿减碳行为在不同人口统计学变量上存在差异

根据实证研究结果，私人自愿减碳行为和公共自愿减碳行为在性别因素上的差异不显著，说明男性和女性相比其实行减碳行为差异不大。

私人自愿减碳行为和公共自愿减碳行为在年龄因素上存在显著差异。年轻居民的两种行为的实施情况较好，这可能是由于随着教育的普及，年轻一辈对环境和碳减排问题比较关注，而年长一辈可能由于认知偏差，不太能接受新事物且学习能力远跟不上年轻人，而且老年人在消费时，不太关注产品的节能减排信息，关注点较多放在产品的价格上，对碳减排不够重视，因此在具体的减碳行为上的表现不如年轻人。

私人自愿减碳行为在婚姻状况因素上存在显著差异，而公共自愿减碳行为在婚姻状况上的差异不明显，婚姻状况为其他的家庭两种自愿减碳行为的实施情况最好，而离异家庭的两种自愿减碳行为的实施情况最差。

学历高的居民两种减碳行为的参与度显著高于学历低的居民，这也说明我国目前针对减碳方面的宣传普及程度不够。

在职业类型方面，私人自愿减碳行为在职业类型方面存在显著差异，而公共自愿减碳行为在职业类型上的差异不明显。学生群体的私人自愿减碳行为实行情况最好，专业技术人员的公共自愿减碳行为表现最好。

两种自愿减碳行为在月收入水平和家庭人员人数上的差异不显著，但是月收入水平越高的居民两种自愿减碳行为的参与度越高，家庭成员人数越多实行两种自愿减碳行为的可能性越大。

三　心理变量对自愿减碳行为存在显著影响

态度、环境责任感、自我效能感、环境自我认同、社会学习、信息性影响、功利性影响和价值表达性影响通过自愿减碳行为意愿间接影响私人自愿减碳行为和公共自愿减碳行为。其中信息性影响对自愿减碳行为的正向影响最大，其次是态度，最后是环境责任感。社会学习对自愿减碳行为有显著负向影响。自愿减碳行为意愿对公共自愿减碳行为的影响略高于私人自愿减碳行为，这也说明行为意愿是自愿减碳行为的主要预测因素。

四　柔性助推对自愿减碳行为意愿作用于自愿减碳行为的路径存在调节效应

默认选项对私人自愿减碳行为和公共自愿减碳行为存在显著影响；损益框架对私人自愿减碳行为和公共自愿减碳行为存在显著影响；示范性规范对私人自愿减碳行为的影响不显著，对公共自愿减碳行为存在显著影响。默认选项对自愿减碳行为意愿转化为私人自愿减碳行为的调节效应不显著，对自愿减碳行为意愿转化为公共自愿减碳行为存在显著调节效应；损益框架对自愿减碳行为意愿转化为私人自愿减碳行为的调节效应显著，对自愿减碳行为意愿转化为公共自愿减碳行为的调节效应不显著；示范性规范对自愿减碳行为意愿转化为私人自愿减碳行为的调节效应显著，对自愿减碳行为意愿转化为公共自愿减碳行为的调节效应不显著。

五　柔性助推分组实验结果对比显著

默认绿色选项、获益框架、损失框架和示范性规范柔性助推情境下的私人自愿减碳行为和公共自愿减碳行为的实施情况均优于对照组。默认绿色选项能够显著影响居民的自愿减碳行为,其中默认绿色选项组与对照组相比,居民心理变量中的功利性影响和价值表达性影响与对照组存在显著差异。获益框架下,心理变量中的社会学习和价值表达性影响与对照组存在显著差异,居民公共自愿减碳行为与对照组存在显著差异。损失框架下,心理变量中的态度、环境自我认同、社会学习、信息性影响和功利性影响与对照组存在显著差异,居民的私人自愿减碳行为和公共自愿减碳行为与对照组存在显著差异。示范性规范显著影响居民的自愿减碳行为,心理变量中的环境自我认同、社会学习、信息性影响、功利性影响和价值表达性影响与对照组存在显著差异,居民的公共自愿减碳行为与对照组存在显著差异,而且选择减少驾驶私家车次数的居民的态度、环境责任感、自我效能感、环境自我认同、信息性影响和私人自愿减碳行为与选择驾驶私家车次数不增不减的居民存在显著差异。

第二节 研究局限与展望

本篇实证研究部分通过问卷调查的方式收集数据,虽然最终收回902份有效问卷,满足实证检验的数量要求,但由于被试者填写问卷时可能会受到其他方面因素的影响,而且问卷是自我报告式评分,具有主观性,因此评分可能与实际行为之间存在偏差,而这也是问卷调查法不可避免的问题,因此未来的研究应尽可能进行居民脑电实验、现场实验或实验室实验方法观测居民的心理和行为等变量,以降低自评的主观性。

本篇情境实验部分检验了默认选项、获益框架和损失框架、示范性规范对城市居民自愿减碳行为的影响,但是柔性助推还包括其他策略,因此未来的研究可以开展进一步的实验,在此基础上探究其他柔性助推策略对居民自愿减碳行为的影响,如信息反馈,设置承诺目标等。除此之外,本书下篇采用的是线上情境实验,未来可以拓展助推的实验期,经过长期的柔性助推实验检验其对自愿减碳行为的影响。

附录 1

上篇正式调研问卷

尊敬的受访者：

您好！感谢您参加本次学术调研，我们现正进行一项关于自愿减碳行为的问卷调查，您的客观反馈对我们非常重要。问卷全部采用匿名方式，结果仅供学术研究专用，问卷信息绝不做其他任何用途。选项无对错之分，请您仔细阅读以下各部分问题，并根据实际情况在相应的位置填空或打"√"即可。衷心感谢您的合作！

问卷说明：问卷中提到的"减碳"包括居民在日常生活消费过程中减少的直接性二氧化碳排放（如减少油、气、电等能源的消耗）和间接性二氧化碳排放（如避免过度消费、注重循环利用等）。问卷中提到的节能产品主要是指具备减排性能的产品。举例：太阳能产品，低耗能产品，新能源汽车，等等。

1. 您的性别：
□男　　　　□女

2. 您的年龄：
□17 岁以下　□18—25 岁　□26—30 岁　□31—35 岁
□36—40 岁　□41—45 岁　□46—50 岁　□51—60 岁
□61 岁及以上

3. 您所居住的城市：_____省_____市

4. 您的学历水平（包含正在攻读的）：
□初中及以下　□高中或中专　□大专　　　　□本科
□硕士　　　　□博士或博士后

5. 您的政治面貌：

☐中共党员或预备党员 ☐民主党派 ☐团员
☐无党派人士 ☐群众

6. 您的每月总收入：

☐2000 元及以下 ☐2000—4000 元

☐4000—6000 元 ☐6000—8000 元

☐8000—10000 元 ☐10000—30000 元

☐30000—100000 元 ☐100000 元及以上

7. 您的家庭是否有老人同住：

☐有 ☐没有

8. 您的家庭是否有儿童同住：

☐有 ☐没有

9. 您的家庭住宅类型：

☐短期租赁房 ☐长期租赁房 ☐自主产权房

10. 您的家庭住宅面积：

☐40 平方米以下 ☐40—80 平方米

☐80—120 平方米 ☐120—160 平方米

☐160—200 平方米 ☐200 平方米以上

11. 您的家庭小汽车拥有数量：

☐0 辆 ☐1 辆

☐2 辆 ☐3 辆及以上

12. 您的职业性质：

☐后勤文秘类 ☐生产质检类 ☐媒体文化类

☐技术研发类 ☐企业高管 ☐医疗餐饮类

☐机关党政类 ☐市场营销类 ☐交通物流类

☐商务贸易类 ☐金融投资类 ☐财会审计法律类

☐教育科研类 ☐普通劳动者 ☐军队/警察

☐自由职业者（请忽略 14—15 题）

☐退休及家庭主妇（请忽略 14—15 题）

☐在校大学生或研究生（请忽略 14—15 题）

☐其他

13. 您所在单位的组织性质：
□政府部门　　　　　　□事业单位　　　　□国有企业
□民营企业　　　　　　□港/澳/台独（合）资
□外商独（合）资　　　□其他

14. 您的职务层级：
□基层员工　　　　　　□基层管理人员　　□中层管理人员
□高层管理人员　　　　□其他

15. 对下面的有关陈述，请判断与您自己情况或想法相符合的程度，并在相应的数字上打"√"。（单选）

题项		非常不符合	不符合	一般	符合	非常符合
15-1	在日常生活中，我总是出于习惯实施一些减碳行为	1	2	3	4	5
15-2	我不在乎能源浪费，减碳跟我个人没太大的关系	1	2	3	4	5
15-3	我不知道我们居民还需要减碳这回事	1	2	3	4	5
15-4	平时我不太注意自己的行为，也不会特意去实施减碳行为	1	2	3	4	5
15-5	我认为实施减碳行为能省钱，所以我会主动减碳	1	2	3	4	5
15-6	虽然减碳很重要，但我不想改变已有的生活习惯	1	2	3	4	5
15-7	虽然减碳很重要，但我认为减碳太浪费时间了	1	2	3	4	5
15-8	虽然减碳很重要，但我更注重生活的舒适性	1	2	3	4	5
15-9	我认为实施减碳行为有利于自己的身体健康，所以我会主动的减碳	1	2	3	4	5
15-10	我认为节能产品相比于传统产品更加安全，所以我会主动购买	1	2	3	4	5
15-11	我会主动劝告身边的亲戚朋友实施减碳行为	1	2	3	4	5
15-12	我会阻止身边人的能源浪费行为	1	2	3	4	5
15-13	我认为实施减碳行为能够提升自己的形象，所以我会主动减碳	1	2	3	4	5
15-14	我认为能源浪费会遭到周围人的谴责，所以我会主动减碳	1	2	3	4	5
15-15	我能够积极参与低碳生活宣传等公益活动	1	2	3	4	5

续表

	题项	非常不符合	不符合	一般	符合	非常符合
15-16	针对违法的能源浪费行为,我会主动向有关部门反映	1	2	3	4	5
15-17	我希望能够参加与低碳消费有关的社区会议	1	2	3	4	5
15-18	我希望能够参与低碳政策和标准的制定	1	2	3	4	5

16. 对下面的有关陈述,请判断您对所描述的相关知识的了解程度,并在相应的数字上打"√"。(单选)

	题项	非常不符合	不符合	一般	符合	非常符合
16-1	我国火力发电占总发电量的7成以上,能源消耗巨大	1	2	3	4	5
16-2	我国的原材料利用效率低、浪费严重,单位GDP的能源消耗强度大大高于世界平均水平	1	2	3	4	5
16-3	我国的污染物排放总量大,单位GDP的SO_2和氮氧化物排放量是发达国家的8—9倍	1	2	3	4	5
17-4	我国环保投入总量占国民生产总值的比例偏低	1	2	3	4	5
16-5	家电待机能耗占我国家庭电力消耗的比例高达10%	1	2	3	4	5
16-6	冰箱放八成满最省电,同时制冷效果最好	1	2	3	4	5
16-7	夏季空调设定温度每调高1度,就可以节省8%的电量	1	2	3	4	5
16-8	洗衣机内洗涤的衣物过少和过多都会增加耗电量	1	2	3	4	5

17. 对下面的有关陈述,请判断与您自己情况或想法相符合的程度,并在相应的数字上打"√"。(单选)

	题项	非常不符合	不符合	一般	符合	非常符合
17-1	我几乎不会关注气候变化问题,也从不主动了解碳排放信息	1	2	3	4	5

续表

	题项	非常不符合	不符合	一般	符合	非常符合
17-2	我觉得我只要顾好自己的生活就行了,减碳是政府的责任,与我无关	1	2	3	4	5
17-3	我认为大多数人都与我一样,缺乏长期坚持减碳行为的动力	1	2	3	4	5
17-4	我觉得维护低碳减排与我的关系并不大	1	2	3	4	5
17-5	"减碳"能让我掌握更多的环境知识和生活技巧	1	2	3	4	5
17-6	"减碳"能给我带来非常强烈的精神愉悦感	1	2	3	4	5
17-7	"减碳"能给我带来非常优越的行动体验	1	2	3	4	5
17-8	"减碳"能给我带来非常大的经济节省	1	2	3	4	5
17-9	"减碳"能给我带来非常大的健康改善	1	2	3	4	5
17-10	"减碳"能给我带来非常大的安全改善	12	2	3	4	5
17-11	"减碳"能给社会带来非常重要的环保意义	1	2	3	4	5

18. 对下面的有关陈述,请判断与您自己情况或想法相符合的程度,并在相应的数字上打"√"。(单选)

	题项	非常不符合	不符合	一般	符合	非常符合
18-1	如果我实施了减碳行为,我会感到很开心、很自豪	1	2	3	4	5
18-2	如果我看到他人实施了减碳行为,我会感到很赞许、很敬重	1	2	3	4	5
18-3	如果我自己有能源浪费行为,我会很内疚、很痛心	1	2	3	4	5
18-4	如果我看到他人有能源浪费行为,我会很讨厌、很气愤	1	2	3	4	5
18-5	参加户外活动能够让我亲近大自然	1	2	3	4	5
18-6	我对亲近大自然感到欣喜	1	2	3	4	5
18-7	在户外活动我感觉与大自然融为一体	1	2	3	4	5
18-8	我看到大自然遭到破坏,我会感到很痛心	1	2	3	4	5
18-9	我喜欢孩子	1	2	3	4	5
18-10	与孩子亲近让我感到很欣喜	1	2	3	4	5

续表

	题项	非常不符合	不符合	一般	符合	非常符合
18-11	我愿意为孩子创造良好的生存环境	1	2	3	4	5
18-12	如果孩子的生活环境恶劣，我会感到很痛心	1	2	3	4	5
18-13	我认为当前普通居民承受了过多的减碳责任	1	2	3	4	5
18-14	我认为企业和政府应当承受更多的减碳责任	1	2	3	4	5

19. 对下面的有关陈述，请判断与您自己情况或想法相符合的程度，并在相应的数字上打"√"。（单选）

	题项	非常不符合	不符合	一般	符合	非常符合
19-1	如果实施某种特定行为的结果能够给我带来正面价值的可能性越高，则我实施该类行为的概率也越高	1	2	3	4	5
19-2	如果实施某种特定行为的结果能够给我带来负面价值的可能性越高，则我实施该类行为的概率也越低	1	2	3	4	5
19-3	我希望为了进一步的交流，使别人对我产生好感	1	2	3	4	5
19-4	外人面前，我希望展现出自己所拥有的知识	1	2	3	4	5
19-5	我希望树立一个良好的形象	1	2	3	4	5
19-6	我对行为的选择总是倾向于社会习俗或惯例	1	2	3	4	5
19-7	我不喜欢特立独行的行为	1	2	3	4	5

对下面的有关陈述，请判断与您自己情况或想法的优先程度，并在相应的括号内填上其优先级。其中"1"的优先级最高，"6"的优先级最低。

20. 如果您要主动实施减碳行为，您认为以下哪些对您更重要，请排序：

经济性（　　）　　习惯性（　　）　　便利性（　　）
舒适性（　　）　　安全性（　　）　　健康性（　　）

21. 对下面的有关陈述，请判断与您自己情况或想法相符合的程度，并在相应的数字上打"√"。（单选）

题项		非常不符合	不符合	一般	符合	非常符合
21-1	如果政府官员能够自愿减碳，我们也乐意自愿减碳	1	2	3	4	5
21-2	如果社会公众人物能够自愿减碳，我们也乐意自愿减碳	1	2	3	4	5
21-3	我们乐意举荐社会自愿减碳模范，并效仿他们的做法	1	2	3	4	5
21-4	据我观察，人们吃饭都很讲究排场	1	2	3	4	5
21-5	我很看重别人的评价，面子上好看是我最常考虑的事情	1	2	3	4	5
21-6	我常处于维护面子而调整或者改变自身的行为	1	2	3	4	5
21-7	我经常受到家人、朋友和同事等周围人行为或态度的影响	1	2	3	4	5
21-8	我经常参照和我相似群体的行为	1	2	3	4	5
21-9	我周围的很多小区都是基于低碳理念设计和装修的	1	2	3	4	5
21-10	据我观察，我周围的公共自行车、充电桩等基础设施已经非常完善	1	2	3	4	5
21-11	身边的设施比较落后，让我想减碳都无能为力	1	2	3	4	5
21-12	我是否购买节能产品，完全取决于该产品技术是否成熟	1	2	3	4	5
21-13	我很在意节能产品在使用过程中的技术稳定性	1	2	3	4	5
21-14	只有技术成熟的节能产品才能给生活带来真正的实惠和好处	1	2	3	4	5
21-15	我觉得节能产品的使用体验非常好	1	2	3	4	5
21-16	我可以便利地购买到各类节能产品	1	2	3	4	5
21-17	据我所知，大家都可以方便地选购各类节能产品	1	2	3	4	5
21-18	我可以在周围便利地找到垃圾回收设施	1	2	3	4	5
21-19	我在政府宣传中了解到了很多居民减碳政策	1	2	3	4	5
21-20	据我所知，现行的居民减碳政策都已经得到了很好的贯彻和落实	1	2	3	4	5
21-21	政策对居民减碳行为的引导很有成效	1	2	3	4	5
21-22	政策对企事业单位减碳行为的引导很有成效	1	2	3	4	5

问卷到此结束，再次感谢您的参与！

附录 2

Mplus Syntax 1-个体心理认知因素作用于个体情感因素路径分析
TITLE：个体心理认知因素作用于个体情感因素路径分析
    DATA：FILE=/Users/ganxin/Desktop/datas_for_Mplus.dat；
        LISTWISE=ON；
VARIABLE：
        NAMES=y1-y18 x1-x68；
        MISSING=ALL（3）；
        USEVARIABLES=x1-x33；
ANALYSIS：ESTIMATOR=ML；
MODEL：
        BE BY x20 x21 x22 x23；
        NE BY x24 x25 x26 x27；
        IE BY x28 x29 x30 x31；
        EPJ BY x32 x33；
        CEI BY x1 x2 x3 x4；！Preferences of Comfort；
        CCK BY x5 x6 x7 x8；！Eco-neuroticism；
        AIP BY x9 x10 x11 x12；！Eco-agreeableness；
        CUB BY x13 x14 x15 x16 x17 x18 x19；！Eco-openness；
          BE ON CEI CCK AIP CUB；
        NE ON CEI CCK AIP CUB；
        IE ON CEI CCK AIP CUB；
        EPJ ON CEI CCK AIP CUB；
        OUTPUT：TECH1 TECH4 STDYX MODINDICES

Mplus Syntax 2-个体情感因素作用于自愿减碳行为的路径分析
TITLE：个体情感因素作用于自愿减碳行为的路径分析
    DATA：FILE=/Users/ganxin/Desktop/datas_for_Mplus.dat;
        LISTWISE=ON;
    VARIABLE：
        NAMES=y1-y18 x1-x68;
        MISSING=ALL（3）;
        USEVARIABLES=y1-y18 x20-x33;
    ANALYSIS：ESTIMATOR=ML;
    MODEL：
        BE BY x20 x21 x22 x23;
        NE BY x24 x25 x26 x27;
        IE BY x28 x29 x30 x31;
        EPJ BY x32 x33;
        VCBH BY y1 y2 y3 y4;
        VCBD BY y5 y6 y7 y8 y9 y10;
        VCBP BY y11 y12 y13 y14;
        VCBC BY y15 y16 y17 y18;
        VCBH ON BE NE IE EPJ;
        VCBD ON BE NE IE EPJ;
        VCBP ON BE NE IE EPJ;
        VCBC ON BE NE IE EPJ;
    OUTPUT：TECH1 TECH4 STDYX MODINDICES

Mplus Syntax 3-个体情感因素作用于动机因素的路径分析
TITLE：个体情感因素作用于动机因素的路径分析
    DATA：FILE=/Users/ganxin/Desktop/datas_for_Mplus.dat;
        LISTWISE=ON;
    VARIABLE：
        NAMES=y1-y18 x1-x68;
        MISSING=ALL（3）;

USEVARIABLES = x20-x33;
ANALYSIS: ESTIMATOR = ML;
MODEL:
  EM BY x34 x35;
  IMM BY x36 x37 x38;
  INM BY x39 x40;
  EM ON BE NE IE EPJ;
  IMM ON BE NE IE EPJ;
  INM ON BE NE IE EPJ;
OUTPUT: TECH1 TECH4 STDYX MODINDICES

Mplus Syntax-4 动机因素作用于自愿减碳行为的路径分析
TITLE: 动机因素作用于自愿减碳行为的路径分析
DATA: FILE = /Users/ganxin/Desktop/datas_for_Mplus.dat;
  LISTWISE = ON;
VARIABLE:
  NAMES = y1-y18 x1-x68;
  MISSING = ALL (3);
  USEVARIABLES = y1-y18 x34-x40;
ANALYSIS: ESTIMATOR = ML;
MODEL:
  VCBH BY y1 y2 y3 y4;
  VCBD BY y5 y6 y7 y8 y9 y10;
  VCBP BY y11 y12 y13 y14;
  VCBC BY y15 y16 y17 y18;
EM BY x34 x35;
IMM BY x36 x37 x38;
INM BY x39 x40;
  VCBH ON EM IMM INM;
  VCBD ON EM IMM INM;
  VCBP ON EM IMM INM;

VCBC ON EM IMM INM;
OUTPUT: TECH1 TECH4 STDYX MODINDICES
Mplus Syntax-5 动机因素的中介效应分析
TITLE: 动机因素的中介效应分析
DATA: FILE=/Users/ganxin/Desktop/datas_for_Mplus.dat;
　　　LISTWISE=ON;
　VARIABLE:
　　　NAMES=　y1-y18 x1-x68;
　　　MISSING=ALL（3）;
　　　USEVARIABLES=y1-y18 x20-x40;
　ANALYSIS: ESTIMATOR=ML;
　MODEL:
　　　VCBH BY y1 y2 y3 y4;
　　　VCBD BY y5 y6 y7 y8 y9 y10;
　　　VCBP BY y11 y12 y13 y14;
　　　VCBC BY y15 y16 y17 y18;
　　　BE BY x20 x21 x22 x23;
　　　NE BY x24 x25 x26 x27;
　　　IE BY x28 x29 x30 x31;
　　　EPJ BY x32 x33;
　　　EM BY x34 x35;
　　　IMM BY x36 x37 x38;
　　　INM BY x39 x40;
　　　EM ON BE NE IE EPJ;
　　　IMM ON BE NE IE EPJ;
　　　INM ON BE NE IE EPJ;
OUTPUT: TECH1 STDYX MODINDICES;
　VCBH VIA EM BE;
　VCBH VIA EM NE;
　VCBH VIA EM IE;

VCBH VIA EM EPJ;
VCBD VIA EM BE;
VCBD VIA EM NE;
VCBD VIA EM IE;
VCBD VIA EM EPJ;
VCBP VIA EM BE;
VCBP VIA EM NE;
VCBP VIA EM IE;
VCBP VIA EM EPJ;
VCBC VIA EM BE;
VCBC VIA EM NE;
VCBC VIA EM IE;
VCBC VIA EM EPJ;
VCBH VIA IMM BE;
VCBH VIA IMM NE;
VCBH VIA IMM IE;
VCBH VIA IMM EPJ;
VCBD VIA IMM BE;
VCBD VIA IMM NE;
VCBD VIA IMM IE;
VCBD VIA IMM EPJ;
VCBP VIA IMM BE;
VCBP VIA IMM NE;
VCBP VIA IMM IE;
VCBP VIA IMM EPJ;
VCBC VIA IMM BE;
VCBC VIA IMM NE;
VCBC VIA IMM IE;
VCBC VIA IMM EPJ;
VCBH VIA INM BE;

VCBH VIA INM NE;
VCBH VIA INM IE;
VCBH VIA INM EPJ;
VCBD VIA INM BE;
VCBD VIA INM NE;
VCBD VIA INM IE;
VCBD VIA INM EPJ;
VCBP VIA INM BE;
VCBP VIA INM NE;
VCBP VIA INM IE;
VCBP VIA INM EPJ;
VCBC VIA INM BE;
VCBC VIA INM NE;
VCBC VIA INM IE;
VCBC VIA INM EPJ;

Mplus Syntax-6 动机因素的调节效应分析（部分）
TITLE: 个人经济成本的调节效应分析（数据为标准化数据）
DATA: FILE=/Users/ganxin/Desktop/datas_for_Mplus.dat;
    LISTWISE=ON;
VARIABLE:
    NAMES=VCBH VCBD VCBP VCBC EM PEC EM_PEC;
    MISSING=ALL（3）;
    USEVARIABLES=VCBH VCBD VCBP VCBC EM PEC EM_PEC;
ANALYSIS: ESTIMATOR=ML;
MODEL
VCBH ON EM;
VCBH ON EM PEC;
VCBH ON EM PEC EM_PEC;
VCBD ON EM;

VCBD ON EM PEC;
VCBD ON EM PEC EM_PEC;
VCBP ON EM;
VCBP ON EM PEC;
VCBP ON EM PEC EM_PEC;
VCBC ON EM;
VCBC ON EM PEC;
VCBC ON EM PEC EM_PEC;
OUTPUT: TECH1 STDYX MODINDICES;

附录3

下篇　正式调研问卷

尊敬的受访者：

您好！感谢您参加本次学术调研，本次调研是为了解城市居民自愿减碳行为的实施情况，问卷采用匿名方式，结果仅供学术研究使用，保证您填写的信息不会外露。请您根据真实想法和情况填写，衷心感谢您的合作！

请您在恰当的地方作答或在合适的选项上打"√"。

1. 您的性别：
□男　　　　　　　　□女

2. 您的年龄：
□18—29 岁　　　　□30—39 岁　　　　□40—49 岁
□50—59 岁　　　　□60 岁及以上

3. 您的婚姻状况：
□已婚　　　　　　□未婚
□离异　　　　　　□其他

4. 您的学历水平（包含正在攻读的）：
□初中及以下　　　□高中或中专　　　□大专
□本科　　　　　　□硕士研究生及以上

5. 您的职业类型：
□党政机关、事业单位、国企工作人员
□教育、科研、卫生领域人员
□专业技术人员　　□商业、服务业及销售人员
□生产、运输设备操作人员及相关人员

□自由职业人员　　　□在校学生　　　　　　□家庭主妇

□离退人员　　　　　□其他

6. 您的月收入水平：

□2000 元及以下　　□2001—5000 元　　　□5001—10000 元

□10001—20000 元　□20001 元及以上

7. 您的家庭成员人数：

□1—2 人　　　　　□3 人　　　　　　　　□4 人

□5 人及以上

8. 对下面的有关陈述，请根据您的实际情况选择最符合的项目：

题项		非常不符合	不符合	一般	符合	非常符合
8-1	我认为碳减排对社会发展很重要	1	2	3	4	5
8-2	我愿意付出额外的努力去减少碳排放	1	2	3	4	5
8-3	如果我没有减少碳排放，我会感到内疚	1	2	3	4	5
8-4	为了减少碳排放，可能造成产品或服务成本的提高，进而价格也随之提高，我愿意接受这一改变	1	2	3	4	5

9. 对下面的有关陈述，请根据您的实际情况选择最符合的项目：

题项		非常不符合	不符合	一般	符合	非常符合
9-1	我有责任尽自己的努力去减少碳排放	1	2	3	4	5
9-2	我会主动学习碳减排的相关知识	1	2	3	4	5
9-3	虽然自身的影响很小，我也要为减少碳排放贡献一份力量	1	2	3	4	5
9-4	我的行为活动对自然环境产生一定影响	1	2	3	4	5

10. 对下面的有关陈述，请根据您的实际情况选择最符合的项目：

题项		非常不符合	不符合	一般	符合	非常符合
10-1	只要采取行动减少碳排放，就可减缓全球变暖	1	2	3	4	5

续表

题项		非常不符合	不符合	一般	符合	非常符合
10-2	我相信我有能力采取行动减少碳排放	1	2	3	4	5
10-3	虽然实行低碳行为有所不便，但我仍然可以改变我的行为来减少碳排放	1	2	3	4	5
10-4	我会尽我所能减少碳排放	1	2	3	4	5

11. 对下面的有关陈述，请根据您的实际情况选择最符合的项目：

题项		非常不符合	不符合	一般	符合	非常符合
11-1	我认为自己是一个低碳主义者	1	2	3	4	5
11-2	我认为自己是一个关心碳排放问题的人	1	2	3	4	5
11-3	我被视为一个有低碳生活方式的人会使我很开心	1	2	3	4	5
11-4	我想让我的家人或朋友认为我是一个关注碳排放问题的人	1	2	3	4	5

12. 对下面的有关陈述，请根据您的实际情况选择最符合的项目：

题项		非常不符合	不符合	一般	符合	非常符合
12-1	我通过与亲朋邻里交流学习减碳相关知识	1	2	3	4	5
12-2	我通过碳减排线下培训学习减碳相关知识	1	2	3	4	5
12-3	我通过电视、网络、广播等大众传媒学习减碳相关知识	1	2	3	4	5

13. 对下面的有关陈述，请根据您的实际情况选择最符合的项目：

题项		非常不愿意	不符合	一般	符合	非常愿意
13-1	我从专家或专业人士那里寻找减碳相关信息	1	2	3	4	5

续表

题项		非常不愿意	不符合	一般	符合	非常愿意
13-2	我从拥有减碳可靠信息的朋友、邻居、亲戚或工作伙伴那里寻求与减碳相关知识和经验	1	2	3	4	5
13-3	专业人士的行为会影响我的减碳行为（如看到懂空调的人使用某品牌的节能空调，我也会倾向于选择该品牌的节能空调）	1	2	3	4	5
13-4	我的减碳行为受到与我有社会互动的人的偏好的影响	1	2	3	4	5
13-5	我实行减碳行为的决定受到家庭成员偏好的影响	1	2	3	4	5
13-6	满足他人对我的期望会影响我的减碳行为	1	2	3	4	5
13-7	我认为我实行减碳行为会增强他人对我的印象	1	2	3	4	5
13-8	我认为实行减碳行为的人拥有我想要拥有的特征	1	2	3	4	5
13-9	我认为实行减碳行为能够受到他人的钦佩或尊敬	1	2	3	4	5
13-10	我认为实行减碳行为可以帮助我向别人展示自己是什么或想成为什么（比如成功的商人等）	1	2	3	4	5

14. 对下面的有关陈述，请根据您自身判断和想法选择最符合的项目：

题项		非常不愿意	不符合	一般	符合	非常愿意
14-1	我愿意改变日常行为习惯来减少碳排放	1	2	3	4	5
14-2	我愿意购买节能电器来减少碳排放	1	2	3	4	5
14-3	我愿意响应有关节能减排的宣传号召	1	2	3	4	5
14-4	我愿意劝说周围的人来减少碳排放	1	2	3	4	5
14-5	即使感到温度高，为了减少碳排放我也不愿开空调	1	2	3	4	5

15. 对下面的有关陈述，请根据您的实际情况选择最符合的项目：

题项		非常不符合	不符合	一般	符合	非常符合
15-1	填写问卷后获得的现金奖励如果默认捐献给环保公益组织，我不会选择留给自己	1	2	3	4	5

续表

	题项	非常不符合	不符合	一般	符合	非常符合
15-2	使用打印机时,如果打印机默认的是双面打印,我不会选择单面打印	1	2	3	4	5
15-3	"买到就是赚到"的说法相较于"不买就亏",更吸引我购买节能低碳产品	1	2	3	4	5
15-4	"少开一小时车能省50块钱油费"的说法相较于"多开一小时车多花费50块钱油费",更能让我少开车	1	2	3	4	5
15-5	"您有为碳减排做贡献的机会"的说法相较于"您将错失为碳减排做贡献的机会",更吸引我参加减碳活动	1	2	3	4	5
15-6	我周围邻居参与减碳行为的积极性很高	1	2	3	4	5
15-7	我周围邻居已经为参与减碳行为花费了一些资金	1	2	3	4	5
15-8	对我重要的人中有__参与了减碳行为	0	25%	50%	75%	100%
15-9	我最亲近的人在日常生活中都会参与减碳行为	1	2	3	4	5
15-10	我认为对我来说重要的人在日常生活中参与减碳行为的可能性为	0	25%	50%	75%	100%

16. 对下面的有关陈述,请根据您的实际情况选择最符合的项目:

	题项	很少做到	偶尔做到	约半做到	较多做到	经常做到
16-1	我购买节能的家用产品	1	2	3	4	5
16-2	离开房间时,我会随手关灯	1	2	3	4	5
16-3	我会主动选择步行、公共交通、骑车代替小汽车出行	1	2	3	4	5
16-4	我会循环使用(或重复利用)产品,直至完全废弃	1	2	3	4	5
16-5	我会主动进行垃圾分类	1	2	3	4	5
16-6	我会主动减少食物浪费	1	2	3	4	5
16-7	我会主动向亲朋好友或同事建议节能、分享节能经验	1	2	3	4	5
16-8	我会主动阻止他人的能源浪费行为	1	2	3	4	5
16-9	我会主动参与政府或社区的节能低碳活动	1	2	3	4	5
16-10	我会主动参加节能减排公益组织或社团	1	2	3	4	5

参考文献

一 中文文献

白光林、万晨阳：《城市居民绿色消费现状及影响因素调查》，《消费经济》2012年第2期。

白凯、李创新、张翠娟：《西安城市居民绿色出行的群体参照影响与自我价值判断》，《人文地理》2017年第1期。

蔡博峰：《中国城市温室气体清单研究》，《中国人口·资源与环境》2012年第1期。

蔡博峰、曹丽斌、雷宇等：《中国碳中和目标下的二氧化碳排放路径》，《中国人口·资源与环境》2021年第1期。

常跟应：《国外公众环保行为研究综述》，《科学经济社会》2009年第1期。

陈飞宇：《城市居民垃圾分类行为驱动机理及政策仿真研究》，博士学位论文，中国矿业大学，2018年。

陈红、冯群、牛文静：《个体低碳消费行为引导的低碳经济实现路径》，《北京理工大学学报》（社会科学版）2013年第2期。

陈家瑶、刘克、宋亦平：《参照群体对消费者感知价值和购买意愿的影响》，《上海管理科学》2006年第3期。

陈凯、邓婷：《环境态度、引导用语与绿色出行意向研究》，《干旱区资源与环境》2017年第3期。

陈向明：《质的研究方法和社会科学研究》，教育科学出版社2000年版。

仇泸毅、龚洋冉、孙宁宁等：《我国低碳发展公众参与的现状研究——公众参与类型调研分析》，《中国农业大学学报》（社会科学版）

2014 年第 3 期。

邓辅玉、黄诗雨：《城市居民低碳生活路径研究——以重庆市为例》，《重庆工商大学学报》（社会科学版）2019 年第 5 期。

丁翔、李世平、南灵等：《社会学习、环境认知对农户亲环境行为影响研究》，《干旱区资源与环境》2021 年第 2 期。

杜强、贾丽艳：《SPSS 统计分析从入门到精通》，人民邮电出版社 2009 年版。

杜宇、马蓓蕾：《安徽省城镇居民低碳消费行为影响因素及路径研究》，《安徽理工大学学报》（社会科学版）2017 年第 3 期。

杜运伟、黄涛珍、康国定：《基于微观视角的城市家庭碳排放特征及影响因素研究——来自江苏城市家庭活动的调查数据》，《人口与经济》2015 年第 2 期。

段文杰、盛君榕、慕文龙等：《环境知识异质性与环保行为》，《科学决策》2017 年第 10 期。

樊亚凤、蒋晶、崔稳权：《网络公益平台默认选项设置对个人捐赠意愿的影响及作用机制》，《心理学报》2019 年第 4 期。

范进、赵定涛、郭韬：《基于消费者视角的碳排放权交易机制研究》，《中国软科学》2012 年第 6 期。

傅鑫媛、辛自强、楼紫茜等：《基于助推的环保行为干预策略》，《心理科学进展》2019 年第 11 期。

高志刚、李鑫、张艳：《乌鲁木齐市社区居民低碳意识与行为影响因素研究——基于结构方程的分析》，《新疆大学学报》（哲学·人文社会科学版）2017 年第 4 期。

葛万达、盛光华：《社会规范对绿色消费的影响及作用机制》，《商业研究》2020 年第 1 期。

耿纪超：《多元动机视角下城市居民出行方式选择及其引导政策研究》，博士学位论文，中国矿业大学，2017 年。

宫秀双、徐磊、李志兰等：《参照群体影响类型与居民消费意愿的关系研究》，《管理学报》2017 年第 12 期。

龚文娟：《当代城市居民环境友好行为之性别差异分析》，《中国地质大学学报》（社会科学版）2008 年第 6 期。

顾鹏：《城市居民低碳消费行为实证研究》，《当代经济》2013 年第 16 期。

顾远东、彭纪生：《组织创新氛围对员工创新行为的影响：创新自我效能感的中介作用》，《南开管理评论》2010 年第 1 期。

规划司：《"十四五"规划〈纲要〉主要指标之 14 单位 GDP 能源消耗降低》，2021 年 12 月 25 日，https：//www.ndrc.gov.cn/fggz/fzzl-gh/gjfzgh/202112/t20211225_1309661.html？code=&state=123。

郭道燕、陈红、龙如银：《消费端碳交易市场中政府初始碳配额分配策略研究——基于政府和家庭演化博弈的视角》，《中国人口·资源与环境》2018 年第 4 期。

郭德俊：《动机心理学》，人民教育出版社 2005 年版。

郭琪、樊丽明：《城市家庭节能措施选择偏好的联合分析——对山东省济南市居民的抽样调查》，《中国人口·资源与环境》2007 年第 3 期。

郭清卉、李世平、南灵：《环境素养视角下的农户亲环境行为》，《资源科学》2020 年第 5 期。

郭晴、张露：《低碳农产品消费行为：影响因素与组间差异》，《中国人口·资源与环境》2014 年第 12 期。

国家统计局：《中国统计年鉴》，中国统计出版社 2021 年版。

何贵兵、李纾、梁竹苑：《以小拨大：行为决策助推社会发展》，《心理学报》2018 年第 8 期。

何志毅、杨少琼：《对绿色消费者生活方式特征的研究》，《南开管理评论》2004 年第 3 期。

贺爱忠、杜静、陈美丽：《零售企业绿色认知和绿色情感对绿色行为的影响机理》，《中国软科学》2013 年第 4 期。

贺爱忠、李韬武、盖延涛：《城市居民低碳利益关注和低碳责任意识对低碳消费的影响——基于多群组结构方程模型的东、中、西部差异分析》，《中国软科学》2011 年第 8 期。

贺爱忠、唐宇、戴志利：《城市居民环保行为的内在机理》，《城市问题》2012 年第 1 期。

洪大用、卢春天：《公众环境关心的多层分析——基于中国 CGSS2003 的数据应用》，《社会学研究》2011 年第 6 期。

洪学婷、张宏梅：《国外环境责任行为研究进展及对中国的启示》，《地理科学进展》2016 年第 12 期。

胡保玲：《参照群体影响、主观规范与农村居民消费意愿》，《企业经济》2014 年第 6 期。

胡家僖：《环境意识、社会阶层及民族文化对云贵民族地区居民环境行为的影响》，《中国农业资源与区划》2020 年第 2 期。

胡剑：《习近平家风观及其制度实现》，《学术探索》2018 年第 8 期。

胡翔、刘海燕、苏翠翠：《中国西南地区农村节能环保发展现状调查研究——以广西南宁市沙井街道为例》，《中国人口·资源与环境》2014 年第 S2 期。

黄杰华：《我国低碳经济发展中的公众参与研究》，《江西社会科学》2014 年第 12 期。

黄苏萍、潘阳、陈立平：《低碳消费行为研究述评》，《学海》2016 年第 3 期。

黄雪丽、路正南、王健：《居民低碳生活行为研究综述》，《科技管理研究》2011 年第 18 期。

黄莹、郭洪旭、谢鹏程等：《碳普惠制下市民乘坐地铁出行减碳量核算方法研究——以广州为例》，《气候变化研究进展》2017 年第 3 期。

计志英、赖小锋、贾利军：《家庭部门生活能源消费碳排放：测度与驱动因素研究》，《中国人口·资源与环境》2016 年第 5 期。

贾楠：《我国城乡居民消费升级需求的比较——基于"参照效应"的分析》，《商业经济研究》2021 年第 19 期。

贾亚娟、赵敏娟：《纳入农户偏好的农村生活垃圾分类治理研究——基于选择实验法的实证分析》，《中国地质大学学报》（社会科学版）2021 年第 6 期。

江程铭、马家涛、孙红月：《助推爱心：利用默认选项促进捐赠行为》,《心理科学》2019年第5期。

江林、马椿荣:《我国最终消费率偏低的心理成因实证分析》,《中国流通经济》2009年第3期。

姜彩芬:《面子与消费——基于结构方程模型的实证分析》,《广州大学学报》(社会科学版)2009年第10期。

姜丹:《当前我国公民非理性消费及绿色消费状况调查分析》,《理论观察》2019年第4期。

蒋晶:《影响我国个人捐赠者捐赠决策过程的心理机制——基于情感适应理论的实证研究》,《中国软科学》2014年第6期。

蒋长流、江成涛:《新型城镇化对城镇居民低碳行为的驱动效应——基于2682份实地调查问卷数据的实证研究》,《广西社会科学》2020年第9期。

解芳、盛光华、龚思羽:《全民环境共治背景下参照群体对中国居民绿色购买行为的影响研究》,《中国人口·资源与环境》2019年第8期。

劳可夫:《消费者创新性对绿色消费行为的影响机制研究》,《南开管理评论》2013年第4期。

李斌琴:《规范论对我国高校内部管理的启示》,《现代教育管理》2010年第3期。

李创、邵莹:《公众绿色行为驱动因素研究——以焦作市为例》,《干旱区资源与环境》2020年第3期。

李国武、陈姝妤:《参照群体、社会身份与位置考虑》,《社会学评论》2018年第6期。

李科:《我国城乡居民生活能源消费碳排放的影响因素分析》,《消费经济》2013年第2期。

李立朋、丁秀玲、李桦:《居民低碳行为的关联效应及其影响因素研究》,《干旱区资源与环境》2020年第2期。

李林蔚:《网络舆情视角下绿色食品消费行为及其影响因素研究》,《当代经济》2021年第6期。

李鹏、江书平、曹秀芬:《低碳试点城市居民自行车出行影响因素研究——以保定市为例》,《调研世界》2017年第12期。

李秋成、周玲强:《社会资本对旅游者环境友好行为意愿的影响》,《旅游学刊》2014年第9期。

李文娟:《影响个人环境保护行为的多因素分析》,硕士学位论文,厦门大学,2006年。

李雁晨、周庭锐、周琇:《解释水平理论:从时间距离到心理距离》,《心理科学进展》2009年第4期。

李玉洁:《我国城市公众低碳意识和行动分析——基于全国2000个样本数据》,《调研世界》2015年第3期。

李治、李国平、胡振:《西安市家庭碳排放特征及影响因素实证分析》,《资源科学》2017年第7期。

梁晓蓓、贺明华:《共享经济模式下协同消费行为研究述评与展望》,《经济问题探索》2018年第2期。

廖纮亿、柯彪:《基于计划行为理论和环境价值观的城市居民低碳出行行为研究》,《资源与产业》2020年第4期。

廖茂林:《社区融合对北京市居民生活垃圾分类行为的影响机制研究》,《中国人口·资源与环境》2020年第5期。

刘桂霞:《基于印象管理动机的主观规范对员工创新行为作用机制研究》,硕士学位论文,天津理工大学,2018年。

刘航:《碳普惠制:理论分析、经验借鉴与框架设计》,《中国特色社会主义研究》2018年第5期。

刘建一、吴建平:《亲环境行为溢出效应:类型、机制与影响因素》,《心理研究》2018年第3期。

刘丽华、王炜、刘建荣等:《出行者环保意识对低碳交通政策支持度的影响》,《交通信息与安全》2021年第1期。

刘敏、曾召友:《情景结构视角下居民低碳消费行为的非正式制度研究》,《湘潭大学学报》(哲学社会科学版)2020年第2期。

刘文龙、吉蓉蓉:《低碳意识和低碳生活方式对低碳消费意愿的影响》,《生态经济》2019年第8期。

刘向阳、张程程、彭小丰等:《基于认知意动视角的心态调整模型构建》,《科技管理研究》2011年第9期。

刘修岩、王利敏、朱淑文:《城市蔓延提高了家庭的居住碳排放水平吗?——来自中国南方城市面板数据的证据》,《东南大学学报》(哲学社会科学版)2016年第5期。

刘扬、孙彦:《行为决策中框架效应研究新思路——从风险决策到跨期决策,从言语框架到图形框架》,《心理科学进展》2014年第8期。

刘云霞:《人口统计学变量对环境保护公众参与意识的影响实证研究》,《环境保护科学》2016年第3期。

刘宗华、李燕萍:《绿色人力资源管理对员工绿色创新行为的影响:绿色正念与绿色自我效能感的作用》,《中国人力资源开发》2020年第11期。

芦慧、刘严、邹佳星等:《多重动机对中国居民亲环境行为的交互影响》,《中国人口·资源与环境》2020年第11期。

罗光华、牛叔文:《气候变化、收入增长和能源消耗之间的关联分析——基于面板数据的省际居民生活能源消耗实证研究》,《干旱区资源与环境》2012年第2期。

吕荣胜、李梦楠、洪帅:《基于计划行为理论城市居民节能行为影响机制研究》,《干旱区资源与环境》2016年第12期。

吕荣胜、卢会宁、洪帅:《基于规范激活理论节能行为影响因素研究》,《干旱区资源与环境》2016年第9期。

马果、王璇、陈静等:《城镇消费者节能家电购买行为及影响因素研究》,《重庆大学学报》(社会科学版)2012年第6期。

马军红、廖娜:《西安市居民低碳出行调研》,《新西部》(理论版)2015年第1期。

芈凌云:《城市居民低碳化能源消费行为及政策引导研究》,博士学位论文,中国矿业大学,2011年。

芈凌云、丛金秋、丁超琼等:《城市居民低碳行为认知失调的成因——"知识—行为"的双中介模型》,《资源科学》2019年第5期。

芈凌云、顾曼、杨洁等:《城市居民能源消费行为低碳化的心理动因——以江苏省徐州市为例》,《资源科学》2016年第4期。

芈凌云、杨洁：《中国居民生活节能引导政策的效力与效果评估——基于中国1996—2015年政策文本的量化分析》，《资源科学》2017年第4期。

芈凌云、杨洁、俞学燕等：《信息型策略对居民节能行为的干预效果研究——基于Meta分析》，《软科学》2016年第4期。

聂伟：《环境认知、环境责任感与城乡居民的低碳减排行为》，《科技管理研究》2016年第15期。

欧文·戈夫曼：《日常生活的自我呈现》，浙江人民出版社1989年版。

欧阳斌、袁正、陈静思：《我国城市居民环境意识、环保行为测量及影响因素分析》，《经济地理》2015年第11期。

彭清华、聂巧媛、陈应龙：《亲环境组织氛围对员工绿色行为的影响及多步多重中介效应模型》，《河南理工大学学报》（自然科学版）2022年第1期。

彭远春、毛佳宾：《行为控制、环境责任感与城市居民环境行为——基于2010CGSS数据的调查分析》，《中南大学学报》（社会科学版）2018年第1期。

清华大学建筑节能研究课题组：《社会地位结构与节能行为关系研究》，《江苏社会科学》2011年第6期。

饶田田、杨玲萍、吕涛：《碳消费行为形成机理的理论模型》，《江苏商论》2010年第11期。

任莉颖：《用问卷做实验：调查—实验法的概论与操作》，重庆大学出版社2018年版。

任胜楠、蔡建峰：《消费者性别角色影响绿色消费行为的实证研究》，《管理学刊》2020年第6期。

申嫦娥、田悦、魏荣桓等：《财税政策对居民低碳消费行为的影响——基于北京市居民抽样问卷调查的实证研究》，《税务研究》2016年第2期。

沈良峰、张微巍、张婧等：《基于离散选择模型的城市住区居民低碳行为影响因素研究》，《工程管理学报》2021年第1期。

盛光华、葛万达、汤立：《消费者环境责任感对绿色产品购买行为的影响——以节能家电产品为例》，《统计与信息论坛》2018年第5期。

盛光华、解芳、庞英：《认知与情感交互效应对消费者绿色购买意愿的影响》，《商业研究》2019年第6期。

盛光华、王丽童、车思雨：《人与自然和谐共生视角下自然共情对亲环境行为的影响》，《西安交通大学学报》（社会科学版）2021年第1期。

盛光华、岳蓓蓓、解芳：《环境共治视角下中国居民绿色消费行为的驱动机制研究》，《统计与信息论坛》2019年第1期。

石洪景：《城市居民低碳消费行为及影响因素研究——以福建省福州市为例》，《资源科学》2015年第2期。

石洪景：《低碳政策对城市居民节能行为的影响》，《北京理工大学学报》（社会科学版）2016年第5期。

石洪景：《基于"意愿—行为"缺口修复视角的低碳消费促进策略》，《资源开发与市场》2018年第9期。

石世英、胡鸣明：《无废城市背景下项目经理垃圾分类决策行为意向研究——基于计划行为理论框架》，《干旱区资源与环境》2020年第4期。

石秀华、刘伦：《中国地区能源消费与产业结构的关系研究》，《中国地质大学学报》（社会科学版）2014年第6期。

石志恒、张衡：《基于扩展价值—信念—规范理论的农户绿色生产行为研究》，《干旱区资源与环境》2020年第8期。

帅传敏、张钰坤：《中国消费者低碳产品支付意愿的差异分析——基于碳标签的情景实验数据》，《中国软科学》2013年第7期。

孙前路、房可欣、刘天平：《社会规范、社会监督对农村人居环境整治参与意愿与行为的影响——基于广义连续比模型的实证分析》，《资源科学》2020年第12期。

孙晓玲、张云、吴明证：《解释水平理论的研究现状与展望》，《应用心理学》2007年第2期。

孙岩、宋金波、宋丹荣：《城市居民环境行为影响因素的实证研究》，

《管理学报》2012年第1期。

谭晓丽:《公共选择理论视角下居民低碳消费影响因素分析》,《商业经济研究》2019年第11期。

唐英:《生态消费及其实现路径》,《消费经济》2009年第2期。

滕玉华、范世晶、邓慧等:《农村居民"公"、"私"领域节能行为一致性研究》,《干旱区资源与环境》2021年第8期。

王财玉、雷雳:《社会责任消费的结构、形成机制及企业响应》,《心理科学进展》2015年第7期。

王丹丹:《消费者绿色购买行为影响机理实证研究》,《统计与决策》2013年第9期。

王丹寅、唐明方、任引等:《丽江市家庭能耗碳排放特征及影响因素》,《生态学报》2012年第24期。

王凤:《公众参与环保行为影响因素的实证研究》,《中国人口·资源与环境》2008年第6期。

王国猛、黎建新、廖水香等:《环境价值观与消费者绿色购买行为——环境态度的中介作用研究》,《大连理工大学学报》(社会科学版)2010年第4期。

王会娟、夏炎:《中国居民消费碳排放的影响因素及发展路径分析》,《中国管理科学》2017年第8期。

王济川、王小倩、姜宝法:《结构方程模型:方法与应用》,高等教育出版社2011年版。

王建国、王建民、杜伟强:《我国城镇家庭能源的绿色消费态度行为缺口及修复策略研究》,经济管理出版社2019年版。

王建华、沈旻旻、朱淀:《环境综合治理背景下农村居民亲环境行为研究》,《中国人口·资源与环境》2020年第7期。

王建明:《城市居民节约型消费行为的实证研究——及其对公共政策创新的启示》,《经济学家》2007年第1期。

王建明:《道家价值观、环境情感和消费碳减排行为研究》,《江汉学术》2016年第6期。

王建明:《环境情感的维度结构及其对消费碳减排行为的影响——

情感—行为的双因素理论假说及其验证》,《管理世界》2015 年第 12 期。

王建明:《心理意识因素对消费者生态文明行为的影响机理》,《管理学报》2011 年第 7 期。

王建明:《公众资源节约与循环回收行为的内在机理研究—模型构建、实证检验和管制政策》,中国环境出版社 2013 年版。

王建明、贺爱忠:《消费者低碳消费行为的心理归因和政策干预路径:一个基于扎根理论的探索性研究》,《南开管理评论》2011 年第 4 期。

王建明、王丛丛:《消费者亲环境行为的影响因素和干预策略——发达国家的相关文献述评》,《管理现代化》2015 年第 2 期。

王建明、王俊豪:《公众低碳消费模式的影响因素模型与政府管制政策——基于扎根理论的一个探索性研究》,《管理世界》2011 年第 4 期。

王建明、吴龙昌:《绿色消费的情感——行为模型:混合研究方法》,经济管理出版社 2019 年版。

王建明、吴龙昌:《绿色购买的情感-行为双因素模型:假设和检验》,《管理科学》2015 年第 6 期。

王沛林、崇德:《社会认知研究的基本趋向》,《心理科学》2003 年第 3 期。

王鹏、刘永芳:《时间框架对决策的影响》,《心理科学》2009 年第 4 期。

王世进、周慧颖:《环境价值观影响生态消费行为——基于中介变量的实证检验》,《软科学》2019 年第 10 期。

王帅:《绿色助推的研究进展及启示》,《阅江学刊》2021 年第 4 期。

王素凤、赵嘉欣:《长三角城市居民家庭直接能耗碳排放空间特征及影响因素研究》,《中国环境管理》2020 年第 2 期。

王亚茹:《民生保障获得感、社会公平感对政府信任的影响研究》,《湖北社会科学》2020 年第 4 期。

王玉君、韩冬临:《经济发展、环境污染与公众环保行为——基于中国 CGSS2013 数据的多层分析》,《中国人民大学学报》2016 年第 2 期。

韦庆旺、孙健敏:《对环保行为的心理学解读——规范焦点理论述评》,《心理科学进展》2013 年第 4 期。

魏佳:《城市居民碳能力及其驱动机理研究》,博士学位论文,中国矿业大学,2017 年。

魏佳、陈红、龙如银:《生态人格及其对城市居民低碳消费行为的影响》,《北京理工大学学报》(社会科学版) 2017 年第 2 期。

吴波、李东进、谢宗晓:《消费者绿色产品偏好的影响因素研究》,《软科学》2014 年第 12 期。

吴剑琳、朱宁:《青少年消费者民族中心主义对购物意愿影响的实证研究——对理性行为理论的拓展》,《青年研究》2010 年第 2 期。

吴明隆:《SPSS 统计应用实务》,中国铁道出版社 2000 年版。

吴三美、王敬欣、何先友等:《心理距离概念水平上的趋利避害相容效应》,《心理与行为研究》2019 年第 4 期。

武春友、孙岩:《环境态度与环境行为及其关系研究的进展》,《预测》2006 年第 4 期。

《习近平:中国努力争取 2060 年前实现碳中和》,碳交易网,2020 年 9 月 23 日,http://www.tanpaifang.com/tanzhonghe/2020/0923/74144.html。

相楠、徐峰:《城市居民生活用电影响因素和电力消费弹性研究》,《中国人口·资源与环境》2017 年第 S1 期。

谢守红、陈慧敏、王利霞:《城市居民低碳消费行为影响因素分析》,《城市问题》2013 年第 2 期。

徐嘉祺、佘升翔、田云章等:《回收努力对绿色消费的溢出效应及其影响机理》,《南京工业大学学报》(社会科学版) 2020 年第 3 期。

薛立强、杨书文:《论政策执行的"断裂带"及其作用机制——以"节能家电补贴推广政策"为例》,《公共管理学报》2016 年第 1 期。

闫国东、康建成、谢小进等:《中国公众环境意识的变化趋势》,《中国人口·资源与环境》2010 年第 10 期。

杨冠宇、李淑敏：《环境自我认同对大学生低碳行为的影响》，《心理与行为研究》2021 年第 3 期。

杨洁、Ninab Khanna、李鹏程等：《中国居民能源消费现状和趋势分析——"十四五"居民节能相关问题研究》，《中国能源》2020 年第 12 期。

杨君茹、王宇：《基于计划行为理论的城镇居民家庭节能行为研究》，《财经论丛》2018 年第 5 期。

杨冉冉：《城市居民绿色出行行为的驱动机理与政策研究》，博士学位论文，中国矿业大学，2016 年。

杨昕雅、耿柳娜：《城市居民生活垃圾分类行为干预：社会规范视角》，《心理技术与应用》2020 年第 5 期。

杨选梅、葛幼松、曾红鹰：《基于个体消费行为的家庭碳排放研究》，《中国人口·资源与环境》2010 年第 5 期。

杨雪锋、梁邦利：《低碳住宅购买行为的影响因素——基于杭州市的实证研究》，《城市问题》2013 年第 7 期。

叶楠：《绿色认知与绿色情感对绿色消费行为的影响机理研究》，《南京工业大学学报》（社会科学版）2019 年第 4 期。

佚名：《碳排放量计算》，《能源与节能》2016 年第 5 期。

于伟：《消费者绿色消费行为形成机理分析——基于群体压力和环境认知的视角》，《消费经济》2009 年第 4 期。

余碧莹、赵光普、安润颖等：《碳中和目标下中国碳排放路径研究》，《北京理工大学学报》（社会科学版）2021 年第 2 期。

余颂：《试论循环消费》，《贵州财经大学学报》2006 年第 6 期。

俞海山：《可持续消费模式论》，经济科学出版社 2001 年版。

袁亚运：《城镇居民低碳出行类型及其转变因素——基于江苏省镇江市的实证分析》，《干旱区资源与环境》2020 年第 4 期。

岳婷：《城市居民节能行为影响因素及引导政策研究》，博士学位论文，中国矿业大学，2014 年。

张钢锋、李莉、黄成等：《基于 Urban-RAM 模型的上海居民生活碳排放研究》，《环境科学学报》2014 年第 2 期。

张红霞、苏勤、陶玉国：《住宿业节能减碳研究进展及启示》，《地理科学进展》2017年第6期。

张吉、王雅琪、吕小璇：《绿色消费行为研究进展与展望》，《中国集体经济》2020年第16期。

张嘉琪、颜廷武、张童朝：《农户农村垃圾治理投资响应机理及决策因素分析》，《长江流域资源与环境》2021年第10期。

张晶晶、余真真、田浩：《亲环境行为的情理整合模型：生态情感卷入的作用》，《心理技术与应用》2018年第8期。

张康洁、尹昌斌、Chien H.：《预期感知、社会学习与稻农绿色生产行为——基于安徽、湖北867户农户调查数据》，《农林经济管理学报》2021年第1期。

张丽、刘建雄：《家庭碳减排从调查开始》，《环境保护》2010年第7期。

张玲玲、黄杰龙、曹辉：《游客低碳旅游认知、意愿和行为特征分析——以厦门鼓浪屿为例》，《环境保护科学》2016年第3期。

张露、帅传敏、刘洋：《消费者绿色消费行为的心理归因及干预策略分析——基于计划行为理论与情境实验数据的实证研究》，《中国地质大学学报》（社会科学版）2013年第5期。

张咪咪、徐丽、林筱文：《我国抽样调查方法的最新进展》，《统计与决策》2010年第8期。

张萍、晋英杰：《大众媒介对我国城乡居民环保行为的影响——基于2013年中国综合社会调查数据》，《中国人民大学学报》2016年第4期。

张庆鹏、康凯：《社会心理学视角下的亲环境行为探讨》，《广州大学学报》（社会科学版）2016年第2期。

张书维、梁歆佚、岳经纶：《行为社会政策："助推"公共福利的实践与探索》，《心理科学进展》2019年第3期。

张微巍、沈良峰、张婧等：《城市住区居民低碳行为研究现状与发展》，《价值工程》2020年第17期。

张文彬、李国平：《生态补偿、心理因素与居民生态保护意愿和行为研究——以秦巴生态功能区为例》,《资源科学》2017 年第 5 期。

张意翔、黄亚云、周旋等:《家庭能效政策的节能创新效应:中国数据的实证》,《中国地质大学学报》(社会科学版) 2020 年第 2 期。

张昱、孙岩、刘学敏:《基于 TPB 的北京市居民低碳通勤选择机制研究》,《北京师范大学学报》(自然科学版) 2020 年第 6 期。

张志强:《中国居民生活碳排放评估报告》,科学出版社 2019 年版。

赵黎明、张海波、孙健慧:《公众酒店低碳消费行为影响因素分析——基于天津市酒店顾客的调查数据》,《干旱区资源与环境》2015 年第 4 期。

赵晓丽、李娜:《中国居民能源消费结构变化分析》,《中国软科学》2011 年第 11 期。

赵燕华、焦爱英:《基于结构方程模型的低碳家装消费行为实现路径研究》,《科技管理研究》2013 年第 22 期。

郑杭生:《我国社会建设社会管理的参照系及其启示——一种中西比较的视角》,《国家行政学院学报》2011 年第 6 期。

郑昱:《描述性社会规范信息对环保行为决策的干预分析及应用》,《科技导报》2020 年第 12 期。

中国经济网:《两会代表委员和专家热议"碳达峰、碳中和"低碳转型任重道远绿色金融大有可为》, 2021 年 3 月 9 日, https://baijiahao. baidu. com/s? id = 1693708382787722317&wfr = spider&for = pc。

中国质量新闻网:《北京市朝阳区 1 元换购节能灯活动见闻》, 2009 年 7 月 1 日, http://www. cqn. com. cn/news/zgzlb/dier/265402. html。

朱成钢:《绿色消费驱动下的绿色营销策略及其启示》,《商业经济与管理》2006 年第 11 期。

朱翠萍、汪戎:《个人行为的经济学解释》,《经济问题探索》2008 年第 10 期。

宗阳:《自然拟人化、自然共情与亲环境行为关系研究》,硕士学位论文,北京林业大学,2017 年。

二 英文文献

Abeles A. T., Howe L. C., Krosnick J. A., "Perception of Public Opinion on Global Warming and the Role of Opinion Deviance", *Journal of Environmental Psychology*, Vol. 63, 2019.

Abrahamse W., Steg L., Vlek C., "The Effect of Tailored Information, Goal Setting, and Tailored Feedback on Household Energy Use, Energy-pelated Behaviors, and Behavioral Antecedents", *Journal of Environmental Psychology*, Vol. 27, No. 4, 2007.

Abrahamse W., Steg L., Vlek C., "A Review of Intervention Studies Aimed at Household Energy Conservation", *Journal of Environmental Psychology*, Vol. 25, No. 3, 2005.

Afsar B., Basheerm A. G., Rehman Z. U., "The Moderating Effects of Employee Corporate Social Responsibility Motive Attributions (Substantive and Symbolic) Between Corporate Social Responsibility Perceptions and Voluntary Pro-environmental Behavior", *Corporate Social Responsibility and Environmental Management*, Vol. 27, No. 2, 2020.

Agency I. E., "An Energy Sector Roadmap to Carbon Neutrality in China", IEA, 2021.

Ajzen I., "The Theory of Planned Behavior", *Organizational Behavior and Human Decision Processes*, Vol. 50, No. 2, 1991.

Ajzen I., Fishben M., "Attitude-behavior Relations: A Theoretical Analysis and Review of Empirical Research", *Psychological Bulletin*, Vol. 84, No. 5, 1977.

Alibeli M. A., Johnson C., "Environmental Concern: A Cross National Analysis", *Journal of International and Cross-culture Studies*, Vol. 3, No. 1, 2009.

Anselme P., "The Uncertainty Processing Theory of Motivation", *Behavioural Brain Research*, Vol. 208, No. 2, 2010.

Arcury T., "Environmental Attitude and Environmental Knowledge", *Human Organization*, Vol. 49, No. 4, 1990.

Arcury T. A., "Ecological Worldview and Environmental Knowledge: The 'New Environmental Paradigm'", *Journal of Environmental Educa-

tion, Vol. 17, No. 4, 1986.

Arcury T. A., Christianson E. H., "Environmental Worldview in Response to Environmental Problems", *Environment & Behavior*, Vol. 22, No. 3, 1990.

Aydinalp M., Ismet Ugursal V., Fung A. S., "Modeling of the Appliance, Lighting, and Space-cooling Energy Consumptions in the Residential Sector Using Neural Networks", *Applied Energy*, Vol. 71, No. 2, 2002.

Aydinalp M., Ugursal V. I., Fung A. S. F., "Space-cooling Energy Consumptions in the Residential.

Sector Using Neural Networks", *Applied Energy*, Vol. 71, No. 2, 2002.

Aydinalp M., Ugursal V. I., Fung A. S., "Modeling of the Space and Domestic Hot-water Heating Energy-consumption in the Residential Sector Using Neural Networks", *Applied Energy*, Vol. 79, No. 2, 2004.

Bai Y., Liu Y., "An Exploration of Residents' Low-carbon Awareness and Behavior in Tianjin, China", *Energy Policy*, Vol. 61, No. 10., 2013.

Bandura A., "Influence of Models' Reinforcement Contingencies on the Acquisition of Imitative Response", *Journal of Personality and Social Psychology*, Vol. 1, No. 6, 1965.

Bandura A., "On the Functional Properties of Perceived Self-efficacy Revisited", *Journal of Management*, Vol. 38, No. 1, 2012.

Bandura A., *Social Foundations of Thought and Action: A Cognitive Social Theory*, New York: Pretince Hall, 1986.

Bandura A., "On the Functional Properties of Perceived Self-efficacy Revisited", *Journal of Management*, Vol. 38, No. 1, 2012.

Barr S., "Household Waste Management: Social Psychological Paradigm in Social Psychological Context", *Environment and Behavior*, Vol. 27, No. 6, 1995.

Barr S., "What We Buy, What We Throw Away and How We Use Our Voice. Sustainable Household Waste Management in the Uk", *Sustainable de-*

velopment (*Bradford*, *West Yorkshire*, *England*), Vol. 12, No. 1, 2004.

Barr S., Gilg A. W., Ford N., "The Household Energy Gap: Examining the Divide Between Habitual-and Purchase-pelated Conservation Behaviors", *Energy Policy*, Vol. 33, No. 11, 2005.

Baumeister R. F., "Toward a General Theory of Motivation: Problems, Challenges, Opportunities, and the Big Picture", *Motivation and Emotion*, Vol. 40, No. 1, 2016.

Belaid F., Garcia T., "Understanding the Spectrum of Residential Energy-saving Behaviours: French Evidence Using Disaggregated Data", *Energy Economics*, Vol. 57, 2016.

Bem D. J., "Self-perception: An Alternative Interpretation of Cognitive Dissonance Phenomena", *Psychological Review*, Vol. 74, No. 3, 1967.

Bentler P. M., *EQS: Structural Equations Program Manual*, Los Angeles: BMDP Statistic Software, 1989.

Bergquist M., "Most People Think they are More Pro-environmental than Others: A Demonstration of the Better-than-average Effect in Perceived Pro-environmental Behavioral Engagement", *Basic and Applied Social Psychology*, Vol. 42, No. 1, 2020.

Bindra D., "How Adaptive Behavior is Produced: A Perceptual-motivational Alternative to Response Reinforcements", *The Behavioral and brain sciences*, Vol. 1, No. 1, 1978.

Binns C., Low W. Y., "Nobel Prizes, Nudge Theory, and Public Health", *Asia-pacific Journal of Public Health*, Vol. 29, No. 8, 2017.

Black J. S., Stern P. C., Elworth J. T., "Personal and Contextual Influences on Househould Energy Adaptations", *Journal of Applied Psychology*, Vol. 70, No. 1, 1985.

Boehler S., Grischkat S., Haustein S., "Encouraging Environmentally Sustainable Holiday Travel", *Transportation Research Part A*, Vol. 40, No. 8, 2006.

Bonini N.、Hadjichristidis C.、Graffeo M.：《绿色助推》（英文），

《心理学报》2018 年第 8 期。

Bradley G. L., Babutsidze Z., Chai A., "The Role of Climate Change Risk Perception, Response Efficacy, and Psychological Adaptation in Pro-environmental Behavior: A Two Nation Study", *Journal of Environmental Psychology*, Vol. 68, 2020.

Brown C. L., Krishna A., "The Skeptical Shopper: A Metacognitive Account for the Effects of Default Options on Choice", *Journal of Consumer Research*, Vol. 31, No. 3, 2004.

Brown K., Adoer W. N., Devine-Wright P., "Empathy, Place and Identity Interactions for Sustainability", *Global Environmental Change*, Vol. 56, No. 5, 2019.

Brown K. W., Kasser T., "Are Psychological and Ecological Well-being Compatible? The Role of Values, Mindfulness, and Lifestyle", *Social Indicators Research*, Vol. 74, No. 2, 2005.

Buchholz M., Musshoff O., "Tax or Green Nudge? An Experimental Analysis of Pesticide Policies in Germany", *European Review of Agricultural Economics*, Vol. 48, No. 4, 2021.

Buck R., "Prime Theory: An Integrated View of Motivation and Emotion", *Psychological Review*, Vol. 92, No. 3, 1985.

Cabanac M., "Pleasure: The Common Currency", *Journal of Theoretical Biology*, Vol. 155, No. 2, 1992.

Cameron T. A., "A Nested Logit Model of Energy Conservation Activity by Owners of Existing Single Family Dwellings", *Review of Economics and Statistics*, Vol. 67, No. 2, 1985.

Carlsson-Kanyama A., Linden A., "Energy Efficiency in Residences-challenges for Women and Men in the North", *Energy Policy*, Vol. 35, No. 4, 2007.

Chan R. Y. K., "Environmental Attitudes and Behavior of Consumers in China: Survey Findings and Implications", *Journal of International Consumer Marketing*, Vol. 11, No. 4, 1999.

Chen F., Chen H., Guo D., "Analysis of Undesired Environmental Behavior Among Chinese Undergraduates", *Journal of Cleaner Production*, Vol. 162, 2017.

Chen H., Long R. Y., Niu W. J., "How Does Individual Low-carbon Consumption Behavior Occur? —An Analysis Based on Attitude Process", *Applied Energy*, Vol. 116, 2014.

Chen Y. S., Chang C. H., Yeh S. L., "Green Shared Vision and Green Creativity: The Mediation Roles of Green Mindfulness and Green Self-efficacy", *Quality & Quantity*, Vol. 49, No. 3, 2015.

Chopra K., "Indian Shopper Motivation to Use Artificial Intelligence: Generating Vroom's Expectancy Theory of Motivation Using Grounded Theory Approach", *International Journal of Retail & Distribution Management*, Vol. 47, No. 3, 2019.

Christensen P. N., Rothgerber H., Wood W., "Social Norms and Identity Relevance", *Personality and Social Psychology Bulletin*, Vol. 30, No. 10, 2004.

Chung S. S., Poon C. S., "A Comparison of Waste-reduction Practices and New Environmental Paradigm of Rural and Urban Chinese Citizens", *Journal of Environmental Management*, Vol. 62, No. 1, 2001.

Chunjou M., Pang S. F. H., "An Exploratory Study of Corporate Social Responsibility of Travel Agency Websites and Consumers' Low Carbon Travel Intention", 2013 Seventh International Conference on Complex, Intelligent, and Software Intensive Systems (CISIS), IEEE, 2013.

Cialdini R. B., Goldstein N. J., "Social Influence: Compliance and Conformity", *Annual Review of Psychology*, Vol. 55, No. 1, 2004.

Cialdini R. B., Trost M. R., "Social Influence: Social Norms, Conformity and Compliance", in Danicel T. Gilbert et al. eds., *The Handbook of Social Psychology*, The Mc GRAW-Hill Companies, Inc., 1998.

Cook A. J., Kerr G. N., Moore K., "Attitudes and Intentions Towards Purchasing Gm Food", *Journal of Economic Psychology*, Vol. 23, No. 5, 2002.

Cooke S. J., Vermaire J. C., "Environmental Studies and Environmental Science Today: Inevitable Mission Creep and Integration in Action-oriented Transdisciplinary Areas of Inquiry, Training and Practice", *Journal of environmental studies and sciences*, Vol. 5, No. 1, 2015.

Cordero E. C., Centeno D., Todd A. M., "The Role of Climate Change Education on Individual Lifetime Carbon Emissions", *Plos One*, Vol. 15, No. 2, 2020.

Courbalay A., Deroche T., Prigent E., "Big Five Personality Traits Contribute to Prosocial Responses to Others' Pain", *Personality & Individual Differences*, Vol. 78, 2015.

Craig C. A., "Energy Consumption, Energy Efficiency, and Consumer Perceptions: A Case Study for the Southeast United States", *Applied Energy*, Vol. 165, 2016.

Curtis F., Simpson-housley P., Drever S., "Household Energy Conservation", *Energy Policy*, Vol. 12, No. 4, 1984.

Deci E. L., Connell J. P., Ryan R. M., "Self-determination in a Work Organization", *Journal of Applied Psychology*, Vol. 74, No. 4, 2015.

Deci E. L., Olafsen A. H., Ryan R. M., "Self-determination Theory in Work Organizations: The State of a Science", *Annual Review of Organizational Psychology and Organizational Behavior*, Vol. 4, No. 1, 2017.

Dever B. V., "Using the Expectancy-value Theory of Motivation to Predict Behavioral and Emotional Risk Among High School Students.", *School Psychology Review*, Vol. 45, No. 4, 2016.

Diamantopoulos A., Schlegelmilch B. B., Sinkovics R. R., "Can Socio-demographics Still Play a Role in Profiling Green Consumers? A Review of the Evidence and an Empirical Investigation", *Journal of Business Research*, Vol. 56, No. 6, 2003.

Diane, M., Samdahl, "Social Determinants of Environmental Concern: Specification and Test of the Model", *Environment and Behavior*, Vol. 21, No. 1, 1989.

Dietz T. , Gardner G. T. , Gilligan J. , "Household Actions Can Provide a Behavioral Wedge to Rapidly Reduce Us Carbon Emissions", *Proc Natl Acad Sci U S A*, Vol. 106, No. 44, 2009.

Dillman D. A. , Rosa E. A. , Dillman J. J. , "Lifestyle and Home Energy Conservation in the United States: The Poor Accept Lifestyle Cutbacks while the Wealthy Invest in Conservation", *Journal of Economic Psychology*, Vol. 3, No. 3-4, 2006.

Ding Z. , Jiang X. , Liu Z. , "Factors Affecting Low-carbon Consumption Behavior of Urban Residents: A Comprehensive Review", *Resources, Conservation and Recycling*, Vol. 132, 2018.

Druckman A. , Jackson T. , "Household Energy Consumption in the Uk: A Highly Geographically and Socio-economically Disaggregated Model", *Energy Policy*, Vol. 36, No. 8, 2008.

Dubois G. , Sovacool B. , Aall C. , "It Starts at Home? Climate Policies Targeting Household Consumption and Behavioral Decisions are Key to Low-carbon Futures", *Energy Research & Social Science*, Vol. 52, 2019.

Eby B. , Carrico A. R. , Truelove H. B. , "The Influence of Environmental Identity Labeling on the Uptake of Pro-environmental Behaviors", *Climatic Change*, Vol. 155, No. 4, 2019.

Echegaray F. , Hansstein F. V. , "Assessing the Intention-behavior Gap in Electronic Waste Recycling: The Case of Brazil", *Journal of Cleaner Production*, Vol. 142, 2016.

Egebark J. , Ekström M. , "Can Indifference Make the World Greener", *Journal of Environmental Economics & Management*, Vol. 76, 2016.

Egmond C. , Jonkers R. , Kok G. , "A Strategy to Encourage Housing Associations to Invest in Energy Conservation", *Energy Policy*, Vol. 33, No. 18, 2005.

Elgaaied L. , "Exploring the Role of Anticipated Guilt on Pro-Environmental Behavior-a Suggested Typology of Residents in France Based on their Recycling Patterns", *Journal of Consumer Marketing*, Vol. 29, No. 4 -

5, 2012.

Ester P. , Winett R. A. , "Toward More Effective Antecedent Strategies for Environmental Programs", *Journal of Environmental Systems*, Vol. 22, No. 3, 1981.

Estrada M. , Schultz P. W. , Silva-Send N. , "The Role of Social Influences on Pro-environment Behaviors in the San Diego Region", *Journal of Urban Health*, Vol. 94, No. 2, 2017.

Fassinger R. E. , Ponterotto J. G. , Haverkamp B. E. , "Paradigms, Praxis, Problems, and Promise: Grounded Theory in Counseling Psychology Research", *Journal of Counseling Psychology*, Vol. 52, No. 2, 2005.

Fekadu Z. , Kraft P. , "Self-identity in Planned Behavior Perspective: Past Behavior and its Moderating Effects on Self–identity–intention Relations", *Social Behavior and Personality*, Vol. 29, No. 7, 2001.

Francey R. J. , Trudinger C. M. , Marcel V. D. S. , "Atmospheric Verification of Anthropogenic Co2 Emission Trends", *Nature Climate Change*, Vol. 3, No. 8, 2013.

Frederick, H. , Buttel, "Social Class and Mass Environmental Beliefs: A Reconsideration", *Environment and Behavior*, Vol. 10, No. 3, 1978.

Friedlingstein P. , Jones M. W. , O'Sullivan M. , "Global Carbon Budget 2019", *Earth System Science Data*, Vol. 11, 2019.

Gadenne D. , Sharma B. , Kerr D. , "The Influence of Consumers' Environmental Beliefs and Attitudes on Energy Saving Behaviours", *Energy Policy*, Vol. 39, No. 12, 2011.

Gans W. , Alberini A. , Longo A. , "Smart Meter Devices and the Effect of Feedback on Residential Electricity Consumption: Evidence from a Natural Experiment in Northern Ireland", *Energy Economics*, Vol. 36, 2013.

Gasper K. , Bramesfeld K. D. , "Imparting Wisdom: Magda Arnold's Contribution to Research on Emotion and Motivation", *Cognition and emotion*, Vol. 20, No. 7, 2006.

Geng J. , Long R. , Chen H. , "Exploring the Motivation–behavior

Gap in Urban Residents' Green Travel Behavior: A Theoretical and Empirical Study", *Resources Conservation & Recycling*, Vol. 125, 2017.

Geng J., Long R., Chen H., "Impact of Information Intervention on Travel Mode Choice of Urban Residents with Different Goal Frames: A Controlled Trial in Xuzhou, China", *Transportation Research, Part A: Policy and practice*, Vol. 91, 2016.

Geng J., Long R., Chen H., "Exploring the Motivation – behavior Gap in Urban Residents' Green Travel Behavior: A Theoretical and Empirical Study", *Resources, conservation and recycling*, Vol. 125, 2017.

Geng J., Long R., Chen H., "Exploring Multiple Motivations on Urban Residents' Travel Mode Choices: An Empirical Study from Jiangsu Province in China", *Sustainability (Basel, Switzerland)*, Vol. 9, No. 1, 2017.

Golob T. F., "Structural Equation Modeling for Travel Behavior Research", *Transportation Research Part B: Methodological*, Vol. 37, No. 1, 2003.

Griffin R. J., "Sixty-five: Communication and the Adoption of Energy Conservation Measures by the Elderly", *International Communication Association*, 1987.

Grunert S. C., Kristensen K., "The Green Consumer: Some Danish Evidence", *Marketing Review*, Vol. 1, No. 2, 1994.

Guagnano G. A., Stern P. C., Dietz T., "Influences on Attitude-behavior Relationships: A Natural Experiment with Curbside Recycling", *Environment and Behavior*, Vol. 27, No. 5, 1995.

Gyberg P., Palm J., "Influencing Households' Energy Behaviour—How is this Done and on What Premises?", *Energy Policy*, Vol. 37, No. 7, 2009.

Hadler M., Haller M., "Global Activism and Nationally Driven Recycling: The Influence of World Society and National Contexts on Public and Private Environmental Behavior", *International Sociology*, Vol. 26, No. 3,

2011.

Hai J. F., Anderson R. E., Tatham R. L., *Multivariate Data Analysis: With Readings*, Englewood Cliffs, NJ: Prentice Hall, 1998.

Ham J. R. C., Midden C. J. H., "A Persuasive Robot to Stimulate Energy Conservation: The Influence of Positive and Negative Social Feedback and Task Similarity on Energy Consumption Behavior", *International Journal of Social Robotics*, Vol. 6, No. 2, 2014.

Han H., Zhang Z., Xia S., "The Carrot or the Stick: Individual Adaption Against Varying Institutional Arrangements", *Journal of Environmental Planning and Management*, Vol. 61, No. 4, 2018.

Han Q., Nieuwenhijsen I., de Vries B., "Intervention Strategy to Stimulate Energy – saving Behavior of Local Residents", *Energy Policy*, Vol. 52, No. 52, 2013.

Hansen P. G., Jespersen A. M., "Nudge and the Manipulation of Choice: A Framework for the Responsible Use of the Nudge Approach to Behaviour Change in Public Policy", *European Journal of Risk Regulation*, Vol. 4, No. 1, 2013.

Hara K., Uwasu M., Kishita Y., "Determinant Factors of Residential Consumption and Perception of Energy Conservation: Time – series Analysis by Large – scale Questionnaire in Suita, Japan", *Energy Policy*, Vol. 87, 2015.

Hardisty D. J., Johnson E. J., Weber E. U., "A Dirty Word or a Dirty World?: Attribute Framing, Political Affiliation, and Query Theory", *Psychological Science*, Vol. 21, No. 1, 2010.

Hines J. M., "Analysis and Synthesis of Research on Responsible Environmental Behavior: A Meta – analysis", *Journal of Environmental Education*, Vol. 18, No. 2, 1987.

Hogan J. A., "Energy Models of Motivation: A Reconsideration", *Applied Animal Behaviour Science*, Vol. 53, No. 1–2, 1997.

Homar A. R., Cvelbar L. K., "The Effects of Framing on Environmental Decisions: A Systematic Literature Review", *Ecological Economics*, Vol. 183, 2021.

Homonoff T. A., "Can Small Incentives Have Large Effects? The Impact of Taxes Versus Bonuses on Disposable Bag Use", *American Economic Journal: Economic Policy*, Vol. 10, No. 4, 2018.

Horne C., Kennedy E. H., "The Power of Social Norms for Reducing and Shifting Electricity Use", *Energy Policy*, Vol. 107, 2017.

Hosta M., Zabkar V., "Antecedents of Environmentally and Socially Responsible Sustainable Consumer Behavior", *Journal of Business Ethics*, Vol. 171, No. 2, 2021.

Hsu S., Roth R. E., "An Assessment of Environmental Literacy and Analysis of Predictors of Responsible Environmental Behaviour Held by Secondary Teachers in the Hualien Area of Taiwan", *Environmental Education Research*, Vol. 4, No. 3, 1998.

Huang H. P., "Media Use, Environmental Beliefs, Self – efficacy, and Pro – environmental Behavior", *Journal of Business Research*, Vol. 69, No. 6, 2016.

Hull C. L., *Principles of Behavior*, New York: Appleton – century – crofts, 1942.

Hungerford H. R., Tomera A. N., "Selected Predictors of Responsible Environmental Behavior: Ananalysis", *The Journal of Environmental Education*, Vol. 17, No. 2, 1986.

Hunter L. M., Hatch A., Johnson A., "Cross-national Gender Variation in Environmental Behaviors", *Social Science Quarterly*, Vol. 85, No. 3, 2004.

IPCC, *Climate Change 2021: The Physical Science Basis*, IPCC, 2021.

IPCC, *Historical Overview of Climate Change Science*, IPCC, 2007.

IPCC, *Climate Change 2014: Synthesis Report*, IPCC, 2015.

Iyer R., Muncy J. A., "Purpose and Object of Anti – consumption",

Journal of Business Research, Vol. 62, No. 2, 2009.

Jaeger C. M. , Schultz P. W. , "Coupling Social Norms and Commitments: Testing the Underdetected Nature of Social Influence", *Journal of Environmental Psychology*, Vol. 51, 2017.

Jagers S. C. , Linde S. , Martinsson J. , "Testing the Importance of Individuals' Motives for Explaining Environmentally Significant Behavior", *Social Science Quarterly*, Vol. 98, No. 2, 2017.

Jia Y. , Cheng S. , Shi R. , "Decision-making Behavior of Rural Residents' Domestic Waste Classification in Northwestern of China—Analysis Based on Environmental Responsibility and Pollution Perception", *Journal of Cleaner Production*, Vol. 326, 2021.

Jiang X. , Ding Z. , Li X. , "How Cultural Values and Anticipated Guilt Matter in Chinese Residents' Intention of Low Carbon Consuming Behavior", *Journal of Cleaner Production*, Vol. 246, 2020.

Johnson E. J. , Goldstein D. , "Do Defaults Save Lives", *Science*, Vol. 302, No. 5649, 2003.

Johnson S. , Inc S. , "The Environment: Public Attitudes and Individual Behavior", Roper Organization, 1990.

Jones C. , Kammen D. M. , "Spatial Distribution of U. S. Household Carbon Footprints Reveals Suburbanization Undermines Greenhouse Gas Benefits of Urban Population Density", *Environmental Science & Technology*, Vol. 48, No. 2, 2014.

Jones E. E. , Pittman T. S. , "Toward a General Theory of Strategic Self-presentation", *Psychological Perspectives on the Self*, 1982.

Jones R. E. , Dunlap R. E. , "The Social Bases of Environmental Concern: Have they Changed Over Time", *Rural Sociology*, Vol. 57, No. 1, 1992.

Jones R. G. , Jones E. E. , "Optimum Conformity as an Ingratiation Tactic", *Journal of Personality*, Vol. 32, No. 3, 1964.

Kaenzig J. , Heinzle S. L. , Wüstenhagen R. , "Whatever the Customer

Wants, the Customer Gets? Exploring the Gap Between Consumer Preferences and Default Electricity Products in Germany", *Energy Policy*, Vol. 53, No. 1, 2013.

Kallgren C. A., Reno R. R., Cialdini R. B., "A Focus Theory of Normative Conduct: When Norms Do and Do Not Affect Behavior", *Personality & Social Psychology Bulletin*, Vol. 26, No. 8, 2000.

Kals E., Schumacher D., Montada L., "Emotional Affinity toward Nature as a Motivational Basis to Protect Nature", *Environment & Behavior*, Vol. 31, No. 2, 1999.

Kanchanapibul M., Lacka E., Wang X., "An Empirical Investigation of Green Purchase Behaviour Among the Young Generation", *Journal of Cleaner Production*, Vol. 66, 2014.

Kay J. E., "Early Climate Models Successfully Predicted Global Warming", *Nature*, Vol. 578, No. 7793, 2020.

Khashe S., Heydarian A., Gerber D., "Influence of Leed Branding on Building Occupants' Pro-environmental Behavior", *Building and Environment*, Vol. 94, No. 2, 2015.

Klockner C. A., "A Comprehensive Model of the Psychology of Environmental Behaviour—a Meta-analysis", *Global Environmental Change*, Vol. 23, No. 5, 2013.

Knussen C., Yule F., Mackenzie J., "An Analysis of Intentions to Recycle Household Waste: The Roles of Past Behaviour, Perceived Habit, and Perceived Lack of Facilities", *Journal of Environmental Psychology*, Vol. 24, No. 2, 2004.

Kunreuther H., Weber E. U., "Aiding Decision Making to Reduce the Impacts of Climate Change", *Journal of Consumer Policy*, Vol. 37, No. 2, 2014.

Kurisu K., "What are Pro-environmental Behaviors (Pebs)", *Pro-environmental Behaviors*, 2015.

Lam W., Snape E., "Feedback-seeking Behavior and Leader-member Exchange: Do Supevisor Attrbuted Motives Matter", *Academy of Management Journal*, Vol. 50, No. 2, 2007.

Lane B., Potter S., "The Adoption of Cleaner Vehicles in the Uk: Exploring the Consumer Attitude-Action Gap", *Journal of Cleaner Production*, Vol. 15, No. 11, 2007.

Larrick R. P., Soll J. B., "The Mpg Illusion", *Science*, Vol. 320, No. 5883, 2008.

Lauren N., Fielding K. S., Smith L., "You Did, so You Can and You Will: Self-efficacy as a Mediator of Spillover from Easy to More Difficult Pro-environmental Behaviour", *Journal of Environmental Psychology*, Vol. 48, 2016.

Lee H., Kuris K., Hanaki K., "Influential Factors on Pro-environmental Behaviors—a Case Study in Tokyo and Seoul", *Low Carbon Econ*, Vol. 4, No. 3, 2013.

Lee K., "Opportunities for Green Marketing: Young Consumers", *Marketing Intelligence & Planning*, Vol. 26, No. 6, 2008.

Lee T. H., Jan F. H., Yang C. C., "Conceptualizing and Measuring Environmentally Responsible Behaviors from the Perspective of Community-based Tourists", *Tourism Management*, Vol. 36, 2013.

Lee Y., Kim S., Kim M., "Antecedents and Interrelationships of Three Types of Pro-environmental Behavior", *Journal of Business Research*, Vol. 67, No. 10, 2014.

Levin I. P., Schneider S. L., Gaeth G. J., "All Frames are Not Created Equal: A Typology and Critical Analysis of Framing Effects", *Organizational Behavior and Human Decision Processes*, Vol. 76, No. 2, 1998.

Liberation N., Trope Y., "The Role of Feasibility and Desirability Considerations in Near and Distant Future Decisions: A Test of Temporal Construal Theory", *Journal of Personality and Social Psychology*, Vol. 75, No. 1, 1998.

Lin Y., Osman M., Ashcroft R., "Nudge: Concept, Effectiveness, and Ethics", *Basic and Applied Social Psychology*, Vol. 39, No. 6, 2017.

Liu L., Wu G., Wang J., "China's Carbon Emissions from Urban and Rural Households During 1992-2007", *Journal of Cleaner Production*, Vol. 19, No. 15, 2011.

Loehlin J. C., *Latent Variable Models: An Introduction to Factor, Path and Structural Analysis*, Hillsdle, NJ, Englang: Lawrence Erlbaum Associates, 1992.

Long J. E., "An Econometric Analysis of Residential Expenditures on Energy Conservation and Renewable Energy Sources", *Energy Economics*, Vol. 15, No. 4, 1993.

Lord K. R., "Motivating Recycling Behavior: A Quasiexperimental Investigation of Message and Source Strategies", *Psychology & Marketing*, Vol. 11, No. 4, 1994.

Lu Y., Kua H. W., Yu M., "Paper or Screen? Examining the Effectiveness of Messaging Delivery Means in Promoting Household Energy Conservation in China", *Resources, conservation and recycling*, Vol. 139, 2018.

Mahmoud O., "Inside the Nudge Unit: How Small Changes Can Make a Big Difference", *International Journal of Market Research*, Vol. 58, No. 1, 2016.

Makara-Studzińska M., Golonka K., Izydorczyk B., "Self-efficacy as a Moderator Between Stress and Professional Burnout in Firefighters", *International Journal of Environmental Research and Public Health*, Vol. 16, No. 2, 2019.

Mannetti L., Pierro A., Livi S., "Recycling: Planned and Self-expressive Behaviour", *Journal of Environmental Psychology*, Vol. 24, No. 2, 2004.

Markle G., "Understanding Pro-environmental Behavior in the U. S.: Insights from Grid-group Cultural Theory and Cognitive Sociology", *Sustainability*, Vol. 11, No. 2, 2019.

Marquart-Pyatt S. T., "Concern for the Environment Among General

Publics: A Cross-national Study", *Society & Natural Resources*, Vol. 20, No. 10, 2007.

Mcmakin A. H., Malone E. L., Lundgren R. E., "Motivating Residents to Conserve Energy without Financial Incentives", *Environment & Behavior*, Vol. 34, No. 6, 2002.

Meijers M. H. C., Stapel D. A., "Me Tomorrow, the Others Later: How Perspective Fit Increases Sustainable Behavior", *Journal of Environmental Psychology*, Vol. 31, No. 1, 2011.

Mi Z., Wei Y., Wang B., "Socioeconomic Impact Assessment of China's CO_2 Emissions Peak Prior to 2030", *Journal of Cleaner Production*, Vol. 142, 2017.

Midden C. J., Ritsema B. S., "The Meaning of Normative Processes for Energy Conservation", *Journal of Economic Psychology*, Vol. 4, No. 1-2, 1983.

Mintu-Wimsatt A. T., *Environmental Marketing: Strategies, Practice, Theory, and Research*, New York: The Haworth Press, 1995.

Mir H. M., Behrang K., Isaai M. T., "The Impact of Outcome Framing and Psychological Distance of Air Pollution Consequences on Transportation Mode Choice", *Transportation Research Part D: Transport and Environment*, Vol. 46, 2016.

Mongin P., Cozic M., "Rethinking Nudge: Not One but Three Concepts", *Behavioural Public Policy*, Vol. 2, No. 1, 2018.

Moreno R., Mayer R., "Interactive Multimodal Learning Environments", *Educational Psychology Review*, Vol. 19, No. 3, 2007.

Murata A., Kondou Y., Mu H., "Electricity Demand in the Chinese Urban Household-sector", *Applied Energy*, Vol. 85, No. 12, 2008.

Nabi R. L., Gustafson A., Jensen R., "Framing Climate Change: Exploring the Role of Emotion in Generating Advocacy Behavior", *Science Communication*, Vol. 40, No. 4, 2018.

Nejat P., Jomehzadeh F., Taheri M. M., "A Global Review of Energy Consumption, Co2 Emissions and Policy in the Residential Sector (with an Overview of the Top Ten Co2 Emitting Countries)", *Renewable and Sustainable Energy Reviews*, Vol. 43, 2015.

Neo S. M., Choong W. W., Ahamad R. B., "Differential Environmental Psychological Factors in Determining Low Carbon Behaviour Among Urban and Suburban Residents through Responsible Environmental Behaviour Model", *Sustainable Cities & Society*, Vol. 31, 2017.

Newell G. R., Siikamäki J., "Individual Time Preferences and Energy Efficiency", *NBER Working Papers*, Vol. 5, No. 105, 2015.

Newell S. J., Green C. L., "Racial Differences in Consumer Environmental Concern", *Journal of Consumer Affairs*, Vol. 31, No. 1, 1997.

Niemeier D., Gould G., Karner A., "Rethinking Downstream Regulation: California's Opportunity to Engage Households in Reducing Greenhouse Gases", *Energy Policy*, Vol. 36, No. 9, 2008.

Nikas A., Lieu J., Sorman A., "The Desirability of Transitions in Demand: Incorporating Behavioural and Societal Transformations Into Energy Modelling", *Energy Research & Social Science*, Vol. 70, 2020.

Nilsson A., Andersson K., Bergstad C. J., "Energy Behaviors at the Office: An Intervention Study on the Use of Equipment", *Applied Energy*, Vol. 146, 2015.

Nisbet E. K., Zelenski J. M., Murphy S. A., "The Nature Relatedness Scale Linking Individuals' Connection with Nature to Environmental Concern and Behavior", *Environment & Behavior*, Vol. 41, No. 5, 2009.

Nolan J. M., Schultz P. W., Cialdini R. B., "Normative Social Influence is Underdetected", *Pers Soc Psychol Bull*, Vol. 34, No. 7, 2008.

None I., Datta S. K., "Pro-environmental Concern Influencing Green Buying: A Study on Indian Consumers", *International Journal of Business and Management*, Vol. 6, No. 6, 2011.

Nowak A., Rychwalska A., Szamrej J., "Social, Psychological and Technological Determinants of Energy Use", *IEEE Technology and Society*

Magazine, Vol. 33, No. 3, 2014.

Olli E., Grendstad G., Wollebaek D., "Correlates of Environmental Behaviors Bringing Back Social Context", *Environment and Behavior*, Vol. 33, No. 2, 2001.

Ostman R., Parker J., "Impact on Education, Age, Newspapers and Television on Environmental Knowledge, Concerns and Behaviours", *Journal of Environmental Education*, Vol. 19, 1987.

Pachauri S., Spreng D., "Direct and Indirect Energy Requirements of Households in India", *Energy Policy*, Vol. 30, No. 6, 2002.

Painter J., Semenik R., Belk R., "Is there a Generalized Energy Conservation Ethic? A Comparison of the Determinants of Gasoline and Home Heating Energy Conservation", *Journal of Economic Psychology*, Vol. 3, No. 3-4, 1983.

Palacios Delgado J. R., Bustos Aguayo J. M., "Factorial Validity of Environmental Self-efficacy and Structural Association with Proenvironmental Actions in Youths", *Revista Iberoamericana De Diagnostico Y Evaluacion-E Avaliacao Psicologica*, Vol. 1, No. 35, 2013.

Palmer J. A., Suggate J., Robottom I., "Significant Life Experiences and Formative Influences on the Development of Adults' Environmental Awareness in the UK, Australia and Canada", *Environmental Education Research*, Vol. 5, No. 2, 1999.

Park H. S., "Relationships Among Attitudes and Subjective Norms: Testing the Theory of Reasoned Action Across Cultures", *Communication Studies*, Vol. 51, No. 2, 2000.

Pedersen E. R., Neergaard P., "Caveat Emptor—let the Buyer Beware! Environmental Labelling and the Limitations of 'Green' Consumerism", *Business Strategy and the Environment*, Vol. 15, No. 1, 2006.

Peng W., Wang X., Guo L., "An Exploration of Neighborhood Residents' Cognition of and Participation in Low-carbon Behaviors in Wuhan, China", *Advances in Civil Engineering*, No. 1, 2018.

Perobelli F. S. , Faria W. R. , Vale V. D. A. , "The Increase in Brazilian Household Income and its Impact on Co2 Emissions: Evidence for 2003 and 2009 from Input – output Tables", *Energy Economics*, Vol. 52, No. A, 2015.

Peschiera G. , Taylor J. E. , Siegel J. A. , "Response-relapse Patterns of Building Occupant Electricity Consumption Following Exposure to Personal, Contextualized and Occupant Peer Network Utilization Data", *Energy & Buildings*, Vol. 42, No. 8, 2010.

Pisano I. , Lubell M. , "Environmental Behavior in Cross-national Perspective: A Multilevel Analysis of 30 Countries", *Environment and Behavior*, Vol. 49, No. 1, 2017.

Plass J. L. , Kaplan U. , "Emotional Design in Digital Media for Learning", *Emotions, Technology, Design, and Learning*, 2016.

Poortinga W. , Steg L. , Vlek C. , "Household Preferences for Energy-saving Measures: A Conjoint Analysis", *Journal of Economic Psychology*, Vol. 24, No. 1, 2003.

Poortinga W. , Steg L. , Vlek C. , "Values, Environmental Concern, and Environmental Behavior: A Study Into Household Energy Use", *Environment and Behavior*, Vol. 36, No. 1, 2004.

Poortinga W. , Whitaker L. , "Promoting the Use of Reusable Coffee Cups through Environmental Messaging, the Provision of Alternatives and Financial Incentives", *Sustainability (Basel, Switzerland)*, Vol. 10, No. 3, 2018.

Prillwitz J. , Barr S. , "Moving Towards Sustainability? Mobility Styles, Attitudes and Individual Travel Behaviour", *Journal of Transport Geography*, Vol. 19, No. 6, 2011.

QuéréC. L. , Andrew R. M. , Friedlingstein P. , "Global Carbon Budget 2018", *Earth System Science Data*, Vol. 10, No. 4, 2018.

Roberts J. A. , "Green Consumers in the 1990S: Profile and Implications for Advertising", *Journal of Business Research*, Vol. 36, No. 3, 1996.

Robinson T. E., Berridge K. C., "The Neural Basis of Drug Craving: An Incentive-sensitization Theory of Addiction", *Brain Res Brain Res Rev*, Vol. 18, No. 3, 1993.

Salam A., Noguchi T., "Impact of Human Activities on Carbon Dioxide (CO_2) Emissions: A Statistical Analysis", *The Environmentalist*, Vol. 25, No. 1, 2005.

Samdahl M. D., Robertson R., "Social Determinants of Environmental Concern: Specification and Test of the Model", *Environment and Behavior*, Vol. 21, No. 1, 1989.

Santamouris M., Kapsis K., Korres D., "On the Relation Between the Energy and Social Characteristics of the Residential Sector", *Energy and Buildings*, Vol. 39, No. 8, 2007.

Sardianou E., "Estimating Energy Conservation Patterns of Greek Households", *Energy Policy*, Vol. 35, No. 7, 2007.

Scannell L., Gifford R., "The Relations Between Natural and Civic Place Attachment and Pro-environmental Behavior", *Journal of Environmental Psychology*, Vol. 30, No. 3, 2010.

Schaffrin A., Reibling N., "Household Energy and Climate Mitigation Policies: Investigating Energy Practices in the Housing Sector", *Energy Policy*, Vol. 77, No. 2, 2015.

Schwartz S. H., "Normative Influence on Altruism", *Advances in Experimental Social Psychology*, Vol. 10, 1977.

Schwepker C. H., Cornwell T. B., "An Examination of Ecologically Concerned Consumers and their Intention to Purchase Ecologically Packaged Products", *Journal of Public Policy & Marketing*, Vol. 10, No. 2, 1991.

Scott D., Willits F. K., "Environmental Attitudes and Behavior: A Pennsylvania Survey", *Environment and Behavior*, Vol. 26, No. 2, 1994.

Segev S., "Modelling Household Conservation Behaviour Among Ethnic Consumers: The Path from Values to Behaviours", *International Journal of Consumer Studies*, Vol. 39, 2015.

Shen M., Cui Q., Fu L., "Personality Traits and Energy Conservation", *Energy Policy*, Vol. 85, 2015.

Shi H., Fan J., Zhao D., "Predicting Household PM2.5-peduction Behavior in Chinese Urban Areas: An Integrative Model of Theory of Planned Behavior and Norm Activation Theory", *Journal of Cleaner Production*, Vol. 145, 2017.

Shi H., Wang S., Guo S., "Predicting the Impacts of Psychological Factors and Policy Factors on Individual's PM2.5 Reduction Behavior: An Empirical Study in China", *Journal of Cleaner Production*, Vol. 241, 2019.

Sia A. P., "Selected Predictors of Responsible Environmental Behavior: An Analysis", *Journal of Environmental Education*, Vol. 17, No. 2, 1986.

Singh N., "Exploring Socially Responsible Behaviour of Indian Consumers: An Empirical Investigation", *Social Responsibility Journal*, Vol. 5, No. 2, 2009.

Smith J. R., Louis W. R., Terry D. J., "Congruent or Conflicted? The Impact of Injunctive and Descriptive Norms on Environmental Intentions", *Journal of Environmental Psychology*, Vol. 32, No. 4, 2012.

Sparks P., Shepherd R., "Self-identity and the Theory of Planned Behaviour: Assessing the Role of Identification with Green Consumerism", *Social Psychology Quarterly*, Vol. 55, No. 4, 1992.

Spence A., Leygue C., Bedwell B., "Engaging with Energy Reduction: Does a Climate Change Frame Have the Potential for Achieving Broader Sustainable Behaviour?", *Journal of Environmental Psychology*, Vol. 38, 2014.

Spence A., Poortinga W., Pidgeon N., "The Psychological Distance of Climate Change", *Risk Analysis*, Vol. 32, No. 6, 2012.

Steg L., "Promoting Household Energy Conservation", *Energy Policy*, Vol. 36, No. 12, 2008.

Stern P. C., "Toward a Coherent Theory of Environmentally Significant

Behavior", *Journal of Social Issues*, Vol. 56, No. 3, 2000.

Stern P. C., "A Reexamination on How Behavioral Interventions Can Promote Household Action to Limit Climate Change", *Nature Communications*, Vol. 11, No. 1, 2020.

Stern P. C., "New Environmental Theories: Toward a Coherent Theory of Environmentally Significant Behavior", *Journal of Social Issues*, Vol. 56, No. 3, 2010.

Stern P. C., Dietz T., Abel T., "A Value – belief – norm Theory of Support for Social Movements: The Case of Environmentalism", *Human Ecology Review*, Vol. 6, No. 2, 1999.

Straughan R. D., Roberts J. A., "Environmental Segmentation Alternatives: A Look at Green Consumer Behavior in the New Millennium", *Journal of Consumer Marketing*, Vol. 16, No. 6, 1999.

Sunstein C. R., Reisch L. A., *Climate – Friendly Default Rules*, Cham: Springer International Publishing, 2021.

Swanson R. B., Lewis C. E., "Alaskan Direct – market Consumers: Perception of Organic Produce", *Family and Consumer Sciences Research Journal*, Vol. 22, No. 2, 1993.

Tabernero C., Hernández B., "Self-efficacy and Intrinsic Motivation Guiding Environmental Behavior", *Environment and Behavior*, Vol. 43, No. 5, 2011.

Thaler R. H., Sunstein C., *Nudge*, New York: Penguin Books, 2009.

Thaler R. H., Sunstein C., *Nudge: Improving Decisions about Health, Wealth and Happiness*, New Haven: Yale University Press, 2008.

Thogersen, J., "Recycling and Morality a Critical Review of the Literature", *Environment & Behavior*, Vol. 28, No. 4, 1996.

Thogersen J., Gronhoj A., "Electricity Saving in Households—A Social Cognitive Approach", *Energy Policy*, Vol. 38, No. 12, 2010.

Tie M., Qin M., Song Q., "Why Does the Behavior of Local Government Leaders in Low-carbon City Pilots Influence Policy Innovation?", *Resources, Conservation and Recycling*, Vol. 152, 2020.

Triandis, Harry C., "Values, Attitudes, and Interpersonal Behavior", *Nebraska Symposium on Motivation*, Vol. 27, 1979.

Trope Y., Liberman N., "Temporal Construal and Time-dependent Changes in Preference", *Journal of Personality and Social Psychology*, Vol. 79, No. 6, 2000.

Trotta G., "Factors Affecting Energy-saving Behaviours and Energy Efficiency Investments in British Households", *Energy Policy*, Vol. 114, 2018.

Tversky A., Kahneman D., "The Framing of Decisions and the Psychology of Choice", *Science (American Association for the Advancement of Science)*, Vol. 211, No. 4481, 1981.

Unsworth K. L., Dmitrieva A., Adriasola E., "Changing Behaviour: Increasing the Effectiveness of Workplace Interventions in Creating Pro-Environmental Behaviour Change", *Journal of Organizational Behavior*, Vol. 34, No. 2, 2013.

Van Liere K. D., Dunlap R. E., "Moral Norms and Environmental Behavior: An Application of Schwartz's Norm-activation Model to Yard Burning", *Journal of Applied Social Psychology*, Vol. 8, No. 2, 1978.

Van R. W. F., Verhallen T. M. M., "A Behavioral Model of Residential Energy Use", *Journal of Economic Psychology*, Vol. 3, No. 1, 1983.

Vansteenkiste V., Lens W., Witte H. D., "Understanding Unemployed People's Job Search Behaviour, Unemployment Experience and Well-Being: A Comparison of Expectancy-Value Theory and Self-Determination Theory", *British Journal of Social Psychology*, Vol. 44, No. 2, 2005.

Vesely S., Klöckner C. A., Brick C., "Pro-environmental Behavior as a Signal of Cooperativeness: Evidence from a Social Dilemma Experiment", *Journal of Environmental Psychology*, Vol. 67, 2020.

Vicente-Molina M. A., Fernandez-Sainz A., Izagirre-Olaizola J., "Environmental Knowledge and Other Variables Affecting Pro-environmental

Behaviour: Comparison of University Students from Emerging and Advanced Countries", *Journal of Cleaner Production*, Vol. 61, 2013.

Vroom V., *Work and Motivation*, New York: Wiley, 1964.

Wang J., Long R., Chen H., "Willingness of Rural Residents to Pay for Clean Coal and Stoves in Winter: An Empirical Study from Zoucheng, Shandong", *Environmental Science and Pollution Research International*, Vol. 28, No. 2, 2020.

Wang J., Yam R. C. M., Tang E. P. Y., "Ecologically Conscious Behaviour of Urban Chinese Consumers: The Implications to Public Policy in China", *Journal of Environmental Planning and Management*, Vol. 56, No. 7, 2013.

Wang T., Shen B., Springer C. H., "What Prevents Us from Taking Low-carbon Actions? A Comprehensive Review of Influencing Factors Affecting Low-carbon Behaviors", *Energy Research & Social Science*, Vol. 71, No. 2, 2021.

Webster F. E., "Determining the Characteristics of the Socially Conscious Consumer", *Journal of Consumer Research*, No. 3, 1975.

Wei J., Chen H., Long R., "Is Ecological Personality Always Consistent with Low-carbon Behavioral Intention of Urban Residents", *Energy Policy*, Vol. 98, 2016.

Wei Y. M., Liu L. C., Fan Y., "The Impact of Lifestyle on Energy Use and CO_2 Emission: An Empirical Analysis of China's Residents", *Energy Policy*, Vol. 35, No. 1, 2007.

Whan P. C., Parker L. V., "Students and Housewives: Differences in Susceptibility to Reference Group Influence", *Journal of Consumer Research*, Vol. 4, No. 2, 1977.

Whitburn J., Linklater W., Abrahamse W., "Meta-analysis of Human Connection to Nature and Proenvironmental Behavior", *Conservation Biology*, Vol. 34, No. 1, 2020.

White K., Macdonnell R., Dahl D. W., "It's the Mind-set that Matters: The Role of Construal Level and Message Framing in Influencing Consumer Efficacy and Conservation Behaviors", *Journal of Marketing Research*, Vol. 48, No. 3, 2011.

Whitmarsh L., O'Neill S., "Green Identity, Green Living? The Role of Pro-environmental Self-identity in Determining Consistency Across Diverse Pro-environmental Behaviours", *Journal of Environmental Psychology*, Vol. 30, No. 3, 2010.

Whitmarsh L., Seyfang G., O'Neill S., "Public Engagement with Carbon and Climate Change: To What Extent is the Public 'Carbon Capable'?", *Global Environmental Change*, Vol. 21, No. 1, 2011.

Wiener J. L., Doescher T. A., "*Green Marketing and Selling Brotherhood*", in Polonsky, M. J., and Mintu-wimsatt, A. T., *Environmental Marketing: Strategies, Practice, Theory, and Research*, New York: The Haworth Press, 1995.

Willeme P., "A Statistical Approach to Conservation Supply Curves", *Energy Economics*, Vol. 25, No. 5, 2003.

Wittenberg I., Blöbaum A., Matthies E., "Environmental Motivations for Energy Use in PV Households: Proposal of a Modified Norm Activation Model for the Specific Context of PV Households", *Journal of Environmental Psychology*, Vol. 55, 2018.

Xu D. Y., Lin Z. Y., Gordon M. P. R., "Perceived Key Elements of a Successful Residential Food Waste Sorting Program in Urban Apartments: Stakeholder Views", *Journal of Cleaner Production*, Vol. 134, 2016.

Yang Y., Guo Y., Luo S., "Consumers' Intention and Cognition for Low-carbon Behavior: A Case Study of Hangzhou in China", *Energies*, Vol. 13, No. 21, 2020.

Yin J., Shi S., "Analysis of the Mediating Role of Social Network Embeddedness on Low-carbon Household Behaviour: Evidence from China", *Journal of Cleaner Production*, Vol. 234, 2019.

Yoeli E., Budescu D. V., Carrico A. R., "Behavioral Science Tools to Strengthen Energy & Environmental Policy", *Behavioral Science & Policy*, Vol. 3, No. 1, 2017.

Zhang C. Y., Yu B., Wang J. W., "Impact Factors of Household Energy-saving Behavior: An Empirical Study of Shandong Province in China", *Journal of Cleaner Production*, Vol. 185, 2018.

Zhang H., Liu J., Wen Z., "College Students' Municipal Solid Waste Source Separation Behavior and its Influential Factors: A Case Study in Beijing, China", *Journal of Cleaner Production*, Vol. 164, 2017.

Zhang Y., Da Y., "The Decomposition of Energy-pelated Carbon Emission and its Decoupling with Economic Growth in China", *Renewable and Sustainable Energy Reviews*, Vol. 41, 2015.

Zhang Z., Hao Y., Lu Z., "How Does Demographic Structure Affect Environmental Quality? Empirical Evidence from China", *Resources, Conservation and Recycling*, Vol. 133, 2018.

Zhao X., Ma X., Chen B., "Challenges toward Carbon Neutrality in China: Strategies and Countermeasures", *Resources, Conservation and Recycling*, Vol. 176, 2022.